이화여대 북한연구회 총서 1

김정은 체제

변한 것과 변하지 않은 것

이 도서의 국립중앙도서관 출판예정도서목록(CIP)은 서지정보유통지원시스템 홈페이지(http://seoji.nl.go.kr)와 국가자료공동목록시스템(http://www.nl.go.kr/kolisnet)에서 이용하실 수 있습니다.
CIP제어번호: CIP2018035555(양장), CIP2018035556(반양장)

김정은 체제

변한 것과 변하지 않는 것

Kim Jong Un's Regime:

What Has Changed and What Hasn't

이화여대 북한연구회 엮음
김엘렌 · 김정수 · 모순영 · 박정란 · 박지연 · 박희진 · 유현정 · 윤은주 · 이미숙 · 이해정 · 조영주 · 현인애 · 황의정 지음

발간사

2018년은 한반도의 역사에서, 세계사적 차원에서 매우 의미가 큰 해이다. 2018년의 시작과 함께 고조되던 한반도의 전쟁 위기가 새로운 국면을 맞았다. 2018 평창 동계 올림픽에 북한이 참가하는 것을 시작으로 그동안 경색되었던 남북 관계가 대화를 통해 화해의 길로 접어들었다. 4월 27일에는 남북한 정상이 분단의 상징적 공간인 판문점에서 정상회담을 했고, 5월 26일 두 번째 정상회담이 이루어졌으며, 9월 18일부터 20일까지 올해 세 번째 정상회담을 평양에서 개최했다. 그리고 6월 12일에는 세계 역사상 최초로 북미 정상회담도 열렸다. 유례없는 남북 간 정상의 지속적인 대화와 북미 정상회담 개최는 그동안 고조되었던 한반도의 전쟁 위기를 해소하고, 영구적인 평화의 길로 가는 초석을 다지는 계기이자 평화 만들기의 과정이 되고 있다.

올해 들어 진행되고 있는 대화와 합의의 과정들은 한반도의 평화 정착을 위해 정부와 국제사회가 기울여온 관심과 노력의 결과임은 분명하지만, 정부뿐만 아니라 그동안 시민사회가 한반도 평화를 위해 노력해왔던 역사적 과정이 있었기에 가능했다는 점도 주지해야 한다. 그리고 냉전 시기부터 한반도 평화 정착을 위해서는 북한에 대한 심층적인 연구와 실효성 있는 대북 및 통일 정책의 마련이 필요하다는 점을 인식하고 이에 매진해왔던 학계의 역할도

켰다. 학계가 한반도의 평화 정착을 위해 노력하는 과정에 '북한학'이라는 학문과 북한학과가 매우 큰 역할을 했다.

분단 이래 북한에 대한 관심은 '북한학'이라는 학제를 구성하기에 이르렀고, 대학에서는 북한학과를 개설해 '북한학'이 학문으로서 체계와 위상을 갖추도록 했다. 공산주의와 분단국가 사례 연구를 중심으로 하던 초창기 북한 연구는 대학의 북한학과와 북한학 전공, 개별 학과에서 북한 연구를 전문화함으로써 양적·질적으로 확대 및 심화되어갔다. 최근의 북한 연구는 주제와 방법, 이론적 측면에서 다양해지고 있으며, 북한과 통일 문제에 대한 정책적·학술적 접근을 통해 현실에서 적용하기 위한 노력을 지속하고 있다. 이와 같이 한반도 통일·평화 문제에서 학계가 중요한 역할을 하도록 하는 데 이화여자대학교 북한학과도 주도적인 역할을 해왔다.

2018년은 이화여자대학교 북한학과에도 의미가 큰 해이다. 1998년 북한학 협동 과정으로 설립된 이후, 과정 개설 20주년을 맞았다. 북한학 협동 과정으로 시작해 전임 교수들이 부임하고 학과로 자리매김해가면서 수많은 졸업생을 배출하고 중요한 연구 성과들도 많이 남겼다. 2004년 정세현 전 통일부장관이 북한학 석좌교수로, 2006년 3월 김석향·최대석 교수가 북한학 협동 과정 전임 교수로 부임했다. 2007년 조동호 교수가 부임하면서 정치·경제·사회·통일 정책 영역에서 북한과 통일 연구를 전문화시켰다. 그리고 2013년 북한학 협동 과정이 북한학과로 전환되면서 대학원에서 학과로 자리 잡게 되었다. 2006년 첫 북한학 박사를 배출한 이래 2018년 8월까지 20명의 박사가 졸업했고, 더 많은 수의 석사들이 꾸준히 배출되고 있다. 석사 및 박사 졸업생들은 통일연구원을 비롯한 국책 연구 기관, 통일교육원, 통일부, 북한이탈주민지원재단, 대학, 북한 및 통일 관련 시민사회 단체, 남북교류협력 기구 및 기관 등 학술, 정책, 교육, 시민사회 차원에서 다양하게 연구 및 활동을 벌여가고 있다.

이 책은 이화여자대학교 북한학과 20주년을 기념해 그동안 학과에서 배출한 졸업생들의 연구 성과를 모은 것이다. 이화여자대학교 북한학과 박사들은 정치, 경제, 군사, 사회, 문화, 여성 등 다양한 주제에서 전문 영역을 개척하면서 연구 성과를 축적해왔다. 각 분야에서 축적한 연구 성과를 단행본으로 출판함으로써 한반도 문제에 대한 대중적 관심을 환기시키고, 이화여대 북한학과가 그동안 북한 및 남북 관계 분야에서 학문적 지평을 넓히는 데 어떠한 기여를 했는지 알리고자 이 책을 기획했다.

이 책의 주제는 '김정은 체제, 변한 것과 변하지 않은 것'이다. 최근 남북 관계가 급속도로 진전되면서 북한 사회에 대한 관심이 높아지고 있다. 현재 김정은 체제의 대남·대외 접근 전략은 김정은 체제가 과거와 유사하면서도 다르다는 것을 보여주고 있다. 이런 상황에 김정은 체제의 최근 행보가 체제의 어떤 특성에서 기인하는 것인지 김정은 체제에 대한 시의적절한 진단과 평가가 필요한 시점이다. 더욱이 향후 김정은 체제의 향방을 가늠하려면 김정은 체제의 특성을 파악하는 것이 중요하다. 이러한 문제의식하에 이 책은 현재 김정은 체제의 특성을 정치·경제·군사·사회·문화 전 분야에 걸쳐 과거와 현재, 미래를 논의함으로써 한반도 상황과 향후 남북 관계의 전망을 예측하는 데 도움을 주고자 한다.

이 책은 총 3부로 구성되어 있다. 1부 '북한 통치 테크놀로지의 변화'에서는 김정은 체제의 통치와 대외 접근 전략에서 나타나는 변화를 짚어본다. 직접적인 통치와 대외 전략뿐만 아니라 다양한 통치 테크놀로지를 통해 북한 사회에 대한 통치성을 높이는 방식을 살펴보았다. 이를 통해 김정은 시대의 정치적 특성에 대해 거시적이고 구조적으로 접근하면서도 미시적이며 문화적으로 다루고자 했다. 2부 '북한 경제의 현재와 미래'는 현재 북한의 경제 상황에 대한 분석과 함께 전망을 제시하는 것을 주요 내용으로 한다. 구체적으로는 김정은 시대의 경제적 변화를 사경제화私經濟化와 '경제특구법'을 중심으로 살펴보았고, 향후 북한 체제의 변화와 관련해 북한의 지속 가능한 발전을 위한 개발 협력의 방향을 탐색했다. 2부는 남북 관계의 변화와 국제사회의 흐름 속에서 미래를 준비하기 위한 구체적인 과제를 제시했다는 점에서 의미가 있다. 3부 '북한 사회의 문화 변동과 정체성'은 최근 나타나고 있는 북한 사회의 변화를 주민들의 의식 변화와 문화 변동, 정체성의 재구성이라는 차원에서 논의했다. 3부는 북한 내부에서 발견할 수 있는 북한 주민의 의식과 삶의 변화를 분석하는 것뿐만 아니라 남북 관계 차원에서 남북 주민들 간의 통합을 위한 과제와 전망을 다루었다.

이 책이 나오기까지 많은 분들의 노력과 도움이 있었다. 먼저 이화여자대학교 북한학과에서 학문적 관심과 지평을 넓히는 데 애정 어린 지도를 아끼지 않은 김석향·최대석·조동호 교수님께 마음을 담아 감사의 인사를 드린다. 특히 최대석 교수님은 이 책의 기획을 제안하고 책이 출판될 수 있도록 물심양면으로 도와주셨다. 다시 한번 감사의 말씀을 전한다. 그리고 석좌교수와 초빙교수로서 학과가 자리매김하는 데 크게 공헌하셨고, 지금까지도 아낌없는 지도와 애정으로 도움을 주시는 정세현 전 장관님, 서훈 국정원장님께도 특별히 감사드린다. 그동안 이화여자대학교 북한학과에서 강의를 하셨던 여러 선생님들께도 이 자리를 빌려 감사의 마음을 전한다. 이 책에 글을 수록하지는 않았지만 이화여자대학교 북한학과에서 함께 공부하고 토론하며 연구자로 성장해, 각 분야에서 연구하고 교육하며 활발하게 활동하고 있는 동문들에게도 이 책을 통해 진심 어린 애정을 전한다. 이 책의 출판을 위해 교정을 비롯한 여러 행정적인 지원과 20주년 기념행사 준비에 많은 도움을 준 북한학과 후배 차수진, 윤현경, 홍예진, 황소연에게도 고마움을 표한다. 마지막으로 이 책의 출간을 기꺼이 수락해주신 한울엠플러스(주)의 김종수 대표님과 박삼주 팀장님, 최진희 선생님께 진심으로 감사드린다.

이 책은 그동안 북한과 통일, 한반도 평화를 위해 연구하고 교육하고 활동해온 수많은 선배 연구자들과 동료·후배들의 노력과 열정을 기반으로 나올 수 있었다. 이화여자대학교 북한학과 졸업생들은 이화여대 북한연구회를 통해 앞으로도 활발히 연구 활동을 하고 연구 성과를 축적·확산하는 데 노력할 것이다. 이 책이 향후 북한 연구에 대한 학문적 관심을 제고하고 연구를 풍부히 하는 데 기여하기 바라며, 특히 후배 학자들이 연구의 열정을 키우는 계기가 될 수 있기를 기대한다.

2018년 11월

이화여대 북한학과 20주년을 기념하며

이화여대 북한연구회

차례

2부 북한 경제의 현재와 미래

7장 북한의 사경제화 현황과 시사점 | 이해정 |

8장 김정은 시기 북한 경제특구 정책의 변화 | 유현정 |

9장 북한의 지속가능발전을 위한 국제개발협력 | 박지연 |

3부 북한 사회의 문화 변동과 정체성

1부

북한 통치 테크놀로지의 변화

1장

평양시 현대화

개혁과 통치의 조응

박희진 (동국대학교 북한학연구소)

1. 들어가는 말

이 장은 2012년 김정은 체제 이후 빠르게 변화하고 있는 평양시의 도시 변화를 종합·정리하고, 평양시의 변화가 내포하는 북한 체제의 통치 전략을 경제개혁과의 관계 속에서 고찰하고자 한다. 북한의 수도 평양시는 "조선 인민의 심장이며 사회주의 조국의 수도이며 혁명의 발원지"(오창원, 1991: 18)로서, 북한의 일반 도시 범주에서 다루기에는 특별한 의미를 담지하고 있다. 평양시의 과거는 북한 체제의 역사적 반증이며, 평양시의 현재는 다양한 체제 내적 현상을 응축하고 있고, 평양시의 변화는 북한 체제의 미래를 해석할 수 있는 좋은 가시적visible 모델이 될 수 있다. 이와 같은 이유로 북한의 도시 연구 속에서도 평양시 연구는 일차적인 연구 대상으로 여겨져 왔으며, 역사학, 정치학, 인문지리·사회지리, 도시지리학, 도시사 및 도시계획 등의 분야에서 평양시를 주목해왔다.

기존 연구에 따르면 평양시는 체제의 상징적 공간이자 극장 국가의 무대이기도 하며(정병효·권혁익, 2013), 역사적으로 형성된 북한식 사회주의의 지배 공간이기도 하고(이시효, 2016), 1990년대 경제난 이후 붕괴된 물질적 토대 위에 들어선 시장화의 대표적 공간(곽인옥·임을출, 2016)이기도 하다. 김정은 체제 이후에는 젊은 통치자의 새로운 통치 전략이 스며들어 있는 개발 공간으로 해석되어 '평양르네상스PyongYang+Renaissance 또는 평해튼PyongYang+Manhattan'(≪The Economist≫, 2015.8.12; ≪The Guardian≫, 2015.9.11; ≪Washington Post≫, 2016.5.15) 이라는 신조어를 탄생시키는 등 평양시의 개발 현황과 변화에 관심이 모아지고 있다. 김정은 체제는 집권 이후 평양시를 국가의 최우선적 건설 사업 대상으로 설정하고 신거리 형성과 대규모 주택단지 건설을 시행하고 있으며, 공공 건설 부문에서도 상업·문화·체육·유희·오락 시설 등 세계적 추세를 반영한 건축물을 건설함으로써 평양시가 사회주의 문명국을 상징하는 현대 도시로 변화하도록 건설 사업을 대대적으로 추진하고 있다(박희진, 2015).

김정은 체제의 평양시 건설 사업은 북한 핵실험으로 인한 국제사회의 대북제재가 연속적으로 강행되는 가운데 추진되고 있는 사업인데, 그 배경과 추진 동력에 관한 전략적 분석이 요청된다. 또한 평양시 곳곳에서 건설되고 있는 각종 시설들이 건설 과정, 조직 운영, 판매 방식 등의 각 영역에서 시장화 메커니즘을 도입하고 있는 것으로 판단되어 북한의 시장화 개혁의 진전 여부에 대한 분석도 요청된다. 이전 통치자들과 달리 김정은 집권 이후 강조되고 있는 '사회주의 문명국, 새 세기 산업혁명, 지식 경제 시대, 과학기술을 통한 현대화, 세계적 추세, 만리마 운동' 등의 통치 슬로건이 평양시 건설 정형에 반영되고 있는 현실은 향후 북한의 통치 전략과 시장화 개혁의 상호적 관계와 그 전망에 대한 분석도 조심스레 전망해볼 수 있다.

따라서 이 장은 2011년 12월 이후(김정일 사망 시점 이후)부터 2017년까지 전개된 평양시 건설 사업들을 통치론의 관점에서 고찰하고 개혁론의 관점에서 유의미한 함의들을 추출해 이를 종합하고자 한다. 이를 통해 평양시 현대화 사업들이 내포하는 체제 전망 및 수도 이외의 도시 발전 전망, 주민 생활공간의 변화 양상 등을 고찰하고자 한다. 평양시 건설에 관한 각종 자료는 연구 기간에 부합하는 북한의 ≪로동신문≫을 주요 문헌 자료로 채택해 연도별·일자별 건설 보도 정형을 정리했고, 평양시 건설과 관련된 국내외 보도 자료를 취합했다. 필자는 2008년 평양시를 방문한 바 있지만 평양시의 변화를 좀 더 구체적으로 상상하고, 2012년 이후 평양시 변화에 대한 경험적 취득을 위해 평양시 방문기 및 방문자들의 사진 자료를 분석했고, 구글 위성지도Google Earth를 연차별·구역별로 분석했다. 또한 평양시 출신의 북한 이탈 주민 7명을 심층 인터뷰하고, 이들의 도시 경험을 구술 자료로 생성해 연구의 자료로 활용했다(평양 출생자 및 20년 이상 거주자로서 2012년 이후 탈북한 사람들을 대상으로 선정했다[1]).

1) 인터뷰에 응한 북한 이탈 주민 7명의 연령, 거주 지역, 주요 활동은 다음과 같다.

코드	성별/연령	거주 지역	주요 활동
평양A	여성/50대	선교구역	시장 매대 장사
평양B	남성/50대	동대원구역	예체능 지도원
평양C	남성/50대	중구역	화물 열차 종사
평양D	남성/50대	중구역	담배 장사
평양E	남성/20대	사동구역	군부대 체육단
평양F	남성/50대	삼석구역	시장 매대 장사
평양G	여성/50대	선교구역/중구역	장거리 장사

2. 도시 이해와 접근 방법

1) 인구와 구역별 개관

2015년 기준 북한의 인구는 2421만 4000명이며 평양시 인구는 342만 4000명이다(UNDPRK Socio- Economic, 2014). 인구 이동이 자유롭지 않은 북한의 인구 분포는 전반적으로 큰 차이를 나타내지 않으나, 〈표 1-1〉에서 보듯 북한의 전체 인구는 1993~2008년(0.86%)에 비해 2008~2014년(0.61%) 기간에 인구 증가율이 다소 감소하는 것으로 나타났다. 다만 평양시만은 타 행정구역에 비해 인구 증가율이 다소 높게 나타났다. 평양시를 제외했을 경우 2008~2014년 기간의 인구 증가율은 0.57%로 나타났으나, 평양시를 포함했을 경우 인구증가율은 0.61%로 소폭 상승했다.

평양시 인구는 점차 증가하는 반면, 주택 보급 현황은 크게 개선되고 있지 않다. 2015년 기준 북한의 일반 가구는 약 589만 가구, 평양시 가구는 81만 3769가구로서 인구수와 가구 수에 비추어볼 때 북한 전체의 주택 보급률은 77~83% 정도로 추정되며, 평양시의 주택 보급률은 타 행정구역에 비해서는 조금 높은 편이다. 또한 평양시는 한 가구당 4~5명이 가족 구성원을 이루고, 주택 면적은 전국 평균(75m², 23평형)에 비해 다소 높은 편으로 나타난다(통계청, 2016: 166). 즉, 평양시는 인구수와 가구 수, 주택 보급률, 주택 연면적 등의 측면에서 북한 전체 평균보다 우월하나, 최근 증가하는 인구와 건축 후 30년 이상 경과된 주택이 다수를 차지함으로써 도시 개발의 내적 요구가 매우 충만한 상태라고 할 수 있다.

또한 18개 구역 2개 군으로 구성된 평양시는 전후 도시 성장의 과정에서 주택 공급의 필요성에 의해 중구역 일대와 동평양 문수지구, 만경대구역, 낙랑구역 등 부분적으로 재개발사업을 실시한 바 있다. 그러나 도시의 빈 택지 공

표 1-1 _ 평양시 인구수 및 증가율

	인구수(천 명)			비중(%)			연증가율	
	1993	2008	2014	1993	2008	2014	1993~2008	2008~2014
평양시	2,741	3,255	3,424	13.4	13.9	14.1	1.15	0.85
전체 (평양 포함)	20,522	23,349	24,214	100.0	100.0	100.0	0.86	0.61
전체 (평양 제외)	17,781	20,095	20,789				0.82	0.57

자료: 통계청(1993, 2008, 2016); DPRK CBS, Democratic People's Republic of Korea Socio-Economic(2014).

간에 신거리 형성과 주택 및 공공시설을 건설해 도시의 외연을 확장하는 방식을 취해왔기 때문에 평양시의 핵심 구역은 현대화가 지체되어왔으며, 〈표 1-2〉에서 보듯 평양시의 총 20개 구역 중(18개 구역 2개 군) 밀집 거주 지역인 모란봉구역, 평천구역, 동대원구역, 선교구역, 서성구역 등은 개발 사업이 이뤄지지 못해 평양시의 침체와 노후화는 심화된 상태인 것으로 파악된다. 탈북자 구술에 따르면 평양시는 시내와 시외로 구분하고 시외 구역을 '410호' 라고 칭한다. 평양 시내는 중구역, 평천구역, 모란봉구역, 보통강, 대성구역, 서성구역이고, 동평양으로 가면 선교구역, 동대원, 낙랑구역, 대동강구역까지이다. 특히 밀집 거주 지역의 인구 유입을 제한하기 위해 410호4(시외 구역) 거주자들은 시내로 출퇴근은 할 수 있지만 거주할 수 없다(평양A, 2017.2.9 인터뷰).

표 1-2 _ 구역별 인구·면적·밀도 순위

순위	면적별	면적(km²)	인구별	인구(명)	밀도별	밀도(명/km²)
1	강동군	511.26	만경대구역	321,690	모란봉구역	28,681
2	삼석구역	166.80	락랑구역	282,681	평천구역	21,311
3	강남군	155.78	강동군	221,539	동대원구역	20,806
4	사동구역	130.00	대동강구역	207,081	선교구역	17,436

5	순안구역	126.50	룡성구역	195,891	서성구역	14,341
6	력포구역	117.10	평천구역	181,142	대동강구역	14,184
7	룡성구역	110.66	형제산구역	160,032	보통강구역	14,024
8	만경대구역	99.30	선교구역	148,209	중구역	10,626
9	형제산구역	89.10	서성구역	147,138	만경대구역	3,240
10	락랑구역	88.00	동대원구역	143,561	락랑구역	3,212
11	대성구역	44.50	모란봉구역	143,404	대성구역	2,601
12	은정구역	29.90	사동구역	140,869	형제산구역	1,796
13	대동강구역	14.60	중구역	131,333	룡성구역	1,770
14	중구역	12.36	대성구역	115,739	은정구역	1,591
15	서성구역	10.26	보통강구역	105,180	사동구역	1,084
16	선교구역	8.50	순안구역	91,791	순안구역	726
17	평천구역	8.50	력포구역	82,548	력포구역	705
18	보통강구역	7.50	강남군	69,279	강남군	445
19	동대원구역	6.90	삼석구역	62,790	강동군	433
20	모란봉구역	5.00	은정구역	47,569	삼석구역	376

* 권영덕 외(2014: 12~14)를 참고해 필자가 정리했다.

2) 현대화 사업

평양시 현대화 사업이 제기되기 시작한 것은 2002년 1월이다. 당시 김정일 체제는 경제 강국 건설을 목표로 해 '21세기형 수도' 건설 방침을 지시했고, 평양시 현대화 사업은 대동강변 미화, 주택 리모델링, 주요 시설 조명 교체, 도시 인프라 정비 사업 등을 포함해 궤도 전차선 정비, 도로 재포장, 도로 주변 건물의 외벽 도색, 컬러 보도블록 교체, 가로등 중앙 조정실 건설 등을 사업 대상으로 했다(NK테크, 2009.7.28). 그러나 경제난으로 도시 건설을 전면적으로 추진하기 어려웠던 당시의 평양시 현대화 사업은 도시 미화와 시가지 정비에 그쳤다. 평양시 현대화 사업이 다시 강조되기 시작한 것은 2008년 이후이다. 생전 김정일은 "평양을 혁명적 수령관으로 일관된 인민의 수도, 혁명의 수도로 가장 훌륭하게 건설하려는 것이 나의 구상이고 결심입니다"라고 말하며 평양시 현대화 건설을 시작했다(≪로동신문≫, 2011.5.24). 김정일 체제는 2012년(주체 100년)을 '강성 대국의 대문을 여는 해'로 규정하고, 평양시 '국제 도시화'를 목표로 10만 세대 주택 건설을 포함한 한 평양시 현대화 사업을 재추진했다. 예컨대 류경호텔 건설공사의 재개를 비롯해 인민문화궁전, 김책공대 전자도서관, 평양제1중학교, 평양역전백화점, 옥류관 등을 개건·현대화하고 평양 시내 노후 수도관 교체 및 오수 정화장을 건설하고자 했다. 이 기간 평양시 현대화 사업은 류경호텔이 이집트의 오라스콤 그룹의 투자로 공사가 재개되었고, 노후 수도관은 쿠웨이트 아랍경제개발기금Kuwait Fund for Arab Economic Development을 통해 교체 신설하는 등(KOTRA, 2002.4.2; 연합뉴스, 2008.6.30; ≪통일뉴스≫, 2008.12.16) 일부 진전을 보였으나 역시 전면적인 성과를 거두지 못한 채 김정은 체제로 넘어왔다. 김정은 체제의 평양시 현대화 사업은 위와 같이 김정일 선대 수령의 유훈 사업인 셈이다.

김정은 체제는 집권 이후 제일 먼저 평양시 현대화 사업을 계승해 추진했으며, 평양시를 ① 혁명적 수령관이 선 성스러운 혁명의 수도이자, ② 사회주의 문명국을 대표하는 사회주의 선경仙境 도시, ③ 웅장 화려하고 풍치 수려한 세계적인 도시, ④ 생태 도시 건설을 목표로 하는 공원 속의 도시로 건설하겠다는 지도 방침을 표명했다(김정은, 2012.4.27). 그리고 현재 평양시는 도시의 경관 변화를 뚜렷이 나타내며 현대화 사업의 가시적 성과를 보여주고 있다. 특히 '미래과학자거리'와 같이 대동강을 중심으로 도시의 스카이라인을 새롭게 구성하고, '과학기술전당'처럼 도시 안의 새로운 건축물과 상징 시설들을 배치하는 등 평양시 현대화 사업은 북한의 김정은 체제를 읽고 해석하는 새로운 텍스트로 제공되고 있다.

그림 1-1

미래과학자거리

자료: ≪로동신문≫(2014.11.4).

과학기술전당

자료: ≪로동신문≫(2014.11.4).

도시경관이란 "인간들이 도시 공간상에 만들어놓은 독특한 문화적·기술적 흔적"이다. 그러나 사회과학적으로 보면 도시경관은 특정 집단의 사람들이 그들을 둘러싼 외부 환경과의 관계를 상상적으로 구성함으로써 그들 자신과 그들의 외부 환경에 어떤 의미를 어떻게 부여하고 있는지를 보여주는 일종의 재현된 이미지이다. 도시경관은 권력관계가 작동하는, 즉 지배 집단의 관념이 반영되어 피지배자들의 사고를 전유하고 자신들의 지배를 정당화하는 권력 간 상호작용의 매개체가 되기도 한다. 그리고 도시경관을 텍스트, 혹은 상호작용의 매개체로 보는 입장에서는 그 경관을 형태적·기능적으로 분석하기보다는 해석적·상황적으로 이해하고 독해하는 작업을 중시한다. 이때 도시경관은 그 내포한 의미들을 읽고 해석해야 하는 일종의 텍스트인 것이다. 대표적으로 에드워드 렐프Edward Relph는 근대 도시경관이 출현한 경관 변화의 과정을 건축, 도시계획, 테크놀로지, 이데올로기 및 사회적 조건의 변화 측면에서 고찰한 바 있다(Relph, 1999).

이 장은 평양시 경관 변화의 핵심 요인을 김정은 체제의 이데올로기 및 통치 전략에서부터 기인한다고 전제한다. 그리고 김정은 체제가 추진한 평양시 현대화 사업을 도시 건설의 핵심 부문인 주택, 상업 편의 시설, 문화·유희·오락 시설, 교통 시설로 구분해 고찰하고, 각 부분의 건설 사업 속에 스며 있는 통치 전략과 경제 개혁적 의미들을 추출해 종합한 후 그 함의와 시사점을 종합하고자 한다.

3. 현대화 건설 실태와 현황

북한은 1951년 이후 도시의 계획적 발전을 위해 적정 인구수를 타산하고, 인구수에 비례하는 도시 영역의 크기를 타산했다. 그리고 도시 영역의 문화·생활 기관의 수량과 용적을 계산한 후 기술적 설비 시설과 도시의 편리 시설을 배치하고 도시의 가로, 광장, 공원, 강안(강변) 등 전체적인 도시의 실루엣을 조성하는 방식으로 도시 건설의 원칙을 확립했다(김정희, 1953). 이때 도시별 적정 인구수에 따른 주택 건설은 도시 건설의 가장 기본이 되며, 주택 건설 이후 주택과 함께 연동하여 문화·생활 기관들이 고르게 배치되어 건설된다. 따라서 김정은 체제 시기(2011~2017) 평양시 현대화 건설은 주택으로부터 시작해 상업 편의 시설 건설, 문화·유희·오락 시설의 건설, 그리고 건물과 시설 사이를 연결하는 교통 운수의 건설에 이르기까지 점층적인 건설의 확산 과정을 통해 평양시 현대화 경관을 창출하게 된다. 그리고 그 첫 번째 건설 대상이 2008년부터 추진되어오던 평양시 중심부인 만수대지구(현 창전거리) 형성 및 신축 아파트 건설이었다(≪로동신문≫, 2011.6.4).

1) 연도별 주택 건설 현황

앞서 언급한 것과 같이 평양시 현대화의 시발은 중구역 만수대거리의 재개발사업으로부터 시작되었다. 만수대 언덕의 김일성, 김정일 동상 주변을 최상의 수준으로 꾸리기 위한 건설 사업으로 발기된 이 사업은 만수대지구의 낡은 살림집들과 공공건물들을 헐고 현대적인 살림집 2만 세대를 건설하며 나머지 부지는 공원화하는 계획에 따라 조성되었다(≪로동신문≫, 2011.6.4). 2008년 시작된 재개발사업이 지지부진함을 벗어나지 못하자 2011년 김정은이 직접 창전거리라 명명하고 창전거리 설계 계획도를 검토하면서 전면적으로 건설을 시작한다. 그 결과 14개동 2700여 세대 건설과 건물 아래 봉사망(상업 시설) 배치, 지구 안에 교육·상업·공원 등 위락 시설 건립, 원형식 인민극장 건설을 완공했다.

창전거리 형성과 아파트 건설의 특징은 기존의 도로 양쪽에 아파트를 울타리 식으로 세우던 방식에서 벗어나 5층에서 45층의 계단식 건설을 통해 건축물들 사이의 공간을 부여하며, 어디서든 만수대 언덕과 동상이 보이도록 조망권과 경관을 고려해 건설했다는 점이다. 또한 주택의 면적 및 방의 칸수를 일률적으로 통일하지 않고 하나의 단지 안에 2칸 살림집의 경우 주택 면적 70~80m², 3칸 살림집은 주택 면적 80~100m², 4칸 살림집은 100~120m² 면적으로 설계해 전반적으로 주택 면적을 늘리고, 입주민 가구의 특성을 고려해 주택 배정을 할 수 있도록 한 것이다.

중구역 창전거리 건설을 완공한 이후 평양시 당 위원회는 2012년부터 전 구역별로 살림집의 지붕 보수 및 벽체 미장, 창문 보수, 외장재 바르기 등을 진행하며 10여 개의 중심 거리 살림집 개건 보수 사업을 진행했고, 평양 시외 구역의 농촌문화주택을 현대화된 아파트 형태로 변모시키기 위한 건설 사업을 진행한다. 락랑구역 두단동에 10여 개 동의 다층 살림집을 신축하고, 룡성구역, 서포구역, 역포지구 등 평양시 중심 구역 밖의 시외 지역에 2만 세대 살림집 건설을 추진한다. 평양시 중심 구역 밖의 이들 지역에는 국영 축산 농장인 두단오리농장이 소재하며, 채소, 과일, 약초, 화초, 돼지 등의 전문 협동농장이 소재하는 곳으로 평양 시민의 부식물 공급을 담당하는 평양의 농촌 지구이다(≪로동신문≫, 2012.5.15; ≪조선신보≫, 2011.8.11; ≪로동신문≫, 2012.10.1).

2013년부터는 김정은 체제가 중시하고 우대하는 사회계층인 교육자·과학자·체육인을 위한 아파트 건설을 시혜적으로 추진하는데, 이것이 김정은 체제의 평양시 대규모 건설 사업을 추진하는 기점이 된다. 2012년 12월 북한의 두 번째 은하지구위성 발사가 궤도 진입에 성공하자 이를 추진한 과학자, 기술자의 공훈을 치하하기 위해 룡성구역 은하과학자거리를 조성하기 시작했다. 그리고 〈표 1-3〉과 같이 매년 신거리 형성 및 고층 아파트 건설을 '더 높이, 더 많이, 더 빨리' 건설해 나갔다. 이 밖에도 김일성종합대학 교육자 살림집 2개동(36층, 44층) 건설, 김책공업종합대학 교육자 살림집 1000세대 2개동, 체육인 살림집 300세대 1개동, 사동구역에 소재한 장천남새전문협동농장 400세대 43개동 저층 아파트 등이 건설되었다. 또한 평양기초식품공장, 김정숙평양방직공장, 평양제사공장, 평양326전선공장의 노동자 합숙소가 1개동부터 5개동 규모의 아파트로 건설되었고, 각 구역별 건설뿐 아니라 계층별, 직업별 단위로 건설을 확대하고 추동해 무릇 '건설의 시대'를 전개하고 있다.

〈표 1-3〉에서 보듯, 주택 건설 현황에는 몇 가지 특징을 고찰할 수 있다. 첫째, 점층적으로 주택 건설 호수가 증가하는 반면 건설 기간은 단축되고 있다는 점이다. 초창기 중구역 창전거리를 완공하기까지 3년여의 시간이 걸렸다면, 이후에는 1년 남짓한 시간 안에 건설을 마치고 있다. 둘째, 주택 건설에서 점차 새로운 과학기술 시스템을 도입하고 있다. 중구역 창전거리를 계획할 때는 새로운 건축 형식과 지하에 배치된 상점들 그리고 단지 안에 원형극장을 배치하는 등 개방형 주택 지구 단지 형성을 강조했었다. 그러나 이후에는 주택 단지에 지열 냉난방 체계를 도입하거나 태양광 전기를 이용한 조명

표 1-3 _ 평양시 신거리 형성과 아파트 건설 현황

소재	건설 세대수	건설 기간	특징
중구역 창전거리	14개동 2700세대	2008년~2011년(3년)	2칸~5칸 살림집 구성 원형식 인민극장 각종 편의 봉사망 배치
룡성구역 은하과학자거리	12개동 1000여 세대 16개동 공공건물	2013년 2~9월(7개월)	3칸~5칸 살림집 구성 아동 공원, 소공원 배치 무동력 난방 설비 시스템 내장
은정구역 위성과학자거리	24개동 2400세대 14개동 공공건물	2014년 3~10월(7개월)	연구 기지 소재(기초과학 부문 연구소, 자연 에네르기 연구소) 지열 냉난방 체계 도입
평천구역 미래과학자거리	19개동 2584세대 17개동 봉사망 11개동 공공건물 16개동 살림집 개건 보수	2014년 8월~ 2015년 11월 (1년 2개월)	세대당 110~120m^2 확장 53층 초고층 아파트 기상수문국, 김책자동화연구소 소재
대성구역 려명거리	40개동 4800여 세대 33개동 살림집 개건 보수 34개동 공공건물 김일성종합대학 건물 7개 공공건물 15개 신축	2016년 3월~ 2017년 4월 (1년 1개월)	82층 초고층 아파트 조명·난방의 태양 광전지 사용 지열 냉난방 체계 도입 건축물의 녹색화 실현 건설 자재 국산화

* ≪로동신문≫ 보도를 종합해 필자가 정리했다.

과 난방 체계 등을 도입하며 에너지 절약형 주택 건설을 강조하고 있다. 그리고 가장 최근에 건설한 여명거리 주택 단지의 경우는 건설 자재의 국산화 사용을 강조하면서 1가구당 주거 면적의 증가, 아파트 주택의 다양한 건축미 발양, 아파트 주택과 단지 내 편의 시설 확충, 에너지 주택 건설의 실현, 주택 건설의 국산화 확충 등 기술 발전을 실현하고 있다. 마지막으로는 신축 건설된 주택의 배정은 그 시혜 대상이 과학자, 기술자, 교육자라는 점과 주택단지가 건설되는 위치는 이과대학, 과학연구단지 및 과학원 등의 시혜 계층 밀집 지역이거나, 만수대 언덕과 금수산기념궁전과 같은 혁명적 상징 공간에 위치한다는 점이다.

2) 구역별 상업 편의 시설 건설 현황

1990년대 중반 경제난 이후 공급 중단이 야기한 자생적인 북한의 시장은 국가의 상업망과 편의 봉사망을 대체하기 시작했고, 현재는 상업과 편의 봉사 부분에서 국가의 완전한 공급은 찾아볼 수 없다. 그런데 평양시의 경우는 기존의 상업망과 편의 봉사망이 구조적으로 활용되고 있다. 관리와 허가, 승인 및 각종 세금의 수취는 기존의 관리 체계에 의해 진행되고 있으며, 새로운 건물의 신축과 업종의 변경 권한 등도 여전히 기존 관리 체계 질서에 따르고 있다. 다만 상업망과 봉사망의 내용적 구성과 실제 운영은 시장 메커니즘에 따르고 있는 것으로 파악된다. 탈북자 전언에 따르면 이를 '합의제'라고 한다. 합의제 무역, 합의제 생산, 합의제 판매 등 국가 시설을 개인적 상업망으로 운영하는 형태를 의미한다(평양G, 2017.4.26 인터뷰). 또한 평양시는 국가 차원의 대외무역 및 봉사망이 존재하고, 평양시 차원의 급양 봉사와 편의 봉사, 그리고 평양시 안의 구역별 봉사망으로 구성되어 상업 및 편의 시설의 건설이 어떠한 층위에서 어떻게 확장되어 건설되고 있는지를 구별해볼 필요가 있다.

첫째, 먼저 평양시 안에서 건설되고 있는 국가 차원의 대외무역 단위들의 상업망과 봉사망은 호텔과 백화점, 그리고 유원지 안의 상업 및 편의 시설들이다. 가장 대표적인 것이 광복지구상업중심과 평양 제1백화점 개건 현대화이다. 1991년에 건설된 광복백화점은 경제난 이후 기능을 상실했고, 이를 중국식 상업 봉사 방식을 받아들여 현대적인 상업 시설로 리모델링했다. 2012년

1월 6일에 개업한 광복지구상업중심은 조선대성무역총상사와 중국 비해몽신무역유한공사飛海蒙信貿易有限公司의 합작 상점으로, 중국 측 지분이 65%이고 매대에는 국산품과 수입품의 비율이 40대 60이며 중국산 수입품 비중이 높은 상업 시설이다(≪환구망(環球網)≫, 2012.1.11). 광복지구상업중심 건설 이후 김정은은 평양 제1백화점을 리모델링해 광복지구상업중심과 경쟁하도록 했다. 전국에서 생산되는 소비품 중 최상품만 진열하고, 수입품과 국산품의 비중을 30대 70으로 해 국산화 상품의 경쟁력을 높이고, 중국식 상업 모델이 아닌 자국의 상업 모델을 확립하고자 했다. 2012년 이후 매해 인민 소비품 전시회를 통해 질 좋은 소비품을 확보하고, 평양 제1백화점을 본보기 단위로 해 국산화 상품을 판매하는 상업망 건설을 추동하고 있다.

그 밖에도 무역회사들이 해외 자본과 결합해 평양 시내에 상업 시설을 건립하는 경우가 증가하고 있다. 평양의 햄버거 가게인 '삼태성청량음료점'은 싱가포르 회사와 계약을 맺고 모란봉구역 개선청년공원에 2호점을 개점했다(≪통일뉴스≫, 2011.12.13). 동대원구역의 해당화관은 2013년 4월에 개업한 상업 시설로서 대외 봉사와 시 차원의 인민 봉사를 병행하는 시설이다. 내각의 '해당화봉사관리소' 직영으로 운영되고 있으며 해외에서 운영하던 식당을 해외 자본과 결합해 국내에 도입한 시설이다. 2014년에는 북한 국가경제개발위원회와 홍콩 소재 중국의 황스짜이黃世再 대중화국제투자집단유한공사가 협력해 동평양 상업거리 조성을 계약 체결했다. 조감도에 따르면 상업거리는 50층 트윈타워 호텔을 비롯해 무역 센터, 백화점, 오피스텔 등이 건설될 예정이지만 대북 제재 이후 현실화되고 있지는 않다(≪통일뉴스≫, 2014.1.20). 평양시의 상업 시설 가운데 군 무역 경제단위가 운영하는 시설도 건설되고 있다. 대표적인 것이 대동강 유람선과 식당배 봉사선인 '대동강호'와 '무지개호'이다. 배 건조에서 식당 운영, 식당 납품 물건 등에 이르기까지 군 경제단위에서 운영하는 상업 시설로서 2013년 4월 25일 '대동강호'가 영업을 시작했고, 2015년 9월 28일 '무지개호'도 영업을 시작했다(≪로동신문≫, 2013.3.25; 2015.9.28). 2016년부터는 식당배 선착장에서 '대동강맥주축전'을 개최하고 있다.

둘째, 평양시 차원의 상업 시설과 편의 시설의 건설은 모든 구역을 망라하며 전방위적으로 전개되고 있다. 북한의 '상업법'(개정 2004년)에 따르면 주민의 식의주 중에서 봉사 시설이 가장 필요한 분야는 식(공급, 봉사)의 영역으로 주택 건설 사업에서 봉사망 계획을 법적으로 규정하고 있다. 따라서 대단위 주택 건설이 이뤄진 창광거리, 은하과학자거리, 위성과학자거리, 미래과학자거리, 려명거리 등에는 각종 상업 시설 및 편의 시설들이 병행적으로 건설되어 평양 시내 현대화된 상업 시설들이 확충되는 효과를 창출하고 있다. 예를 들어 창광거리에 조성된 상업 편의 시설은 창전 해맞이식당, 창전 선경종합식당, 은정종합봉사소, 조선옷집, 종합양복점, 건재직매점, 경성차집, 은정차집 등이다. 해맞이식당은 현대화된 슈퍼마켓 형태로 건설 운영되고 있으며, 선경종합식당은 웨딩홀을 갖춘 대중 식사 공간이다. 이들 상업 시설은 창전거리 주택 단지 안 지하 아케이드에 계획적으로 배치되어 운영되며, 운영 시스템은 중국 상업 시설과 유사한 특징을 나타내고 있다(≪로동신문≫, 2012.9.1; 2012.6.21; 2012.6.28).

최근에는 기존의 공급 기능이 중단된 식료품 상점, 남새 상점, 공업품 상점 등을 대체하는 상업 시설이 등장하면서 대형화·전문화한 상업 시설 건설로 나타나고 있다. 예를 들어 중구역의 보통문거리고기상점, 보통문수산물상점, 모란봉구역의 만수교고기상점, 만경대구역의 홍성고기상점 등이 그것이다. 이들 상업 시설은 평양 시민을 위한 인민 봉사 단위로서 평양시 상업관리소 체계에 입각해 운영하고 있고, 명절 때에는 평양 시민에게 무료로 공급을 담당하고 있지만 평소에는 전문 시장의 형태로 운영된다. 대부분 3층 규모로 건설되어 1층에는 고기 및 수산물을 판매하고, 2층에는 가공품, 3층에는 식당으로 운영되는 시스템이다. 평양시의 대표적인 급양 시설로는 중구역의 청류관(1000석 규모), 보통강구역의 경흥식당(3층 건물로 식당 포함 편의 시설), 락랑구역의 평양면옥(5000석 규모)도 현대화를 완료했다. 이들 시설은 지방에서 평양의 각종 행사에 참가하기 위해 올라오는 행사단, 참가단, 교육단, 시찰단 등의 음식 봉사를 보장해주는 곳이다.

상업 시설 이외 편의 봉사 시설은 주민들에게 위생, 가공, 수리, 이발 등 각종 서비스 시설을 제공하기 위해 시군마다 편의 봉사 관리소를 설치하도록 되어 있는데, 평양시는 1980년대에 '창광원'이라 칭하는 복합적 편의 시설을 도입한 이후 이를 전국 각지에 확산해왔다. 창광원이 목욕탕과 편의 시설이 결합된 곳이라면 최근에는 '종합봉사소'라고 해 사진관, 이·미용실, 약국 등이 갖춰진 새로운 형태의 편의 시설이 확충되고 있다. 북한은 기존에는 주택 안에 욕실 공간을 별도로 마련하지 않고 구역 안 몇 개동 단위에 하나씩 대중목욕탕을 건설해 이용하도록 해왔다. 현재까지도 욕실 공간이 갖춰지지 않은 주택에 거주하는 다수의 주민들은 온수 공급이 자유롭고 언제든 무료로 이용할 수 있는 대중목욕탕이 필수적인 편의 시설이다. 초기 시장화 과정에서 돈이 있는 재일교포나 권력을 등에 업은 작은 돈주들이 목욕탕(우리식으로 찜질방) 사업에 몰두한 적이 있었다. 기존 목욕탕은 운영되지 않는 상태에서 새롭게 리모델링한 개인업자의 목욕탕이 돈을 받고 운영되기 시작한 것이다. 김정은 시기에 와서는 기존의 구역별로 배치된 목욕탕을 현대화해 개인이 운영하는 시설보다 화려하고 각종 편의를 제공하며, 가격 또한 국정 가격을 지불하도록 해 개인 운영 업체와 경쟁하도록 하고 있다. 미래과학자거리에 위치한 '유경장미원(류경원)'이 대표적이다(≪조선의 오늘≫, 2015.10.1). 류경원은 장미 재배 기지를 함께 갖춰 장미향의 목욕탕과 함께 탁구장, 미용실 등의 복합적 편의 시설로 신축되었다.

셋째, 구역별 상업 시설과 편의 시설의 확충이다. 앞서 서술한 국가와 평양시 단위의 상업 시설과 편의 시설들이 외자 도입 및 합영·합작의 건설 방식을 띠고 있고 전문화·대형화 추세를 보이고 있다면, 매 구역마다 건설되는 상업 편의 시설들은 신축보다는 개건 현대화, 즉 리모델링 정도에 그치는 것으로 나타난다. 상업 시설은 구역별 종합 상점의 현대화, 급양 시설은 구역별 종합 식당의 현대화, 편의 시설은 구역별 창광원식 목욕탕 건립이 대표적이다.

구역별 현대화의 성과가 공식 보도에 등장한 경우는 만경대구역의 종합 식당, 선교구역의 종합 상점과 직매점, 대동강구역의 종합 상점과 편의 봉사점 정도이다. 구역별 상업 시설과 편의 시설은 '자체의 원료 생산 기지'를 갖추고 소규모 칸막이 상점, 야외 매대 등을 운영하는 방법으로 상업 활동을 전개하고 있다. 또 구역 안의 경공업 공장과 손을 맞잡고 일용품과 소비품 생산을 정상화하고, 이를 통해 상업적 판매를 하는 방식으로 소개되는 것으로 보아 구역 단위의 상업 및 편의 시설들은 국가의 현대화 요구를 부분적으로 수용해 외형적인 개선을 시행하고 있으나, 내적으로는 완전한 시장화 메커니즘에 따른 자율적 운영과 수입 창출을 도모하는 것으로 파악된다.

넷째, 평양시가 현대화 건설의 본보기 단위로서 새롭게 구축하고 있는 상업망은 전자 상거래 시스템이다. 연구 기간에는 전자 상업 봉사 체계 옥류와 전자 상업 홈페이지 만물상 구축이 보도되었다(≪조선의 오늘≫, 2016.11.12). 옥류는 평양 시내 공장·기업소들에서 생산하는 인기 제품 목록과 평양시 안의 유명한 상점, 식당들의 상품 품목들을 탑재하고 이를 전자 카드를 이용해 구매하고 배달도 하는 상거래 시스템이다. 컴퓨터 및 휴대폰으로 검색, 구입이 가능하고 평양양말공장, 선흥식료공장, 평양목란비데오상점, 장경묘향상점, 해당화관, 창전해맞이식당 등에서 생산·판매하는 품목들이 올라와 있다. 반면 만물상은 북한에서 생산되는 제품과 수입 제품에 대한 정보와 주문, 운송,

표 1-4 _ **평양시 상업 편의 시설 건설 현황 종합**

구분		구역별	개발 현황
상업 시설	신축	중구역	창전거리 상점·식당 (조선옷집, 해맞이식당, 경성차집, 은정차집, 선경종합식당 등) 릉라도유희장 내 식당, 청량음료점 릉라도유원지 내 문화 후생 시설 등 보통강변 미래상점 보통문거리고리상점, 보통문수산물상점
		모란봉구역	만수교고기상점, 삼태성빵집. 청량음료점
		만경대구역	흥성고기상점
		동대원구역	동대원구역 해당화관
		룡성구역	은하과학자거리 은하식당. 은하종합상점
		은정구역	위성과학자거리 은정식당, 은정종합상점
		평천구역	미래과학자거리 창광상점, 장전분식당 등 다양한 식당
		대성구역	려명거리 내 상점·식당 (건설 중)
		군 직영	식당배 대동강호, 식당배 무지개호
	개건 현대화	중구역	평양제1백화점, 평양아동백화점, 청류관, 중구역 종합식당
		모란봉구역	만수교청량음료점, 칠성문식료품상점
		보통강구역	경흥식당
		만경대구역	광복지구 상업중심. 서산호텔
		만경대구역	만경대구역 종합식당 금성2국수공장, 천석식당 등
		대동강구역	대동강구역 종합식당
		선교구역	선교구역 종합식당
		락랑구역	평양면옥
		대성구역	대성산유희장 급양봉사망
		형제산구역	구역직매점, 서포국수집 등

편의 시설	신축	중구역	은정종합봉사소
		만경대구역	메아리사격관
		대동강구역	류경원
		룡성구역	은하과학자거리 은하원
		은정구역	위성과학자거리 위성원
		평천구역	미래과학자거리 류경장미원
		노동자 대상	평양기초식품공장 부흥원
			김정숙평양방직공장 노동자 합숙소
			평양제사공장 노동자 합숙소 정양소
			평양326전선공장 문명원
		농민 대상	장천남새전문협동농장 장천원
		체육인 대상	체육인 편의 시설
	개건 현대화	중구역	창광원, 중구역제1목욕탕
		모란봉구역	모란봉목욕탕
		만경대구역	만경대물놀이장과 유희장 내 청량음료점
		형제산구역	은덕원
		락랑구역	락랑구역 통일거리운동센터
전자 상업	옥류	국내 상품 및 식당 검색 제공, 주문, 전자 결제, 배달 봉사	
	만물상	국내외 경제 정보 제공 및 전자 상점 주문 봉사	

* ≪로동신문≫과 평양시 상업 시설에 대한 건설 보도를 종합해 필자가 정리했다.

홈페이지 가입자 대상의 경제생활 및 경제활동에 필요한 정보 열람 등을 제공하는 종합적인 경제 정보 제공 시스템이다. 전자 상거래 시스템은 아직 평양시 이외의 도시와 지역에서는 사용하지 못하고 있다. 이상 김정은 체제 시기 건설된 구역별 상업 편의 시설의 현황은 〈표 1-4〉와 같다.

3) 문화·오락·유희 시설 건설 현황

북한은 전후 도시 건설 시기부터 도시를 녹화하며 여러 공원을 조성하기 위한 사업이 식수조림 사업의 형태로 북한 전역에서 이루어졌으며, 문화 휴식 공원들이 조성되었고 대도시에는 공원, 동물원, 식물원이 건설되었다. 그리고 이를 총칭해 국토 관리 사업이라고 한다. 또한 '평양시관리법'(1998년 제정, 2010년 개정)에서는 국토 관리 정책의 핵심으로 평양의 중요성을 강조하고 있다.

새로운 지도자 김정은은 2012년 4월 6일 공식 취임을 앞두고 가진 노동당 중앙위원회 책임일꾼들과의 담화에서 처음으로 '사회주의 문명국' 건설을 주요 과제로 언급하고, 이어 '국토관리총동원운동 열성자대회'(4.27)에서 〈사회주의강성국가건설의 요구에 맞게 국토관리사업에서 혁명적 전환을 가져올 데 대해〉라는 노작을 발표하면서 국토 관리의 중요성을 강조하기 시작했다. 각종 체육 및 휴양 시설과 문화 시설 등을 대대적으로 확충하는 한편 국토 관리 정책의 하위 사업으로서 도시 미화 사업도 병행적으로 전개했다. '도시미화법', '공원·유원지법' 등 관련 법규를 정비하고 도시 경영 부문의 문화 혁명 과업으로 구획 정리 사업, 문화 휴식 시설 및 공동 위생 시설 관리, 건물과 시설물들의 도색, 장식물 설치 등을 포함한 미화 사업을 실시했다. 그 결과 2012년부터 2017년 시기 김정은의 현지 지도는 주민 편의 시설과 체육 오락 시설에 집중되었으며, 전체 현지 지도의 52%를 문화·오락·유희 시설에 할애했다(곽은경, 2015: 96). 2012년 능라인민유원지, 통일거리운동센터 건설, 2013년 평양체육관, 미림승마구락부, 문수물놀이장 건설, 2014년 중앙동물원 건설, 2015년 과학기술전당 건설 등 2017년까지 대대적인 개건·현대화·신규 건설을 진행했다.

문화·오락·유희 시설 부문의 김정은 체제 시기의 특징은 체육 문화 시설에 대한 관심과 집중 투자이다. 2012년 11월 국가체육위원회(위원장 장성택)를 설립한 후 체육 강국 건설을 내세우면서 체육 시설을 리모델링하거나 확충했고, 평양 곳곳에 롤러스케이트장, 야외 빙상장, 물놀이장, 통일거리운동센터, 미림승마구락부 등 관련 시설을 건설했다. 또한 능라도를 중심으로 대형 문화 오락 구역도 형성하는 등 주민을 위한 여가·오락 등의 문화 시설 인프라를 대대적으로 확충해 평양시의 경관을 다채롭게 했다.

둘째, 김정은은 각종 유원지 및 유희장을 건설하면서 지도자의 '애민성'을 강조하고 건설의 정당성을 강조했으며, 김일성의 현지 교시판, 혁명 사적비, 유래비, 명제비, 노래비, 당의 기본 구호판, 직관 선전판 등을 병행적으로 건설해 주민들의 문화 휴식과 함께 사회주의적 애국주의 교양을 목적으로 했다.

셋째, 기존과 차이가 있다면 상업 시설과의 밀접한 결합을 도모해 문화 휴식 공간이 상업 공간으로 전환되도록 한 점이다. 예를 들어 개선청년공원 유희장에는 빵집, 종합식당, 밀쌈매대, 청량음료점 등의 상업 편의 시설을 갖추도록 했고, 능라인민유원지에는 미니 골프장, 물놀이장, 곱등어관 등의 유료 유희 시설을 도입했다. 문수물놀이장 또한 야외 수영장만이 아니라 실내 체육관, 영화관, 당구장, 한증탕, 노천 식당 등의 편의 오락 시설을 함께 갖추어 문화 휴식 공간이 종합적인 상업 문화 시설로 활용되도록 했다.

넷째, 문화·오락·유희 시설 부문에서는 유독 '세계적 추세'를 강조하면서 현대적 시설을 갖출 것을 요청했다. 회전판, 관성 열차, 비행판, 보트장, 수영장, 대관람차, 탑비행기, 우주 비행선, 야외 물놀이장의 높이와 빠르기, 롤러스케이트의 기교장, 체육관의 전광판, 음향 시설 등등 최신식 설비 도입을 강조하고, 다른 나라에서 보기 드문 곱등어관(돌고래쇼), 중앙동물원의 철갑상어못, 메아리사격관의 각종 사격총 쏘기, 미림항공구락부의 평양 헬기 관광 등의 시설을 건설해 평양시 관광 상품화를 병행적으로 추진했다.

다섯째, 유원지 및 유희장의 경우는 산, 강 등 풍치가 좋은 곳에 건설되는 까닭에 주민들의 이용과 접근을 용이하게 하기 위해 도로 교통 시설이 확충되어야 한다. 현재 이 부분은 지속적으로 건설되고 있으나, 2017년 현재, 과학기술전당은 무궤도전차 노선을 신설했고 중앙동물원은 버스노선을 연결했으나, 향후 교통 연결은 물론 주차장, 정류소, 안내소 등의 부대시설이 더욱 필요한 상태이다.

4) 다양한 교통·운수 시설의 확충

문화·오락·유희 시설에서 보았듯이 북한의 도시는 직주 근접의 원칙을 기반으로 설계되어 이동이 적고 교통 정책 및 인프라 발전이 매우 제한되어 있다. 북한의 수송 수단 분담률은 철도 86%, 도로 12%, 해운 2%의 비율을 보이고 있으며(안병민 외, 2011), 이 중 철도는 주로 화물 운송을 담당하고 도로 교통은 철도의 연계 교통수단으로 지역 내 단거리 수송과 여객 운송을 담당하고 있다. 따라서 도시의 각종 시설들이 철도역 주변에 조성되어 있으며, 시내버스 노선 역시 철도역을 중심으로 시내 각 지역을 이어주는 형태로 발달되었다. 그나마도 경제난이 심각해지면서 철도와 시내·외 버스 운행이 연료 부족과 부품 수급 불가능으로 정상적인 운영이 되지 않았고, 도로 및 철도의 노후화와 보수·관리의 미흡으로 인해 교통망이 전반적으로 매우 취약한 상태이다.

김정은 체제 시기 가장 먼저 현대화 건설을 시작한 것은 '평양의 관문'이라 지칭하며 관심을 기울인 평양국제순안공항 공항 청사이다. 2012년 평양순안공항의 구청사를 아예 철거한 후 임시 청사를 지은 후 완전히 새로운 신청사를 건설했다. 건설 도중 김정은은 마감 공사 중인 신청사 공사 현장에 현지지도를 나와 "세계적인 추세와 다른 나라의 좋은 것들을 받아들이면서도 주체성, 민족성이 살아나게 마감하라고 과업을 줬는데 그렇게 하지 못했다"고 질책하면서 재공사를 지시했다(조선중앙통신, 2014.11.1). 이에 관제탑 건설은 물론 활주로 폭과 넓이를 확장 건설하고 청사 안의 면세 구역 상업 시설과 이용객의 편의를 위한 무빙카트, 공항 리무진을 연계하는 등 애초의 건설 기한을 넘긴 2015년 6월 25일에 준공했다. 현재는 대북 제재로 인해 고려항공밖에 취항하고 있지 않지만, 고려항공사는 홈페이지를 통해 전 세계 어디서나 예약, 발권이 가능한 시스템을 갖추고 영국을 비롯한 10여 개국에 여행사를 설치해 평양 관광을 주도하고 있다. 북한은 국제선 전용 터미널로 설계한 신청사가 완공됨에 따라 기존 제1청사를 국내선 전용으로 전환, 백두산 관광 등의 용도로 사용할 것으로 보인다. 또한 순안공항과 도심을 연결할 고속철도와 고속도로를 건설하도록 하는 추가적 과제를 지시했다. 향후 김정은은 공항 맞은편에 있는 강건군사종합학교를 이전하고 그 부지에 제3청사 및 제3활주로를 지을 계획도 갖고 있다고 한다(연합뉴스, 2015.6.25).

평양시 시내 교통을 담당하고 있는 것은 지하철과 궤도 및 무궤도전차이다. 2000년대 이후 북한의 시장화가 확산되면서 주민들의 이동 반경이 확대되었으나, 열차는 그 수요와 속도를 담아내지 못했다. 전력난과 철도 차량 및 철로 노후화가 심각했고, 대규모 투자 비용 및 건설 기간이 요구되는 철도 부문은 정상화가 지연되고 있는 실정이다. 따라서 주민들의 이동 확대가 야기한 민간 부문의 다양한 교통수단들이 선행적으로 발전하게 되고, 2011년 이후 김정은 체제 시기에 와서야 공공 부문의 교통수단들이 재정비되기 시작했다. 이 중 평양 지하철은 천리마선과 혁신선 2개 노선이 본평양 지역 안에서만 운행되기 때문에 평양시 주민들, 특히 공장노동자들이 밀집해 거주하고 있는 동평양 지역의 대동강구역, 동대원구역, 선교구역, 낙랑구역, 역포구역은 교통수단이 부족하다. 평양시는 지하철 연장 건설 계획을 여러모로 시도하고 있는 것으로 보이나, 현재까지는 움직임이 없다. 다만 2012년 노후화된 기관차를 신형 기관차로 바꾸도록 한 지시에 의해 2015년 10월 '붉은기 1호' 국산 전기기관차가 개발되어 운행되기 시작했다는 보도가 있을 뿐이다(≪로동신문≫, 2016.1.5).

무궤도전차는 평양시 시내 교통의 기본 수단으로서 궤도전차보다 소음과 진동이 적고 별도의 레일 건설이 필요하지 않다는 점에서 장점을 지니고 있다. 또한 수송 원가 역시 버스보다 싸고 전기를 이용하기 때문에 평양시 대기 환경에 영향을 미치지 않는다는 점에서 선호해왔다. 문제는 전기 공급이 어려운 현재와 같은 상황에서는 무궤도전차의 운행이 극히 제한된다는 점이다. 탈북자의 전언에 따르면 출근 시간 3시간(오전 7~10시), 퇴근 시간 3시간(오후 5~8시) 동안만 운행을 보장하고 있다고 한다(평양D, 2017.4.7 인터뷰). 2013년 종전의 무궤도전차에 비해 전력을 40% 이상 절약하는 신형 무궤도전차가 생산되어 현재는 신형으로 활발하게 교체되고 있다. 또한 과학기술전당 건립 이후 평양역·미래과학자거리·충성의다리·과학기술전당·평양역을 오가는 순환 노선을 신설해 운영하고 있다.

가장 큰 변화를 보이고 있는 곳은 시내버스 및 장거리 버스, 그리고 나날이 증가하는 택시 교통이다. 삼마버스사업소, 능라버스사업소, 모란봉버스사업소, 평성여객버스사업소 등 시장화 이후 버스사업소가 급증하고 있고, 평양 버스 대다수는 개인이 운영하는 것으로 전해진다(≪자유아시아방송≫, 2015.8.17). 이들은 중국에서 수입한 중고 버스를 운영하고 있으며, 이들 버스의 요금은 국정 요금 5원에 비해 50배 이상 비싸고, 중국 위안화 결제도 가능하다. 2018년 현재 구글 위성 지도로 보면 평양시 낙랑구역에 대규모 시외버스 터미널을 건립 중이다.

택시 운수는 2000년 이후 해마다 급증하는 추세를 보이고 있으며, 현재 약 1500대가량의 택시가 운행 중이다(≪노컷뉴스≫, 2016.3.29). 2013년부터 평양시는 영업용 택시 운행을 허용하기 시작했으며, 고려항공 직영의 택시 운수 회사, 대외봉사총국 운수 사업소 택시 회사, 운수무역회사 소속 택시 회사, 승용차관리소 소속 택시 회사 등 10개의 회사 시스템을 구축하고 영업용 택시를 운행하고 있다. 차종은 중국에서 생산된 비야디BYD가 대부분이나 최근 홍콩 회사에서 500대를 추가 도입해 운영하고 있다. 콜번호(186)로 운영되는 콜택시, 미화 결제 가능한 나래카드 사용, 기본요금 첫 2㎞까지 2달러, 이후 1㎞당 56센트 부과, 밤 9시 이후는 2배의 심야 요금 적용 등 택시가 대중교통의 미진함을 빠르게 대체하고 있다.

4. 통치론적 함의와 개혁과의 조응

2018년 현재 김정은은 집권 7년차를 맞이하고 있다. 지난 시기의 평양시 건설의 다층면적 정형을 고찰해보면서 왜 서방 언론들이 오늘의 평양시를 평해튼 혹은 평양르네상스라고 부르는지 이해할 수 있다. 평양시 현대화와 관련한 다양한 건설 보도들을 종합하면서 확인된 사실만으로도 평양시의 현대화된 경관 변화를 충분히 감지할 수 있기 때문이다. 최근 북한 당국의 건설 현황은 평양시 안의 본보기 단위 건설을 대략 마무리하고, 원산, 삼지연, 신의주 등 지방으로 도시 건설을 확산해나가고 있다. 그렇다면 평양시 현대화는 완성된 것인가. 평양시 현대화를 통해 북한 당국이 강조하고자 한 것은 무엇인가. 역으로 평양시 현대화는 북한 당국에게 어떠한 교훈을 주었을까. 이와 같은 문제를 통치론적 관점과 개혁론적 관점에서 해석해본다.

1) 통치론적 관점에서 본 평양시 현대화

2012년 당시 김정은 체제의 당면 과제는 선대 수령의 사상과 영도를 받들고, 새로운 지도자로서의 영도력을 입증하는 것이었다. 따라서 평양시 현대화 과정은 새로운 지도자의 영도력을 평양시 안에 구현하는 과정이었고, 김정은의 집권을 공고화하는 것이 목적이었다. 평양시의 현대화 경관이 창출하는 다양한 시그널은 김정은 체제가 구현하고자 하는 북한의 미래이자, 김정은 체제의 전략적 노선의 표상인 셈이다.

김정은 체제의 첫 번째 국가 전략 목표는 강성 국가 건설이며, 강성 국가의 시대적 통치 담론은 지식 경제 시대이다. 김정은은 그의 첫 번째 연설인 2012년 4·15 열병식에서 이전의 김일성·김정일 시대를 자주의 길, 선군의 길, 사회주의의 길이라고 규정하고, 주체시대, 선군 시대에 이은 자신의 시대는 '지식 경제 시대'라고 정의했다. 지식 경제 시대는 김정은 체제가 정의하는 새로운 시대로서, "과학기술이 종합적으로 발전하고 지식이 대대적으로 축적되며 그 적극적인 활용에 의해 경제가 발전하는 경제"(김권호, 2013: 13) 시대로 정의된다. 지식 경제 시대는 또한 이전 시기와 구분되는 세대 개념을 갖는다. 김정은은 그의 두 번째 연설인 소년단 66돌 경축 행사 이후 12년제 무상교육제도 전면 실시 방침을 선포했다. 현재의 소년단원들은 1999년부터 2003년 사이에 태어난 학생들로서 이들은 고난의 행군 이후 세대이다. 12년제 무상교육제도의 개편 방침과 연계해보면 고난의 행군 이후 시기의 새로운 세대들을 김정은 체제의 미래 세대들로 양성해 강성 국가 건설을 다그치려는 의도로 해석된다.

김정은 체제가 지식 경제 시대를 선언하며 교육자와 과학자 계층을 전면적으로 우대하는 전략적 방침은 평양시 주택 건설에서 아주 선명하게 드러났다.

과거 김정일이 후계자로 등극했던 1980년대 평양시의 신거리 명칭을 문수거리, 창광거리, 광복거리, 북새거리, 통일거리 등으로 칭했다면, 김정은은 신거리 명칭을 위성과학자거리, 은하과학자거리, 미래과학자거리 등으로 정해 어떤 계층을 우대하고, 그 계층을 통해서 무엇을 하려는지 선명하게 나타내고 있다. 김일성종합대학, 김책공업종합대학의 교육자 살림집을 각기 1000세대씩 건설하고, 평양시 가장 위치 좋은 곳에 과학자 전용 백화점인 미래상점을 건설하며, 23층 500석 규모의 과학자 전용 호텔을 짓는 등 김정은의 통치 전략인 '지식 경제와 과학기술'의 방침은 평양시 현대화 건설에 선명하게 반영되었다.

김정은 체제의 두 번째 강성 국가 건설의 전략적 노선은 새 세기 산업혁명을 통한 지식 경제 강국 건설이다. 지식 경제 시대의 경제 강국을 건설하기 위해서는 전략적 방침으로 새 세기 산업혁명을 일으켜야 한다는 의미이다. 새 세기 산업혁명이란 인공위성과 과학기술에 의한 경제 부흥 전략을 수행해나가는 것을 의미한다. 2012년 인공위성 발사에 성공한 후 북한은 위성 발사가 강성 국가 건설의 노정과 연계된 국정 운영의 중요한 전략이라고 전했으며, 먹는 문제, 식량 문제를 비롯한 인민 생활의 제반 문제들을 해결하기 위해 제기되는 과학기술을 발전시키기 위해 지구 관측 위성을 지속적으로 쏘아 올려 2022년 GPS (Global Positioning System) 구축이 최종 목표라고 전했다(≪조선신보≫, 2012. 12.14). 이와 같은 전략적 방침은 쑥섬에 건설된 과학기술전당이 상징적으로 대변하고 있다.

이 밖에도 평양시 현대화 과정에는 다양한 과학기술적 방법이 도입되었다. 문수물놀이장의 물 공급은 남포로부터 바닷물을 끌어와서 정수해 공급하는 정수정관 기술이 적용되어 다량의 물 공급이 가능하게 되었으며, 류경원 및 창광원식 목욕탕의 원활한 물 공급도 같은 기술이 적용된 시설물들이다. 주택 건설에서는 복합 방동제 개발과 건축물 설계의 통합화·일체화·과학화·최량화·자동화의 5차원 설계 방법이 적용되었기 때문에 건설 공기를 점차 앞당겨 건설할 수 있었다. 비교적 추운 날이 많은 북한의 경우 겨울철 건설에서 시멘트를 빨리 굳히고 단단하게 할 수 있는 기술이 필요한데 복합 방동제는 시멘트의 강도를 보장하면서 빠르게 굳히는 약품이다. 5차원 설계 방법은 기존의 3차원 정보모형BIM(Building Information Modeling)을 작성하고 그에 기초해 시공 공정 관리(4차원), 건설 비용 관리(5차원)를 포함시켜 진행하는 최첨단 설계 기술이다(류경, 2015.2.5). 이 기술이 적용된 건축물은 위성과학자주택지구와 김책종합공업대학 교육자 살림집이다. 친환경 기술의 본보기는 탄소 제로를 표방하고 있는 려명거리이다. 가로등과 건물 각 호실에 태양광 패널을 설치하고 건물 옥상에 태양열 가열기를 설치했으며, 태양열 난방 기술을 적용하고, 빛 선반 냉부하 감소 기술 및 태양빛 유도 조명 기술 등을 도입해 에너지 절약형 주택단지 건설을 완성했다. 또한 지열·환기 폐열 설비를 설치해 건물의 실내 환기와 냉난방에 지열을 이용하고, 태양열·태양광을 이용한 일정한 전기 생산몫은 평양시의 도시 조명으로 사용하도록 했다(변학문, 2018.2.23).

김정은 체제의 세 번째 강성 국가 건설의 전략적 노선은 세계적 추세와 사회주의 문명국 건설이다. 사회주의 문명국이란 "전체 인민이 높은 문화지식과 건강한 체력, 고상한 도덕품성을 지니고 가장 문명한 조건과 환경에서 사회주의 문화생활을 마음껏 누리며 온 사회에 아름답고 건전한 생활기풍이 차 넘치는 가장 선진적인 문명국"을 의미한다(≪로동신문≫, 2013. 1.1). 김정은은 집권 직후인 2012년 4월 27일 "사회주의 강성국가 건설의 요구에 맞게 국토관리사업에서 혁명적 전환을 가져올데 대해"를 발표하고 국토의 면모를 사회주의 강성국가 체모에 맞게 일신시켜나가야 한다고 하면서 도시환경 미화를 강조했다. 또 2013년 건설 부문 일꾼 대강습회에서 김정은은 "세계 건축 발전 추세에 비춰볼 때 아직 뒤떨어진 것이 적지 않다"면서 평양시를 사회주의 선경 도시로 건설하기 위한 건축설계와 디자인 개발을 강조하고, 도시 야경을 조성하는 등 도시 미관을 강조했다. 예를 들어 평양국제순안공항의 청사 건설을 질타하며 재건설을 추진하거나, 평양민속공원을 조성했다가 전면 폐기하고 계획부터 다시 검토할 것을 지시하거나, 만경대 유희장의 오락 시설에 대한 세계적 추세를 강조하는 것 등이다.

김정은은 평양시 현대화를 추진하면서 건설 기술의 싱크 탱크를 출범시켰다. 기존의 평양건설건재대학을 2014년 평양건축종합대학으로 승격시켜 도시 및 건축 전문가 양성을 확대하고, 평양건축종합대학과 백두산건축연구원과 평양도시설계연구소 등을 하나의 단위로 집단화해 도시 설계, 건축설계, 조경 및 건자재 연구로 연구 영역을 통합했다. 건축 박람회, 건축 축전, 설계 공모전 등을 통해 호평받은 건축물 설계를 주택 및 공공시설 건축물 형상에 도입했다. 미래과학자거리의 기상수문국, 여명거리 공공시설, 능라인민유원지, 문수물놀이장, 인민야외빙상장, 만경대 및 대성산 유희장, 청년개선공원, 평양애육원, 평양육아원 등이 그것이다. 이처럼 김정은 체제의 국가 전략의 목표는 평양시를 통해 구현되고, 평양시의 현대화는 세계적 추세를 반영하고 사회주의 문명국의 외향과 미감을 갖춘 경관으로 나타났다.

공간적으로 보면 평양시의 혁명적 중심인 만수대 언덕과 김일성·김정일 동상이 창전거리 형상을 통해 현대화되었고, 금수산기념궁전이 공원화되어 용흥네거리의 영생탑까지 려명거리가 조성되어 김정은 체제의 충실성을 상징하는 공간으로 재구성되었다. 김정은 체제의 지도력은 과학기술을 통한 지식 경제 시대를 전면 구현하는 것으로 나타났으며, 과학기술전당에서부터 과학원이 소재한 곳까지 각종의 과학자거리를 조성해 지도자의 영도력을 증명하는 공간으로 새롭게 조성되었다. 더불어 김정은 체제의 애민성은 대동강 주변의 각종 공원과 유원지, 체육 오락 시설을 세계적 추세로 형성하면서 새로운 지도

그림 1-2 _ 평양시 현대화 건설의 공간적 표기

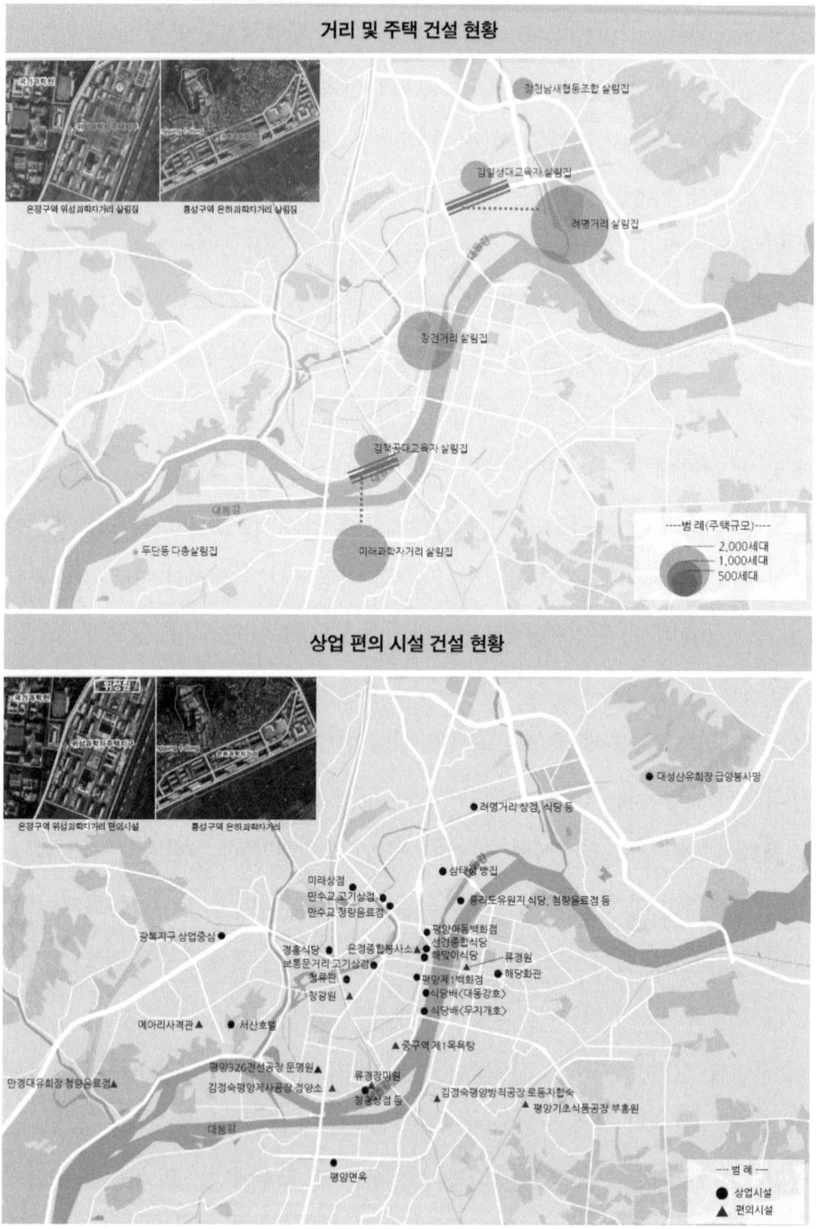

문화·유희·오락 시설 건설 현황

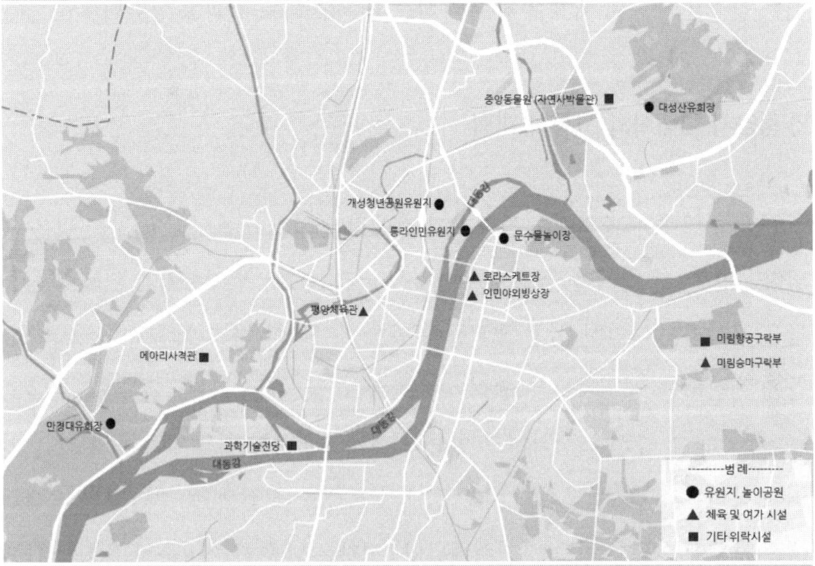

교통 시설 확충 현황

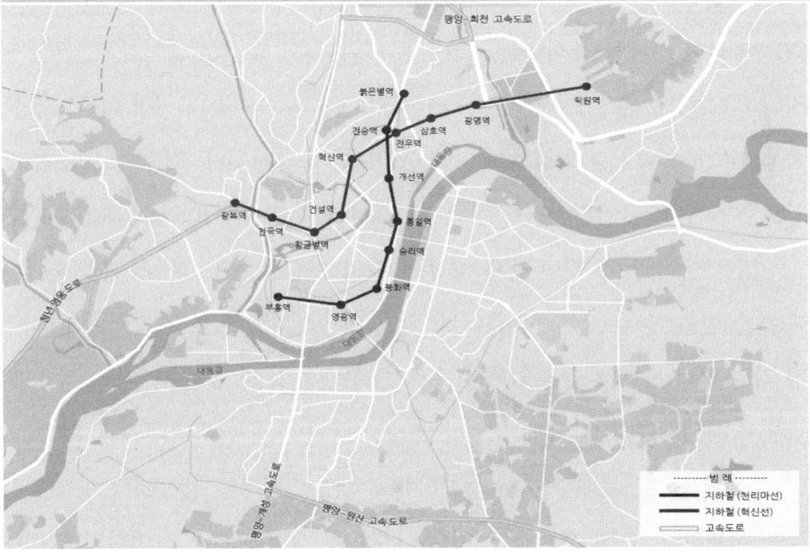

자료: 고유환·박희진·박소영·한재헌(2017.6).

자가 갖춰야 할 충실성, 위대성, 인민성의 덕목을 평양시 공간 안에 구현했다. 이는 김정은의 통치 체제를 공고히 하는 데 기여하는 결과를 낳았다.

2) 평양시 현대화와 시장화 개혁

평양시 현대화 과정에는 통치자의 전략적 노선만이 투영되어 있는 것은 아니다. 지도자가 정책을 구상하고 이것을 공간적으로 투영시키기 위해서는 공간을 구성하는 다양한 실천 행위들이 상호 조응해야 하기 때문이다. 물론 "공간을 생산하는 계획자들은 권력을 획득하고 금전적 이익을 얻"(Harvey, 1996: 240)기 때문에 공간을 장악하고 있는 지배계급에게 절대적으로 유리하다. 그러나 북한은 1990년 경제난 이후 경제적 토대를 상실했고, 주민들의 자생적 생존 활동에 의해 시장을 발전시켜왔다. 시장은 단순히 소비품의 유통 공간으로 자리매김하는 데 그치지 않고, 생산과 소비의 다방면적 제 영역으로 확장되었으며 북한 경제를 움직이는 시장경제 메커니즘으로 형성되어가고 있다. 김정일 체제 시기 시장에 대한 불규칙한 대응 정책은 주민들의 시장 의존도를 더욱 높이고, 당국의 경제 정책에 대한 신뢰도를 하락시켰다. 더 이상 시장을 대상으로 한 당국의 이러저러한 정책은 그 효과를 거두기 어려운 상태였다.

김정은은 집권 후 '인민 생활 향상'을 강조하며 시장에 대한 통제를 중단했다(조선중앙통신, 2012.4.15). 이후 우리식 경제관리 방법으로 명명되는 '사회주의 기업 책임 관리제'를 도입했다(리영민, 2014). 농업 및 공업, 서비스, 상업 분야에서 경영 자율권의 확대 조치를 취하고 국가와 각 단위 간 '권한·책임·이익'을 독립적으로 분배하는 책임 관리제를 전면 실시하는 방향에서 개혁 조치들을 시행하고, 특히 서비스·상업 분야에서는 개인 투자를 합법화해 일정한 국가 납부 몫만 충당할 수 있다면 누구나 자유롭게 서비스·상업 활동을 할 수 있도록 했다. 이 모든 조치들은 사회주의적 소유만 담보할 수 있다면 경제 발전을 위해 시장 기제를 활용할 수 있는 문을 크게 열어놓은 것이다.

나아가 평양시 현대화는 도시를 생산을 위한 공간이 아니라 소비를 위한 공간으로 변모시키면서 시장 활동을 통해 육성된 돈주의 자본 증식 욕구와 향상된 경제생활 및 소비문화에의 욕망을 자극했다. 과거 당국의 시장 통제 정책의 목표는 시장으로 빠져나간 노동력을 공장·기업소로 복귀시키기 위한 것이었으며, 노동력 중심의 공장·기업소의 자력갱생은 지역 경제 나아가 국가 경제를 추켜세우는 기본 방도였다. 그러나 아무것도 책임져주지 않는 공장·기업소로 노동자들이 돌아갈리 만무했다. 반면 현재는 공장·기업소로 돌아가지 않아도 되며, 공장·기업소(원적 단위)에 소속된 상태에서 노동자들의 자유로운 경제활동을 보장해주고 있다. 대신 일정한 납부금만 제출하면 된다. 공장·기업소는 거둬들인 납부금을 통해 재량에 맞는 생산 활동을 벌이고, 경영 활동에 대한 이익은 자체로 분배할 수 있게 되었다. 소속만 유지한 채 모든 것을 개인이 책임지며, 밖에서 자유롭게 경제활동을 할 것인가, 소속 단위의 울타리 안에서 작지만 안정된 경제활동을 할 것인가는 이제 개인의 선택 사항이 되었다. 경제적 타산이 없는 공장·기업소에는 이미 타산이 서 있는 무역 회사들이 삼삼오오 자리를 차지하며 들어서고 있다.

평양시의 경우는 중앙 기관이 집중적으로 배치되어 있어 대외무역이 자유로운 무역 회사의 비중이 높은 도시이다. 때문에 평양시는 기존의 소비품 유통과 시장의 확대 이외에도 무역 회사의 독점적 물류 유통과 생산과의 결합, 무역 회사의 유동자금과 금융(사금융)이 상호작용하면서 시장화가 확대되었다(곽인옥·임을출, 2016: 271~272). 특권 기관의 무역 회사들은 주로 중국과의 교역을 통해 지하자원 일부와 수산물을 수출하고, 이렇게 벌어들인 외화 자금 가운데 일부는 중국으로부터 생활필수품을 수입해 시장이나 도매상인들에게 유통하면서 이익을 남겼다. 무역 회사의 외화벌이 일꾼들에게는 잉여 자금이 있고, 국내 유통을 담당하며 평양 시내·외를 오가는 시장업자들에게는 자금이 필요하기 때문에 이 사이를 오가는 사금융 시장이 발전하고, 앉아서 돈을 버는 돈주들이 자생적으로 생성·확대된 것이다.

김정은이 시장 활동을 허용하고 개혁 조처를 확대하는 가운데 전개된 평양시 현대화 과정은 이들 돈주들이 자본을 증식하기에 유리한 환경이었고, 주민들의 생활 개선 욕구가 높은 가운데 추진된 아파트 건설은 좋은 투자처가 되었다. 이에 따라 주택 건설은 시장화 영역으로 본격 진입하게 되었고, 현재 평양시의 경우는 김정은이 현지 지도한 주택단지 이외에도 소속 단위의 주택 개발 허가와 개별 돈주의 상업적 투자가 결합해 도처에 아파트를 건설하고 있는 중이다. 상업적 아파트는 비교적 대동강 이남 지역인 락랑구역, 역포구역, 강남군 등지의 구역에 건설되고 있으며, 본평양 안에서 이뤄지는 아파트는 권력형 아파트로 건설의 명분이 국가적으로 뚜렷한 경우에만 허용되는 것으로 탈북자가 구술했다(평양C, 2017.2.17 인터뷰).

상업 편의 시설에 대한 투자와 개인 운영은 더욱 확대되는 현상을 보인다. 이미 2010년 즈음 상업관리소 산하 공업품 상점, 식료품 상점, 남새 상점은 국영 상점에서 분리되어 개인 상점화되었으며, 개인 상점들은 공식적인 소속 단위의 외피를 쓰고 개인이 운영하는 곳이 있고, 소속도 없이 비공식으로 개인이 운영하는 불법적인 개인 상점도 있다. 이러한 공식적인 식당은 중구역에만도 200~300개로 추정되며, 비공식 식당은 30~50개가 존재한다(곽인옥·임을출, 2016: 276). 편의 시설에서도 구역별 목욕탕, 이미용실, 수선수리소, 사진관 등 종합 봉사소를 투자 운영하거나, 위탁 운영하는 등의 시장화 영역으로 인입되었다. 평양시 현대화 과정에서 각종 문화·유희·오락 시설을 건설하면서 청량음료 및 빵집 등의 상업 시설을 결합해 봉사 영역을 확대하고 있는데 이것은 모두 개인 사업자가 운영하는 시장 메커니즘의 영역이다.

앞서 보았듯이 교통 운수 사업 부문에서도 영업 허가제를 실시함으로써 버스운수사업소, 택시운수사업소 등은 기관별 무역 회사 산하의 운수 회사로 신설·개편해 서비스 활동을 진행하고 있다. 최근에는 차량이 증가하면서 주유소도 등장하고 있고, 체신국 산하의 구역별 체신소들이 핸드폰 판매 및 개통, 요금 지불 등의 기능을 담당하며 상업 서비스 분야로 진출하고 있다. 평양시 현대화는 김정은 체제의 통치력이 영향을 미치는 지배 공간의 범주 속에서 진행되고 있지만, 평양시 현대화를 실천적으로 작동시키며 지배 공간의 톱니바퀴 역할을 수행하고 있는 것은 개혁적인 시장 공간들이다.

5. 맺음말

이 장은 남북 관계가 단절된 기간의 북한의 변화를 자세히 알기 어려웠고, 우리의 시선은 북한의 핵실험과 국제사회의 대북 제재에 초점이 맞추어져 북한의 변화를 주목하지 못했던 기간의 실태들을 세세하게 종합하고자 했다. 김정은 체제 시기 평양시의 현대화 과정은 매우 광범위하고 속도감 있게 전개되었고 지면에서 누락된 건설 정형도 많다. 그럼에도 불구하고 평양시 현대화 과정은 어떻게 이런 변화가 가능한 것이며, 이 변화는 무엇을 목적으로 하고, 어디로 향하고 있는지 비교적 명료한 스토리를 나타내 보여주었다. 평양시가 북한 전체 도시를 대변하지는 못하지만, 적어도 평양시 현대화 과정은 김정은 체제의 집권 이후 구상과 전략적 구상을 도시 공간에 투영해 나타냄으로써 '정책과 실현'의 간극을 채워주는 역할을 하고 있는 셈이다. 그 결과 다음과 같은 결론을 도출할 수 있다.

첫째, 평양시 현대화 과정은 불투명했던 후계자 김정은의 집권 공고화에 기여했다. 김정은은 후계자로서 갖춰야 할 충실성, 영도성, 인민성의 덕목들을 평양시 도시 공간에 구현했으며, 구현을 실현해냄으로써 통치자로서의 리더십을 구축하게 했다.

둘째, 평양시 현대화 과정은 김정은 체제가 추구하는 지식 경제 시대, 과학기술, 세계적 추세, 사회주의 문명국 등의 국가의 전략적 구상을 도시 경관을 통해 보여줌으로써 향후 북한 체제가 지향하는 '우리식 사회주의'의 미래상을 전체 주민들에게 전달하는 메신저 역할을 충분히 수행했다. 이것은 시장화 과정에서 추락한 정부 당국의 신뢰를 회복하는 데 일정 기여했다.

셋째, 평양시 현대화 과정은 국가가 주도하는 건설을 통한 경기 부양의 흐름 속에서 시장화를 확산시키는 효과를 파생시키고 있다. 여전히 인구 이동을 억제하고, 사적 소유를 조절하며, 자유로운 경제활동에는 권력의 보호가 필요한 현실에서 주춤거리던 시장 세력들은 국가가 주도하는 건설의 바람에 편승하고 있다. 국가는 개인의 외화 자금을 건설 비용으로 요긴하게 활용하고, 갈 곳 몰랐던 돈주들은 새로운 투자처를 통해 자본을 증식하고 있다. 도시가 개발되고 외연이 화려해질수록 소비문화는 확산되고, 상품이 확대된 도시 안의 주민 생활은 향상되는 흐름을 조성하고 있다.

넷째, 평양시 현대화 과정의 핵심 포인트로 기능한 과학기술 우대, IT 기능의 활성화 방향은 사람과 물류가 직접적으로 이동했던 시장화 과정을 변화시키고 있다. 컴퓨터를 통한 원격 교육 체계를 구축하고 핸드폰을 통해 정보와 자금이 이동하면서 상품의 생산·유통 네트워크만 구축한다면 거주 공간 안에서도 상업 행위를 할 수 있는 조건이 형성되고 있다. 도시 안의 생산 공장이 물러나고 무역회사의 사무 공간이 도시 안에 들어오기 시작했으며, 도시의 기능적 분화는 더욱 세분화될 것으로 전망된다.

다섯째, 평양시 현대화 과정은 지방 도시 개발의 일정한 바로미터로 작용하게 된다. 역사적으로 평양과 지방의 관계는 '표본의 구축과 표본의 일반화'라는 상호 관계성을 구축하고 있기 때문이다. 이미 평성, 청진, 신의주, 원산과 같은 도시들은 평양시가 행했던 공공시설 부문을 축소해 지방의 실정에 맞게 건설하고 있으며, 해당 인민위원회의 주요 사업이 되고 있다. 다만 주택 건설 부문과 상업 편의 시설, 교통 운수 부문 등은 평양시가 독점적으로 활용했던 건설 노동 인력(군인 건설자)을 사용할 수 없기 때문에 큰 규모의 건설이 이뤄지기보다 개별적이고 비계획적이며 경쟁적으로 진행되고 있어 추후 문제가 될 소지가 많다.

여섯째, 국가와 시장의 적절한 균형 관계는 어디까지일지 향후 세밀한 고찰이 요구된다. 평양시 현대화 과정은 지도자에게 통치적 자신감을 불어넣었고, 투자자들에게는 시장화를 위한 계단에 한 단계 더 올랐다. 지도자와 통치 집단은 평양시 현대화 과정의 일반화를 위해 주요 도시를 향해 더 많이, 더 빨리, 더 화려하게 건설할 것을 요구하며 동원 경제를 부활시키고 있다. 현재와 같은 동원 개발 형태의 건설 방식을 지속할 경우에도 건설의 선순환이 계속 유지될 수 있는지는 의문시된다.

일곱째, 시장화는 도시화를 통해 더욱 확산되고 도시화는 시장화를 통해 심층화된다. 평양시 현대화를 진행하는 과정에서 우리식 경제관리 방법은 '사회주의적 소유관계의 지속'이라는 알맹이만 남기고 많은 부분이 허용되는 사회주의 시장경제의 단계에 진입했다. 도시는 권력관계에 따른 공간의 분화를 창출하게 될 것이고, 상품과 유통, 정보와 기술이 공간적으로 집중된 도시로 돈을 벌기 위해 사람들은 모여들 것이다. 평양시 현대화는 이제 됐으니 그만이라고 말할 수 없다는 것이다.

많은 사람들은 평양시는 매우 특별하기 때문에 북한 체제를 대변할 수도,

설명하는 데도 한계가 있다고 지적한다. 그러나 지구상의 모든 나라들은 그들만의 독특한 특별함을 가지고 있지만 세계 보편 공간 안의 특수함일 따름이다. 평양시 도시 공간 이해, 평양시의 권력관계 변화, 평양시와 지방과의 관계 등은 여전히 북한을 이해하고 분석하기 위한 주요 연구 대상이다.

참고문헌

곽은경. 2015. 「북한 지도자 현지지도의 공간상징성 연구」. 고려대학교 대학원 석사학위논문.

곽인옥·임을출. 2016. 「평양의 시장경제 실태와 특징에 대한 연구」 북한연구학회. 한반도국제포럼 2016 통일·북한학 학술대회자료집.

고유환·박희진·박소영·한재헌. 2017.6. "북한의 도시개발 및 민생인프라 실태: 남북한 지역의 통합적 발전전망 중심". 기획재정부 용역보고서(별첨자료).

김권호. 2013. 「과학과 기술, 지식이 생산을 주도하는 경영관리체계를 확립하는 것은 지식경제발전의 필수적 요구」. ≪경제연구≫, 4호, 13~14쪽.

김정은. 2012.4.15. "선군의 기치를 더 높이 추켜들고 최후승리를 향해 힘차게 싸워나가자". 조선중앙통신.

_____. 2012.4.27. "사회주의강성국가건설의 요구에 맞게 국토관리사업에서 혁명적전환을 가져올데 대하여". ≪로동신문≫.

김정희. 1953. 『도시건설』. 평양: 조선민주주의인민공화국 과학원.

남북교류협력지원협회 홈페이지. 『조선민주주의인민공화국 도시경영법(1992년 제정, 1999,2000,2004, 2006년 개정)』. www.sonosa.or.kr/_rb/_view.html?Ncode=law&number=2618 검색.

렐프, 에드워드(Edward Relph). 1999. 『근대도시경관』. 김동국 옮김. 태림문화사.

리영민. 2014. "우리식 경제관리방법을 확립하는 것은 경제강국건설의 중요한 요구". ≪근로자≫, 9월호.

박희진. 2015. 「김정은 체제의 도시와 도시건설: 개방·관광·상품화」. ≪평화학연구≫, 16권 1호, 155~179쪽.

변학문. 2018. "북한의 과학기술과 평양시 도시 변화". 서울연구원 전문가 간담회 자료(2018.2.23).

안병민 외. 2011. 『북한 체제변동 대비 교통물류시스템 대응방안 연구』. 한국교통연구원.

오창원. 1991. 『우리나라 지리와 풍속』. 평양: 금성청년출판사.

이시효. 2016. 「시장도입 초기 평양공간의 재배치: 1984~2003년을 중심으로」. ≪북한학연구≫, 12권 2호, 65~92쪽.

정병효·권혁익. 2013. 『극장국가 북한: 카리스마 권력은 어떻게 세습되는가』. 창비.

통계청. 2016. 『2016 북한의 주요통계지표』. 통계청.

편집부. 1991. 『우리나라 지리와 풍속』. 평양: 금성청년출판사.

하비, 데이비드(David Harvey). 1996. 『도시의 정치경제학』. 초의수 옮김. 한울출판사.

NK테크. 2009. "'2012년 강성대국'을 향한 평양시 현대화사업". 북한과학기술네트워크(www.nktech.net), 2009.7.28.

「KOTRA 북한정보/쿠웨이트한국무역관」. KOTRA(www.kotra.or.kr), 2002.4.2.

UNDPRK Socio-Economic. 2014. Demographic and Health Survey.

≪노컷뉴스≫. 2016.3.29.

≪로동신문≫. 2011.5.24; 2011.6.4; 2012.3.1; 2012.6.21; 2012.6.28; 2012.9.1; 2012.10.1; 2012.12.13; 2012.5.15; 2013.1.1; 2013.3.25; 2015.2.15; 2015.9.28; 2016.1.5.

≪류경≫. 2015.2.5.

연합뉴스. 2008.6.30; 2015.6.25.

≪자유아시아방송≫. 2015.8.17.

≪조선신보≫. 2011.8.11; 2012.12.14.

≪조선의 오늘≫. 2015.10.1; 2016.11.12.

조선중앙통신. 2014.11.1.

≪통일뉴스≫. 2008.12.16; 2011.12.13; 2012.12.07; 2014.1.20.

≪환구망(環球網)≫. 2012.1.11.

The Economist. 2015.8.12.

The Guardian. 2015.9.11.

Washington Post. 2016.5.15.

2장

김정은 시대 대남 군사전략*

경제와 핵 사이

이미숙 (국방부 군사편찬연구소)

1. 들어가는 말

2018년 2월 평창 동계 올림픽 참가를 계기로 남북한은 협상의 물꼬를 텄다. 4·27 판문점 회담 후 북한은 풍계리 핵실험장 폐기(5.24), 핵실험·ICBM 시험 발사 중단 등 비핵화 의지를 보이며 6·12 미북 정상회담을 이끌어냈다. 평창 올림픽 개최 전과 판이하게 다른 협상 행태가 아닐 수 없다. 2017년 9월 3일까지만 해도 김정은 위원장은 집권 5년 5개월 동안 83회의 핵·미사일 관련 도발을 했다(홍민, 2017: 33). 이는 김일성·김정일 시기 25년간 자행된 36회의 핵·미사일 도발보다 두 배 이상 증가된 수치로 국제 안보를 노골적으로 위협했기 때문이다.

* 이 장은 2018년 10월 12일 북한연구학회 추계학술회의에서 발표한 "김정은 시대 대남 군사소통전략: 경제와 핵 사이"를 수정·보완한 것이다.

이러한 변화를 두고 북한 군사전략에 대한 평가는 크게 양분된다. 즉, 김정은의 '경제·핵 무력 병진 노선'(2013.3.31) 추진 이후 북한의 군사전략이 변하고 있다고 보는 '변화'와 적화통일을 추구하는 북한의 군사전략은 거의 변화가 없다고 보는 '지속'이 그것이다.

'지속'론자들은 김 위원장이 추진한 '경제·핵 무력 병진 노선'이 김일성의 '국방·경제 병진 노선', 김정일의 '선군 경제 노선'을 계승한 것으로 인식한다(정영태, 2011: 37). 경제보다 핵 무력에 방점을 찍고 있어 핵 무력 건설을 경제 건설보다 우선시하는 이전 노선과 다를 바 없다고 주장한다(채규철, 2015: 280). 경제·핵 무력 병진 노선의 경제 총집중 노선으로의 전환도 변화로 보지 않는다. 따라서 대내외 안보 환경의 악화에도 불구하고 '한반도 공산화 통일'이라는 국가 목표를 달성하기 위해 공세적 군사전략을 고수한다고 본다(김기호, 2014: 28). 이들은 북한의 '혁명과 해방'의 인식, 그리고 '비합리적 행위자'로서 북한 체제의 특수성에 주목한다(김태현, 2017: 133). 이에 따르면 북한은 선제 기습전, 배합전, 속전속결을 근간으로 하는 기존의 군사전략을 유지하면서 비대칭 전력에도 집중해 전술적 변화를 모색하고 있다는 것이다(국방부, 2016: 23). 결국 이들은 북한이 비핵화 협상을 제기하지만 핵을 CVID식으로 폐기하지 않을 것이며 상황에 따라서는 공세적 군사전략 수단으로 사용할 것으로 전망한다.

'변화'론자들은 북한이 대내외 안보 환경의 변화에 따라 '체제 유지'를 위해 핵 무력을 담보로 경제 건설에 집중할 것으로 전망한다(정창현, 2013: 36~37). '경제·핵 무력 병진 노선'을 "경제 발전을 지연시키더라도 군사력을 한층 강화해야 한다"는 김일성의 '경제·국방 노선'과 정반대로 인식한다(조성렬, 2015: 92~93). 이에 따르면 북한은 무력 적화통일 노선을 포기하고 '체제 수호'에 목표를 둔 수세적 군사전략을 추구할 수밖에 없다는 것이다(DIA, 2014: 14~15). 북한의 주장대로 핵 억지력을 바탕으로 재래식 군비에 대한 추가 투자를 억제하고 경제 건설에 투입하겠다는 것으로 경제에 방점을 둔 것이라 할 수 있다(김동엽, 2015: 80). 결국 이들은 북한이 비핵화를 통해 체제 보장과 경제적 지원을 받을 가능성이 높다고 전망한다.

경제·핵 무력 병진 노선 채택 이후 북한의 군사전략을 보면, 이전과 달리 군비 증강보다는 4대 전략적 노선과 3대 과업을 통해 군사력을 강화하고 있다(김동엽, 2015: 96~98). 또한 군 중심의 당 기능을 총정치국 중심으로 회복시키고 핵·미사일 중심의 비대칭 군사력을 증강하고 있다. 그러나 일면 대규모 병력과 재래식 전력을 그대로 유지하고 있어 선군 정치 차원에서 군비 증강도 지속되고 있는 것으로 보인다. 지난 2018년 4월 20일에는 김정은 위원장이 노동당 중앙위원회(제7기 3차) 전원회의에서 '경제·핵 무력 병진 노선'을 '경제 총집중 노선'으로 전환했으나 현 상황에서 북한 군사전략의 변화를 속단하기 어렵다. 이에 군사전략 수단인 군사 협상과 군사 도발의 활용 행태 분석을 통해서 북한 대남 군사전략의 변화를 전망해보고자 한다.

북한은 김정일 시기 이전까지는 주로 공세적인 군사전략을 폈다. 그러나 1980년대 말 탈냉전 이후 김정일은 평화 공세를 내세우며 군사 협상의 전면에 나서기 시작했다. 그 이후로 북한은 '한반도의 공산화 통일'과 '체제 유지'를 목표로 군사전략 수단인 군사 협상과 군사 도발을 병행하는 행태(허문영, 1995: 135~160)를 보였다. 군사 도발과 군사 협상을 병행한다는 것은 아이러니한 일이지만 북한에게는 군사전략이었다(이미숙, 2012: 133).

이 장에서는 '지속'과 '변화'의 이분법적 접근을 지양하고 북한의 군사 협상과 군사 도발이 지니는 군사전략의 경로 의존성에 주목한다. 경로 의존성이란 특정 시점에서 전혀 다른 환경에 대처하기 위한 목적으로 형성된 제도가 미래의 시점에서도 지속적으로 정책 선택의 여지를 제한한다는 의미를 지닌다(문순보, 2010: 97). 지금까지 북한의 군사전략은 선군 정치 방식이 구조화되어 있어 근본적인 변화가 쉽지 않기 때문이다. 그러나 경로 의존성은 단절뿐만 아니라 제도적 요소의 변형과 지속이라는 의미를 동시에 갖는다(하연섭, 2003: 198).

이런 문제의식에서 북한 군사전략 수단인 군사 협상과 군사 도발의 병행 행태의 지속과 변화를 김정일 시기와 김정은 시기로 구분해 분석한다. 이를 근거로 김정은이 경제·핵 무력 병진 노선 추진 이후 군사 분야에서 변화를 보이고 경제 총집중 노선으로까지 전환했으나 군사전략의 근본적인 변화로 보긴 어렵다고 전망한다. 이 장에서는 대미 관계에 비해 군사 협상과 군사 도발의 경험치가 있는 북한의 대남 군사전략을 분석 대상으로 삼았지만 대남 군사전략은 물론 대미 군사전략을 이해하는 데도 도움이 될 것으로 기대한다.

2. 북한 대남 군사전략의 경로 의존성

북한은 군사 협상과 군사 도발을 병행하고 반복했다. 이는 군사 협상과 군사 도발에 대한 북한의 인식이 우리와 다름을 보여준다. 우리 입장에서는 군사 도발을 군사 협상과 상반되는 개념으로 인식하나, 북한은 〈그림 2-1〉과 같이 군사 도발을 군사 협상과 마찬가지로 '한반도의 공산화 통일'과 '체제 유지'라는 국가 목표를 달성하기 위한 대남 전략의 또 하나의 수단으로 인식한다(허문영, 2007: 115). 북한은 대남 전략을 국가 목표를 달성하기 위해 남한에 대해 전개하는 모든 실천적 행동 지침으로 정의한다(사회과학출판사, 1985: 3). 북한은 대남 전략의 역량 중 군사전략을 특히 중시했고, 그것은 군사적 수단인 군사 협상과 군사 도발을 상황에 따라 배합해 사용하는 것으로(허문영, 1995: 135~160) 나타났다.

그림 2-1 _ 북한의 대남 전략과 군사 협상/군사 도발의 관계

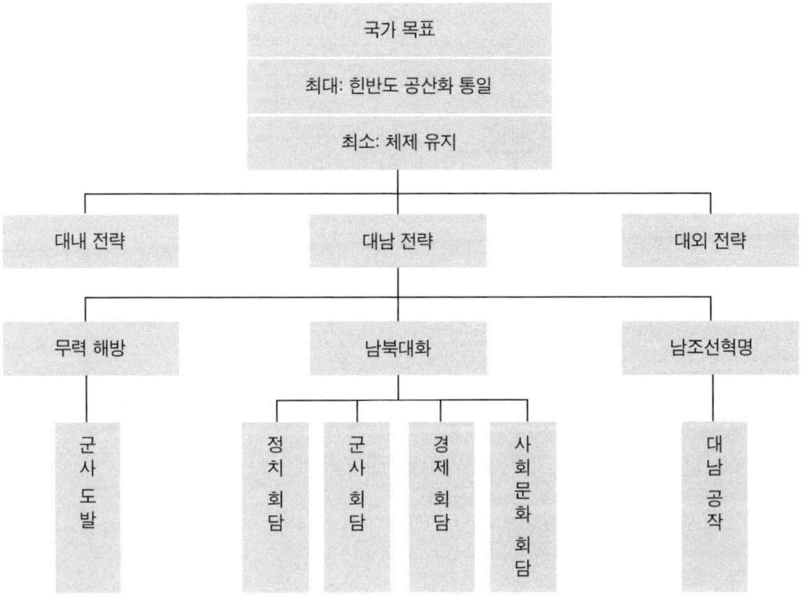

캐슬린 텔렌Kathleen Thelen의 경로 의존성에 따르면, 제도의 핵심 요소는 그대로 유지한 채 제도의 주변적 요소들을 수정하고 추가함으로써 제도가 환경 변화에 유연하게 적응해간다. 북한의 군사전략이 1980년대 말부터 군사 노선 위주의 공세에서 평화 공세와 군사적 공세를 배합하는 행태로 변화한 것은 단절이 아니라 핵심 제도의 변형과 지속이라는 것이다. 다시 말하면, 제도의 변화는 대체가 아니라 기존 구성 요소들이 재배열되는 형태를 취하게 된다(Stark, 1992: 17~54). 이는 어떤 제도가 형성되면 모든 요소들이 고착화되는 것이 아니라 고착화되는 요소가 있는 반면, 유연하게 변화할 수 있는 요소도 있다는 것을 의미한다(Thelen, 2000: 107). 캐슬린 텔렌은 이러한 제도의 변화 및 지속 과정에서 기회와 제약 요인에 대응하는 '행위자의 전략적 선택'에 주목했다(Thelen, 1999: 369~404). 제도의 핵심 요소는 그대로 유지한 채 대내외 환경의 변

그림 2-2_ **분석틀**

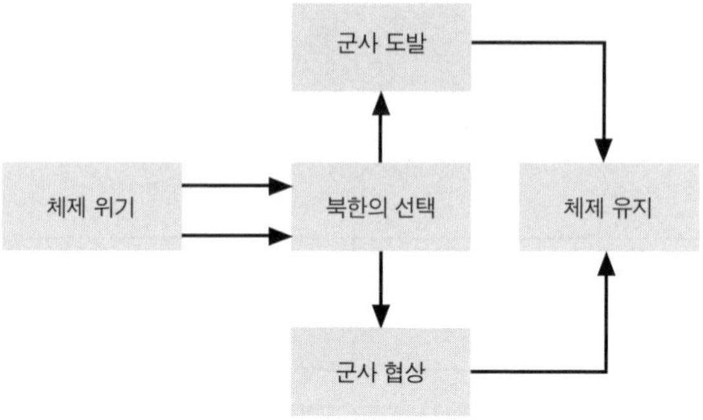

화로 조성된 제약 요인을 유연하게 극복하기 위해서는 행위자의 전략적인 선택이 무엇보다 결정적인 영향을 미치기 때문이다.

이 장에서는 캐슬린 텔렌의 경로 의존성을 근거로 〈그림 2-2〉와 같이 분석틀을 만들었다. 북한은 '체제 유지'를 달성하기 위해 군사전략 차원에서 군사 협상과 군사 도발 행태의 변화를 보임으로써 환경의 변화로 조성된 위기 상황에 적응해갔다고 보기 때문이다. 여기서 핵심 요소는 '체제 유지'이고 주변 요소의 변화는 '북한의 대남 군사 협상과 군사 도발 행태의 변화'이다. 캐슬린 텔렌이 제도의 변화 및 지속 과정에서 중시한 행위자가 전략적 선택을 내려야 하는 제약 요인은 '체제 위기'이다. 전략적 선택을 내리는 행위자인 김정일과 김정은은 체제 위기를 극복하기 위해 상황에 따라 군사 협상과 군사 도발을 병행한 것이다.

그 과정에서 북한 정권은 체제 위기 상황에 따라 다소 차이를 보인다. 즉, 전략적 선택을 내리는 행위자가 정치적 위기를 결정적 위기로 인식한 경우에는 군사 도발을, 경제적 위기를 결정적 위기로 인식한 경우에는 군사 협상을 주로 활용하는 경향을 보였다. 다시 말하면, 안보 환경의 변화로 조성된 위기 상황에서 전략적 선택을 내리는 행위자가 극복 방안으로 핵을 선택한다면 군사 도발을, 경제를 선택한다면 군사 협상을 주로 활용하는 행태를 보였다.

이 분석틀에 따라 김정일 시기와 김정은 시기 북한의 군사 협상과 군사 도발 행태를 분석한다. 분석을 통해 북한이 국가 목표인 '체제 유지'라는 핵심 요소를 달성하기 위해 군사 협상과 군사 도발을 병행하는 행태를 보인다는 전제를 규명함으로써 북한 대남 전략의 경로 의존성이 여전히 지속되고 있다는 것을 밝힐 것이다.

3. 북한의 군사 협상과 군사 도발 병행 행태

1) 김정일 시기 군사 협상과 군사 도발

김정일은 1974년 후계자로 확정되었고, 1994년 김일성이 사망한 뒤 권력을 승계했다. 김정일 시기 북한은 동구 사회주의 체제의 붕괴로 북한 사회주의 체제의 정통성이 와해될지도 모르는 위기 속에서 '고난의 행군'을 통해 1990년대 말 최악의 체제 위기를 간신히 버텼다. 그러나 2000년대 초부터 식량난의 가중과 만성적인 경제 침체, 과중한 군비 증강의 부담 등으로 심각한 경제난에 직면했다. 이에 김정일은 핵 개발과 함께 '경제 살리기'에도 주력했으나 미국의 대북 적대시 정책에 따른 경제제재로 북한의 경제난은 더욱 악화되었다. 이런 상황에서 북한의 군사전략은 〈그림 2-3〉과 같이 군사 협상과 군사 도발의 병행으로 나타났다.

당시 북한의 경제난에 비추어볼 때, 북한은 남한의 경제적 지원 및 협력이 절대적으로 필요했다. 그러나 북한은 선군 정치를 내세우며 군사 도발을 선택했다. 1990년대 초 탈냉전으로 인한 사회주의 체제의 붕괴 위기 속에서는 군

그림 2-3 _ 김정일 시기 북한의 군사 협상과 군사 도발 행태

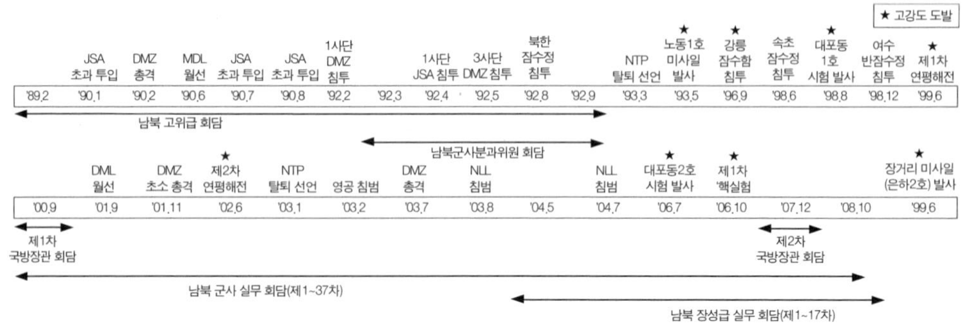

사 협상 추진으로 자생할 수 있는 시간을 벌면서도 내부 통제와 체제 결속을 강화하기 위해 저·중강도 도발을 자행했다. 2000년대 초에도 제1차 남북 국방장관 회담에서 남북 간 교류·협력을 보장하는 데 따르는 군사적 문제들을 해결하기 위해 상호 적극 협력한다는 내용의 「공동보도문」에 합의했지만 북한의 도발은 계속되었다. 2001년 들어 NLL 침범은 더 잦았다(합동참모본부, 2011: 425~426). 이는 북한의 대남 군사 도발이 군사 협상의 진전과는 상관이 없음을 보여준다.

2002년 6월 29일에는 제2차 연평해전을 일으켜 6·15 남북 공동선언 이후 조성된 남북 화해 협력 분위기를 또다시 경색시켰다. 이는 북한이 사회주의 국가의 주민 통제 방식인 배급제의 폐지를 인정하는 7·1 '경제관리 개선' 조치의 시행을 이틀 앞두고 김정일 체제의 정당성을 강화하기 위한 군사 도발로 볼 수 있다(이미숙, 2009: 144). 당시 김정일은 군사 협상을 통한 경제적 지원보다 군사 도발을 통한 내부 결속과 정치적 안정을 급선무로 인식한 것이다.

제2차 연평해전 이후 북한은 제2차 남북 장성급 군사 회담(2004.6.4)에서 남측이 제기한 '서해 충돌 방지 문제'와 북 측이 제기한 '선전 활동 중지 및 수단 제거 문제'를 상호주의 차원에서 일괄 타결해 6·4 합의서를 채택·발효시켰다. 제

21차 남북 군사 실무 회담(2004.6.10~12)에서는 6·4 합의서의 부속 합의서를 채택·발효함으로써 2004년 6월 15일부터 서해상에서의 우발적 충돌 방지 조치와 군사분계선 지역에서의 선전 활동 중지 및 선전 수단 제거가 시행되었다.

그러나 6·4 합의서 합의 이후 북한의 NLL 침범 횟수는 합의 이전보다 더 늘었다(허문영, 2005: 106). 이는 북한이 남북 장성급 군사 회담에서 서해상의 무력 충돌 방지에 대해 합의했다고 해서 현재의 NLL을 인정하는 것은 아니라는 것이다. 당시 선전 수단의 비효율성과 비경제성으로 어려움을 느끼고 있던 북한은 NLL 침범 관련 합의를 통해 체제 위협 요인으로 작용하고 있던 대북 선전·방송을 중단시키려는 데 목적이 있었을 뿐 서해상의 우발 충돌 방지에 대해서는 관심이 없었던 것으로 보인다(이미숙, 2009: 304).

제3차 남북 장성급 군사 회담(2006.3.2~3)도 개최되었으나 북한 정권이 2006년 7월 5일 대포동 2호를 포함한 7발의 미사일을 동해안으로 발사해 협상은 또다시 중단되었다. 그러나 북한은 2006년 9월 28일 '군사적 합의와 관련된 문제'를 토의하자고 먼저 제의했다. 북한이 도발 후 협상을 제의한 것은 협상 재개를 빌미로 최대한의 양보를 받아내고 실리를 챙기기 위해서였다. 하지만 제28차 남북 군사 실무 회담(2006.10.2)이 끝난 다음날인 2006년 10월 3일 북한은 외무성 대변인 성명을 통해 '핵실험 계획'을 발표하고 이어 10월 9일 실제 핵실험을 함경북도 길주 부근에서 강행했다.

당시 북한의 핵실험(2010.10.9)은 핵 개발의 실체를 드러낸 공세적인 고강도 군사 도발이었다. 북한은 위기 상황일수록 군을 중시하는 경향이 있다(이종석, 2000: 547). 핵은 김정일의 통치 이념인 선군 정치로 탄생했고 선군 정치를 지속시켜주는 보루이다(전성훈, 2007: 39). 따라서 김정일 시기 군사 도발은 북한 내부적으로는 대북 제재로 어려운 주민들을 설득하고 김정일 체제의 정당성을 확보해 내적 결속을 다지는 수단이었다.

연이은 미사일·핵 중심의 고강도 도발로 남북 간 군사 협상이 단절되었으나, 제5차 남북 장성급 군사 회담, 제2차 남북 국방장관 회담(2007.11.27~29), 제7차 남북 장성급 군사 회담(2007.12.12~14) 등이 또다시 재개되었다. 김정일은 남북 국방장관 회담과 남북 군사 실무 회담, 남북 장성급 군사 회담 등의 군사 협상을 통해 군사 합의를 하고 합의를 최초로 이행하기도 했지만, 군사적 지원 분야와 군사적 신뢰 구축 분야의 초보 단계의 이행에 그친 선언적 협상이었다. 김정일은 이행을 통해 한반도의 군사적 긴장 완화를 도모한 것이 아니라 체제 유지를 위해 정치적 차원에서 협상을 활용한 것이다.

실제로 김정일은 "식량 문제가 제일 긴급한 문제이고, 우리 인민들을 배불리 먹이지 못하는 것이 제일 가슴 아프다"(리창일, 1999: 3)라고 말할 정도로 경제 위기의 심각성을 인식하고 있었다. 2000년 신년 공동 사설에서는 "우리의 경제 형편은 의연히 어렵다"고 어려운 경제 사정을 처음으로 자인하기까지 했다(통일부, 2005: 88). 2000년 초에는 '공화국 역사상 처음'인 극심한 전력난까지 겹쳤다(조선중앙방송, 2000.2.2). 이러한 위기 인식에서 김정일은 군사 협상을 통해 경제 위기 국면을 해소하려는 행태를 보였다.

그러나 김정일은 경제를 중시할 경우 당장의 경제적 결핍을 채울 수 있을지 몰라도 체제 보위를 보장할 수는 없다는 인식을 갖고 있었다(리철·심승건, 2002: 118). 또한 김정일은 개혁과 개방을 추호도 허용할 수 없다는 인식을 갖고 있었다(김정일, 1999: 458). 그래서 또다시 군사 도발을 병행하는 모습을 보였다. 북한이 2009년 김정은 후계 구도의 안정화에 필요한 경제 지원과 북미 관계 개선을 위해 2차 미사일 발사 및 핵실험을 감행했던 것이다. 군사 도발은 경제난에 따른 주민 불만이나 동요를 막고 체제를 단속하는 방법이자 내부 경제 자원이 고갈되어 유일한 가용 자원이 없는 상황에서 외부 세계에서 그들의 가치를 인정받기 위한 방편이기 때문이다(이종석, 2000: 547).

그림 2-4 _ 김정일 시기 군사 협상과 군사 도발 병행 행태

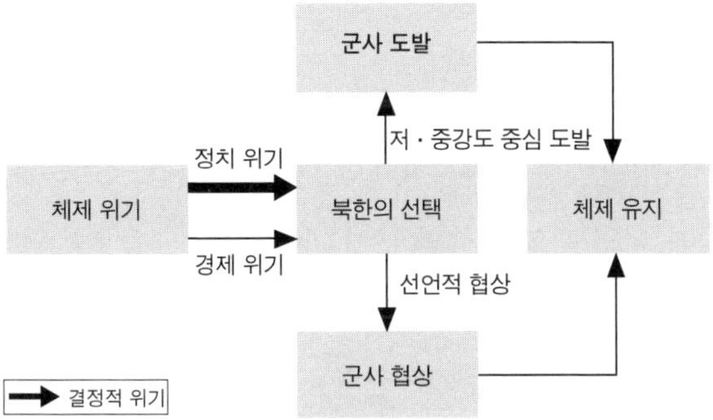

요컨대, 북한은 〈그림 2-4〉에서 보는 바와 같이 심각한 내부 정치적 위기를 극복하기 위한 수단으로 군사 협상과 군사 도발을 통해 통치의 정통성을 강화함으로써 오랜 경제난으로 인한 인민들의 불만을 무마시키고 핵 개발의 당위성과 후계 세습 체제를 구축하려 했다. 이로 인해 군사 협상은 이전보다 적극적으로 추진되는 듯했으나 선언적인 수준에 그쳤다. 군사 도발은 저·중강도 수준이었으나 점차 누적된 경제적·정치적 불만에 비례해 핵·미사일 관련 고강도 군사 도발도 감행했다. 이는 북한의 체제 위기가 커질수록 대담한 도발로 더 큰 위협을 조장해야만 자신들의 통치를 정당화할 수 있기 때문인 것으로 보인다.

따라서 캐슬린 텔렌의 경로 의존성에 따르면, 김정일은 체제 유지를 위해 북한의 군사 협상과 군사 도발을 병행했고, 정치적 위기를 체제를 위협하는 결정적 위기로 인식해 군사 협상보다는 군사 도발에 중점을 두었다. 김정일은 체제 유지를 위해 경제가 아닌 핵을 선택한 것이다.

2) 김정은 시기 군사 협상과 군사 도발

2008년 김정일이 뇌출혈로 쓰러진 뒤 2009년 후계자로 낙점되어 2010년 당 중앙군사위원회 부위원장이 된 김정은의 정권 초기는 불안정해 보였다. 권력 기반과 국정 운영 경험의 부재, 군부 상층의 동요와 불만 증대, 핵 개발 및 국제사회의 제재로 인한 경제난 심화 등이 불안정 요인으로 인식되었다. 그러나 2012년 4월 공식적으로 권력을 승계한 김정은은 약화된 당의 기능을 정상화하고 당·군·정 지도부 세대교체를 통해 정치권력을 공고히 하는 데 주력했다(국방부, 2014: 20).

당시 국제사회의 제재와 압박 속에서 김정은은 선군 정치를 계승했다. 나아가 사회주의 헌법에 '핵보유국'임을 명시함으로써 선군 정치 노선의 구현 의지를 분명히 드러내며 핵 개발에 집중했다. 핵 무력을 체제 안전 보장과 자신의 권력 기반 공고화에 활용했다. 그런 한편 2013년 3월 '경제·핵 무력 병진 노선'을 채택했고, 2017년 말 '핵 무력 완성 선언' 이후에는 인민경제 발전에 더욱 집중하는 모습을 보였다.

김정은은 선군 정치 노선에 따라 2차 핵실험(2009.5)과 장거리 미사일(은하3호) 발사(2012.12), 3차 핵실험(2013.2)을 추진하면서도 군사 협상의 끈을 놓지 않았다. 〈그림 2-5〉에서 보는 바와 같이 북한은 군사 협상과 군사 도발을 병행했다. 그러나 평창 올림픽 이전까지는 김정일 시기보다 군사 협상 횟수가 현저히 감소한 반면 군사 도발은 고강도 도발 중심으로 자행되었다.

북한은 2010년 천안함 피격 사건(3.26) 이후 우리 정부의 5·24 조치 발표 및 유엔 안보리 의장 성명 채택(7.9) 등 대북 제재가 본격화되는 상황에서 '군사적 합의 이행과 관련한 현안을 협의'하자며 제38차 남북 군사 실무 회담을 제의했다(통일부, 2013: 12~13). 회담(9.30)에서 북한은 천안함 피격 사건 조사 결과

그림 2-5 _ 김정은 시기 군사 협상과 군사 도발 병행 행태

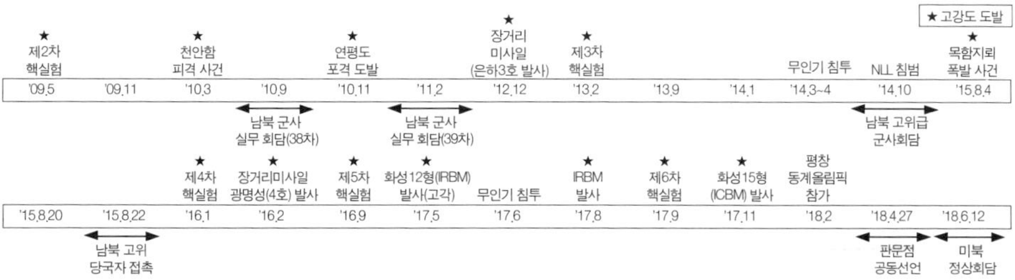

를 부정하면서 대북 전단 살포 중단과 해상 경비계선의 침범을 요구했다(통일부, 2013: 27~29). 그러나 제38차 남북 군사 실무 회담을 개최한 지 2개월 만에 북한은 연평도 포격 도발(2010.11.23)을 감행했다. 2개월이 좀 지난 2월 8일 북한은 제39차 남북 군사 실무 회담(2011.2.8)을 개최했으나 천안함 폭침을 부인하고 연평도 포격 도발의 책임을 우리 측에 전가하는 주장만 되풀이한 채 결렬시켰다(통일부, 2013: 30~31). 북한은 금강산 관광 재개 회담, 개성 공업지구 회담 등을 먼저 개최하려고 남측에 협상을 제안했던 것이다(국방부, 2017: 202). 이는 북한이 군사적 긴장 완화 및 신뢰 구축을 추구하기보다는 남북 관계 주도권 확보와 체제 유지를 위해 군사 협상을 활용하고 있음을 보여준다(국방부, 2017: 219).

그런 한편 김정은은 국제사회의 인권 개선 노력과 경제제재에도 불구하고 2013년 3월 핵·경제 병진 노선을 추구하면서 핵과 미사일을 통한 무력시위와 군사 도발을 지속했다. 특히, 2014년 3월에는 무인기를 서울까지 침투시키더니, 2014년 10월 7일에는 북한 경비정이 북방 한계선을 침범해 남북 함정 간 교전이 발생했다. 10월 10일에는 민간단체 풍선 날리기를 빌미로 북 측이 연천 지역에 총격 도발을 자행했다. 10월 15일 남북 고위급 군사 회담이 개최되었으나 서해 북방 한계선과 민간단체의 대북 전단 살포 등에 대한 양 측의 입

장차만 확인하고 결렬되었다.

2015년 8월 4일 우리 측 비무장지대 내에서 수색 작전 중이던 국군 장병 2명이 북한군이 군사분계선에 침범해 의도적으로 매설한 목함 지뢰에 의해 부상당하는 사건이 발생했다. 정부는 북한에 사과 및 책임자 처벌을 촉구하고 군사분계선 일대 대북 확성기 방송을 시작했다. 북한은 비무장지대의 지뢰 매설 사실을 부인하고, 확성기 방송을 중단하지 않으면 타격하겠다고 준전시 상태를 선포했다. 그러나 며칠 뒤 북한은 협상을 제안해왔고 8월 22일 남북 고위 당국자 접촉이 개최되었다. 협상 중 의견이 대립했으나 북 측은 지뢰 도발에 명시적으로 유감을 표명하고 준전시 상태를 해제했으며 우리는 확성기 방송을 중단했다.

그러나 북한은 2016년 들어 2차례 핵실험 및 장거리 미사일, 무수단·노동·잠수함탄도미사일 등을 발사하는 등 과거와 차원이 다른 핵·미사일 중심의 고강도 도발을 연속적으로 감행했다. 북한은 합의와 무관하게 4차 핵실험, 장거리 미사일(광명성4호) 발사, 5차 핵실험, 6차 핵실험으로 국제사회의 안보에 정면으로 도전했다. 이에 우리 정부가 국제사회와 함께 대북 제재와 압박에 주력함으로써 협상은 중단되었다(국방부, 2017: 215).

2006년 처음 시작한 핵실험도 3~4년 주기로 실시하다가 2016년에는 1월과 9월, 2017년 9월에 6차 핵실험을 실시하는 등 그 주기가 8개월 내지 1년으로 단축되었다. 여기에 대륙간탄도미사일ICBM과 잠수함발사탄도미사일SLBM, 각종 중·단거리 미사일 발사를 통해 남한과 미국에 대한 공격 능력을 과시했다. 북한은 2017년에 들어와서 핵과 미사일 도발의 강도를 더욱 높여 나감으로써 한반도를 극도의 긴장 상태로 몰아넣었다.

2017년 북한은 수시로 미사일을 발사했는데, 5월 14일에는 사거리 2700~5600km의 화성12형 중장거리탄도미사일IRBM을 고각으로 발사했다. 그리고

8월에는 '괌 포위 사격 방안'으로 미국을 위협했고, 결국 8월 29일 IRBM을 정상 각도로 발사(최고 고도 770km, 비행 거리 3700m)하기에 이르렀다. 9월 3일에는 폭발 위력이 50kt 이상으로 추정되는 6차 핵실험을 실시했고, 이것이 수소탄 실험이라고 발표했다. 11월 29일에는 대륙간탄도미사일 화성15형을 발사했다. 북한은 이 미사일이 미국 본토 전역을 타격할 수 있는 초대형 중량급 핵탄두 장착이 가능한 대륙간탄도로켓이라고 주장했는데, 사거리가 최대 1만 3000km로 추산돼 미국 수도인 워싱턴은 물론 미 본토 전 지역이 사정권에 들게 된 것으로 전문가들도 분석했다(≪주간한국≫, 2017.12.2). 따라서 북한은 핵무기를 장착한 탄도미사일을 통해 언제든지 미국을 공격할 수 있다고 장담하고 있는 상태이다(육군본부, 2017: 26). 북한은 국제사회의 반대와 제재에도 불구하고 핵 능력의 고도화를 통해 대외적으로 핵보유국 지위를 확보하고 체제 유지와 생존을 보장받으려 하고 있다.

이처럼 북한은 핵 개발을 위한 군사 도발에 집중했다. 김정일 시기에 비해 핵·미사일 관련 도발 횟수는 2배 이상이다. 그런 와중에도 북한은 군사 협상을 병행했다. 그것은 군사 도발을 보완하는 실리적 조치였다. 북한의 강성 대국 이론에 따르면, 북한은 사상 강국을 이룬 뒤 군사 강국을 달성하고 그런 다음에는 최종적으로 경제 강국을 지향한다. 핵 무력 완성을 통해 군사 강국을 달성한 후 경제 강국을 이루어야 하는 북한으로서는 남한과의 연결 고리가 필요했다. 그래서 이행하지도 않을 합의, 즉 선언적 합의를 하면서 협상을 유지했다.

그런데 북한은 2017년 말 '핵 무력 완성 선언' 이후 다른 행태를 보였다. 김정은은 2017년 말 '핵 무력 완성 선언'을 계기로 체제 보장을 전제로 한 비핵화 협상을 제기하고 군사 도발을 중단했다. 군사 협상은 2018년 평창 올림픽을 계기로 남북 정상회담과 미북 정상회담으로까지 연결되었다. 북한의 주장대로라면, 비핵화를 위해 핵 무장을 했다는 것이다. 북한이 핵무기를 가졌기 때문에 미북 정상회담이 가능했고, 미국이 완전한 체제 보장과 경제 지원을 해준다면 북한은 핵을 가질 필요가 없으므로 완전한 비핵화를 하겠다는 것이다.

실제로 핵보유국 선언 이후 '경제·핵 무력 병진 노선'은 군사력의 강화보다 경제문제 해결에 중요성을 두고 있다(김동엽, 2015: 91). 김정은 스스로도 2012년 4월 15일 김일성 탄생 100주년 태양절 열병식에서 "우리 인민이 다시는 허리띠를 조이지 않게 하며 사회주의 부귀영화를 마음껏 누리게 하자"고 강조했다(≪로동신문≫, 2012.4.16: 1). 2013년 4월 5일 ≪로동신문≫ 사설에서도 "경제 강국 건설을 다그치고 인민 생활을 획기적으로 높이는 것은 현 시기 우리 당 앞에 나서는 가장 중요하고 절박한 과업"이라며 경제문제 해결에 방점을 두었다(≪로동신문≫, 2013.4.5: 1).

그렇다고 해서 핵을 중시하지 않는 것은 아니다. 그랬다면 북한이 경제·핵 무력 병진 노선이라고 명명하지 않았을 것이다. 김정은이 경제·핵 무력 병진 노선을 고수한다는 것은 핵 무력도 함께 건설한다는 의미를 내포하므로 오히려 외부 지원을 약화시키기 때문이다(채규철, 2015: 290). 따라서 핵 무력을 보유했기 때문에 이전처럼 핵 개발에만 과도하게 집중하지 않고 경제 발전과 인민 생활 향상에 전념하겠다는 것이다.

요컨대, 정치권력을 공고화하고 핵 무력 완성까지 선언한 김정은은 내부의 정치적 위기보다는 경제적 위기를 체제 안정의 위협 요인으로 인식하고 있는 것으로 보인다. 북한 경제는 2011년에 마이너스 성장을 탈피해 호전되는 듯하나 모든 고난을 인내하며 핵을 보유했는데도 내부 경제 발전과 인민 생활의 향상이 나타나지 않는다면 김정은 정권은 불안정해질 수도 있기 때문이다. 그래서 핵 무력 완성 선언을 기점으로 군사 도발은 중단하고 군사 협상에 집중한 것으로 판단된다. 핵은 확보했으므로 경제에 집중하겠다는 것이다.

그림 2-6 _ 김정은 시기 군사 협상과 군사 도발 병행 행태

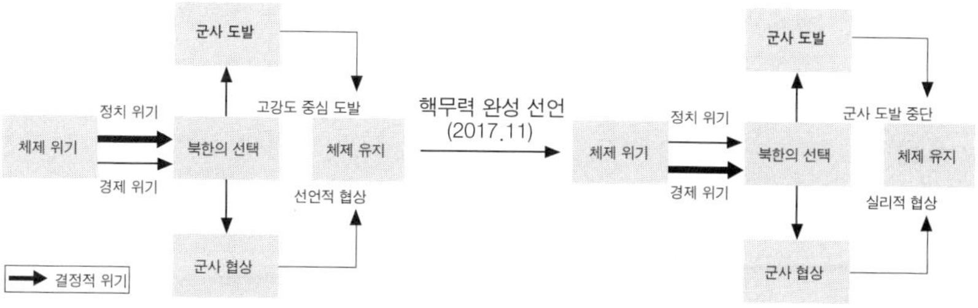

이는 김정일 시기는 물론 핵 무력 완성 선언 이전과 확연히 변화된 모습이다. 핵 무력 완성 이전에는 저·중강도 군사 도발과 Bottom-Up 방식의 선언적인 군사 협상의 추진으로 핵 무력 완성의 시간을 벌다가 핵 무력 완성을 앞두고서 고강도 군사 도발을 감행했다. 그러나 핵 무력 완성 이후에는 Top-Down 방식의 실리적인 군사 협상과 핵·미사일 실험 발사 중단, 영변 핵 재처리 시설 폐기 등 군사 도발을 중단하는 행태를 보이기 때문이다.

그러나 그것은 '핵 무력 완성'이라는 안보 상황의 변화와 '김정은'이라는 새로운 리더십의 변화에서 나타나는 주변 요소의 변화이지 '체제 유지'라는 핵심 요소의 변화는 아니다. 김정은이 체제 보장을 전제로 비핵화 군사 협상을 추진하고 있고, 핵 무력이 완성되지 않았다면 군사 도발을 중단하지 않았을 것이다. 결국 김정은도 체제 유지를 위해 핵을 선택한 것이다. 경제는 핵 무력을 완성한 다음의 선택이었다.

따라서 캐슬린 텔렌의 경로 의존성에 따르면, 〈그림 2-6〉에서 보는 바와 같이 김정은은 체제 유지를 위해 군사 협상과 군사 도발을 병행했다. 핵 무력 완성 이전에는 정치적 위기를 결정적 위기로 인식해 군사 도발에 중점을 두었고, 이후에는 경제적 위기를 결정적 위기로 인식해 군사 협상에 중점을 두었다. 김정은은 핵과 경제를 모두 선택한 것이다. 즉 병진한 것이다. 그러나 핵

무력 완성 선언 이후 군사 도발을 중단하고 군사 협상에만 집중하는 행태는 이전의 병행 행태와 다른 변화이긴 하다. 그러나 그러한 변화는 주변 요소의 변화이지 핵심 요소의 변화가 아니므로 군사전략의 경로 의존성은 지속된다고 본다.

4. 김정은 시대 군사전략의 특징

북한의 군사 협상과 군사 도발 병행 행태는 시기별로 변화를 보였다. 김정일 시기에는 '선언적인 군사 협상'과 '저·중강도 중심 군사 도발' 행태를 보인 반면 김정은 시기에는 2017년 말 '핵 무력 완성 선언'을 전후해 '실리적인 군사 협상(실무 협상)'과 '고강도 중심 군사 도발' 행태가 '실리적인 군사 협상(정상 간 협상)'과 '군사 도발 중단' 행태로 변화되었다.

그러나 그 변화는 캐슬린 텔렌의 경로 의존성대로라면 김정은이 상황의 변화에 대응해 북한 체제를 유지하고자 강성 국가를 목표로 자신의 시간표대로 군사 도발과 군사 협상을 활용한 것이다. 핵과 미사일로 고강도 군사 도발을 자행하던 북한이 갑자기 군사 협상에 집중하는 것은 핵 무력 완성으로 자신감을 갖게 된 북한이 스스로 북한 체제를 지킬 수 있는 강성 국가를 건설하기 위해 해결해야 할 급선무이자 당면 과제인 것이다. 따라서 김정은 시기 북한 군사전략은 다음과 같은 특징을 보인다.

1) 군사 협상과 군사 도발의 활용 용도: 핵 중심 전략

김정은은 집권 이후 체제 유지를 위해 군사 협상과 군사 도발을 대남 군사

전략 수단으로 활용하되, 군사 협상과 군사 도발을 용도별로 구분했다. 즉, 경제적 위기를 결정적 위기로 인식한 경우에는 군사 협상을 주로 활용하면서 군사 도발을 병행하고, 정치적 위기를 결정적 위기로 인식한 경우에는 군사 도발을 주로 활용하면서 군사 협상을 병행하는 경향을 보였다.

김정은은 집권 초기 정치권력의 공고화를 위해 선군 정치를 계승하고 군사 도발을 중점적으로 활용했다. 김정은은 당·정·군의 최고 지도자 자리를 위임받자 2012년 헌법 개정을 통해 핵보유국임을 선언했고, 2013년 2월 3차 핵실험 이후 3월 31일 핵·경제 병진 정책을 발표했다. 그리고 2016년 1월 4차 핵실험 이후 36년 만에 열린 5월 7차 당대회에서 핵 교리와 더불어 경제·핵 병진 정책이 사회주의 강국을 조속히 달성하기 위한 항구적인 전략 노선이라는 점을 재확인했다(이호령, 2017-7차: 1~2).

2015년까지 시험 발사가 주로 신형 방사포와 단거리 미사일에 집중되었다면, 2016년 이후 2017년 말 현재까지 북한은 4~6차의 핵실험을 3차례 단행했고, 노동 → 스커드 ER → 무수단 → 화성12형 → 화성14형 → 화성15형에 이르기까지 1000km~1만 5000km 이상의 중장거리 및 대륙간탄도미사일의 능력을 과시했고, SLBM의 북극성 시리즈 미사일 개발과 전력화를 시도하고 있다. 이러한 추이는 김정은이 2017년 신년사에서 예고한 대로 핵 무력을 완성하는 과정이었다. 북한은 미국에 비해 핵 무력이 열세함에도 불구하고 핵 공포를 유발하면서 적극적인 핵 태세를 구축하는 전략 행태를 보였다(김태현, 2016: 31).

그런데 2017년 핵 무력 완성을 계기로 김정은은 군사 협상에 집중하기 시작했다. 핵 무력을 담보로 경제 발전과 인민경제의 향상을 중시하기 시작한 것이다. 이는 북한의 경제적 위기와 정치적 위기를 핵이 결정하고 있음을 보여주는 것으로, 김정은 시기 군사전략은 핵과 연계되어 있음을 의미한다. 김정은은 집권 초기부터 핵 무력 완성을 위해 군사 도발을 강행해왔던 것이고 이제 그 완성된 핵 무력을 담보로 북한 체제의 보장을 요구하고 있는 것이다. 결국 김정은의 군사전략은 핵 중심 전략이다.

2) 군사 협상과 군사 도발의 관계: 강온 양면 전략(배합 전략)

김정일 시기 북한은 남북 국방장관 회담, 남북 장성급 회담, 남북 군사 실무 회담 기간 중에도 비무장지대 총격 사건과 군사분계선 월선 등 저·중강도 중심 군사 도발을 다양하게 감행했다. 김정은 시기에는 김정일 시기보다 강도 높은 핵·미사일 위주의 고강도 군사 도발을 자행했다. 김정은이 공식 집권한 2012년 이후 4차례에 걸쳐 핵실험을 단행했는데, 이는 김정일 시기 핵실험 횟수의 2배다. 미사일 발사의 경우도 김정일은 집권하는 동안 16발을 발사했으나, 김정은은 2017년 말 현재 62발을 발사했다(육군본부, 2017: 588). 횟수의 증가와 함께 핵과 미사일의 실험 및 발사 주기도 짧아지고 있다.

이는 김정은이 군사 도발을 군사 협상보다 더 중시하고 있음을 의미한다. 북한이 군사 도발을 중시하는 것은 북한이 정치적 안정을 더 중시한다는 의미이기도 하다. 대외적으로는 미국과 협상 카드화를 통한 체제 안전 보장과 경제적 지원을 추구하고 대내적으로는 핵과 장거리 미사일 개발에 대한 김정은의 치적을 선전하면서 내부 결속을 강화하고 독재 체제를 공고화하려는 것이다(육군본부, 2017: 594~595). 그런데 북한이 최근 군사 협상을 중시하고 있다. 미국이 미북 정상회담을 취소하겠다고 해도 북한이 개최를 거듭 제의할 정도다. 이는 북한이 외부로부터의 경제 지원을 필요로 한다는 의미다. 핵 무력을 완성한 단계에서는 경제문제를 더 이상 좌시하지 않겠다는 것으로 보인다. 경제·핵 무력 병진 노선은 핵 무력을 담보로 해 경제 건설과 인민 생활 향상에 집중하겠다는 것이다. 경제·핵 무력 병진 노선은 "국방비를 추가적으로 늘리지 않고도 전쟁 억제력과 방위력의 효과를 결정적으로 높임으로써 경제 건설과 인민 생활 향상에 힘을 집중할 수 있게 한다는 데 새로운 병진 노선의 참다운 우월성이 있다"는 점을 강조한다. "이제는 우리에게 강력한 핵 억제력이 있고 그 어떤 강적도 타승할 수 있는 군사적 힘이 갖춰져 있기 때문에 경제 강국 건설과 인민 생활 향상을 위한 투쟁도 마음먹은 대로 다그쳐 나갈 수 있게 됐다"는 것이다(≪로동신문≫, 2013.4.2: 1).

결국 김정은은 핵과 경제 두 마리의 토끼를 다 잡겠다는 것이다. 2017년 11월 핵 무력을 완성하면서 이제는 핵 개발에 소모했던 자원을 경제 건설에 집중하기 위해 경제 총집중 노선으로 전환한 것이다. 경제를 포기하지 않겠다는 것이고, 결국 경제문제를 해결하기 위해 핵 무력을 완성한 것이다. 경제 건설에 있어서도 핵이 핵심이다. 이렇듯 핵과 경제는 동전의 양면이므로 군사 도발과 군사 협상도 의존하면서 병행하게 될 것이다. 김정은은 상황에 따라 체제 유지를 위해 핵과 경제 사이를 오갈 것이다.

3) 군사 협상과 군사 도발 행태의 지속과 변화: 경로 의존 전략

김정일 시대와 김정은 시대 북한의 군사 협상과 군사 도발 행태는 〈표 2-1〉과 같이 변화를 보였다. 김정일은 '선언적인 군사 협상'과 '저·중강도 중심 군사 도발'을 병행했다. 김정은은 '핵 무력 완성 선언' 이전까지 선언적 군사 협상과 고강도 중심 군사 도발을 병행하다가 이후부터는 군사 도발을 중단하고 실리적 군사 협상에 집중하는 행태를 보였다.

김정은 시기에 나타난 군사 협상과 군사 도발 병행 행태의 변화는 2가지다. 첫째, 군사 도발의 강도와 빈도가 증가했다는 것이다. 김정일이 저·중강도 중

표 2-1 _ **북한 대남 군사 협상과 군사 도발 행태 변화**

구분		군사 협상	군사 도발
김정일 시기		선언적 협상 (Bottom-Up 협상/수동적 자세)	저·중강도 중심 군사 도발
김정은 시기	핵 무력 완성 선언 이전	선언적 협상 (Bottom-Up 협상/수동적 자세)	고강도 중심 군사 도발 (핵·미사일 도발)
	핵 무력 완성 선언 이후	실리적 협상 (Top-Down 협상/적극적 자세)	군사 도발 중단

심의 군사 도발을 자행한 데 비해 김정은은 핵·미사일 중심의 고강도 군사 도발을 감행했다. 도발 횟수도 김정일의 2배 이상이다. 둘째, 핵 무력 완성 선언 이후에는 군사 협상을 Top-Down 방식의 실리적 협상으로 추진하면서 군사 도발을 중단한 것이다. 정상 간에 이루어진 Top-Down 방식의 협상은 실무자 간의 협상인 Bottom-Up 방식의 협상에 비해 적극적인 협상 의지의 표현이다.

그러나 그 변화는 핵 무력의 완성이라는 안보 여건 및 김정은 리더십의 변화일 뿐 근본적인 변화는 아니므로 북한 군사전략의 변화로 보기 어렵다. 김정은이 핵 무력 완성 선언 이전에는 핵·미사일로 고강도 군사 도발을 자행하다가 핵 무력 완성 선언 이후 도발에 대한 사과 한마디 없이 군사 협상에 적극적인 행태는 한반도 평화 체제 구축을 위해서라기보다는 체제 유지를 위해 정치적·경제적 위기를 관리하는 실리적 접근이다. 북한에게 핵은 내부적으로 사회 결속 강화, 외부적으로는 군사적 방어 능력 증대, 경제 지원 증대를 위한 협상 카드이기 때문이다(김도태, 2012: 2~4). 북한 지도자에게는 체제 수호가 지상명령이고 개방과 경제 발전은 어디까지나 수단에 불과하다(채규철, 2015: 291).

실제로 김정은은 핵 무력 완성 선언 이후 체제 보장을 전제로 비핵화 협상을 제기했고, 안전 보장과 경제적 실리를 챙기기 위해 군사 협상에 집중하고 있다. 따라서 김정은의 군사전략은 김정일의 경로를 답습하고 있다고 볼 수 있다. 단 그 과정에서 지속과 변화를 거듭하게 되는데, 김정은은 변화를 시도하고 있는 것이다. 김정일도 핵실험으로 핵 보유를 선언한 후 경제적 개혁 개방을 시도했으나 결국은 경제적 효과보다는 자본주의의 오염을 막고자 핵을 선택했다. 경제가 체제를 위협한다는 위기의식에서 벗어나지 못하고 결국은 핵을 선택하고 만 것이다. 김정은은 지금 경로 의존 전략에 따라 지속과 변화를 오가면서 체제 보장의 길을 찾고 있는 것이다.

5. 맺음말

군사 협상과 군사 도발의 병행 행태를 통해 김정은 시기의 북한 군사전략을 분석한 결과, 북한의 군사 협상과 군사 도발의 병행 행태는 상황에 따라 변화되었지만 '체제 유지'라는 북한 군사전략의 목표에는 변함이 없음을 확인했다. 또한 그 과정에서 북한은 대남 군사 협상과 군사 도발을 병행 활용하되, 체제 유지를 위해 정치적 안정을 더 중시하는 상황에서는 군사 도발을, 경제적 안정을 더 중시하는 상황에서는 군사 협상을 선택한다는 것을 확인했다.

따라서 북한이 2018년 초 평창 올림픽 참가를 계기로 비핵화 의지를 선제적으로 표명하며 군사 협상에 적극적으로 나서는 것은 김정은이 체제 유지를 위해서 경제적 안정이 더 필요한 상황으로 인식한다는 것이다. 2017년 말 '핵무력 완성 선언'을 계기로 고강도 제재를 감수한 '핵 가진 빈곤 국가'와 핵 포기 대신 '체제 안전 보장받은 고도 경제성장 국가'를 선택해야 하는 여건이 조성되었고, 이를 위해 김정은은 경제 총집중 노선으로 전환한 것이다. 그렇다고 해서 핵을 포기한 것은 아니다. 김정은은 핵·미사일 능력 고도화로 대미 협상력이 생겼다는 판단하에 핵에 쏟은 자원을 경제에 집중하겠다는 것이다.

캐슬린 텔렌의 경로 의존성대로라면, 김정은의 이러한 변화는 '체제(정권) 유지'라는 핵심 요소의 변화가 아니다. 안보 환경과 리더십의 변화에 따른 주변 요소의 변화이므로 김정은 시기의 군사전략은 김정일 시기의 경로 의존성이 지속되고 있다고 볼 수 있다. 한쪽으로 핵을 다른 한쪽으로는 협상을 제안하는 행태가 지속되고 있는 것이다. 무게 중심을 어디 두느냐의 차이일 뿐 김정은은 한손에 핵을 다른 한손에 경제를 쥐고 있다. 이는 핵 중심 전략, 배합 전략, 경로 의존 전략 등 북한 군사전략의 특징으로 드러났다.

캐슬린 텔렌은 지속과 변화를 거듭하면서 경로 의존한다고 주장한다. 김정은 변화의 끝이 김정일이 갔던 길의 종착역과 같을지 아니면 다를지 예단하기 어렵지만 김정은은 지속적으로 변화를 시도해나가고 있다. 김정은 시기 북한의 군사전략이 경로 의존성을 보이지만, 점차 지속보다는 변화가 많아져서 군사 도발보다는 군사 협상에, 핵보다는 경제에 방점을 두고 비핵화 의지를 실천한다면 김정일과 다른 길을 걷게 될 것이다.

참고문헌

국방부. 2014.『2014 국방백서』. 국방부.

______. 2016.『2016 국방백서』. 국방부.

______. 2017.『남북군사회담자료집』. 국방부.

김기호. 2014.「김정일 최고사령관 시기 군사전략의 변화」. ≪국방연구≫, 57권 2호, 27~52쪽.

김도태. 2012.「체제위기관리차원에서 본 북한의 핵·미사일정치: 광명성 3호 발사 및 3차 핵실험 가능성 분석」. ≪사회과학연구≫, 29권 1호, 1~30쪽.

김동엽. 2015.「경제·핵무력 병진 노선과 북한의 군사 분야 변화」. ≪현대북한연구≫, 18권 2호, 77~120쪽.

김정일. 1999.「올해를 강성대국건설의 위대한 전환의 해로 빛내이자」.『김정일선집 14』. 평양: 조선로동당출판사.

김태현. 2016.「북한의 핵전략: 적극적 실존억제」. ≪국가전략≫, 22권 3호, 5~36쪽.

______. 2017.「북한의 공제적 군사전략: 지속과 변화」. ≪국방정책연구≫, 33권 1호, 133쪽.

리창일. 1999.5.7. "감자도; 잠업도, 약초도의 휘황한 전망". ≪로동신문≫, 3면.

리철·심승건. 2002.『위대한 령도자 김정일동지께서 밝히신 선군혁명령도에 관한 독창적 사상』. 평양: 사회과학출판사.

문순보. 2010.「북핵문제와 국제사회의 대북제재 한계와 대안」. ≪국가전략≫, 16권 2호, 95~119, 247~248쪽.

사회과학출판사. 1985.『위대한 주체사상 총서5: 사회주의, 공산주의 건설론』. 평양: 사회과학출판사.

육군본부. 2017.『대침투작전사 1981년~2017년』. 육군군사연구소.

이미숙. 2009.「남북한 군사협상과정의 발전단계에 관한 연구」. ≪군사≫, 70호, 304쪽.

______. 2012.「군사협상과 군사도발 병행 행태를 통해 본 북한의 대남전략」. ≪통일정책연구≫, 20권 2호, 125~158쪽.

이종석. 2000.『새로 쓴 현대북한의 이해』. 역사비평사.

이호령. 2017.「북한 핵무장화와 우리의 대비방향」. KIMA FORUM 결과보고서(2017-7차).

전성훈. 2007.『북핵폐기 한반도모델: 기본원칙과 추진방향』. 통일연구원.

정영태. 2011.「김정은 세습후계체제의 특성과 대내외 정책 전망」. ≪전략연구≫, 52호, 7~53쪽.

정창현. 2013.「경제와 핵무력 건설 병진 노선 채택 김정은시대의 '전략적 노선'으로 천명」. ≪민족21≫, 146호, 36~37쪽.

조성렬. 2015.「김정은 체제의 불안요인과 지속요인」. ≪KDB북한개발≫, 5호, 78~124쪽.
채규철. 2015.「김정은체제의 생존전략: 변화와 지속성」. ≪한국정치외교사논총≫, 37권 1호, 269~302쪽.
통일부. 2005.『1995~2005년간 북한 신년사 자료집』. 통일부 정보분석국.
______. 2013.『남북대화 제75호(2010.1~2013.2)』. 남북회담본부.
하연섭. 2003.『제도분석 이론과 쟁점』. 다산출판사.
합동참모본부. 2011.『북한 대남 침투 및 국지도발 사례집』. 합참 정보본부.
허문영. 1995.「북한의 통일정책」. 양성철·강성학 공편.『북한외교정책』. 서울 프레스.
______. 2005.『6·15공동선언 이후 북한의 대남협상행태: 지속과 변화』. 통일연구원.
______. 2007.「한반도 평화체제 구축과 남북군사회담 활성화 방안」. 제17회 군비통제세미나(11.21).
홍민. 2017.『북한의 핵·미사일관련 주요활동 분석』. 통일연구원.

≪로동신문≫. 2012.4.16. "위대한 수령 김일성대원수님 탄생 100돐경축 열병식에서 하신 우리 당과 인민의 최고령도자 김정은동지의 연설", 1면.
≪로동신문≫. 2013.4.2. "경애하는 김정은동지께서 조선로동당 중앙위원회 2013년 3월 전원회의에서 하신 보고", 1면.
≪로동신문≫. 2013.4.5. "새로운 병진로선 따라 경제건설에 박차를 가하자", 1면.
조선중앙방송. 2000.2.2.
≪주간한국≫. 2017.12.2. "북한 미사일 발사 진짜 이유는".

DIA. 2014. *Annual Threat Assessment*. Washington, D.C.: DIA.
Stark, David. 1992. "Path Dependence and Privatization Strategies in East Central Europe." *East European Politics and Societies*, Vol.6, No.1, pp.17~51.
Thelen, Kathleen. 1999. "Historical Institutionalism in Compartive Politics." *Annual Review of Political Science*, Vol.2, pp.369~404.
______. 2000. "Timing and Temporality in the Analysis of Institutional Evolution and Change." *Studies in American Political Development*, Vol.14, p.107.

3장

김정은 시대 예술 정치*

이데올로기, 변용, 틈새

김정수 (통일교육원)

1. 들어가는 말: 정치와 예술

아리스토텔레스가 말하듯 역사가 '일어난 일'의 서사라면, 예술은 '일어날 수 있는 일'의 서사이다. 예술은 그것을 만든 주체의 신념, 마음가짐, 욕망, 꿈의 영역이기 때문이다(자네티, 2010: 1). 예술에서 이 모두가 잘 드러나는 매체는 영화라 할 수 있다. 영화는 가상의 시공간에서 등장인물의 행동이 이끄는 예술이다. 북한에서 영화 속 등장인물이 영화 속 일상에서 하는 행동은 북한 당국이 북한 주민에게 제시하는 이데올로기의 변용인 것이다. 이에 이 장에서는 김정은 시대 북한이 제작한 예술영화를 통해 북한 당국의 예술 정치를 읽어보고자 한다. 북한 당국은 북한 주민에게 어떤 이데올로기를 제시했을까? 이데올로기는 '영화'라는 가상의 현실에서 무엇으로 변용되었을까? 이데올로기에도, 변용

* 이 장은 김정수, 「김정은 시대 예술영화에 나타난 일상정치」, ≪문화정책논총≫, 32집 1호(2018)의 내용을 수정·보완한 것이다.

에도 속하지 않은 틈새를 발견할 수 있을까? 이 질문이 이 장의 출발점이다.

이 장에서 선택한 영화는 2012년부터 2014년까지 북한이 제작한 영화 중 외국 합작영화를 제외한 예술영화이다. 2012년에 필자가 주목한 영화는 〈들꽃소녀〉이다. 〈들꽃소녀〉는 2012년 영화 중 북한에서 가장 많은 평을 받은 작품이라는 점, 김정일 사망 이후 북한에서 처음으로 선보인 영화라는 점, 김정일이 김일성 시대의 이름 없는 영웅인 태성 할머니를 영웅화한 것처럼 이름 없는 들꽃소녀를 영웅화했다는 점에서 상징적 의미가 있다(한승호, 2014: 346). 2013년 〈최전연의 작은 집〉은 김정일 시대를 시간적 배경으로 김정일의 뜻을 마음에 새긴 최전연에서의 어느 인민군 군의의 삶이 소재이다. 북한 평론은 이 영화를 전방 치료대에서 오랫동안 사업을 하던 전방 치료대 대장이 환사 수송 중 사고로 희생된 실제 이야기를 영화화한 것이라고 설명한다(리숙경, 2014.2: 54~55). 2014년 〈포성없는 전구〉는 북한에 따르면 "당과 수령, 조국과 인민의 안녕을 위해 적구에서 미제의 침략 전쟁 모략을 밝혀내며 용감히 싸우는 조선의 장한 아들딸들의 투쟁 모습을 진실하게 형상"한 작품이다(조선중앙통신사, 2015: 336). 2013년 장성택 숙청 이후 공포 분위기 속에서 처음 발표된 작품이므로 당시 북한 당국의 지침을 모범적으로 반영했을 것으로 보인다. 이 세 작품은 2012년부터 2014년까지 북한 영화의 대표작으로 손색이 없을 것이다.

이 장에서 사용하는 연구 방법은 레비스토로스의 이항대립 분석법이다. 기호학적 개념을 도입한 이항대립은 계열체로 영화를 보는 것이다. 계열체란 '어떤 공통성을 지닌 기호 한 벌a set of signs을 가리키며 특정 기호가 범주별로 분류된 기호의 재고관리 조직'과 같은 것이다(김경용, 2014: 95~96). 영화 분석에 사용되는 "대표적 분석 방법으로 영화 속의 등장인물들 사이의 대립 및 갈등 구조를 파악할 수 있고, 이러한 관계들의 이합과 집산의 추이와 변화를 파악"할 수 있다

(백선기, 2007: 68). 이항대립은 연구자의 적용에 따라 다양한 분석을 가능하게 한다. 따라서 이 장에서는 이항대립을 적용해 영화 속 갈등을 드러내고 북한 당국이 북한 주민에게 선택하라고 설득하는 일상의 행동을 밝혀보고자 한다. 이 과정에서 북한 예술계의 글과 시나리오(영화문학)를 적극적으로 활용할 것이다.[1] 북한에서 평론은 북한 당국의 입장을 관객에게 설명해주는 역할을 하며, 북한은 영화의 요소 중 시나리오(영화문학)를 가장 중요시한다. 영화와 평론과 시나리오의 교차 분석은 한층 더 북한 당국의 의도를 드러낼 수 있을 것이다.

이 장에서는 북한 당국이 가상의 시공간과 사건을 설정해 북한 주민에게 무엇을 하라고 강제 또는 설득하는지를 집중적으로 분석한다. 따라서 추상적 개념이나 관념은 배제할 것이다. 영화 속에 재현된 삶은 관념이 아니다. 삶이란 인간이 각자 자신이 처한 상황에서 행동하고 선택하는 극히 물리적이며 구체적인 실재이다. 이를 토대로 북한 당국이 그들의 이데올로기를 영화에서 구체적이고 물리적인 삶의 언어로 어떻게 변용하는지 밝혀보고, 이 과정에서 틈새를 발견해보고자 한다.

2. 영화 속 예술 정치

1) 〈들꽃소녀〉

김정은 정권 1년차에 제작된 〈들꽃소녀〉에서는 장미와 정희를 중심으로

1) 본문에서 인용하는 시나리오는, 〈들꽃소녀〉는 ≪조선예술≫ 2012년 12호, 〈최전연의 작은 집〉은 ≪조선예술≫ 2014년 4호, 〈포성없는 전구〉는 허문길, 『포성없는 전구』(천리마사, 2003; 2005)를 사용했다. 시나리오를 인용할 경우 별도로 표기하지 않음을 밝혀둔다.

이항대립이 나타난다. 압축하면 '화려함 vs 소박함', '양심 vs 규율'이라 하겠는데 하나씩 살펴보기로 한다.

(1) 화려함 vs 성실함

영화 처음에서 장미는 비행장으로 배치받자마자 정희를 이끌면서 신병 생활을 시작한다. 장미와 정희는 모두 좋은 신입 병사가 되고자 하는 데 그 방식을 주목해야 한다. 영화는 장미가 분대장에게 땀을 닦으라며 손수건을 건네주는 등 주변 인물을 싹싹하게 대하면서 처음부터 주목받도록 한다. 흥미로운 것은 이것이 계획된 설정이라는 것이다.

> 배우는 먼저 손수건을 둘러싸고 이야기가 벌어질 때 역인물의 활발하고 붙임성 좋은 기질적 특성이 충분히 안겨오도록 분대장과 주인공에게 밝은 표정과 긍지가 한껏 어린 어조로 얼른 거기엔 사연이 있다고 대답하는 것으로……(장현일, 2013.6: 31~32).

실제 '영화의 주인공은 정희이지만 오히려 장미가 주인공과의 관계에서 언제나 이끌어주는 위치에 서며, 말이 적고 내성적이며 어찌 보면 '앞뒤가 막혀 보이는' 정희를 자기가 이끌어나가야 한다고 생각'한다(장현일, 2013.6: 31~32). 무엇을 보여주기 위함이었을까? 영화는 '인기'를 관객에게 화두로 던지는 듯하다. 인기 있는 장미는 영화의 시작부터 화려하게 등장해 시간이 지나면서 적극성을 하나씩 늘려간다. 예를 들면 병사들 앞에서 손풍금을 연주해 '부대의 자랑'이라는 칭송까지 받고, 부업에 나간 동무들의 빨래를 대신 해줌으로써 분대장의 눈에 들기도 한다.

그림 3-1 _ 〈들꽃소녀〉 이항대립

화려함 vs 성실함

분대장에게 잘 보이려는 장미 | 빨래를 해줘 호감을 사려는 장미 | 비행기에 대해 귀담아듣는 정희 | 공부한 것을 기록한 정희의 수첩

(자리에 앉으며 걸사게 빨랫감을 문대는 영미)

분대장 정희 동무 쉬는가요?

장미 예? 오, 분대총화 후 도서실에 가보겠다는 보고하는 소릴 들었습니다.

분대장 그래요? …… 장미 동무, 난 동무가 그만하면 병사생활을 첫 자욱을 괜찮게 뜬다고 생각해. 근무생활에서도 그래 또 신입병사지만 훈련과 생활에서도 결코 뒤지지 않거든요. 앞으로도 계속 이 본새대로 나가세요.

장미 알았습니다.

이같이 적극적인 장미에 비해 영화 초반에 정희의 존재감은 거의 없다. 관심을 독차지하는 장미를 바라보거나 박수를 보낼 뿐이고 분대장이나 동료들에게 특별한 친절을 보이지도 않는다. 그런데 영화는 분명 메시지의 단서를 슬쩍 흘려준다. '정희가 도서실에 갔다'는 장미의 대사는 정희가 신호수로서의 책임을 중시하는 인물임을 암시하기 때문이다. 그러나 영화는 단서만을 남기고 주변 인물에 대해 적극적인 장미와 주로 도서관에 가는, 그래서 소극적으로 보이는 정희를 대립적으로 보이게 한다. 이 대립은 점차 명백해진다. 이후 장미와 정희는 분대장의 명을 받고 수리소에 가는데 장미는 "정희를 책임지고 가는 것을 너무나도 응당한 것으로 받아들이"면서 정희와 떠난다(장현일, 2013.6: 31~32). 영화가 장미의 '잘난 척'을 은밀히 보여주는 지점이다. 영화는 수리소에 도착한 이후 장미와 정희의 행동을 통해 점차 메시지를 강하게 던진다. 다음은 장미가 비행기에 더 이상의 관심을 보이지는 않는 반면 정희가 나이 든 정비원이 하는 일에 관심을 가지며 가르침을 받는 장면이다.

정비원 뭐라고 설명할까. 오, 그렇지. 거 원탁도 세 다리 중에 어느 하나가 길든가 짧으면 중심이 기울지 ……

정희 네.

정비원 같은 원리야. 이 비행기는 자동차와 달리 땅우에서만 달리는 것이 아니라, 하늘에서 초고속으로 내려오면서 땅을 짚기 때문에 세 바퀴의 각도가 일치하지 않으면 중심이 기울면서 큰 사고를 낼 수 있지. 바로 그래서 신호수의 임무가 그토록 중요한 거요. 이젠 이해가 되나?

정희 잘 알았습니다.

정희는 늘 수첩을 가지고 다니면서 비행기의 바퀴도 그려 넣고 정비원의 말을 기록한다. 서서히 정희와 장미의 대립을 통해 이 영화가 전하고자 하는 메시지가 '일상의 성실함'이 아닐까 짐작되는데, 다음 장면은 이 짐작을 확신으로 바꾸어준다. 다음 장면에서 장미와 정희는 수리소 심부름을 마치고 복귀하는데, 오는 중에 정희는 비행기 활주로 주변에 비둘기가 날아다니는 것을 보고 이상하다고 생각하다가 결국 콩을 발견한다. 이쯤 되면 예민한 관객은 '비행기'가 최고 지도자를 의미한다는 것을 알 수 있다. 정희는 장미에게 "비행기 주변 십리 안팎에 새가 날아들면 안된다질 않아. 비행기엔 새도 폭탄 한가지라지?!"라고 말하며 콩을 줍자고 한다. 장미는 그 말을 듣고 같이 줍지만 예쁜 꽃을 발견하자 콩 줍기를 잊는다. 영화는 소극적으로 보였던 정희가 사실은 성실한 신입 병사이며, 인기를 모았던 장미가 사실은 복무에서 불성실한 병사임을 말해주는 것이다.

> 자기를 내세우지 못해 애쓰는 장미와는 달리 수리소에 가서도 나이 든 특무상사한테서 비행기의 내부구조와 동작원리에 대해 구체적으로 배우고 비행장 주변에 널려진 콩알들을 줍느라 상학시간에 늦어 처벌 근무를 서게 되었을 때도 영예사진을 못 찍게 된 서운함보다 비행기의 안전에 기여했다는 긍지를 더 소중히 여기는 정희 ……. 순결한 충정의 세계인 것입니다(심영택, 2012.8: 68~70).

이같이 '수리소·콩 줍기' 장면은 작은 것에 성실한 정희를 극적으로 부각시키기 위한 설정이다. 영화는 일상에서 인기를 얻기 위해 애쓰는 병사를 경계하며 복무에 성실하라고 말한다. 배우들은 '이 장면의 목표를 잘 알고 있었기에 비행장 주변에 떨어진 콩을 줍는 장면에서 자기와 주인공, 두 인물의 행동이 한 장소에서 펼쳐지는 장면의 구체적 조건에 맞게 하나의 동작, 하나의 대사에도 역인물의 정신세계가 명백히 비끼도록 하는 데 집중했다'고 한다(장현일, 2013.6: 31~32). 영상을 볼 때도 카메라가 애써 둘을 대조적으로 포착한다는 것을 느낄 수 있다.

> 먼저 한 알 한 알 콩을 주어가는 주인공의 손을 력점을 찍어 보여주어 그의 높은 책임성과 자각성을 그루를 박아 강조하고 허리를 굽히고 부지런히 콩을 줍는 정희와 일어서서 머리를 숙인 채 발로 풀들을 스적스적 헤쳐 보는 장미의 대조적인 모습을 한 화면에서 전경부감으로 볼 수 있도록 구도를 정했다(장현일, 2013.3: 54~55).

장현일이 설명하는 장면은 위와 같다. 번갈은 롱숏과 클로즈업은 카메라의

그림 3-2 _ 〈들꽃소녀〉의 콩 줍기 장면

콩을 줍는 정희의 손에 역점	처음에 같이 줍는 정희와 장미	발로 스적스적 살피는 장미	콩 줍기를 완전히 잊은 장미

기의 발생을 짐작하게 하는데, 장현일은 이 장면이 "풀밭에 앉아 꼼꼼히 콩알을 줍는 주인공을 등지고 앉아 한두 번 손짓을 해보고는 곧 일어나서 발로 스적스적 풀숲을 헤쳐가는 것으로" 장미를 재현하고, "여기에 콩을 줍는 데만 정신을 쏟아붓는 정희를 핀잔기어린 시선으로 바라보는 연기 형상을 이어나감으로써 정희에 비한 장미의 정신적 미숙성을 명백히 시각화"한 것이라고 설명한다(장현일, 2013.6: 31~32). 그의 주장처럼 영상에서 뚜렷한 연기의 대비는 쉽게 발견되지 않지만 이 장면이 정희와 장미를 대립시키기 위한 의도라는 것을 알게 해준다. "누가 알아주건 말건 깨끗한 진심을 바쳐가며 복무의 나날을 이어가기 위해 노력하는 정희의 높은 정신세계"는 들꽃의 소박함과 장미의 화려함을 대립시킴으로써 의미를 획득한다(김향정, 2013: 28).

> 애국주의는 추상적인 개념이 아닙니다. 애국은 자기 집 뜰 안에서부터 시작됩니다. 애국심은 자기 부모 처자에 대한 사랑, 자기 고향마을과 일터에 대한 사랑으로부터 싹트게 되며 그것이 나아가서 조국과 인민에 대한 사랑으로 자라나게 됩니다. 자기의 부모 처자를 사랑하지 않는 사람, 자기의 고향마을과 일터를 사랑하지 않는 사람이 조국과 인민을 사랑할 수 없으며 참다운 애국자로 될 수 없습니다(김정은, 2015: 13).

김정은은 애국주의가 자기 부모, 고향 마을, 일터를 사랑하는 것이라고 설명하며 그것이 자라나서 조국과 인민에 대한 사랑이 된다고 강조한다. 애국이란 거창한 무엇이 아니라 생활에서부터 시작한다고 강조한 바 있다. 이후 '일상의 성실함' 맥락의 담론은 사라지지만 김정은 정권 초반은 이 같은 담론의 영향으로 '인기를 얻으려 애쓰기보다 맡은 일에 성실하라'는 북한 당국의 욕망으로 보인다.

(2) 양심 vs 규율

영화의 진행에 따라 이항대립은 정희와 장미를 넘어선다. 신입 병사 정희가 장미뿐 아니라 부대 선배 병사 인석과 갈등을 빚기 때문이다. 주변 인물은 330호기 다리에 문제가 있다는 정희의 보고 때문에 비행기를 다시 검사하게 되면서 번거로워진 것이다. 분대장, 소대장, 중대장, 기술부연대장을 뛰어넘어 연대장에게 보고해버린 정희는 '보고 체계'라는 규율까지 어기게 되는데 이것으로 장미와 인석의 공격을 받는다.

인석 …… 이번에 새로 들어온 신호수 교양이나 잘해주십시오. 그게 뭡니까? 지휘부에까지 뛰어들어서. 내참 기가 막혀서 ……

분대장 예? 아니. 무슨 일이.

인석 ~아니. 분대장 동지. 제 밑에 병사가 보고 체계도 어기고 뛰여넘어다니는 것도 아직 모르고 있었습니까? 음 …… 돌아가겠습니다.

장미 분대장 동지, 소대장 동지, 기술부련대장 동지 …… 어마마마 그러니 동무는 다섯다리나 훌쩍 훌쩍 뛰어넘었단 말야!

정희 응? …….

그림 3-3 _ 〈들꽃소녀〉 이항대립

양심 vs 규율

비행기 결함을 주장하기 위해 보고 체계를 어기는 정희	분대장에게 신입 병사를 잘 다스리라고 하는 인석	울면서 비행기 결함을 주장하는 정희	정희에게 불만을 갖는 인석

인석과 장미는 정희가 보고 체계를 건너뛰고 연대장에게 직접 보고한 것이 문제라는 것이다. 실상 군대에서 보고 체계는 생명이므로 이 사건은 정희의 분명한 잘못이다. 그런데 흥미로운 점은 영화가 이 사건을 달리 해석한다는 것이다. 영화는 보고 체계의 위반을 정희의 '양심'으로 해석하고 이에 대해 연대장이 긍정적인 반응을 보이도록 설정한다. 오히려 영화는 연대장에게 "우리 비행사들은 비행기에 바치는 동무들의 티 없는 양심을 믿고 하늘로 오르며 비행기 앞에선 누구 눈치 볼 것도 없다"는 대사를 준다. 김정일 사망 직후 북한에서 보고 체계보다 양심이 요구되었을까?

> 오늘의 현실은 우리들 매 각자에게 자기가 맡은 초소와 일터에서 순결한 량심과 변함없는 신념을 안고 제 할 바를 책임적으로 해나갈 것을 요구합니다. 량심과 신념을 바탕으로 한 책임성이 부족할 때 그 자리는 빈자리나 같으며 그런 빈자리가 조국의 부강발전과 수령결사옹위의 길에 공백으로 되게 하는 것입니다(심영택, 2012.8: 68~70).

이 글을 해석하면, 영화에서는 '아닌 것을 아니라고 말하는 것', '신념을 가지는 것'이 '양심'이다. 그렇다면 양심을 지키기 위해서 규율을 무시해도 좋다는 의미일까? 영화는 그렇다고 말한다. 영화는 분명 동료를 불쾌하게 하더라도, 상관의 명령에 어긋나더라도 최고 지도자를 위해서 해야 할 일은 하라고 강조하는 셈이다. 이 양심의 중요성은 분대장의 '해명이 될 때까지 자기의 량심이 가리키는 대로 행동하라'는 대사에 의해 영화의 핵심임이 거듭 확인된다. 콘텍스트context적으로 읽어볼 때 규율보다 '양심'을 강조하는 이유는 김정은이 선군으로 비대해진 군을 경계했음을 고려할 때, 확실히 관료에 대한 경계가 읽혀지는 대목이라 하겠다. 김정일은 김정은을 2009년에 후계자로 내정한 이후, 당과 군에 일정한 역할을 수행하도록 당 중앙군사위원회 부위원장의 직위를 부여하고(2010년 제3차 당 대표자회), 후계 계승의 유연화를 위해 노력한 바 있다. 특히 김정일은 자신의 선군 정치로 각종 경제활동의 핵심이 되어 극대화된 군부의 영향력을 염려한 바 있다. "장성택·김경희를 통해 군부·조직지도부를 견제"하고, "장성택에게 군부의 무역권을 축소하고 구조 조정하는 역할을 맡"긴 것은 이를 입증해준다(박형중, 2014: 15). 그렇다면 김정일 사망 이후 김정은에게 절실한 것은 후계자로서의 정당성 확립과 권력기관의 장악일 것이다. 다수의 연구자가 언급하듯 '김정은은 비대해진 군을 정상화시키고 당·국가 체제를 회복함으로써 승계받은 최고 지도자의 위치를 견고하게 하려 한 바 있다.[2] 상관의 명령보다 '양심'을 지키라는 것은 이 같은 맥락에서 도출된 것으로 볼 수 있다.

이와 같이 〈들꽃소녀〉를 이항대립으로 보았을 때, 북한 당국은 '인기를 얻으려고 하지 말고 복무에 성실할 것'과 '관료나 선배의 눈치를 보지 말고 최고 지도자를 위해 양심껏 일할 것'을 강조한다고 하겠다.

2) 김정은은 2012년 4월 김영춘(인민무력부장), 7월 리영호(군총참모장), 11월 김정각(군정치국 제1부국장, 2012년 4월 인민무력부장으로 기용)의 해임과 빈번하게 고위급의 인사 교체를 실시했다.

2) 〈최전연의 작은 집〉

〈최전연의 작은 집〉은 사건이 많아 다소 산만하지만 이항대립의 도출은 어렵지 않다. 영화의 처음부터 끝까지 나타나는 대립은 '개인의 욕망 추구 vs 전체를 위한 헌신'이다. 이 외에는 '합리적 복무 vs 헌신적 복무', '엄격 vs 사랑'이 있다.

(1) 개인의 욕망 추구 vs 전체를 위한 헌신

영화는 첫 장면에 렴민과 태웅이 만나는 장면을 설정하며 초반부터 하나의 작은 사건을 만든다. 사건의 시작은 태웅이 최전방 초소에 부임한 이유를 "한마디루 내가 자진해온 건 래년 군사과학기술축전에서 야전외과학의 전무를 담은 론문을 발표해서 군의학계의 패권을 잡아보자는"것이라고 당당히 말하면서부터이다.

태웅 예, 사실 전 최근 전쟁자료들을 연구하면서 불시에 일어난 전투정황시 한꺼번에 발생하는 상병자들에 대한 1차치료가 얼마나 중요한가를 절실히 느끼게 되었습니다.

(끄덕이는 렴민)

렴민 음…….

태웅 그래서 모든 걸 단독으로 처리하는 전방치료대에 나가서 실지 야전조건에서의 체험두 해볼겸 그리고…….

(중략)

(태웅의 말을 유심히 듣던 렴민이 실망한 듯 쓰겁게 중얼거린다)

렴민 그러니까 이름을 내기 위해서 왔다, 음.

그림 3-4 _ 〈최전연의 작은 집〉 이항대립

개인의 욕망 추구 vs 전체를 위한 헌신

체험을 바탕으로
논문을 써서
군의학계의 패권을
장악하는 것이
목적인 태웅

개인의 욕망이
먼저인 태웅이
못마땅해서 태웅을
호수에 빠뜨리는
렴민

힘든 초소 일에서
벗어나고 싶어 했던
선희

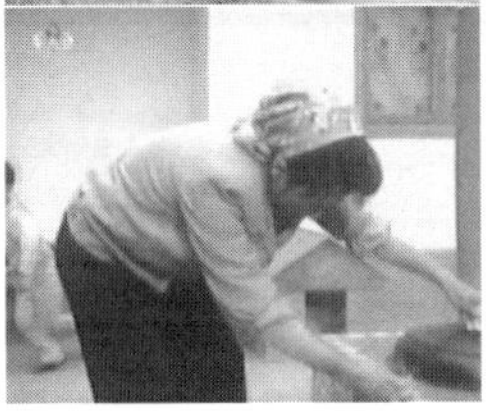

병사를 위해 약을
만들고 있는 렴민의
부인 복심

영화가 앞으로 관객에게 줄 메시지를 상당히 일찍 노출하는 대목이다. 태웅이 1년 정도를 계획으로 최전방에 자진해온 목적은 '군의학계 패권 장악', 즉 자신의 명예를 위해서인 것이다. 그렇다면 이 영화는 자신의 명예를 전체의 명예와 대립하는 구도로 진행될 수밖에 없다. 작가 리숙경은 실상 태웅의 인물 구축 때 "안온한 책상머리에서 멀리 최전연의 생활을 꾸미려고 했던 그릇된 창작 태도, 간고한 현실 취재의 길에서 잠시나마 주저하며 후회까지 했던 자신을 그대로 태웅의 성격에 담았"다고 한다(리숙경, 2012: 54~55). 그렇다면 태웅은 북한 엘리트 계층의 일반성을 반영한다고 하겠다. 디제시스Diegesis 외부의 엘리트 계층을 닮은 태웅은 오직 자기의 명예만을 추구하는 인물로 재현되어 병사들에게 헌신적인 렴민과 대조를 이룬다. 여기에 영화는 낡은 렴민의 신발과 반짝이는 태웅의 새 신발을 굳이 클로즈업해 보여준다.

> 영화는 첫 시작 화면에서 배를 끌어내기 위해 힘을 쓰는 주인공의 모습을 감탕으로 어지러워진 색날은 신발로 보여주고 여기에 마른 땅을 골라 디디며 다가서는 윤

그림 3-5 _ 태웅의 깨끗한 신발

그림 3-6 _ 렴민의 낡은 신발

기 나는 새 구두를 대조시켜 특색 있는 세부를 창조했다.

(중략)

또한 감탕으로 어지러워진 색날은 신발을 신은 인물은 이곳에 오래 있은 인물이며 자기를 아낌없이 헌신해가는 인물임을 암시해주고 있다.

이와는 대조되게 마른 땅을 골라 디디며 다가서는 윤기 나는 새 구두를 신은 인물은 이곳에 새로 오는 인물이며 아직 이곳에 몸을 담그지 못한 인물임을 암시해주고 있다(최광진, 2014.6: 73~74).

이같이 최광진은 태웅의 반짝이는 신발은 마른 땅을 디디고 사는 삶의 방식을, 낡은 구두는 자신을 아낌없이 희생하는 삶의 방식을 대변한다고 말한다. 또 한편 김금철은 "해빛에 색은 낡고 흙 묻은 신발을 신고 다니면서도 언제 한번 자기 외모에는 마음 써본 적이 없이 오직 최전연에 발을 든든히 붙이고 언제나 병사들의 생명을 위해 신발창이 닳도록 뛰고 또 뛰는 그의 정신세계를 관중들은 엿볼 수" 있으며, "흙 한 점 없이 반짝거리는 구두를 신고 있는 태웅은 자기의 리해관계목적을 달성하기 위해서는 그것이 설사 작은 것이라도 서슴없이 출세의 발판으로 삼으려는 초기 그의 정신세계를" 볼 수 있다고 한다(김금철, 2014.9: 31~32). 영화는 반짝이는 신발을 통해 태웅을 마른 땅을 골라 디디며 다니는 인물로, '색날은' 신발을 통해 렴민을 자기를 아낌없이 헌신해가는 인물로 보여주는 것이다. 첫 장면부터 영화가 '출세를 위해 마른 땅을 디디며 살지 말라'는 메시지를 던진다고 하겠다.

또한 주목할 것은 태웅과 렴민의 첫 만남에서 렴민이 별말 없이 노를 저어가서 태웅을 물에 빠뜨리는 장면이다. 태웅을 물에 빠뜨린 이후 렴민은 어떤 말도 없이 배를 유유히 몰아가고 카메라는 렴민을 따라가며 기의를 발생하는데, 다음 글을 보기로 한다.

> 그러나 이 최전연의 전방치료대에서 우리 병사들을 위해 묵묵히 한생을 깡그리 바치며 군의사업을 해온 렴민으로서는 이런 전방치료대를 자기의 명성을 위한 발판으로 삼으려는 태웅이의 말이 마음에 들지 않았으며 그로 해 그는 아무 말 없이 혼자 노를 저으며 배를 몰아간다.
>
> 창작가들은 여기서 그 어떤 대사를 주지 않고도 혼자 배를 저어가는 주인공 렴민이의 행동을 통해 한생을 자기의 리해관계나 개인의 목적을 위해 살려는 사람과는 한배를 타고 생사운명을 같이할 수 없다는 것과 위대한 장군님께서 제일 아끼고 사랑하시는 우리 병사들을 맡길 수 없다는 주인공의 정신세계를 관중들에게 생활적이면서도 예술적으로 잘 형상해 보여주었다(김금철, 2014.9: 31~32).

영화는 렴민이 자신만을 아는 태웅과 한배를 탈 수 없다는 것을 표현하고자 했다. 특히 태웅이 자신의 목적을 위해 활용하는 것은 북한 당국이 누누이 강조하듯 '김정일이 사랑하는 병사'들이기 때문이다. 영화는 첫 장면부터 개인의 명예를 추구하는 태웅을 물에 빠뜨림으로써 '개인의 욕망 추구'와 '전체에 대한 헌신'의 대립이 영화 내내 이어질 것을 예고하고 있는 셈이다. 이러한 대립은 이후에도 발견된다. 다만 다소 결이 다르므로 좀 더 예민한 독해가 필요하다.

보글보글 끓는 약탕관두껑을 열어보며 걱정하는 복심.

복심 그러지 않아두 치료대에서 사람이 올 거라구 생각하구 밤새 약을 졸이느라구 했는데 안 돼서 어쩌나?

(속상해하며 아궁에 부채질하며 땀을 흘리는 복심)

선화 아니, 그럼 신입 병사 동무가 먹는 그 약을 지금껏 향희 어머니가 만들었나요?

신입 병사 길성이가 항상 먹는 약을 부대 대원 모두는 길성의 어머니가 보내준 것으로 알고 있다. 그러나 실상은 렴민의 아내 복심이 만들고 있었던 것이다. 이 장면에서 복심은 "검댕이 칠을 하고 토방 밑에 걸려 있는 흙매질을 한 작은 딴가마에 불을 살리느라 땀을 뻘뻘 흘리고 있다". 영화가 굳이 이러한 배우의 제스처gesture를 설정하는 것은 복심이 멋 부림이나 치장을 전혀 하지 않는다는 것을 강조하기 위해서이다. 물론 복심에게도 개인의 욕망이 있다. 항상 떨어져 사는 남편과 한집에서 같이 사는 것이다. 영화는 이러한 복심의 마음을 프롤로그에서 관객에게 엿보인 이후, 복심을 자신의 욕망을 숨긴 채, 또는 포기한 채 남편과 함께 병사들에게 헌신하는 현모양처로 구축한다. 이 서사를 영화는 다시 끌고 가 복심의 태도가 선화에게 전달되어 선화가 "모든 것을 병사들을 위해 사는 그들의 모습을 보면서 저만을 위해 뛰어다닌 자신을 용서할 수가 없었"고 "부끄럽고 죄스러워서 제 스스로가 대학을 포기하고 치료대에 남게" 한다. 우연 같지만 실상 영화의 치밀한 서사 전략이다. 여기서 포착할 것은 영화가 병사에 대한 헌신을 렴민을 넘어서서 렴민의 아내에까지 확대한다는 점이다. 다시 말하면 영화는 고급 관료의 아내에게 '멋 부리지 말고 남편 부하들에게 헌신하라'고 말하는 셈이다. 일상의 정치가 북한 엘리트 젊은이에서 북한 고급 관료의 부인에게 옮아가는 지점이다.

이같이 〈최전연의 작은 집〉에서 경계되는 '개인의 욕망'은 김금철의 표현을 다시 빌리면 '작은 것이라도 이용해 자신의 출세의 발판'으로 삼고자 하는 욕망이며 '멋 부리고자 하는 고급 관료 아내'의 욕망이다.

(2) 합리적 복무 vs 헌신적 복무

영화는 태웅과 렴민을 통해 일의 태도에 대한 대립을 발생시킨다. 태웅은 렴민의 연락을 받고 군부대에 올라가지만 실상 환자가 없자 당황한다. 병사들이 노래방에서 즐거이 노래를 부르고 있는 것이다. 렴민은 통신이 두절된 상태에서 응급 환자가 발생할 가능성을 염두에 두고 태웅을 올려 보낸 것이다. 그러나 태웅에게 이 처사는 합리적이지 못한 처사이다. 일어나지도 않는 일을 대비하기 위해 온갖 고생을 하면서 산꼭대기 초소에 갈 필요는 없기 때문이다. 결국 태웅은 병사들에게 화를 내고 돌아온다. 돌아온 태웅을 찾아온 렴민과 태웅의 대화를 보기로 한다.

(분을 삭이며 렴민이가 태웅에게 말한다)

렴민　사죄하오!

(순간 억이 막혀 낯이 새파래지는 태웅)

태웅　사죄요? 내가 말입니까? 환자두 없는데 고생스럽게 올라온 내가 말입니까?

(렴민의 눈썹이 꿈틀한다)

렴민　고생스럽게?!

(눈길을 피하는 태웅)

렴민　?!

(그에게 다가가 자제하며 말하는 렴민)

렴민　물론 동문 오늘 그 동무들이 찾아서 간 것이 아니요. 하지만 한 병사도, 한 개 초소도 군의의 시야 밖에 있어서는 안 된단 말이요. 좋소. 동무가 못하겠다니

그림 3-7 _ 〈최전연의 작은 집〉 이항대립

합리적 복무 vs 헌신적 복무

환자도 없는 곳에 올라가게 한 렴민에게 화를 폭발하는 태웅

군의는 모든 것을 사전에 돌봐야 한다고 주장하는 렴민

내가 대신하지!

(하며 돌아서던 렴민이가 다시 휙 고개를 돌린다)

렴민 난 동무가 여기에 왜 왔는지 모르겠소! 똑똑히 듣소! 모자라는 실력은 노력으로 채울 수 있겠지만 동무의 어떤 명예와도 바꿀 수 없는 것이 바로 우리 병사들의 생명이라는걸!

이 장면은 상식적 사고를 버리게 한다. 렴민이 태웅을 나무란 것은 태웅이 합리성을 떠나 헌신적이지 않았기 때문이다. 정철애의 글과 해석을 빌리면 "영화에서 불의의 정황으로 해 대무고감시초소로 올라가라는 련락을 받고 환자가 없는 데도 불러댔다고 불만을 터치고 내려온 새 치료대장을 렴민이 엄하게 신칙하는 장면은 병사들에 대한 뜨거운 사랑의 감정이 없는 지휘관들에 대해서는 추호도 양보하지 않는 인물의 대바르고 원칙적인 인간미를 잘 보여주고 있"는 것이다(정철애, 2014: 65~66). 더불어 정철애는 이 장면을 "배우는 인물 성격의 본질적 특징을 깊이 있게 파악한 데 기초해 병사들에 대한 뜨거운 사랑만을 아는 일면적인 형상으로가 아니라 병사들의 생명 안전을 위해서는 추호의 양보나 자그마한 타협도 하지 않고 강한 요구성과 원칙적대를 세울 줄 아는 불 같은 열정을 지닌 인간으로 형상했다"며 작가까지 칭송한다(정철애, 2014: 65~66). 렴민의 태도를 '대바르고 원칙적인 인간미'라고 평가하는 글이 잘 말해주듯 영화는 합리적 복무와 사랑의 복무를 대립시키며 사랑의 복무를 우위에 놓는다. 그런데 포착할 것은 이 장면이 단순히 태웅에게 화를 내는 것이 아니라, 북한의 표현을 다시 빌려 “병사들에 대한 뜨거운 사랑의 감정이 없는 지휘관들”에 대한 분노라는 점이다. 화면상으로는 카메라가 화를 내는 렴민을 불필요하게 익스트림 클로즈업을 시킴으로써 렴민의 분노가 어색하게 느껴질 정도이다. 그럼에도 정철애는 이를 ‘불 같은 열정’이라고 칭송한다. 따라서 영화가 김정일의 병사 사랑을 분명 강조하면서도 지휘관, 특히 군 지휘관에 대한 불만을 여과 없이 보여주는 장면이라고 볼 수 있겠다.

(3) 엄격 vs 사랑

〈최전연의 작은 집〉에서 소대장 철수는 경일을 못마땅해하며 야단을 친다. 경일이 임무 수행 중 사회체신소(전화국)에 들러서 집에 전화를 하다가 경무원에게 단속이 되고, 처벌 근무를 세우면 아침 기상 시간을 놓쳐 소대를 망신 주기 때문이다. 철수는 이것이 몇 번째냐고 경일이를 다그치고 야단침으로써 ‘냉철수’라는 별명까지 얻는다. 실상 철수의 다그침은 잘못된 것이 아니다. 소대장으로서 합리적인 것인데 영화는 그렇게 해석하지 않는다. 경일은 결국 자신의 사정을 무서운 철수가 아닌 렴민에게 털어놓고, 렴민은 철수를 호되게 나무라는데, 다음 이 둘의 대화를 보기로 한다.

철수 그렇다고 밤낮 얼리면서 군사복무를 할 수야 없지 않습니까? 어 진짜, 호랑이도 제 새끼를 우정 벼랑에서 콱 떨구어 준다는데 …… 난 엄한 요구성도 병사들을 키우는 사랑의 한 표현이라고 생각합니다.

(잠시 노려보는 렴민. 이윽고 눈길을 떼며 어성을 낮추는 렴민)

렴민 아니야, 동문 사랑이란 개념을 잘못 리해하고 있소. 때려도 아프지 않는 매

그림 3-8 _ 〈최전연의 작은 집〉 이항대립

엄격 vs 사랑

경일의 소홀한 복무에
화를 내고 다그치는
소대장 철수

철수에게 병사들을
사랑으로 다스려야
한다고 화를 내는 렴민

가 있구 어루만져도 아픈 매가 있다는 걸 말이요.

(느끼듯 고개를 외로 트는 철수. 다시 준절히 소리치는 렴민)

……

렴민 그 동문 동무 때문에 심한 고민으로 신경성소화장애까지 앓고 있단 말이요. 경일 동물 당분간 치료대에 입원시키기로 토론했으니 그리 아오. 동무 같은 얼음덩이에겐 맡기지 못하겠단 말이요. 동문 온철수가 아니라 랭철수요, 랭철수!

이같이 영화는 신입 병사를 다루는 데 '사랑'이 기반이 되어야 한다고 강조한다. 이 장면에서 소대장 철수와 군의 렴민이 대립을 이루는데, 그 이유는 철수는 병사들을 엄격하게 다루기 때문이고, 렴민은 병사 하나하나의 사정을 들으면서 그에 맞게 병사들을 다루기 때문이다. 북한 영화가 그렇듯이 철수는 렴민에게 크게 감화를 받아 경일에게 "용서하라! 모든 게 무턱대로 욕설만 앞세운 내 탓이야"라며 사과한다. 더 나아가 앓고 있는 병사를 대신해 잠복 근무에 나가기도 한다. 더구나 철수는 잠복 근무 중에 급성복막염으로 생명이 위험하기까지에 이르는데 이것이 손태광의 바람과 같이 "혁명동지를 위한 희생적인 사랑의 사상 감정의 흐름을 고조시켜 조성해나감으로써 사람들의 심금을 울려주"었는지는 확인할 길이 없지만 영화는 둘의 대립을 통해 엄격함보다는 '사랑'이 우선임을 분명 말하고 있다(손태광, 2014: 58). 이같이 〈최전연의 작은 집〉을 이항대립으로 분석해보았을 때 북한 당국은 '출세를 위해 마른 땅을 디디며 살지 말 것', '군관 아내들은 멋 부리지 말고 남편과 같이 병사들을 위해 일할 것', '소대장은 병사들을 엄격하게 대하지 말고 사랑으로 돌볼 것' 등을 강조한다고 하겠다. 이런 양상은 확실히 '김정일 애국주의'의 영향인 것으로 보인다.

김정은은 2012년 3월 처음으로 김정일 애국주의를 언급했고, 2012년 4월 6일 당 중앙위원회 책임일군들과의 담화에서 '김일성·김정일주의'를[3] 4차 당대표자회에서 당의 목표로 '온 사회의 김일성·김정일주의화'를, 당의 성격으로 김일성·김정일주의를 유일한 지도사상으로 하는 '김일성·김정일주의당'임을 밝혔다. '김일성·김정일주의'와 '김정일 애국주의'의 내용은 무엇일까? 김정은의 4·6 담화를 보기로 한다. 이 담화에서 주목할 것은 김정은이 김정일에 대해 묘사한 부분에서 예술계가 창작할 작품의 주제를 엿볼 수 있다는 점이다. 다소 장황하지만 김정은의 말을 옮겨보기로 한다.

- 한평생 오로지 **조국의 부강번영과 인민의 행복을 위해** 자신의 모든 것을 깡그리 **다 바치시면서도 자신을 위해서는 그 무엇도 남기지 않으시고** 순간의 휴식도 없이 초강도강행군길을 이어가시다가 달리는 렬차에서 순직하신 …….
- 위대한 장군님은 **수령에 대한 절대적인 충실성**과 **조국과 인민에 대한 열렬한 사랑**을 지니시고 오로지 조국의 부강번영과 **인민의 행복을 위해 모든 것을 다 바치신** 위대

3) 김정은은 이 담화에서 "이전부터 당원들과 인민들은 수령님의 혁명사상과 장군님의 혁명사상을 결부시켜 김일성-김정일주의로 불러왔으며 김일성-김정일주의를 우리 당의 지도사상으로 인정해왔지만 김정일이 김정일주의는 아무리 파고들어야 김일성주의밖에 없다고 하시면서 우리 당의 지도사상을 자신의 존함과 결부시키는 것을 극력 만류했다"고 했다(김정은, 2013: 6).

한 령도자이시고 절세의 **애국자**이시며 인민의 **자애로운 어버이**이십니다. ……

- **이민위천**을 좌우명으로 삼으신 수령님과 장군님의 숭고한 뜻을 받들어 인민을 하늘같이 여기고 무한히 존대하고 내세워주며 인민의 요구와 리익을 첫 자리에 놓고 모든 사업을 진행해야 합니다 ……(진한 글씨는 필자).

김정은은 담화에서 김정일이 수령에 대해 충실했고, 조국과 인민을 사랑했다고 강조한다. 동시에 김정일이 '자신을 바치고 자신을 위해서는 무엇도 남겨놓지 않았'다고 역설하면서 당 간부들도 그와 같이 살아야 한다며 '헌신'을 요구한다. 그리고 한 달 후 정치계는 '김정일 애국주의는 인민 모두가 따라 배우고 구현해나가야 할 애국주의의 최고 귀감'이라고 강조하며 북한 주민이 '김정일 애국주의의 철저한 체현자, 구현자로 삶을 빛내여 갈 것'을 독려하면서 '전체 인민이 김정일 애국주의를 귀감으로 삼고 위대한 장군님의 열렬한 애국의 정신, 불타는 애국적 헌신성으로 강성 국가 건설에 힘과 열정을 다 바쳐나가도록 교양사업을 강화'해야 한다고 주장했다(≪로동신문≫, 2012.5.21). 그렇다면 영화에서 군 관료에 대한 비판이 대두되고, 병사 사랑을 강조한 것은 우연이라고 보기는 어렵다. 김정일 애국주의를 따라, 김정일이 자신을 위해 아무것도 남겨놓지 않은 것을 따라, 김정일이 인민을 열렬히 사랑한 것을 따라, 군 관료도 자기를 위해 살지 말고 병사를 위해 살라는 당국의 요구라 하겠다.

3) 〈포성없는 전구〉 1~5부

〈포성없는 전구〉의 이항대립을 도출하면 영화 전반에 걸친 갈등은 '배신 vs 정절', '사회주의적 가치관 vs 자본주의적 가치관'으로 나타난다. 하나씩 살펴보기로 한다.

그림 3-9 _ 〈포성없는 전구〉 이항대립

조국을 위해 결심하는 첩보원들	여자들과 유흥을 즐기는 캐논	조국을 위해 목숨을 바치는 첩보원	돈을 위해 사람을 쉽게 죽이는 캐논

(1) 사회주의적 가치관 vs 자본주의적 가치관

남희는 영화 초반에 캐논을 처음 만나는데, 영화는 처음부터 설화를 사용해 "캐논은 성질이 괴팍하고 남의 말을 듣지 않는다. 잠잘 때조차 권총을 손에 쥐고 자는 저능아적인 그는 첩보원이라기보다 살인, 강탈의 명수였다"고 하며 관객에게 부정적 이미지를 각인시킨다. 흥미로운 점은 영화가 처음부터 캐논이 술집에서 여성들과 유흥을 즐기고 있도록, 처음 남희를 만났을 때 남희를 성희롱하도록 설정한다는 것이다.

캐논　천황의 진상품인가, 국장님의 하사품인가? …… 야 끼어들라. 이집 출입증을 얻자면 사내품에 안기는 것부터 배워야 해.

남희　당신이 이집 주인이 옳긴 옳아요?

캐논　나랑 일하려면 복종하는 법부터 배우야 해.

남희　중좌님. 여성의 인격은 남성들이 지켜주는 거랍니다. 좋아요. 어디 당신 품안에 안기는 거부터 배워봅시다. 왈츠.

영화는 처음 만난 여성에게 '국장님의 하사품인가'라는 캐논의 대사를 통해 캐논으로 대변되는 자본주의 체제가 여성을 성적 대상으로만 간주한다고 강조한다. 또한 '복종하는 것부터 배워야 해'라는 대사를 통해 자본주의 체제가 여성을 억압과 통제의 대상으로만 본다고 암시한다. 이후 영화는 남희가 캐논의 청대로 같이 왈츠를 추려다 캐논의 발을 일부러 밟아 체구가 큰 캐논이 작은 남희에게 망신을 당하도록 설정한다. 캐논에 대해 '저능아적'이라는 설명이 입증되는 대목인데 서철은 이때 남희의 마음을 다음과 같이 설명한다.

> 하나는 남방의 쟝글속에서 쪽발이들에게 쫓겨 속옷도 입지 못하고 줄행랑을 치던 주제에 점령군 행세를 하면서 온갖 못된 짓을 다하는 캐논에 대한 조소의 감정이며 다른 하나는 하룻강아지 범 무서운 줄 모른다고 여자라고 얕보며 분별 없이 날뛰는 캐논의 코대를 납작하게 만들어놓으려는 끓어오르는 적개심의 감정이다(서철, 2015: 13~15).

오로지 조국을 위한 임무에만 열중하는 남희에게 영화의 표현을 빌리면 "자본주의적 가치관에 찌든" 캐논은 조소와 적개심의 대상일 뿐이다.

영화는 의상에서도 기의를 생산한다. 영화에서 남희의 의상 콘셉트는 블라우스에 재킷을 더한 '단정함'이지만 캐논은 늘 풀어헤친 군복 위에 불뚝 나온 배, 텁수룩한 수염 등이다. 관객에게 혐오감을 줄 '방탕함'과 '문란함'의 기표이다. 동시에 영화는 '우둔한' 캐논을 돈에 대해서는 상당히 치밀하며 물불을 가리지 않는 인물로 설정한다. 캐논이 은행에 들어가 평소 잘 알고 지내던 직원 모두를 독약으로 살해하는 장면이 대표적이다. 이 설정 자체는 개연성이 없어서 극적 신뢰감을 떨어뜨리지만 캐논의 무자비함을 강조하기 위한 것으로 이해하기로 하자. 영화는 개연성 없음을 보완이라도 하려는 듯 화면에 신문 보도를 클로즈업해 캐논으로 대변되는 자본주의적 가치관의 무자비함을 사실화한다. 더구나 캐논은 살인으로 번 돈으로 다시 홍청망청 유흥을 즐긴

그림 3-10 _ 캐논의 의상 기표

그림 3-11 _ 남희의 의상 기표

다. 자본주의가 '성적性的 문란'과 '무자비함'으로 재현되는 지점이다. 물론 남희는 이와 정반대에 서 있다. 앞에서도 밝혔듯이 남희는 첩보원으로서의 임무 수행, 조국에 대한 충성, 지도자에 대한 헌신을 위해 모든 위험을 감수하기 때문이다. 이것이 혁명가의 도리이며, 김일성에 대한 도리로 믿는 것이다. 이같이 영화는 자본주의적 가치관을 성적 문란과 방탕함으로 주조하면서 사회주의적 가치관을 숭고하게 이미지화하는 것이다. 사회주의적 가치관이란 다시 말해 '조국과 지도자에 대한 충성과 성적으로 문란하지 않은 단정한 생활'이라 하겠다.

(2) 배신 vs 정절

영화에 나타나는 또 다른 이항대립은 남희, 톰스(바위쇠), 김수향을 중심으로 한 '배신과 정절'이다. 남희의 어린 시절 친구 톰스(바위쇠)는 전향한 공산주의자로 일본을 위해 복무할 때는 마쯔이, 현재 미국을 위해 복무할 때는 톰스로 이름을 바꾼다. 기회주의자의 대표로 재현되는 것이다. 남희가 이런 톰스를 캐논의 부관으로 다시 만났을 때의 다음 대화를 주목하기로 한다.

남희　그래서 당신도 이런 청부업자 앞잡이로 다니는가요?

톰스　우린 다 같이 **진창 속에 구겨져 살게 된 가물치 같은 인생**이요. 어항 속에 금붕

그림 3-12 _ 〈포성없는 전구〉 이항대립

배신(실용) vs **정절**

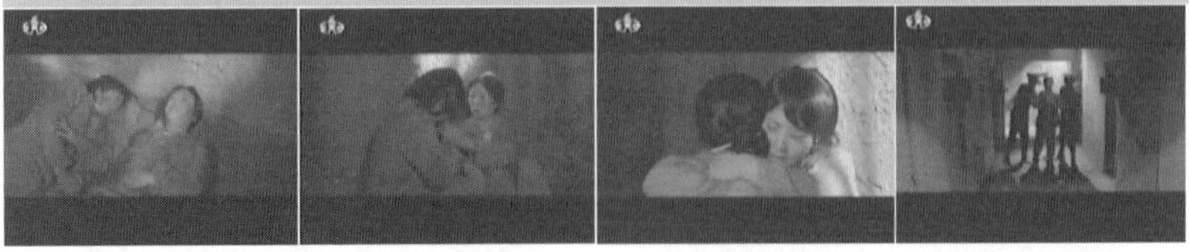

감옥에서 고생하며 김수향을 만나는 남희	자기는 곧 죽을 몸이라면서 김일성을 찾아가라는 김수향	김수향에게 닥칠 죽음을 안타까워하는 남희	일본 경찰에게 끌려가 죽음을 맞게 되는 김수향

그림 3-13 _ 〈포성없는 전구〉 이항대립

배신(실용) vs 정절

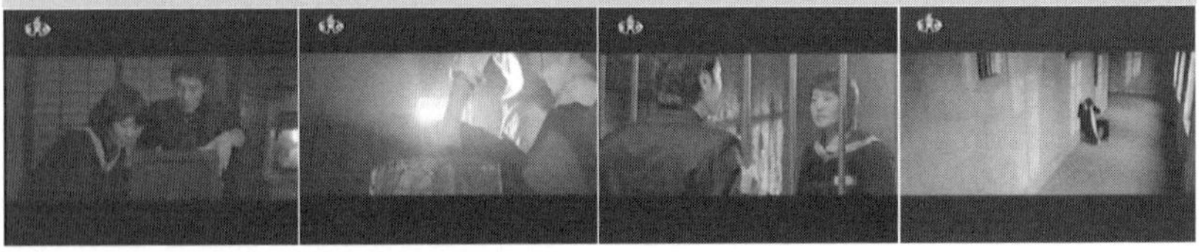

어린 시절 공산당 운동을 같이하는 남희와 바위쇠	일본 경찰에게 잡혀가서 고문받다가 자백하는 바위쇠	자신 때문에 잡혀온 남희에게 전향을 설득하는 바위쇠	변절자라고 소리치는 남희 때문에 괴로워하는 바위쇠

어 흉내를 내는 건 좋지 않아.

남희　구역질나는 소리 그만해요. 당신은 10년 전에 벌써 그런 인생을 살면서, 사나이 맹세도, 고향도, 우정도 다 버렸어요(진한 글씨는 필자).

톰스는 자신을 변호한다. 진창 속에 구겨져 사는 인생이 고귀한 목적을 가질 필요가 없다는 것이다. 일종의 패배 의식인데 따라서 자신은 환경에 따라 일본인 마쯔이도, 미국인 톰스도 될 수 있다는 것이다. 그런데 바위쇠에게 배신은 부자연스러운 것이 아니다. 바위쇠의 배신 행위는 10년 전에도 동일했다. 공산주의 운동을 하다가 잡혀서 고문을 받을 때 바위쇠는 먼저 전향했고,

고문에 버티는 남희를 전향하라고 설득했다. 그때 바위쇠와 남희의 대사를 보기로 한다.

바위쇠 남희.

남희 배신자. 물러가.

바위쇠 냉철해야 해. 남희. 살아야 고향에도 가고, 공산주의도 할거 아냐. 이 전향서에 도장을 찍으라는 건 일본 공산당의 지시야.

남희 난 누구의 지시라도 전향만은 못해.

바위쇠 좋아. 그럼 나와 함께 외국어 학원에 가자. 어 황군의 고등정보관 학교래.

남희 뭘?

바위쇠 사실 어제 한 사법정관이 와서 권하더라. 거기로 가겠다면 석방도 시켜주고 팔자도 고쳐주겠대.

남희 팔자? 난 싫어.

바위쇠 남희. 난 정말 견딜 수 없었어. 빨리 빠져나오고 싶었단 말이야. 죽어서 천당이 …… (중략) 이까짓 종잇장 한 장에 손가락 한번 꾹 누르는 게 뭐가 힘들어? 뭐가?

영화가 바위쇠를 통해 무엇을 강조하려는 것일까? 영화가 바위쇠를 전향서에 도장을 찍거나, 황군의 고등정보관 학교에 가거나, 먼저 살고 나서 후에 기회를 보자는 등 기회주의적 인물로 재현한다는 점, 전향을 대단하게 생각하지도 않는 인물로 재현한다는 점을 주목할 필요가 있다. 바위쇠에게 배신은 '종잇장에 손가락 한번 꾹 누르는' 정도에 불과한 것이다. 기회주의적 인물이며 긍정적으로 본다면 실용주의적 인물이기도 하다. 그러나 이에 비해 남희는 줄곧 올곧은 인물로 재현한다. 남희가 마음을 바꾼 것은 오직 김일성을 찾아가라는 김수향의 권유 때문이지 자신의 부귀영화를 위해서가 아니다. 다음은 남희와 김수향이 쓰가코 형무소에서 나누는 대사이다.

수향 남희, 이젠 헤어져야 할까 봐. (중략) 바위쇠 말대로 외국어 학교에 꼭 가.

남희 언니. 그 학괸 일본고등정보학교예요.

수향 아니, 꼭 가야 해. 내가 대 준대로 조직을 꼭 찾아가요. 그래서 나 때문에 비게 된 조국광복전선의 한 자리를 남희가 꼭 메워주길 바라요.

(남희가 수향의 비석 앞에서 들리는 수향의 소리)

수향 난 지금처럼 사령부와 멀리 떨어진 곳에서 홀로 싸울 때가 많았어요. 하지만 난 외로움을 몰랐어요. 늘 태양의 빛을 느끼며, 그 불타는 태양의 빛을 받아 불타는 노을처럼 활활 자기를 불태우느라 외로움을 몰랐어요. 남희도 그렇게 살리라 믿어요.

영화는 남희가 일본고등정보학교에 결국 가지만 그 이유를 바위쇠와 차원이 다르다고 강조한다. 남희는 김일성 조직을 찾아가기 위해, 그리고 김수향 대신 조국광복전선의 한 자리에서 역할을 하기 위해 일본고등정보학교에 가는 것이다. 남희는 조국과 공산주의 운동에 대한 정절을 버리지 않은 것이다. 남희에게는 실용주의적 사고도 합리화의 기제도 없는 것이다. 콘텍스트적으로 보면 김정일 사망 이후부터 줄곧 강조되었던 자본주의에 대한 경계가 이와 같은 현상을 가져왔다고 하겠다. 2012년 하반기 북한은 자본주의의 사상과 문화를 '사람들을 정신적 불구자로 만드는 위험한 독소'로 간주하며(≪로동신문≫, 2012.10.18), '자라나는 새 세대들이 썩어빠진 부르주아 자유화 바람에 물젖으면 정신 도덕적으로 타락하고 변질되므로 제국주의자들의 사상 문화적 침투 책동이 악랄해질수록 부르주아 사상문화와 날라리풍이 절대로 침습해

들어오지 못하도록 해야 한다'고 주장한 바 있다(≪로동신문≫, 2012.10.18). 이후 2014년 중반을 전후해서 더욱 강조되는데, 다음을 보기로 한다.

- 제국주의자들은 더욱 활발해지는 세계적인 사회경제관계발전의 흐름을 타고 '협력'과 '교류' 등 각종 허울 좋은 간판을 들고 보다 적극적이며 공개된 방법으로 부르주아 사상문화를 류포시키고 있다. …… 제국주의 사상문화는 인민대중의 계급의식, 혁명의식을 좀 먹고 해치는 무서운 독소이다. …… 제국주의자들은 사람들의 자주의식과 혁명의식을 마비시키고 정신적으로 병들게 하며 다른 나라들을 내부로부터 와해시키려 하고 있다. 제국주의사상문화는 극단한 개인리기주의에 근본바탕을 두고 있다. 사람들을 개인의 리익을 위해서라면 수단과 방법을 가리지 않는 동물적인 인간으로 만드는 바로 여기에 제국주의자들의 사상문화적 침투책동의 위험성이 있다(≪로동신문≫, 2014.1.9).
- 제국주의자들이 떠들어대는 '사상의 자유'에 대해 각성을 가지고 대해야 한다. 원래 자본주의사회는 그 반동성과 반인민성으로 해 진보적인 사상을 허용하지 않는다. 자본주의사회에서 허용되는 여러 가지 사조들은 다 부르주아 사상의 각이한 형태와 표현들에 지나지 않는다. 반동적 부르주아 통치계급은 자본주의사회를 '자유의 표본', '민주주의사회'로 미화분식하기 위해 진보적인 사상을 일정하게 허용하는 척하다가도 그것이 저들의 통치에 조금이라도 위협으로 된다고 인정될 때에는 가차 없이 탄압한다(≪로동신문≫, 2014.2.8).

북한 언어 문화는 최고 지도자에 대해서는 숭배심을 담고 "계급적 원쑤에게는 분노와 적대감"을 담는다. 언어가 표현을 통해 사유를 유도한다면 자본주의 문화를 모두 '짓부숴야' 한다는 북한의 표현은 북한이 자본주의 문화에 대한 적개심을 주조한다는 것을 알 수 있다. 따라서 〈포성없는 전구〉는 이러한 정치 담론을 따라 '문란한 자본주의적 가치관을 경계하라', '돈에 배신하지 말라'를 강조한다고 하겠다.

3. 맺음말: 욕망과 동경의 경계, 그럼에도 불구하고

지금까지 김정은 정권 2012년부터 2014년까지 북한이 제작한 영화를 이항 대립으로 살펴보면서 도출한 일상 정치를 정리하기로 한다. 북한은 예술영화 〈들꽃소녀〉에서 '인기를 얻으려고 하지 말고 복무에 성실할 것', '관료나 선배의 눈치를 보지 말고 최고 지도자를 위해 양심껏 일할 것'을 강조한다. 〈최전연의 작은 집〉에서는 '(엘리트는) 출세를 위해 마른 땅을 디디며 살지 말 것', '군관 아내들은 멋 부리지 말고 병사들에게 헌신할 것', '소대장은 병사들을 엄격하게 대하지 말고 사랑으로 돌볼 것' 등을 강조한다.

1년차와 군이 비교한다면 2년차에는 개인 욕망의 층위가 달라졌다는 점, 특히 군 지휘관과 가족에 대해 엄격한 경계가 나타난 점이 특징이라 하겠다. 3년차 〈포성없는 전구〉에서는 '성적으로 문란한 자본주의적 가치관을 경계하기', '돈에 배신하지 말기'를 강조한다. 3년차에는 외부 세계에 대한 경계가 증가했다고 하겠다. 전체적으로 정리하면 김정은 정권 3년 동안은 군 관료 경계, 개인 욕망 경계, 외부 세계 경계를 강조하는 양상이 포착된다고 하겠다. 군 관료 경계는 잘 알려진 바와 같이 정권 초기 '비대해진 군을 정상화시키고 당-국가 체제를 회복'하려는 김정은의 의도 때문인 것으로 보인다. 또한 개인 욕망과 외부 세계를 경계하는 양상은 일상에서 북한 주민의 '개인의 욕망 추구'와 '외부 세계에 대한 동경'이 북한 당국의 입장에서 간과해서는 안 될 정도의 수준에 도달한 것을 보여준다고 하겠다.

참고문헌

김경용. 2014. 『기호학이란 무엇인가』. 민음사.

김광혁. 2013.3. "예술작품 창작에서 김정일 애국주의를 철저히 구현하자". ≪조선예술≫.

_____. 2015.2. "미소속에 비낀 영생의 진리". ≪조선예술≫. 49~50쪽.

김근식. 2014. 「김정은 시대의 '김일성-김정일주의'」. ≪한국과 국제정치≫, 30권 1호, 65~92쪽.

김금철. 2014.9. "주인공의 사상정신세계를 보여준 인상깊은 장면". ≪조선예술≫, 31~32쪽.

_____. 2014.10. "영화의 사상적내용을 돋구어준 화면형상: 예술영화 〈최전연의 작은 집〉의 화면형상을 놓고". ≪조선예술≫. 25~26쪽.

김성호. 2014.6. "부르죠아영화예술은 자본주의사상의 대변자, 전파자". ≪조선예술≫, 67~68쪽.

김은철. 2014.4. "숭고한 병사사랑의 세계를 구현한 영화적 형상". ≪조선예술≫, 22~24쪽.

김인철. 2017.5. "최전연의 작은집". ≪조선예술≫, 65~66쪽.

김정은. 2013. 『위대한 김정일동지를 우리 당의 영원한 총비서로 높이 모시고 주체혁명위업을 빛나게 완성해나가자(2012.7.26.)』. 평양: 조선로동당출판사.

_____. 2015. 『김정일애국주의를 구현해 부강조국건설을 다그치자』. 평양: 조선로동당출판사.

김충성. 2013.5. "시대정신이 반영된 문학적형상". ≪조선예술≫, 30-31쪽.

김태성. 2013.1. "수령영생위업 실현에 이바지하는 명작을 더 많이 창작하자". ≪조선예술≫, 11~12쪽.

김향정. 2013.5. "인물의 내면세계를 참신하게 보여준 진실한 연기형상". ≪조선예술≫, 28쪽.

뤼트케, 알프(Alf Luedtke) 외. 2002. 『일상사란 무엇인가』. 이동기 외 옮김. 청년사.

리숙경. 2014.2. "(창작수기) 위대한 병사사랑의 세계에 매혹되여". ≪조선예술≫, 54~55쪽.

리철명. 2015.1. "사랑의 불사약이 전하는 감동깊은 예술적 화폭". ≪조선예술≫, 52~53쪽.

리현순. 2014.9. "(론설) 창작가, 예술인들은 명작폭포로 당의 선군령도를 충직하게 받들어 나가자". ≪조선예술≫.

림춘화. 2014.4. "인물의 성격을 부각시킨 환경분위기분장". ≪조선예술≫, 51~52쪽.

마페졸리, 미셸(Michel Maffesoli)·앙리 르페브르(Henri Lefebvre) 외. 2016. 『일상생활의 사회학』. 박재환·일상성·일상생활연구회 엮음. 한울.

민룡길. 2014.9. "명작영화 폭포로 주체문학예술을 빛내여나가자". ≪조선예술≫, 57~58쪽.

박순성·홍민 엮음. 2010. 『북한의 일상생활세계』. 한울.

박영무. 2014.3. "(평론) 영화의 극조직이 주목된다". ≪조선예술≫, 62~64쪽.

박형중. 2014.10. "김정은 권력승계의 대내외 정책의 추이". ≪KDI 북한경제리뷰≫, 10~23쪽.

서철. 2015.1. "극적흥미를 일관성있게 끌고나간 개성적인 연기형상". ≪조선예술≫, 13~15쪽.

손태광. 2014.3. "형상의 견인력을 보장한 영화흐름". ≪조선예술≫, 58쪽.

심영택. 2012.8. "(평론) 작은것과 큰 것". ≪조선예술≫, 68~70쪽.

______. 2013.1. "우리의 소원". ≪조선예술≫, 4~6쪽.

오양열. 2013. 『북한문화동향』. 한국문화예술진흥원.

______. 2014. 『북한문화동향』. 한국문화예술진흥원.

______. 2015. 『북한문화동향』. 한국문화예술진흥원.

이우영. 2012. 「김정은 체제 북한 사회의 과제와 변화 전망」. ≪통일정책연구≫, 21권 1호, 69~92쪽.

자네티, 루이스(Louis Giannetti). 2010. 『영화의 이해』. 박만준·진기행 옮김. K-BOOKS.

장현일. 2013.3. "〈들꽃〉의 아름다움을 돋구어 낸 탐구적인 화면형상". ≪조선예술≫, 54~55쪽.

______. 2013.6. "〈장미〉는 〈들꽃〉의 아름다움을 어떻게 돋구어는가". ≪조선예술≫, 31~32쪽.

전명선. 2014.4. "하나의 세부가 펼쳐준 숭고한 병사사랑의 세계". ≪조선예술≫, 26~27쪽.

정철애. 2014.6. "(평론) 인물성격을 깊이있게 돋구어낸 대사형상". ≪조선예술≫, 65~66쪽.

조선중앙통신사. 2013. 『조선중앙년감』. 평양: 조선중앙통신사.

______. 2014. 『조선중앙년감』. 평양: 조선중앙통신사.

______. 2015. 『조선중앙년감』. 평양: 조선중앙통신사.

최광진. 2014.6. "영화의 시작과 마감에서의 정서적여운". ≪조선예술≫, 73~74쪽.

표광원. 2016.12. "참신한 형상이 안아온 들꽃다발". ≪조선예술≫, 49쪽.

황봉송. 2013.1. "(문답) 들꽃소녀는 여기에 있었다: 예술영화 〈들꽃소녀〉를 창작한 작가 리숙경동무와 나눈 이야기". ≪조선예술≫, 49~50쪽.

≪로동신문≫. 2012.5.21. "(사설) 김정일애국주의 교양을 강화하자".

≪로동신문≫. 2012.10.8. "사회와 인간을 좀먹는 위험한 독소".

≪로동신문≫. 2012.10.18. "자본주의 사상문화와 청년문제".

≪로동신문≫. 2014.1.9. "적들의 사상문화적 침투책동을 단호히 짓부셔 버려야 한다".

≪로동신문≫. 2014.2.8. "리현도, 제국주의자들과의 사상적 대결은 포성 없는 전쟁".

≪조선예술≫. 2015.1. "녀병사가 받아안은 1월의 감격", 24쪽.

〈들꽃소녀〉.

〈최전연의 작은집〉.

〈포성없는 전구〉 1~5부.

Aristotle. 1961. *Aristotle's Poetics*. S. H. Butcher(Tran.). New York: Hill and Wang.

4장

김정은의 동기 이미지와 리더십*

육성 신년사를 중심으로(2013~2018)

김엘렌 (이화여자대학교 통일학연구원)

1. 들어가는 말

2018년 상반기 북한 최고 지도자 김정은 위원장은 세계의 이목을 집중시키며 국제 외교 무대에 모습을 드러냈다. 올해 1월 김정은 위원장의 육성 신년사 이후 2월 들어 남북한 사이에 화해 분위기가 조성되더니 평창 올림픽을 거쳐 4월 27일 1차 남북 정상회담, 5월 26일 2차 남북 정상회담이 열리고, 6월 12일 북미 정상회담이 싱가포르에서 열렸다. 2018년의 상반기가 채 지나기도 전에 시작된 남북미 간의 화해와 협력 분위기는 세계 각국의 동북아시아 주도권 경쟁을 둘러싸고, 이곳 한반도를 중심으로 정치 지형의 변화를 일어나게 했다. 이러한 변화의 중심에는 김정은 위원장, 문재인 대통령, 트럼프 대통령이 있으며, 특히 트럼프 대통령은 이제껏 미국 외교가에서 지니고 있던 특성

* 이 장은 학술지 ≪리더십 연구≫, 9권 4호(2018)에 게재된 글을 수정·보완한 것이다.

에서 비껴간 인물로 탑다운Top-down 방식을 선호하는 비관료적인 정치인으로 평가받고 있다.

남북 정상회담과 북미 정상회담에 앞서, 김정은 위원장은 시진핑 중국 국가 주석의 초청으로 3월 25일~27일 중국을 방문했다. 2011년 12월 집권한 김정은 위원장이 첫 외국 방문지이자 첫 정상회담을 중국에서 개최함으로써 북중 간의 관계를 긴밀히 하는 한편 그 이후에 연이어 열리는 정상회담에 힘을 실어 주는 계기를 마련했다. 김정은 위원장은 중국 방문에서 비핵화 의지를 거듭 확인하면서 평화 실현을 위한 단계적이고 동시적인 조치가 이루어진다면 한반도 비핵화 문제는 해결될 수 있다며, 이는 김일성 주석과 김정일 위원장의 유훈이라고 언급함으로써 지속적으로 진정성을 인정받으려는 메시지를 대외적으로 보냈다. 그러나 이후 북미 정부 인사들의 서로를 향한 거친 메시지와 서로 다른 입장 차이 그리고 북한 대표단의 실무 회담 불참석 등으로 인해 6월 12일 예정된 북미 정상회담이 파국이라는 위기의 순간에 놓이기도 했다. 북미 정상회담 취소라는 상황을 되돌리기 위한 노력으로 김정은 위원장은 문재인 대통령과 5월 26일 판문점 북 측 지역인 판문각에서 전격적으로 만났다. 문재인 대통령과의 두 번째 남북 정상 간의 만남은 북미 정상회담 재개의 물꼬를 트는 데 결정적인 역할을 했다. 2차 남북 정상회담 이후, 북미 정상 간의 만남을 위해 실무자들은 뉴욕, 싱가포르, 판문점을 숨 가쁘게 오가며 물밑 협상과 사전 준비를 한 끝에 6월 12일 북미 정상회담이 개최되었다.

북미 정상회담 후 양국은 4가지 공동성명을 채택했는데 내용은 다음과 같다. 첫째, 새로운 관계 개선, 둘째, 한반도 평화 체제에 대한 노력, 셋째, 북한의 비핵화, 넷째 한국 전쟁 시 미군 포로 실종자 유해 발굴과 송환에 관한 내용이다. 1994년 10월 21일 체결된 제네바 합의문과 2005년 9월 19일 6자 회담에 의해서 체결된 공동성명에서 그동안 미국이 북한에게 요구했던 것이 북한의 비핵화 후, 북미 관계 개선과 평화 체제에 관한 것이었음을 상기한다면 선후 이행 과정이 바뀐 의미에 대해 반추할 필요가 있다. 문재인 정부는 북핵 문제를 풀기 위해서는 접근 방법이 달라져야 한다고 미국 정부에게 지속적인 메시지를 전달했지만 여러 가지 이유로 잘 받아들여지지 않았다. 가장 중요한 이유는 북미 간의 신뢰가 없었기 때문이다. 올 상반기 두 차례에 걸친 남북 정상회담이 열리기 전까지 북한에 대해 신뢰가 없었던 것은 한국 정부도 마찬가지였다. 그러나 이번 북미 정상회담을 통해 트럼프 대통령이 김정은 위원장의 비핵화 의지를 진정성 있게 받아들임으로써 해법의 우선순위가 바뀐 것으로 보인다. 이번 회담의 가장 큰 결실은 두 정상 간 신뢰의 초석이 다져졌다는 점이다. 두 나라 모두 새로운 관계를 위해서는 신뢰가 우선임을 인식한 것이다. 전향적인 태도를 취하고 있는 김정은 위원장이 트럼프 대통령에게 이러한 신뢰를 얻었다는 점은 앞으로의 남북미 관계에 있어 일단 긍정적인 신호로 받아들일 수 있다.

2018년 초부터 시작된 김정은 위원장의 외교적 노력과 적극적인 태도는 남북 관계, 북미 관계뿐만 아니라 동북아 질서에까지 영향을 줄 수 있는 협상자로서의 면모를 보여주었다. 특히, 김정은 위원장의 제안으로 이루어진 2차 남북 정상회담은 문재인 대통령의 적극적인 조력에 힘입어 전략적 측면뿐만 아니라 형식이 내용을 압도하는 외교적 순발력을 발휘하는 정치력을 보임으로써 대내외적으로 북한 지도자 이미지에 긍정적인 효과를 극대화했다. 이러한 김정은 위원장의 신속하고 치밀한 외교적 언행들은 결과적으로 성과를 이끌어내고 있기 때문에 조명될 필요성이 있다.

북한은 오랜 시간 핵무기 완성에 사활을 걸고 매달려왔다. 핵무기 포기는 절대 없을 것이라던 김정은 위원장은 핵 프로그램 전반에 관해 논의할 수 있다는 전과는 결이 다른 입장을 보이며 세 차례에 걸친 정상회담을 통해 국제

외교 무대에 극적으로 등장했다. 이러한 변화의 동인은 무엇일까? 김정은 체제 출범 이후 지속적으로 대외 메시지를 보냈으나 한국을 포함한 국제사회가 메시지를 인식하지 못한 것일까? 국제사회의 경제제재와 압박이 효과를 거두어 김정은 위원장의 태도 변화를 이끌어낸 것일까? 아니면 북한이 핵무기 개발 완성 후 핵 억지력을 가졌다는 자신감으로 미국과의 대화를 이끌어낼 수 있다고 여긴 것일까? 그동안의 한국 정부의 외교적 노력이 결실을 본 것일까? 이 모든 것이 시의적절하고 복합적으로 작용했을 수 있다. 그러나 여기서 간과할 수 없는 것은 북한 최고 지도자 김정은 위원장이 대외적으로 지속적으로 관계 개선에 관한 메시지를 보내고 전략적이며 실질적인 설득과 외교력을 통해 여기까지 올 수 있는 계기를 제공했다는 사실이다. '사회주의 경제 건설 총력 집중'이라는 새로운 전략 노선을 선택한 김정은 체제는 북미 정상회담 후 구축된 신뢰를 바탕으로 북미 관계 개선과 평화 체제 구축, 비핵화 과정을 이행하고자 하는 첫발을 내딛었다. 우리가 그의 행보를 과거의 시선이 아닌 현재의 시선으로 바라보고자 노력해야 하는 이유이다.

2. 텍스트를 통한 동기 이미지 분석 필요성

그동안 북한 지도자들에 대한 연구는 비교적 활발히 이루어져 왔지만 예측 불가능하고 변덕스러운 지도자라는 부분에 방점을 둔 결과가 많았다. 이러한 결과가 나온 배경으로 그동안 북한 최고 지도자에 관한 리더십 연구는 체제 중심적인 연구가 주류를 이루었고, 구조적·거시적 측면에서 리더십을 분석하면서 기존에 갖고 있던 시각의 변화가 크지 않았던 것에 기인한다. 이 글은 김정은 위원장은 김정일 위원장과 마찬가지로 대내외적인 환경에 적응하며 상황을 이끌어가고자 하는 리더로 예측이 불가능한 지도자의 범주에 들어가지 않는다는 전제에서 출발했다(김엘렌, 2013). 나라를 이끌어가는 최고 지도자의 리더십은 역사적 산물이며 체제를 유지시키거나 발전시키기 위해 여러 대내외적인 상황에 적응해가는 과정을 거쳐 형성되는 경향이 있다.[1] 이러한 문제의식을 기반으로 북한 최고 지도자 리더십을 연구할 때 새로운 접근 방법의 필요성을 절감하게 되었다.

그동안 최고 지도자와 체제 유지 상관성에 대한 연구는 대부분 정치 이데올로기적 측면과 권력 현상적 측면의 분석이 주류를 이루었다. 따라서 북한 주민을 통제하고 체제를 유지하는 데 상징적이며 중요한 지표 역할을 하는 텍스트 분석을 통한 최고 지도자의 리더십 이미지 연구에는 큰 의미를 두지 않았다. 여기서 리더십 이미지라고 쓴 이유는 최고 지도자가 현실 속에서 보여주는 실제 리더십과 텍스트와 같은 매개체를 통해 나타나는 리더십 이미지는 다를 수 있다고 보았기 때문이다. 따라서 필자는 제도·행위 관계 속에서 리더십을 이해하려고 했던 선행 연구를 기반으로 개인의 특성을 밝혀줄 수 있는 동기 이미지 분석을 통해 북한 최고 지도자 리더십의 발현에 관한 기초적 단초를 제공하고자 한다.

북한에서 최고 지도자 '말씀'은[2] 주민들의 내적 동의를 구축하는 지배 방식으로 작용한다. 이러한 언어를 담고 있는 텍스트는 체제 유지 전략인 동시에 사상교양을 목적으로 대중을 설득하는 방법이다. 최고 지도자의 지시가 곧

1) 오랜 기간 심리학에서 논쟁이 되었던 문제로 인간의 행동은 본래 갖고 있는 특성에서 기인하는 것인지 혹은 상황에 적응하면서 변화하는 것인지에 관한 문제였다. 연구 결과 두 요인 모두 인간의 행동에 영향을 미친다고 한다. 이와 관련된 논문으로 로버트 그리포(Griffo, 2009) 참조.

2) 최고 지도자가 북한 주민에게 전달하는 말을 김일성은 '교시', 김정일은 '말씀'이라고 한다(정성장, 2011: 66).

법과 정책 기능을 수행하는 북한의 현실에서 리더십을 연구할 때 이들의 저작이나 담화문 같은 텍스트를 분석하는 일은 필수적이다.

김정은 후계 체제는 2009년 1월 후계자로 내정된 지 약 20개월 만인 2010년 9월 28일 당 중앙군사위 부위원장으로 선출됨으로써 공식 출범했다. 2011년 12월 김정일 위원장 사망 이후 북한에 공식 집권한 김정은 위원장은 선대와 달리 저작집과 담화문 등과 같은 1차 자료가 많지 않다. 따라서 자료가 부족한 현실에서 연초에 발표되는 육성 신년사 분석은 의미가 있다. 육성 신년사는 북한의 대내외적인 정책 방향과 지도자의 의향을 보여주는 자료이다. 하지만 발화자나 분석자의 의도나 선입견에 맞추어 신년사 내용을 분석하는 오류를 범할 수 있는 위험이 있다. 그러나 이 장에서의 분석은 내용 분석이 아닌 최고 지도자의 내적 상태를 연구하기 위해 세 가지 동기 이미지를 가지고 텍스트를 분석하는 것이기 때문에 이러한 위험으로부터 거리를 둘 수 있다는 장점을 갖는다. 이 분석 방법은 40여 년 이상 심리학 분야에서 사용되어 온 유용한 분석 방법 중 하나이다. 발화자의 텍스트로 된 담론을 동기 이미지 분석으로 리더의 내적 상태를 밝히는 이러한 미시적 접근을 통해 북한 최고 지도자의 행위와 북한 사회를 전망할 수 있는 단초가 될 수 있을 것이다.

3. 동기 이미지 분석의 이해

텍스트 분석 방법 중 하나인 동기 이미지motive imagery 분석을 이해하기 위해서 이 분석은 무엇이며 어떠한 중요성을 가지는지에 대해 살펴보고자 한다. 사회주의를 표방한 독재국가인 북한을 알기 위해서는 그 나라 결정권자인 최고 지도자의 특성에 관한 이해가 선행되어야 한다. 그동안 최고 지도자의 개인 특성에 관한 경험적 연구는 주로 자본주의 지도자에게 이루어진 반면 사회주의 지도자를 대상으로 개인적 특성을 분석한 사례는 많지 않다.[3] 따라서 이 글에서는 사회주의를 표방하며 북한 체제를 이끌고 있는 김정은 위원장이 개인적으로 어떠한 특징을 가지고 있으며 그것이 체제 유지와 어떤 상관성을 보이는지에 대해 동기 이미지 개념을 사용해 살펴보고자 한다. 특히, 이 분석 방법은 김정은 위원장처럼 전통적인 분석 테스트나 인터뷰를 수행하는 것이 불가능하거나 정보가 부족하고 관찰이 어려운 조건을 가진 인물 분석에 유용한 방법 중 하나이다. 연구자들은 분석 대상 인물이 직접적 테스트가 가능하다 하더라도 바람직하지 않은 상황 등을 배제하기 위해 일반적 성격 분석 방법을 보완할 수 있는 '거리를 두고' 측정할 수 있는 이러한 분석 방법을 개발해왔다. 이러한 간접적 분석의 장점은 전통적인 리더십 평가가 갖는 한계를 극복할 수 있다는 것이다.[4] 국가의 대내외적 정책 결정 과정과 중요한 문건은 공개 가능성이 낮고, 공개한다고 하더라도 상당한 시간이 지난 후에 내용이 알려지는 경우가 많아 간접적 분석 방법은 리더의 행위와 대내외적 정책 결정을 추론할 수 있는 장점이 분명히 있다(김엘렌, 2013: 21).

동기 이미지는 인간의 중요한 사회적 동기로 발화자가 스스로에게, 타인에게, 단체나 일반적 사람에게 부여하는 행동, 바람, 우려, 내적 상태로 성취동기 이미지, 권력 동기 이미지, 친화감 동기 이미지로 나눌 수 있다.[5]

3) 북한 지도자의 개인 특성에 관한 연구는 김엘렌(2013) 참조.

4) 리더의 가정환경, 학력, 경력과 같은 배경 분석(biographical profile)이 리더의 정책 결정 과정에서 정치적 성향이나 행위를 직접적으로 설명해주는 것은 아니다(George, 1969: 192; 조화성, 2005: 48).

5) Winter(1994: 4). 여기에 나온 세 가지 분류 기준표는 김엘렌(2013)에서 간략하게 발췌·인용했다.

1) 성취동기 이미지

성취동기 이미지achievement imagery는 뛰어남을 기준의 지표로 기록한다. 〈표 4-1〉은 성취동기 이미지의 5가지 분류 기준이다.

성취동기 이미지는 뛰어남의 기준을 지표로 한다. 긍정적인 목적, 성과, 우수성을 바탕으로 한 경쟁, 유일무이한 성취, 전례가 없는 절대적 기준을 제시하는 행위나 목적을 이용하는 것과 상관성이 있다. 성취동기 이미지는 중간 정도의 위험 감수 성향을 나타내며 피드백을 활용해 목표를 성공적으로 달성하고자 하는 노력을 한다.

표 4-1 _ **성취동기 이미지 5가지 분류 기준**

성취 이미지 분류 기준
좋은(good), 더 나은(better), 최고의(best)와 같이 성과를 긍정적으로 평가하거나 절대적인 수행성과 형용사.
긍정적 평가로 기술되는 목적이나 성과: 어떤 행동은 철저함과 신중함이 결과의 뛰어남에 공헌할 때 철저하고 신중한 것으로 묘사할 수 있다.
단순한 공격이나 힘이 아닌 뛰어남을 반영한 승리나 다른 이와의 경쟁에 대한 언급: 성공에 대한 언급은 목적에 대한 행위의 긍정적인 결과가 아닌 결과에 있어 뛰어남의 기준을 포함해야 한다.
슬픔, 부정적 느낌, 더 잘해야 한다는 걱정을 동반한 실패, 부진한 행동, 뛰어남의 부재: 성취나 뛰어남의 장애물에 대한 부정적인 느낌은 성취 이미지로 기록한다.
유일무이한 성취: 전례가 없는, 새로운, 보기 드문, 색달라서 뛰어남의 절대적 기준을 제시하는 행위나 목적이다.
성취 이미지 기록의 쟁점 한 개인이나 집단의 과거, 현재의 꿈, 목적, 열망을 의미하는 자료는 조심스럽게 검토해야 한다. 성취에 대한 자세한 설명이 없는 단순한 꿈의 언급은 성취 이미지로 기록하지 않는다. 그러나 내용이 성취에 관한 표현을 상술하면 성취 이미지로 기록할 수 있다.

2) 권력 동기 이미지

사람, 집단, 국가, 세계에 상당한 충격, 힘, 영향을 주는 표현이 있으면 권력 동기 이미지power imagery로 기록한다. 〈표 4-2〉는 권력 동기 이미지의 6가지 분류 기준이다.

권력 동기 이미지는 사회적 권력이 갖는 영향력과 위신, 특권에 대한 관심을 나타내며 사람, 집단, 기관, 국가, 세계에 상당한 충격, 힘, 영향을 주는 표현이 있으면 권력 동기 이미지를 의미한다. 이러한 권력을 얻기 위해 공격성이나 극단적인 위험을 감수하는 개인적 특징이 있고 사회적 힘과 공격을 취하는 것과 같이 낭비적이고 충동적인 행동을 이끌어낸다. 따라서 암살 시도나 전쟁 돌입 같은 성향과 동시에 역사상 인용이 많이 되는 결정이나 활동성과 긍정적인 상관성을 갖는다.

표 4-2 _ **권력 동기 이미지 6가지 분류 기준**

권력 이미지 분류 기준
공격, 습격, 위협, 비난, 추격, 모욕, 착취, 이용하기, ~을 이기기, 요구하기, 다른 이의 삶에 큰 영향을 미치는 것: 내재적으로 다른 사람이나 세계에 상당한 영향력을 가진 강하고 힘 있는 행동은 기록한다. 일상적이거나 다른 면에서 내재적으로, 직접적으로 강력한 행동이 다른 이에 대한 영향력에 대해 명확하게 설명되면 권력 이미지로 기록할 수 있다.
타인에 대한 정보 수집이나 조사를 통한 지배 혹은 규제.
타인에게 영향을 미치는 것, 합의에 도달하지 못하는 것, 오해를 피하는 것에 문제가 있거나 핵심에 영향을 미치고, 설득하고, 납득시키고, 설명하거나 규명하고, 논쟁하는 시도: 일상적인 행동은 이 기준에 따라 기록하지 않는다. 따라서 지도자 같은 사람이나 역할을 의미하는 단어들은 실제적 통솔이나 영향력이 수반되지 않으면 기록하지 않는다.
요구되지 않은 도움, 조언, 원조를 하는 것: 구체적인 조력이나 더 일반적인 원조는 배려나 도움의 의미가 있을 때 기록한다.

명성, 세력, 평판에 대한 언급이거나 타인이나 세계에 대한 상당한 영향과 관련한 것: 위신의 상실을 극복하기 위한 노력뿐만 아니라 영광이나 위신, 명성의 부족이나 상실로 인한 고통에 의한 주관적인 감정 역시 기록한다.
- 슬프게도 우리의 국가적 위신은 사상 최저로 떨어졌다.
- 이 단계를 밟음으로써 우리의 능력을 그들에게 각인시킬 수 있을 것이다.

타인 행동에 대한 한 사람, 집단, 국가의 강한 감정적 반응: 행동은 우연이 아닌 의도적인 것이어야 하지만 감정적 효과가 의도될 필요는 없다. 사고, 자연재해 등은 기록하지 않는다. 권력 이미지로 기록하기 위해서는 이 감정적 효과가 상호적이고 우애적인 것이기보다는 한쪽으로 이동하는 것이어야 한다. 그러나 두 사람 혹은 집단이 서로 연속적인 영향을 받으면 권력 이미지로 기록할 수 있다.
- 그 나라는 우리 도시에 새로운 희망을 일으킬 지도자를 원하고 있다.
- 그 연설 후 감격의 물결이 관중을 쓸었다.

권력 이미지 기록에서 4가지 쟁점

권력 이미지를 기록함에 있어 4가지를 주의 깊게 구별해야 한다.

1. 역량으로서의 권력과 효과로서의 힘: 권력과 힘이라는 단어는 때때로 타인에 대한 영향을 미치는 의미가 아닌 능력, 역량 재능의 의미로 사용한다. 이러한 역량(capacity)의 경우 권력 이미지로 기록하지 않는다. 외부적인 효과보다는 내부적인 능력에 초점이 맞춰져 있기 때문에 권력 이미지로 기록하지 않는다. 반대로 내적 힘이 외부적 권력에 의도적으로 연결되어 있는 경우 권력 이미지로 기록한다.
2. 권력(힘)과 성취. 성취와 권력(힘)의 차이는 무엇인가? 때때로 두 가지는 함께 일어날 수도 있지만 그들은 개념적으로 어느 정도 구별되므로 혼동해서는 안 된다.
3. 대단한(great)이란 의미를 가진 이 단어는 종종 문제를 일으킨다.
   이것은 성취인가 권력인가? 문맥을 신중하게 분석해야 한다. 뛰어남을 설명하기 위해 쓰인다면 성취 이미지이지만 문맥이 명성이나 공중의 관심을 의미하면 친밀감 이미지다.
4. 일반 정치적 문맥에서 권력이나 힘을 함의하는 어떤 행동이 행위자, 화자, 저자의 일상적인 행동이라면 권력 이미지로 기록하지 않는다.

3) 친화감 동기 이미지

사람, 집단, 국가 사이의 우정이나 친화적 관계를 정립, 유지, 회복하는 것을 의미할 때 친화감 동기 이미지affiliation-intimacy imagery로 기록한다. 이때 단순한 관계, 연합, 일반적인 행동으로는 부족하다. 관계에 대한 애정과 친밀함의 성격이 깃들어 있어야 한다. 〈표 4-3〉은 친화감 동기 이미지의 4가지 분류 기

표 4-3 _ 친화감 동기 이미지 4가지 분류 기준

친화감 동기 이미지 분류 기준
다른 사람, 국가 등에 대해 긍정적, 친밀한 느낌의 표현: 다른 사람, 집단, 국가와 긴밀하게 연결된 한 사람, 집단, 국가 차원에서의 단일(unity)의 언급은 친화감 이미지로 기록한다. 이념이 요구하는 관례적인 표현으로 쓰면 사람 간의 친화감 이미지로 기록하지 않는다.
친화감, 관계 회복에 대한 기대의 단절, 분열, 부정적인 느낌은 다른 결과가 아닌 단절로 인한 친화감의 상실로 연결될 수 있다.
사람들이 정다운 시간을 보내는 것, 파티, 친목회, 사교 행사, 단순한 작은 대화 같은 친화적이고 우호적인 활동: 과거, 현재 혹은 미래의 관계를 가지고 있는 사람들에 의한 시간과 공간의 공유는 친화감 이미지로 기록한다. 공통의 존재나 상호 의존의 제시 역시 협동과 우정이 암시될 때 친화감 이미지로 기록한다. 애정, 정서적 전념을 강조하거나, 사람들을 맺어주거나, 혹은 그들 사이에 좋은 관계나 화합(전쟁의 단순 중단이나 부재에 대한)을 유지하는 것 등 친화적 방식의 언급이 있을 경우, 국가나 사람 간의 평화는 친화감 이미지로 기록한다. 국가 간의 협의 역시 친교나 협력을 함축하고 있지 않다면 친화감 이미지로 기록하지 않는다. 국가 간의 좋은 관계나 향상된 관계는 기록하지만 친화적 염려에 대한 자세한 설명이 없는 정확한 관계나 일반적인 관계는 기록하지 않는다. 타인을 환영하는 표현들은 상호 관계가 친화적일 때 친화감 이미지로 기록하지만 형식적인 관계이거나 친화적 주제가 무시되고 부정될 때는 기록하지 않는다.
의무나 역할, 책임, 이성적 계산이 아닌 친밀함이나 동감을 위해 이루어지는 도움, 위로, 동정 등 우호적인 배려 행위: 비친화적 목적 요소로서의 도움, 힘은 친화감 이미지로 기록하지 않는다.
친화감 이미지 기록의 쟁점 정치 연설이나 문서에서 친화적 단서는 비교적 명확하지 않고 강하지 않기 때문에 애정, 화합, 우애적 활동의 미세한 표현에 유의해야 한다.

준이다.

친화감 동기 이미지는 타인과의 가까운 관계에 대한 관심을 포함해 사람, 집단, 국가 사이의 우정이나 친화적 관계를 정립, 유지하고 회복하는 것을 의미한다. 특히, 친화감 동기 이미지는 각종 스캔들과 유의미한 관계를 나타내는데 이는 친화감 동기 이미지가 높은 지도자들은 타인과의 관계에서 권력을 남용하는 사람들을 쉽사리 차단하지 못하는 성향에서 기인하는 것으로 볼 수 있다. 또한 다른 사람에 대한 긍정적인 감정의 표현, 우호적인 관계의 결별이나 이별에 대한 부정적인 감정, 스트레스 상황에서 타인에게 가시 돋친 방어적인 성향을 만들어낼 수 있다. 이와 같은 사회적 동기는 인간의 목표와 목표를 향한 행동과 상관성을 가지고 있고 개인적 특성의 한 부분을 차지하며 리더와 추종자 간의 관계를 연구하는 데 있어 중요성을 지닌다. 이 장에서의 동기 이미지 분석 초점은 북한 체제를 지탱하고 있는 정책이나 전략 등에 관한 최종 결정권을 갖고 있는 북한 최고 지도자이다. 따라서 최고 지도자의 정책이나 성향을 담고 있는 1차 자료에 대한 분석은 필수이다. 동기 이미지를 사용해 분석할 수 있는 문헌은 이미지적 요소가 적어도 일부 포함되어 있는 집합적인 문헌이어야 한다(Winter, 1994: 1).

동기 이미지 분석은 리더의 신념과 속성을 통해 대내외 정책 과정을 설명하려는 인지 이론이면서, 리더의 연설문과 같이 담론 분석을 통해 리더의 개인적 특성을 연구하는 간접적 접근 방식이다. 이러한 간접적 접근 방법의 시작은 나단 라이츠(Leites, 1951)의 소련 볼셰비키 연구가 대표적이다. 라이츠가 소련 공산당 정치국원의 오퍼레이션 코드 분석을 시도했을 때 그의 주된 분석 자료는 레닌과 스탈린의 저작과 연설문 등이었다. 라이츠는 저작과 연설문에서 보이는 언술이 어느 부분에서는 모순적이고 완전하지 않지만 볼셰비키 사고의 패턴을 보여준다고 했다. 소련의 내부 정책 결정 과정을 관찰하기 어렵다는 현실적 요구를 반영한 것이다.

리더가 무엇을 말하고 어떻게 말하는가에 대해 분석하는 작업은 리더의 심리적 특성에 관해 체계적으로 분석할 수 있다는 것을 전제로 한다(Schafers, 2000: 512). 알렉산더 조지Alexander George는 라이츠의 개념을 체계화시켜 정책 결정 연구에 관한 일반적인 접근법을 연구했다(George, 1969). 그는 라이츠의 오퍼레이션 코드 개념 속에 복합적으로 결합되어 있는 철학적 신념인 정치 전략에 대한 개념을 도구적 신념인 정치적 신념 체계로 재정의했다. 신념 체계로 정책 결정 과정과 결과를 설명하기 위해 신념과 정치적 행위의 일치성에 관한 인지 일치 이론을 활용했다. 이 이론의 적용 조건은 대중보다 리더에게 한정해놓는데, 이는 리더에 비해 대중은 상대적으로 정치의식이 높지 않고 정보에 대한 관심과 접근성이 낮기 때문이다. 따라서 정치의식은 구조적이지 못한 신념 체계가 원인이 되어 신념과 정치적 행위 간의 불일치 가능성을 높일 수 있다고 보았다. 이러한 이론은 수정을 거치면서 체계적으로 발전했다. 오퍼레이션 코드는 신념 체계라는 개념에 근거 상황을 선택적으로 인식하고 이러한 인식에 맞는 전략적 성향을 지니는 것으로 동기motive 요소가 결합된 복합적인 개념으로 재규정했다. 리더의 신념, 개성, 의도와 같은 개인의 내적 요인에 관한 분석과 평가는 직접적 접근 방법으로 측정하기 어렵다. 이는 내용 분석을 통한 심리 분석이 시작되는 계기를 만들었다.

알렉산더 조지는 연구자의 광범위한 경험과 직관에 의한 정성적 분석 방법으로 리더의 행위 분석에 관해 정확한 예측을 할 수 있다고 했고, 데이비드 윈터David G. Winter는 이러한 언급에 주의를 표명했다(Winter and Stewart, 1977: 28~29). 초기의 정성적 연구는 풍부하고 통찰력 있는 분석을 제공하지만 연구자의 주관적 해석에 의존한다는 비판이 존재했다.[6] 따라서 항상 객관적이고 입증 가능하며 신뢰할 수 있는 것은 아니라는 점에서 계량적 분석 방법이 발전하게 된다. 계량 분석의 경우, 미국 최고 지도자 연설문 등을 동기 이미지 분석으로 리더십 성향을 분석한 데이비드 윈터의 연구가 대표적이다. 그는 성취동기 이미지, 친화감 동기 이미지, 권력 동기 이미지를 가지고 담화문이

---

6) 정성적 연구의 일반적 특성은 연구가 자연스러운 배경에서 일어난다는 것, 자료 수집에 여러 가지 방법을 활용한다는 것, 사전에 정해지기보다는 생성된다는 것, 연구자의 해석에 기초를 두고 있다는 것, 총체적으로 인식해야 된다는 것, 반성적이라는 것, 귀납적이고 연역적인 추론 과정을 활용한다는 것, 그리고 탐구 전략을 활용한다는 것이다(크레스웰, 2005: 274).

나 연설문을 분석함으로써 최고 지도자 리더십 성향에 관한 연구 분석의 기초를 마련했다.

4. 선행 연구의 동기 이미지 분석 결과

윈터와 그의 동료들은 세 가지 동기 이미지 개념과 측정 기법을 미국 대통령의 리더십 연구에 적용했고 그 결과 동기 이미지로부터 리더십 효과성을 예측할 수 있었다. 윈터와 그의 동료들은 조지 워싱턴부터 로널드 레이건에 이르기까지 34명의 미국 대통령의 취임사를 분석했다(Winter, 1994). 취임사 분석 결과 일반적으로 정치 지도자에게 나타나는 동기 이미지 중 권력 동기 이미지가 높고 친화감 동기 이미지와 성취동기 이미지가 낮을수록 다양한 분야에서 높은 성과가 나타났다. 그러나 중앙집권적인 권력을 행사하는 기업가의 경우 성취동기 이미지가 높으면 긍정적인 성과와 상관관계가 있음을 밝히고 있다. 북한 체제 최고 지도자가 리더십을 발휘한 환경은 중앙집권적인 권력을 행사하는 기업가의 상황과 유사하다고 볼 수 있다. 이는 동기 분석 결과를 상이한 환경을 가지고 있는 지도자에게 어떻게 적용해야 할지에 관해 시사점을 주고 있다. 윈터는 1987년 발표한 연구에서 미국 대통령들을 대상으로 리더의 호소와 성과를 결정하는 요인으로 동기 이미지 점수를 검토하는 과정을 거쳤다. 당시 리더십 효과성은 개인적 특성과 관련이 있다는 리더십 특성 이론과 리더십에 요구되는 특성은 당시 상황에 따라 달라진다는 상황 적합화 이론이 존재했다. 윈터의 연구 결과는 리더의 호소는 당시 상황과의 관계가 중요하지만 리더십 효과성은 개인적 특성과 중요한 관계가 있다는 것이었다.

이와 관련된 것으로는 자본주의 시대와 상황적 틀이 상이한 조선 시대 왕의 칙서를 분석한 구자숙의 연구가 있다(구자숙, 2008: 59~74). 세종의 경우 세 가지 동기 이미지 모두 높게 나타나고 있다. 세 가지 동기 이미지 중에 성취 동기 이미지가 제일 높게 나왔다. 태조는 권력 동기 이미지가 높게 나타나고 다른 이미지는 거의 나타나지 않는다. 연산군은 친화감 동기 이미지가 세 동기 이미지 중 가장 높게 나타나며, 성취동기 이미지, 권력 동기 이미지순으로 나타나고 있다. 정조는 성취동기 이미지가 세 동기 이미지 중 가장 높은 편이며 친화감 동기 이미지는 중간, 권력 동기 이미지는 낮게 나타났다. 구자숙은 세종이 성취동기 이미지가 높게 나타나고 있는 것에 대해 즉위 배경과 관련해 설명하고 있다. 정조의 경우 높은 성취동기 이미지는 탕평책과 신해통공으로 이어져 정국을 안정되게 하고 경제를 활성화시키고 문예 부흥 정책으로 조선의 르네상스를 이룩했다고 하면서 높은 성취동기 이미지는 리더십 효과성과 긍정적인 관계를 가질 확률이 높다고 보았다. 구자숙은 세종의 친화감 동기 이미지는 그 내용 면에서 연산군 및 정조가 나타낸 친화감 동기 이미지와 차이가 있다고 주장했다. 세종은 주로 위민 의식과 선왕에 대한 존경과 효심으로, 연산군과 정조는 선왕에 대한 애통함, 슬픔, 외로움으로 나타났다는 것이다. 위민이나 애민과 같은 친화감 동기 이미지는 리더십 효과성과 긍정적인 관계를 보일 수 있으나 애통함, 외로움과 같은 친화감 동기 이미지와 리더십 효과성과의 관계에 대해서 좀 더 많은 연구가 이루어져야 한다고 설명했다. 구자숙의 연구는 권력이 집중이 되어 있는 중앙집권적 왕정제 환경하에서는 권력이 분산되어 있는 대통령제와는 다르게 성취동기 이미지가 리더십 효과성과 긍정적인 상관관계가 있음을 보여주었다. 또한 대통령제에서는 리더십 효과성에 긍정적 영향을 미치는 권력 동기 이미지가 왕정제에는 리더십 효과성을 덜 예측해준다는 추론을 도출할 수 있다. 이는 권력이 집중되어 있는 왕정제와 비슷한 환경을 가지고 있는 북한 체제 최고 지도자에게도 동

표 4-4 _ 『김정일선집』 시기별 동기 이미지 비율표

	1시기	2시기	3시기	4시기
성취	70.9%	78.6%	89.2%	66.0%
권력	25.6%	18.6%	5.4%	8.5%
친화감	3.5%	2.9%	5.4%	25.5%

기 이미지 적용 가능성을 열어주었다.

기존 선행 연구가 단편적인 문헌을 분석한 것이라면 『김정일선집』 분석은 40년에 이르는 시간의 흐름에 따라 그 추이를 분석한 종단 분석에 해당한다(김엘렌, 2013). 〈표 4-4〉는 연구 분석 제1시기부터 제4시기까지의 동기 이미지 분석 결과이다.[7] 세 가지 동기 이미지는 시기마다 특징적인 패턴을 보여주고 있다.

전 시기에 걸쳐 성취동기 이미지가 높지만 연구 시기별로 약간의 차이를 보이고 있다. 세 가지 동기 이미지 중 성취동기 이미지가 전 시기에 걸쳐 높게 나온 이유는 크게 두 가지로 해석 가능하다.

첫째, 북한 지도부가 체제를 유지하기 위해 사용하는 정치적 담론 형태라는 점이다. 북한의 정치적 담론 형태는 다음과 같이 크게 4가지로 나눌 수 있다. ① 빨치산 항일 무장투쟁의 지도자상 담론, ② 이상적 비전 제시 담론, ③ 과거와 미래 시제 통제 기법을 통한 담론, ④ 지도자, 주체사상, 사회주의 체제 등에 관한 우월성 담론이다. 이러한 정치적 담론 구조는 성취동기 이미지가 높게 나온 이유를 설명해준다. 김정일 위원장이 그의 아버지 담론을 계승했다는 것은, 김일성 주석에 비해 상대적으로 취약했던 인격적 리더십을 보완하고

7) 『김정일선집』은 40년에 이르는 김정일의 의사를 드러내는 문헌이다. 시기는 다음과 같이 분류했다. 제1시기 후계자 내정 전 시기(1964.4~1973.12), 제2시기 후계자 시기(1974.1~1994.7), 제3시기 유훈 통치기(1994.8~1997.9), 제4시기 김정일 집권기(1997.10~2004.12).

그림 4-1 _『김정일선집』 시기별 동기 이미지 비율표

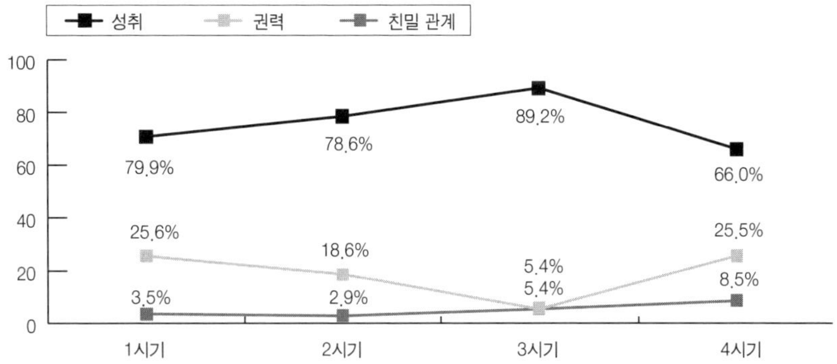

제도적 리더십을 뒷받침하기 위한 것이었다.

둘째, 성취동기 이미지가 전 시기에 걸쳐 주도적으로 나온 이유는 김정일 위원장의 변화하지 않는 본질적이고 개인적 특성으로 보았다. 이는 체제 시스템이나 고정된 지도자 역할 속에서 변하지 않는 개인적 특성과 관련성을 갖는다. 김정일 위원장은 성취동기 이미지가 강한 지도자로 볼 수 있는데 이는 40년을 담고 있는 문헌을 시계열적 분석을 통해 얻은 유의미한 결과이다.

사회주의 사회는 소유 욕구나 상속 욕구와 같은 인간의 기본 속성과 이반되는 특징을 가진 사회이다. 따라서 문헌과 같은 기제를 통해 사상 개조를 지속적으로 해야만 하는 정치적 담론 특징을 지니고 있다. 윈터는 중앙집권적인 권력을 행사할 수 있는 기업가의 경우 성취동기 이미지가 높다는 것은 성공적인 리더십 효과성과 긍정적인 관계가 있다고 보았다. 반면 권력이 다양하게 분산이 되어 있는 정치가의 경우 성취동기 이미지가 높다는 것은 실패한 리더십과 관련이 있다고 보았다. 특히, 성취동기 이미지가 높게 나온 정치 지도자의 경우 지나친 이상주의와 야심으로 인해 완벽하려고 하는 성향을 나타냄으로써 유연성과 융통성을 부족하게 한다는 것이다(Winter, 1994: 1~21). 연구자는 북한 지도자의 경우 중앙집권적인 권력을 행사할 수 있는 기업가의

환경과 유사하다고 가정했다.[8] 따라서 리더십 효과성과 성취동기 이미지 간에 긍정적인 효과가 있을 것이라 해석했다. 하지만 긍정적인 효과성이 성공적인 리더십을 의미하는 것은 아니며 체제를 유지하는 데 공헌을 한 동기 이미지로 축소 해석을 했다. 김정일 위원장이 예측 가능하지 않고 변덕스러운 지도자였다면 1990년대 이후 북한이 처한 대내외적인 경제난과 위기 속에서 체제가 붕괴되지 않고 유지할 수 있었던 이유를 설명하기 힘들다. 더불어 그가 김대중 대통령, 노무현 대통령과 연이어 남북 정상회담을 열어 남북 교류의 물꼬를 튼 북한 지도자임을 상기하면 높은 성취동기 이미지가 갖는 의미에 개연성을 가져다준다.

5. 김정은 육성 신년사를 통한 동기 이미지 분석 결과와 리더십

1) 육성 신년사 동기 이미지 분석 결과

2013년에서 2018년에 이르는 육성 신년사 분석 결과는 〈표 4-5〉와 같다. 분석 결과 2015년 육성 신년사만 제외하고는 성취동기 이미지가 다른 두 동기 이미지보다 높게 나타나고 있다.

전 시기에 걸쳐 성취동기 이미지가 높게 나온 이유는 『김정일선집』 분석에

8) 박후건은 기업가인 잭 웰치와 이건희와 국가 지도자인 김정일의 리더십을 유일 체제 리더십이라 명명하며 같은 맥락의 리더십으로 설명을 했다. 유일 체제 리더십에서 리더의 역할에 대해 조직 장악 → 조직 강화 → 조직 재생산 과정을 거친다고 보았다(박후건, 2008). 윈터 연구에서 권력 중앙집권적인 환경을 가진 기업가적 리더와 일맥상통하는 부분을 가졌다고 볼 수 있다.

표 4-5 _ 육성 신년사 시기별 동기 이미지 비율표

	2013	2014	2015	2016	2017	2018
성취	42.32	49.10	40.41	45.16	46.81	44.64
권력	34.61	43.63	48.48	37.10	44.68	35.71
친화감	23.07	7.27	11.11	17.74	8.51	19.64

서 밝힌 첫 번째 이유와 동일하다. 두 번째 이유인 개인적 특성으로 보는 해석은 크게 두 가지로 설명 가능하다. 첫째, 김정은 위원장이 본래 가지고 있는 변화하지 않는 모습인 경우와, 둘째 대내외적인 상황 변동에 따라 적응해가면서 변화하는 모습인 경우이다. 오랜 시간 심리학에서 논쟁이 되어왔던 것 중 인간의 행동은 본연의 특질에 기반해 나타나는 것인지 혹은 상황에 따라 적응하면서 변화하는 것인지 여부였다. 결론은 두 가지 모두 영향을 미친다는 것이다. 이러한 연구 결과를 적용해 김정은 위원장이 보여주고 있는 개인적 특성 중에 어떤 동기 이미지가 개인이 가지고 있는 본래의 특성인 불변하는 상수이고 어떤 동기 이미지가 변화하는 상황에 적응하면서 나타나는 특성인지를 분류해내는 작업이 중요하다. 연구 결과는 6년에 걸친 육성 신년사 중 2015년 신년사만 제외하고는 성취동기 이미지가 높은 비율을 보이고 있다. 이러한 결과는 김정은 위원장의 개인적 특성 중 변하지 않는 것은 성취동기 이미지라고 조심스럽게 해석할 수 있을 것이다. 하지만 『김정일선집』 분석 결과와 달리 육성 신년사는 성취동기 이미지와 권력 동기 이미지 차이의 폭이 크지 않으므로 1차 문헌 등에 관한 축적된 연구가 필요해 보인다. 선행 연구에서 전 시기에 걸쳐 높은 성취동기 이미지를 나타냈던 김정일 위원장의 경우 체제 유지를 위해 한반도를 긴장시키는 초강경 조치를 취할 때에도 동시에 출구 전략을 같이 모색했던 지도자였다는 점과, 최초로 남북 정상회담을 한 북한 지도자였음을 상기할 필요가 있다. 최근 김정은 위원장은 한북미 관계 개선 과정에서 짧

그림 4-2 _ 육성 신년사 시기별 동기 이미지 비율표

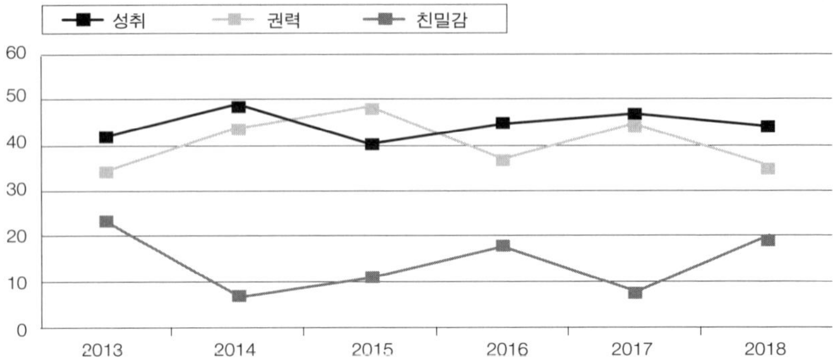

은 시간 내 북한 지도자의 이미지를 긍정적인 방향으로 선회시키는 노련한 정치력과 외교력을 보여주었다.

그의 육성 신년사에서는 권력 동기 이미지도 성취동기 이미지만큼이나 높게 나타나고 있다. 중앙집권적인 환경보다는 권력이 분산되어 있는 환경에서 성과와 긍정적으로 유의미한 상관관계가 있는 권력 동기 이미지가 김정은 위원장에게서 높게 나타나고 있는 것은 두 가지 시사점을 준다. 첫째, 권력 동기 이미지가 갖는 주요한 특성은 다른 사람에게 영향을 미치는 강하고 활발한 행동을 갖고 힘이나 설득을 위한 시도를 하거나 청해지지 않은 도움을 주거나 감독이나 통제를 위한 시도와 관계가 있는 분석 개념이다. 따라서 그가 보여주고 있는 대담한 제안이나 결정, 신속함, 상황에 대한 설득력, 신뢰를 주는 권력 동기 이미지는 성취동기 이미지와 함께 시너지를 주는 긍정적인 역할을 하고 있다는 점이다. 둘째, 권력이 분산되어 있는 환경에서 긍정적인 성과를 보이는 권력 동기 이미지가 높다는 것은 중앙집권적인 환경에서 유리하지 않다는 원론적인 시사점이다. 결국 상황에 따라 변하는 동기 이미지가 권력 동기 이미지일 경우 김정은 위원장이 이를 환경에 따라 어떻게 반응하느냐에 따라 결과가 달라질 가능성이 있다.

친화감 동기 이미지 결과는 2013년과 2018년에 그 전후와 비교해 눈에 띄는 수치를 기록하고 있다. 자기의 목소리로 신년사를 발표하기 시작한 2013년과 본격적인 관계 전환의 메시지와 전향적인 태도를 보인 2018년에 나타난 친화감 동기 이미지에는 위민과 애민의 감정으로 요약할 수 있는 동기 이미지가 나타났다. 친화감 동기 이미지가 슬픔이나 애통함, 그리움의 감정이 아닌 위민과 애민으로 나타나고 있다는 것은 김정은 위원장이 인민에게 어떤 내적 상태를 가지고 있는지 여부와 앞으로의 변화에 관해 가늠할 수 있는 작지만 의미를 내포한 단초를 제공하고 있다.

2009년 1월 후계자로 내정된 지 약 20개월 만인 2010년 9월 28일에 공식적으로 출범된 김정은 후계 체제는 2011년 12월 김정일 위원장이 사망하면서 북한 최고 지도자로서 본격적인 행보를 시작했다. 1974년 후계자 내정과 1980년 공식화된 김정일 후계 체제와는 경험적으로나 시간적으로 매우 다른 초기 조건을 가지고 출범했다. 국내외적 시각에서 볼 때 김정은 체제 출범 시 우려되는 점도 없지 않았으나 스위스 유학을 한 경험을 갖고 있는 그가 선대와는 다른 행보를 보일 수도 있을 것이란 점에서 기대감을 가진 것도 사실이다. 그러나 김정은 체제 출범 후 그가 보여준 모습은 당파 오물 제거라는 미명하에 진행된 숙청 과정을 비롯해 2017년에만 총 17차례 미사일을 시험 발사하고 2017년 9월에는 사상 최대 규모의 6차 핵실험을 함으로써 한반도를 긴장과 불안한 정세에 접어들게 하는 것이었다. 그러나 2018년 본격적인 전략 수정의 일환으로 시작된 것으로 보이는 김정은 위원장의 전향적인 메시지와 태도 변화는 파격적, 실질적, 그리고 진정성 있게 보이려는 노력 속에 북미 협상이 열렸고 비핵화 이행 과정에 대해 합의함으로써 극적인 반전을 보여주었다.

2) 리더십 이론

리더는 타고나는 것인가? 육성되는 것인가? 이런 질문은 매우 진부하지만 중요하다. 1950년대 이전에는 지도자의 리더십은 타고난다는 것이 정설로 받아들여졌지만 그 이후에는 리더십은 육성될 수 있다고 바뀌고 오늘날은 두 가지 이론 모두 가능하다는 입장이다. 백기복은 두 입장 모두 일리가 있지만 리더는 타고나거나 육성되는 것이 아니라 다른 사람들이 선택한다는 관점을 추구한다(백기복, 2005: 26). 20세기 초 특성론을 서부하면서 시작된 리더십 연구는 한 세기가 지난 지금 다시 특성론으로 회귀했다. 리더십 이론은 권위, 정당성, 지도자·피지도자의 관계, 조직, 제도적 리더십 확립이라는 관점에서 권력 특히 지위에 근거한 정치 현상을 고찰하는 것에 장점을 갖는다(정영철, 2005: 43). 북한 최고 지도자에 관한 분석에서 리더십 이론은 김정일 위원장이나 김정은 위원장이 조직적이고 제도적인 리더십을 지향한다는 측면에서 유용한 이론일 것이다. 후계자 계승은 지위뿐만 아니라 카리스마까지 승계하는 것을 의미하기 때문이다. 김정은 위원장도 김정일 위원장과 마찬가지로 지도자와 대중 관계 결합을 통해서 본인 지도력을 당·군·정뿐만 아니라 인민 대중에게까지 다양한 통로를 이용해 지속적으로 자신을 이미지화하는 과정을 의도적으로 밟아가고 있다. 특히, 김정은 위원장은 그의 아버지와 달리 매우 짧은 시간 안에 제도적 틀을 기반으로 비인격적 리더십을 형성해야 하는 과정을 거쳐야 했기 때문에 북한 엘리트층과 주민의 인정을 받는지가 중요한 과제였던 것으로 보인다. 이 장에서는 리더십의 의미를 '제도적으로 정당성을 가진 리더가 목표 달성을 위해 매개체를 활용해 추종자의 몰입과 복종을 유도하고 지도자로서 인정받는 과정'이라고 조작적 정의를 내리고자 한다.

카리스마에는 두 가지 관점이 존재한다. 리더가 갖는 특성으로 보는 관점과 리더가 카리스마적 속성을 가지고 있다고 여기게 만드는 인식론적 관점이다. 북한 지도부는 그동안 다양한 경로를 통해 북한 주민들에게 김정은 위원장이 카리스마적 속성을 가지고 있다는 점을 부각해왔다. 이를 위해 북한 최고 지도부는 김정은 위원장이 카리스마적 속성을 지니고 있음을 각인시키기 위해 사상교양이나 설득과 같은 기제를 동원해 끊임없이 조작하는 과정을 거쳤다. 이러한 설득 기제 중 하나가 북한 문헌류이다. 그동안 북한 지도부는 이러한 기제를 통해 북한 주민들을 통제할 수 있는 근거를 마련했다.

카리스마 리더십 접근법은 두 가지로 나눌 수 있다. 첫째, 특성이나 행동 중심 접근법이다. 둘째, 이미지 중심 접근법이다. 이 장은 육성 신년사 분석이므로 후자의 접근법과 연계해 살펴보고자 한다. 카리스마 리더십 중 지각과 관련이 있는 이미지 중심 이론에는 크게 세 가지가 있다. 귀인 이론, 잠재적 리더십 이론, 리더십의 낭만화가 그것이다. 주지하다시피 이 세 가지 이론은 리더십의 인식론에 기초하고 있다.

(1) 리더십의 귀인 이론

리더십의 귀인 이론attribution theory은 리더십 측정 문제뿐만 아니라 리더의 행동과 성과와의 관계를 설명하는 데(Lord and Maher, 1993) 중요한 역할을 한다. 부하가 카리스마적 자질을 리더에게 귀인하는 경향은 리더의 행동, 기술, 상황 요소에 의해 결정된다는 것이다(이상욱, 2004: 353). 현재와 차이가 나는 비전을 제시하거나 옹호하는 리더에게 카리스마를 귀인할 가능성이 더 높다. 자기희생과 개인적 모험, 추종자 신뢰, 인상 관리 등을 통해 자신이 제시한 비전을 위해 애쓴다면 리더가 카리스마를 가지고 있다고 보일 가능성이 더 높은 것으로 나타났다. 선행조건이 있다면 추종자가 그 비전을 수용하는 범위 내에서 가능하다. 결국 복잡하고 중요한 과제, 주요 결정에 대한 권한 공유

혹은 참여적 결정 과정을 유도하는 리더보다 비전 제시와 설득적 호소를 유도하는 리더에게 카리스마를 귀인할 가능성이 더 높다는 것이다. 여기서 리더가 성공하려면 새로운 비전이나 전략을 제시할 때 본질적으로 내포하는 리스크를 기회로 삼을 전문성을 갖추어야 한다. 김정은 위원장은 카리스마 리더로 보이려는 의도적 전략과 행위 표출을 통해 자신을 카리스마 리더로 이미지화시키고 있다. 특히, 집권 초기 그의 할아버지 모습을 연상케 하는 모습이나 포즈, 인상 등을 통해 이러한 속성을 가지고 있는 것처럼 연출한 바 있다. 그는 제도적 리더십을 기반으로 인격적 리더십을 보완하며 추종자들의 욕구와 가치 그리고 위기를 기회로 삼고 있고, 비전 제시와 설득적 호소 그리고 강압 정치를 통해 북한 사회를 잘 통제하고 있는 점에서 카리스마 리더로서 인식되고 있다.

(2) 잠재적 리더십 이론implicit leadership theory

오디언스는 리더를 평가하고 리더는 오디언스를 평가한다.[9] 이러한 과정은 상대방을 어떻게 인식하거나 지각하고 있는지에 기초한다. 인식과 지각의 세계는 매우 불완전하기 때문에 같은 사물, 사람, 사건에 대해 상황에 따라 상이한 인식을 나타내며 이는 평가의 차이를 가져오기도 한다. 인간의 지각 현상에 기반을 둔 현상학에서는 진리의 절대성이 아니라 상대성을 중시한다. 리더나 리더십에 대해서 갖고 있는 스키마나[10] 인식의 기준을 '잠재적 리더

9) 오디언스(audience)는 리더십 발휘의 대상이 되는 사람으로 추종자보다 광의의 개념이다(백기복, 2005: 196).

10) 스키마(schema)란 사람이 정보를 처리하는 기준으로 사용하는 인지의 틀이다. 예를 들어 "출근하면 조간신문이 책상 위에 놓여 있다"라는 공식을 가지고 있으면 그에 벗어나는 사건이 발생하지 않는 한 더 이상의 고민을 하지 않고 다음 행동으로 넘어간다(백기복, 2005: 197).

십'이라고 한다.[11] 오디언스는 리더에 대한 스키마나 스테레오 타입을 바탕으로 리더십에 대해 귀인을 한다. 북한의 경우 북한 주민이 최고 지도자에 대해 갖는 스키마나 스테레오 타입은 어떤 것일까? 이는 역으로 매년 발표되는 김정은 위원장의 육성 신년사나 1차 문헌 등을 통해 북한 최고 지도자가 어떤 리더십 이미지에 경주하고 있는가를 보면 알 수 있다.

(3) 리더십의 낭만화

맨들과 에리치는 사람이 실제보다 크거나 작게 리더나 리더십을 인식하는 현상을 '리더십의 낭만화romanticization of leadership'라고 했다(Meindl and Ehrlich, 1987: 91~109; 백기복, 2005: 200). 이러한 현상은 성과가 보통일 때보다는 극과 극에 위치할 때 더 크게 인식된다. 우리는 누군가 리더십이 있다고 하면 영웅적인 이미지를 갖게 되고 상당한 일을 해낼 것 같은 스키마를 갖고 있다(백기복, 2005: 199). 특히, 맨들은 학자나 실무자가 변혁적 리더십 이론 중 카리스마 리더십에 대해 지나치게 큰 비중을 두고 있는 것을 '극도의 낭만화'라고 했다. 인간은 자신이 가지고 있는 선입관과 신념을 바꾸는 데 인색하기 때문에 사람이 리더에 대한 객관적인 평가를 어렵게 만드는 특징을 갖고 있다. 북한 주민들이 최고 지도자에게 가지고 있던 이미지는 어떤 것이었는지를 분석해볼 필요가 있다.

북한 지도부의 선전 선동과 같은 사상 교육을 평생에 걸쳐 지속적으로 받아온 주민들이기 때문에 북한 지도자는 모든 일을 할 수 있다는 이미지를 갖고 있는 것인지 혹은 한번 인식된 지도자에 관한 스키마의 변화가 어려운 것인지에 관해 의문을 가질 수 있다. 무엇이 원인이든 간에 북한 주민들의 이러

11) 잠재적 리더십은 현상에 기초를 두고 있다(백기복, 2005: 195~199).

한 인식은 북한 최고 지도자로 하여금 북한 체제를 유지할 수 있게 하는 근간이 되고 있다. 최근 김정은 위원장이 보여주고 있는 리더십은 '사회주의 경제건설 총력 집중'이라는 전략하에 변혁적으로 보여질 만큼 맥을 달리하고 있고 이에 따라 긍정적인 면이 부각되는 것도 사실이다. 하지만 대내외적으로 김정은 위원장의 이미지가 극단적으로 다르게 표출되고 있다는 사실만으로 '리더십의 낭만화'에 빠지는 오류를 범해서는 안 될 것이다.

6. 맺음말

1948년 분단 이후 70년 만에 북미 정상이 한 테이블에 마주 앉았다. 이번 북미 정상회담 개최에는 1, 2차 남북 정상회담이 주요한 역할을 했다. 특히, 김정은 위원장의 신속한 제안과 문재인 대통령의 적극적인 조력으로 북미 회담이 좌초되기 직전 전격적으로 이루어진 2차 남북 정상회담은 북미 간 불신이 다시 피어나는 시기에 다시 신뢰가 작동할 수 있는 기회를 제공하고 서로에 대한 이해를 심화시킬 수 있는 단초를 제공했다는 점에서 매우 의미가 있다. 물론 트럼프 대통령의 여러 가지 경제적, 정치 공학적인 계산도 한몫을 했다. 그동안 트럼프는 북한의 핵확산금지조약NPT 탈퇴 선언 이후 지난 25년간 북한이 보여준 북핵 협상 과정에 대해 불신의 정도가 매우 높았다. 그러나 북미 정상회담 이후 트럼프 대통령은 이전과 결이 다른 입장을 보이며 김정은 위원장에게 신뢰의 메시지를 보냈다. 북한의 비핵화 문제를 거시적 관점에서 보고 장기적으로 해결해야 한다는 인식을 같이했다는 점은 분명히 김정은 위원장의 적극적인 태도 변화가 가져온 결과임을 간과할 수 없다. 이제 김정은 위원장에게는 앞으로 전개될 북미 협상과 비핵화 과정에서 서로의 약속을 이행하는 일이 남아 있다.

올해로 집권 7년차인 김정은 위원장은 돌이키기 힘든 전략적 변화를 시작했다. 이러한 변화는 군부와의 갈등과 같은 내부적 요인들로 인해 북한 체제에 위협을 야기할 수도 있다. 그러나 이러한 전략적 변화가 남북미 관계 변화를 가져오는 동인이 되고 있다.

김정은 위원장은 1차 남북 정상회담 전인 지난 4월 20일 열린 노동당 7기 3차 전원회의에서 경제 건설, 핵 무력 건설, 병진 노선의 승리와 그에 따른 결속을 선포했다. 2013년 3월 '당의 전략적 노선'으로 제시된 지 5년 만에 핵 무력 건설 노선의 폐기화 수순을 공식 선언한 셈이다. 그 대신 '사회주의 경제 건설 총력 집중'을 새로운 전략 노선으로 채택했다. 또한 1차 남북 정상회담 이후 5월 17일에 열린 당 중앙군사위원회 제7기 1차 확대회의에서 김정은 위원장은 비핵화에 맞게 국방 정책을 개혁하자는 중요한 방침을 정하고, 선제적 조치로 핵실험장을 폐쇄했다. 그에 앞서 2016년에 발표된 '국가 경제 발전 5개년 전략'은 이미 이전부터 경제개발에 본격적으로 매진하겠다는 포석을 깔고 있었음을 상기시켜주는 조치이다.

김정은 위원장의 육성 신년사를 개인적 특성을 밝혀주는 동기 이미지로 분석한 결과 2015년만 제외하고는 높은 성취동기 이미지가 나타났다. 중앙집권적 환경에서 긍정적인 성과와 유의미한 상관관계를 보이고 있는 성취동기 이미지가 세 가지 동기 이미지 중 지속적으로 높은 비율을 보이고 있다는 점은 선행 연구에서 밝힌 바와 같이 의미가 있다. 그러나 김정일 위원장 동기 이미지 분석에서와의 큰 차이점은 권력 동기 이미지 결과이다. 김정일 위원장은 40년에 이르는 문헌 분석 결과, 미세한 변화는 있었지만 성취동기 이미지에 비해 매우 낮은 비율을 보였던 권력 동기 이미지가 김정은 위원장의 육성 신년사 분석에서 성취 이미지만큼 높은 비율을 보이고 있다. 권력 동기 이미지는 중앙집권적인 환경보다는 권력이 분산되어 있는 환경에서 성과와 긍정적인 상관관계가 있다는 것이 선행 연구에서 밝혀진 만큼 이에 대한 연구는 신년사 자료를 비롯해 1차 자료 분석 결과가 축적되어야 좀 더 정확한 의미를 찾을 수 있을 것이다. 중앙집권적인 환경과 권력이 분산된 환경에서 긍정적인 성과를 낼 수 있는 두 동기 이미지가 차이는 있지만 높은 비율을 보이고 있다는 결과는 우리에게 주는 시사점이 있다. 지도자의 리더십 유형은 개인적 특성과 상황적 요소와 상관관계가 있으며 상황적 요소들을 바꾸어주면 리더십의 변화를 야기할 수 있다는 점이다.

지금의 남북미 정치 지도자들의 조합은 전에 없던 정치적 환경이다. 이러한 새로운 환경적 요소가 극대화될 수 있도록 북한의 변화를 최대한 안정적으로 이끌어내야 할 것이다. 앞으로의 길은 지나온 세월만큼이나 험한 여정이 될 수 있다. 지도자의 리더십 유형은 개인적 특성과 상황적 요소와 상관관계가 있으며, 상황적 요소들을 바꾸어주면 리더십의 변화를 야기할 수 있다는 것을 40년에 이르는 문헌을 종단 분석한 선행 연구를 통해 알 수 있었다(김엘렌, 2013). 김정은 위원장의 육성 신년사 동기 이미지 분석 결과도 이와 같은 시사점을 갖고 있다. 모든 것이 최고 지도자를 통해 결정되는 북한과 좀 더 안정적인 관계 전환의 길을 모색하고 이를 통해 리더의 변화를 이끌어내기 위해서는 지금의 정치적 환경을 놓쳐서는 안 될 것이다. 주지하다시피 최고 지도자의 리더십은 역사적 산물이며 체제를 유지시키거나 발전시키기 위해 여러 대내외적인 상황에 적응해가는 과정을 거쳐 형성되는 경향이 있고, 현재의 김정은 위원장은 국제 무대에서 정상적인 지도자로 인식이 되고 국가를 이끌어가는 데 있어 정치·경제적 이익을 극대화할 수만 있다면 지금까지 경주해왔던 현 상황을 반전시키는 것에 대한 저항이 적은 지도자로서의 모습을 보이고 있기 때문이다. 작금의 시기는 김정은 위원장에게서 내적 동기인 성취동기 이미지가 불변하는 상수로서, 상황적 요소를 바꾸면 리더십의 변화를 야기시킬 수 있는 동기 이미지로서 권력 동기 이미지가 강하게 혼재된 상태로 표출되고 있는 시기이다. 김정은 위원장은 이미 돌이키기 힘든 전략적 변화의 길로 들어섰다.

참고문헌

구자숙. 2008.「세종의 동기분석」. ≪오늘의 동양사상≫, 19호, 59~74쪽.

김엘렌. 2013.「김정일 리더십이미지 연구: 『김정일선집』에 나타난 동기이미지 분석을 중심으로」. 이화여자대학교 대학원 박사학위논문.

박후건. 2008.『유일체제리더십: 잭 웰치, 이건희, 김정일 리더십의 비밀』. 선인.

백기복. 2005.『리더십리뷰: 이론과 실제』. 창민사.

이상욱. 2004.『현대조직의 리더십 적용』. 시그마프레스.

정성장. 2011.『현대북한의 정치·역사·이념·권력체계』. 한울.

정영철. 2005.『김정일 리더십 연구』. 선인.

조화성. 2005.「북한 최고통치자의 리더십과 외교전략」. 고려대학교 대학원 박사학위논문.

크레스웰, 존(John W. Creswell). 2005.『연구설계: 정성연구, 정량연구 및 혼합연구에 대한 실제적인 접근』. 강윤수 옮김. 교우사.

George, Alexander L. 1969. "The 'Operational Code': A Neglected Approach to the Study of Political Leaders and Decision-Making." *International Studies Quarterly*, Vol.13, No.2, pp.190~222.

Griffo, Robert. 2009. "Contextualized Personality Assessment: An Exploration of Objective and Subjective Situation Properties Associated with Behavioral Consistency and Situation Specific Behavior." Doctoral Dissertation, Department of Psychology, Northeastern University.

Leites, Nathan. 1951. *The Operation Code of The Politburo*. New York: Mcgraw-Hill Book Company.

Lord, R. G. and K. J. Maher. 2003. *Leadership and Information Processing: Linking Perceptions and Performance*. New York: Routledge.

Meindl, J. R. and S. B. Ehrlich. 1987. "The Romance of Leadership and The Evaluation of Organizational Performance." *Academy of Management Journal*, Vol.30, No.1, pp.91~109.

Schafers, Mark. 2000. "Issues in Assessing Psychological Characteristic at a Distance: An Introduction to the Symposium." *Political Psychology*, Vol.21, No.3, pp.511~527.

Walker, Stephen. 2003. "Operational Code Analysis as A Scientific Research Program." in Colin Elman(ed.). *Progress in International Relations Theory: Appraising The Field.* Cambridge: MIT Press.

Winter, D. G. 1994. *Manual For Motive Imagery In Running Text.* Michigan: University of Michigan.

Winter, D. G. and A. J. Stewart. 1977. "Political Leader at a Distance: Problems of Assessment." in Margaret Hermann(ed.). *A Psychological Examination of Political Leader.* New York: Free Press.

5장

김정은 시대 주민 일탈에 대한 통제 변화*

범죄 관련 법제의 구축 과정 분석

황의정 (이화여자대학교 통일학연구원)

1. 들어가는 말

북한은 그간 주민들의 일탈 행위를 사상교양 및 물리적 강압으로 통제해왔다. 하지만 기존의 통제 방식이 큰 효과를 내지 못하자 여러 가지 법규범을 만들어 법적 통제를 강화했다. 경제난 이후 확산·심화된 주민들의 비사회주의적 행위non-socialist behavior[1] 등 사회적 일탈을 법적 근거에 따라 통제하기 시작한 것이다. 2004년 대중용 법전 편찬을 계기로, 처벌 근거를 새로이 마련하는 관련 법 제·개정을 적극적으로 추진했다. 특히 전면적인 형법 개정을 통해 일반범죄 규정을 기존 106개에서 231개로 대폭 확대함으로써 새로운 범죄유

---

* 이 장은 황의정, 「북한 범죄관련 법제구축의 변천과정 분석 및 전망」, ≪통일문제연구≫, 30권 1호(2018)를 수정·보완한 것이다. 이 장에서는 북한 원전의 직접 인용 및 출처 표시의 경우 북한의 조선어맞춤법상 원음법칙과 띄어쓰기에 따라 기술했다.

1) 북한에서의 '비사회주의적 행위'란 구성원들이 지켜야 할 북한식 사회주의적 규범과 가치에서 벗어난 행위이다(황의정, 2016: 38).

형을 과잉 생산했다. 여기에는 기존 범죄 규정에서 분리해 규정된 경우도 포함되어 있다. 하지만 새로운 범죄 규정이 다수를 이룬다. 북한 주민에 대한 행위 통제 수단인 형법상 범죄 규정의 급격한 양적 확대는 과잉 범죄화overcriminalization 현상으로 볼 수 있다.

이 장에서는 북한이 체제 유지를 위해 사회주의 원칙에서 벗어난 주민들의 일탈 행위, 즉 비사회주의적 행위를 범죄행위로 규정해 입법화하는 국가의 법적 규정legal definition을 '범죄 규정화crime-definition'라고 지칭한다.[2] 범죄 규정화를 실시하기 이전 북한은 법적 통제를 사상 통제의 차선책으로 여겨왔고 준법 교양 사업을 통해 주민들에게 법규범을 포함한 사회주의 규범의 자발적 준수를 요구해왔다. 준법 교양 및 법적 통제의 사상적 수단으로 독특한 준법생활 이론인 '사회주의법무생활론'을 구축해 사회 변화에 따라 강화하거나 변형해 이를 법적 통제 정책으로 활용해왔다. 북한 사회에서 법을 비롯한 사회주의적 규범에 대한 자발적 준수를 촉구하는 법무생활론의 실효성은 그다지 크지 않았다. 이에 북한은 '규범적 법 문건'을 일반 주민도 볼 수 있도록 대중용 법전을 공식 발간하기에 이르렀다. 이와 때를 맞춰 북한식 '법치주의', 즉 '사회주의법치국가건설사상'을 내놓고 사회주의법치를 강조하며 활발한 법제 구축 사업도 진행해왔다. 김정은 시대에 이르러서는 사회주의 법체계 완비를 목적으로 '법제정법'(2012.12.19 채택)을 제정하기도 했다. 2004년 형법의 전면 개정 이후 2015년까지 매해 개정되는 형법 규정 속에 새로운 범죄유형들이 나타나고 있다. 경제 위기 이전 활발하지 않았던 북한의 범죄 규정화 작업이

2) 북한은 형법상 범죄와 유사한 위법행위를 '행정처벌법' 및 '인민보안단속법'에 규정함으로써 비사회주의적 행위에 대한 법적 통제를 다양화했다. 이 장에서는 편의상 북한의 주민 일탈에 대한 다양한 법적 통제 방식을 '과잉 범죄화' 및 '범죄 규정화' 개념에 포괄해 설명하고자 한다.

어떠한 과정을 통해 본격화되었는지 파악할 필요성이 제기된다.

이 장에서는 북한의 범죄 관련 문헌을 분석해 북한이 범죄 관련 법제 구축을 어떠한 방식으로 추진해왔는지 파악하고, 이를 통해 김정은 시대 법적 통제의 방향을 전망하고자 한다. 이하에서는 북한의 범죄 관련 법제 구축의 전개 과정인 사회주의법무생활론의 변화 과정과 사회주의법치국가건설론의 출현 과정을 분석한다.

2. 사회주의법무생활론의 형성 및 변화 과정

북한에서 준법이란 조선노동당의 정책 실현의 수단인 법을 지키는 것을 말한다. 북한의 법은 정치의 표현 형식이며 정치에 종속되어 있다(김일성, 1981: 220~221). 그런 법의 준수는 곧 당 정책을 따르는 것 그 이상도 아니다. 현실 사회주의 체제가 그러했듯, 북한 역시 법을 정치에 종속시키는 '법의 정치 기능주의political functionalism of law' 논리를 적용해 사용한다(Brunner, 1977: 145). 북한은 구성원을 법으로 통제하는 것보다 사상교양과 맥을 같이하는 준법(사상)교양을 통해 준법정신을 심어줌으로써 사회주의 규범 위반 현상을 예방하고자 했다. 이와 더불어 국가적인 '법무생활'을[3] 강조하는 '사회주의법무생활론'을 가지고 주민들을 사상적으로 통제해왔다(박정원, 2011: 3). 이는 실체법상 법적 근거에 따라 구성원들의 행위를 통제하기보다 사상교양 방식을 통해 구성원들이 자발적으로 법을 준수하도록 하는 예방적 통제 방식을 취한 데 따른

3) '법무생활'이란 "모든 사회 구성원들이 법규범과 규정의 요구대로 일하고 생활하도록 하는 국가적인 규범 생활"을 뜻하며, 사회주의 제도하에서만 자각적·조직적·국가적 법무생활이 존재한다고 한다(사회과학출판사 엮음, 2007: 172).

결과였다. 이하에서는 북한이 범죄 규정화를 실행하기 전 '사회주의법무생활론'을 어떤 방식으로 구축·강화하고 변형해 활용해왔는지 살펴본다.

1) 사회주의법무생활론의 구축과 강화

(1) 사회주의법무생활 지도체계의 구축

'사회주의법무생활론'은[4] 김일성에 의해 수립되었다. 이는 1977년 2월 28일 당 중앙위 정치위원회에서의 김일성의 연설, "인민정권을 더욱 강화하며 사회주의법무생활을 잘 지도할데 대해"에서 확인할 수 있다. 이런 사실을 2009년의 「사회주의법무생활을 강화하는 것은 선군시대 혁명과 건설의 중요한 요구」라는 제하의 논문이 뒷받침해주고 있다(김경현, 2009: 104). 이에 따르면, 2007년 2월 28일은 '사회주의법무생활 지도체계'가 구축된 지 30주년이 되는 날이다.

사회주의법무생활론 구축과 관련해 1977년 연설에서 김일성은 행정경제일군들과 도·시·군당책임비서들의 관료주의 및 전횡 등 법 위반 행위의 원인이 인민 정권 기관의 법적 통제 기능의 약화에서 기인한 것이라고 지적한다. 따라서 인민 정권 기관의 법적 통제 기능을 강화해야 한다고 한다. 이를 위해 '법무생활지도체계'를 새로 수립하고, 비상설 기관인 '사회주의법무생활지도위원회'를 설치해 구성원의 법무생활을 지도·통제해야 한다고 주장한다. 이 지도위원회의 설치에 대해서는 별도의 기구를 설치하지 않고 검열위원회, 사

4) '사회주의법무생활'을 '사회주의법무생활론'이나 '사회주의법무생활강화론'으로 명기한 이유는 북한이 구성원들에게 준법정신이나 준법 의무를 준법 사상교양으로 강요해온 방식이 담론적 성격과 이데올로기적 기능을 가지고 있는 점에 착안해 '준법 담론'의 의미로 사용하고자 함이다.

회안전부, 검찰소 등을 동원해 검열 사업을 하도록 지시하고 있다. 지도위원회의 주된 업무는 국가기관일군들의 국가 재산 탐오 낭비, 국가법 위반, 일을 되는 대로 하는 방식, 국가 법령 및 결정에 대한 잘못된 집행 등을 검열해 법적 제재를 부과하는 일이다. 이 외에 지도위원회가 일군 및 근로자를 대상으로 국가의 법규범과 규정에 대한 자각적 법 준수 교양 사업을 진행할 것을 지시한다(김일성, 2005: 395~406). 이 시기 법무생활지도체계의 기본 목적은 국가기관일군들의 관료주의를 해소하는 데 있다. 이후 북한은 '사회주의법무생활지도위원회'를 설치했다. 이는 같은 해 12월 15일 최고인민회의(제6기 제1차 회의)의 "인민정권을 더욱 강화하자"라는 연설에서 확인할 수 있다. 같은 해 2월 연설과 마찬가지로, 김일성은 국가, 경제기관 지도일군들의 관료주의 해소 방안으로 사회주의법무생활 강화와 사회주의법무생활지도위원회의 역할 제고를 강조한다. 이 연설에서 지도위원회의 역할이 더 분명하게 제시된다. 지도위원회의 중요 임무로 "국가, 경제기관 지도일군들이 권력을 람용하지 않도록 법적으로 통제하며 온 사회에 혁명적준법기풍을 세우는 것"이라고 제시한다. 이를 실현하려면 지도위원회가 국가기관일군들에게 헌법을 비롯한 여러 법규범을 해설해주고 준법 의식을 제고시킴으로써 자각적인 법 준수 실행을 위해 준법 교양 강화에 역점을 둘 것을 강조한다(김일성, 1986: 541~542).

(2) 사회주의법무생활의 강화

김정일은 선대에 구축된 사회주의법무생활 지도체계를 기초로 1982년 12월 15일 「사회주의법무생활을 강화할데 대해」라는 제하의 논문을 통해 사회주의법무생활 강화 방안을 내놓았다. 이에 따르면, 사회주의법무생활이란 "모든 사회성원들이 사회주의국가가 제정한 법규범과 규정의 요구대로 일하며 생활하는것"을 말한다. 사회주의법무생활 강화의 당위성에 대해서는 "오늘 온 사회를 주체사상화하는 새로운 높은 단계에 들어선 우리의 혁명투쟁은 사회주의법무생활을 더욱 강화해나갈것을 요구하고있습니다"라고 하면서 전 사회의 주체사상화와 연결해 주장한다(김정일, 2011: 134).

김정일은 위 논문 발표에 앞서 1982년 3월 31일 김일성이 창시한 주체사상을 이론화하고 체계화한 「주체사상에 대해」라는 논문을 발표하면서 사회 각 분야에 주체사상을 적용하는 사업을 실시했다. 이 시기 사상 분야나 법 관련 분야의 체계화 사업은 김정일의 권력 승계 체제를 확립하는 과정과 맞물려 있었다(김동한, 1990: 141). 법적 통제 수단인 사회주의법무생활 강화의 이유가 여기에 있었다. 권력 승계 체제를 확고히 다지기 위해 김정일 주도하에 주체사상을 체계화하고 그에 따라 사회 각 분야를 주체사상화하는 작업을 펼쳤던 것이다. 그 가운데 후계자에 대한 주민들의 반발심이나 불만을 잠재우고자 통제 수단인 '사회주의법무생활강화론'과 같은 높은 준법 의식을 요구하는 준법 교양 사업을 펼쳤다. 이는 후계 체제 공고화 작업의 일환이었다. 김정일의 「사회주의법무생활을 강화할데 대해」 논문을 두고 "불후의 고전적문헌"으로 치켜세우는 글이 발표되기도 했다(홍극표, 1983: 48). 북한 법 이론서에는 "주체의 법사상과 리론을 전면적으로 집대성하고 가일층 발전풍부화시킨 력사적문헌이며 자주시대의 요구에 맞게 법을 건설하고 법무생활을 강화해나갈수 있게 하는 길을 밝혀준 강령적문헌"이라고 평가함으로써 후계자의 치적임을 강조하기도 했다(심형일, 1987: 39).

한편 김정일은 앞의 논문에서 사회주의법무생활 강화 대책으로 사회 전체에 혁명적 준법 기풍의 철저한 수립과 당 조직 및 국가기관의 사회주의법무생활지도 강화를 제시한다. 전자를 실현하기 위해 사회 구성원들이 자각적인 법무생활을 실천하도록 준법 교양을 강화하고 준법 의식을 고양시킬 것을 강조한다. 준법 교양을 위해 법규범원문침투사업과 법해설선전사업까지 병행하라고 지시한다. 이를 위해 군중 속에서 '법무해설원' 역할을 제고할 것도 지시한다. 또 준법 기풍 수립을 위해 사상교양, 사상투쟁 강화와 함께 법 집행의 검열 감독 사업 등 법적 통제 강화를 강조한다. 후자를 실현하기 위해 법무생활의 기초인 법규범 등 '법제정사업'과 '법해석적용사업'을 올바로 진행할 것을 주장한다. 또한 사회주의법무생활지도위원회 기능과 역할 제고를 강조한다. 여기서 주목할 점은 이전과 달리 지도위원회의 정체성을 "기관, 기업소, 사회협동단체 및 공민들의 법무생활을 조직지도하는 집체적지도기관"이라고 명확히 밝힌 점이다(김정일, 2011: 138~151).

이후 사회주의법무생활강화론은 주체사상을 사상적·이론적 토대로 한 북한의 독특한 법 이론인 '주체의 법 이론'의 범주로 편입되어 체계적 구성과 상세한 내용을 갖추었다. 주체의 법 이론을 설명하고 있는 법 이론서는 사회주의법무생활에 대한 본질과 필연성, 강화의 기본 요구, 강화 방도 등 세 부분으로 나누어 상세히 기술하고 있다. 법 이론서는 사회주의법무생활에 대해 개인 생활을 비롯한 정치·경제·문화 생활 등 사회 전반의 생활 분야를 법적으로 규제함으로써 이루어지는 사회생활이며, 권력적 성격을 띤 규범생활이라고 설명한다(심형일, 1987: 338~396). 이 부분에서 북한이 사회주의법무생활을 강화한 목적이 드러난다. 이런 내용은 1982년 김정일 논문의 사회주의법무생활 강화 내용에서 크게 벗어나 있지 않다.

북한은 사회 구성원들에게 요구해왔던 준법성을[5] 새로운 의미를 가진 '사회주의 준법성'으로 대체해 강조했다. 이 법 이론서는 사회주의국가라고 해 저절로 법이 준수 집행되지 않기 때문에 "모든 국가기관, 기업소, 사회협동단

5) 북한이 말하는 '준법성'이란, "법을 존엄있게 대하고 정확히 지키는 성질"을 의미한다(사회과학출판사 엮음, 1992: 309). 결국 준법성은 준법정신의 다른 말이다.

체 및 공민들이 법규범과 규정들을 무조건 정확히 준수집행할데 대한 국가적 인 요구"인 사회주의 준법성을 요구하는 것이라고 설명한다(심형일, 1987: 302). 결국 북한의 사회주의 준법성은 모든 사회 구성원들에게 법적 강제하에 준법 의무를 부여하는 북한식 표현에 불과하다. 사회주의 준법성과 관련해 준법 의무자에 대한 헌법적 규정은 여러 번의 헌법 개정으로 변화해왔다. 1948년 인민민주주의 헌법은 공민에게만 준법 의무를 부여했고(제27조 제1항), 1972년 사회주의 헌법에 와서는 "모든 국가기관, 기업소, 사회협동단체 및 공민"의 자각적인 준수를 선언하면서(제17조) 여전히 공민에게만 준법 의무를 부여했다(제67조). 이후 1992년 개정 사회주의 헌법 제18조에서 준법 의무자로 공민은 물론이고 모든 기관, 기업소, 단체까지 확대해 명문화했다. 더 나아가 그간 심화·발전시켜온 '사회주의법무생활 강화'와 '사회주의법률제도의 완비' 등 국가적 필요를 헌법 제18조에 추가적으로 명문화했다. 이후 북한은 이러한 정책을 2016년 개정 헌법에서도 그대로 유지하고 있다.

2) 1990년대 사회주의법무생활론의 한계

사회주의법무생활강화론은 북한 주민들로 하여금 김일성 교시와 당 정책을 투영한 법적 규정 사항을 엄격히 지키며 통일적으로 공동 행동을 실천하는 법적 강제를 더한 준법 생활과 다름없다. 이는 결국 수령에 대한 충실성 요구를 법적으로 표현한 셈이다. 북한은 사회주의 체제 수립 과정부터 완성 이후에도 계속적으로 구성원들에게 준법 교양을 통해 자각적인 준법 의무 생활인 '사회주의법무생활'을 강조해왔다. 특히 국가기관일군들에게 관료주의를 포함한 위법 현상을 척결하고자 사상교양과 사상 통제는 물론이고 법적 통제를 강화할 것을 요구해왔다. 물론 사회적 일탈과 범죄에 대해 법적 제재를 부과하는 통제보다는 준법 교양 등 사상적 학습을 우선시해왔다.

이러한 노력은 1990년대 식량난 등 국가적 위기를 겪으면서 별다른 실효성을 거두지 못했다. 절대자로 여겼던 수령의 죽음과 국가의 배급 중단 이후, "사회주의법무생활을 강화해야 또한 밖으로부터 부르죠아사상, 수정주의사상이 들어오는것도 막을수 있습니다"라는 김정일의 당위 명령은(김정일, 2011: 136) 주민들을 제대로 사상교양하거나 설득하지 못했다. 수령의 교시와 당 정책이 반영된 사회주의 준법성을 주민들에게 강요하기에 사상 통제적 한계가 있었다. 주민들은 물론이고 당 일군들도 비사회주의적 방법으로 식량 문제를 스스로 해결해야 하는 상황에서 강령적인 준법 의식을 고취시키는 준법 교양 등의 사상 통제가 그 효력을 발휘할 수 없었던 것이다. 김정일이 지적한 비사회주의적 현상의 위험성을 확인해 그 발생의 맹아적 단계에서부터 제거하라는 명령 지시를 관련 일군들은 심각한 사회적 이완 상태에서 제대로 수행하지 못했다. 오히려 2000년대 들어 각종 비사회주의적 현상을 포함한 위법 현상은 북한 사회 전반에 퍼져나가고 말았다. 그간 강조해온 구성원들의 자각적인 준법 생활인 '사회주의법무생활론'은 완전히 실패한 준법 담론이자 준법 정책이었다.

3) 2000년대 사회주의법무생활론의 변형

북한은 1980년대 김정일의 권력 승계 체제 확립 과정 중 법 영역에서 '주체의 법 이론'을 창출하는 등 전 사회 분야에 주체사상을 적용한 것처럼, 2000년대 초 또한 전 사회 분야에 선군사상을 적용시키기 시작했다(박국성, 2003). 법무생활 분야도 예외일 수 없었다. 고난의 행군 동안 전혀 효과가 없었던 '사회주의법무생활강화론'이 재등장했다. 이는 2000년대 초에 나온 북한 문헌에서 확인할 수 있다. 우선, 2003년의 「사회주의법무생활을 강화하는것은 우리 당의 선군정치실현의 위력한 법적담보」라는 제하의 논문에서 '선군시대의 사회주의법무생활'의 의미 및 지위와 역할을 알 수 있다.

> 사회주의위업의 성과적수행을 좌우하는 관건적고리의 하나인 사회주의법무생활을 강화하는 문제는 오늘 선군시대에 이르러 그 어느 때보다도 더욱 절실하게 나서고 있다. …… 사회주의법무생활을 강화하는것이 우리 당의 선군정치 실현의 위력한 법적담보로 되는것은 무엇보다 먼저 당의 선군사상과 령도를 받들어 나가는데서 사회주의법무생활이 차지한 지위와 역할과 관련된다. …… 사회주의법무생활이 모든 사회성원들로 해금 사회주의국가가 당과 수령의 사상과 의도를 구현해 제정한 법규범과 규정의 요구대로 일하며 생활하도록 하는 규범생활인것만큼 그것은 곧 당의 사상과 령도를 받들어 나가는 과정으로 된다. 사회주의법무생활의 이러한 본질로부터 우리 당의 선군사상과 령도를 사회의 모든 성원들이 충성으로 받들어 나가도록 하자면 사회주의법무생활을 더욱 강화해 나가야 한다(한석봉, 2003: 쪽수 미상).[6]

과거 사회주의법무생활이 수령의 교시와 당의 영도 정책을 반영한 법을 지키며 생활하는 규율·조직 생활이었다면, 선군시대 사회주의법무생활은 당과 수령의 사상인 선군사상과 영도를 실현하기 위한 행동적 실천이다. 과거와 달리 단순한 준법 의무 강화가 아니라 표현 그대로 당과 수령에 대한 충성 강화가 선군시대의 사회주의법무생활이다. 더 나아가 이 문헌은 사회 구성원들에게 인민군대와 같은 풍모와 자질을 요구하고 있다.

---

6) 이 자료는 워드 파일 형태로 존재한다.

사회의 모든 성원들이 인민군대와 같은 높은 수준의 사상정신적풍모와 자질을 갖추도록 하는데서 사회주의법무생활을 강화하는것은 매우 중요한 문제로 나선다. …… 우리의 법규범과 규정들에는 당의 독창적인 선군혁명사상과 투철한 반제혁명정신 그리고 인민에 대한 당과 수령의 육친적인 사랑이 담겨져 있으며 사회생활의 모든 분야에서의 혁명적이며 사회적인 생활원칙과 방도들이 전면적으로 규제되여 있다. 그러므로 사람들은 법규범과 규정의 요구대로 사업하고 생활하는 과정을 통해 …… 조직성과 규률성이 강한 선군시대사회적인간의 풍모를 갖추게 된다(한석봉, 2003: 쪽수 미상).

앞의 글에서 알 수 있듯, '선군시대의 사회주의법무생활'은 조직성과 규율성이 강한 군대와 같은 혁명적 군인 정신으로 수령이 제시한 선군사상과 당 정책을 반영한 법규범과 규정을 지키면서 일하고 생활하는 것을 의미한다. 북한은 사회 구성원들에게 일상생활마저도 군대와 같은 규율적인 조직 생활과 온 사회의 선군정치화를 위해 '군 우선'의 준법 생활을 강요하기에 이르렀다. 총체적 국가 위기를 타개하기 위해 나온 정치 방식과 지배 담론인 선군정치-선군사상은 이제 노동계급이 중심이던 고전 사회주의 정신과는 요원한 길로 들어서고 말았다.

북한은 '선군시대 사회주의법무생활'을 강성대국 건설과 연결시켜 강조하기 시작했다. 이는 2005년 12월 15일 자 ≪로동신문≫의 "선군시대 사회주의법무생활과 강성대국건설"이라는 논설에서 확인할 수 있다.

장군님께서는 오늘 사회주의법무생활을 강성대국건설을 위한 중요한 고리로 틀어쥐시고 그것을 강화하기 위한 투쟁을 현명하게 이끄시어 우리의 법무생활을 선군시대 사회주의법무생활로 더욱 공고발전시키시였다. 선군시대의 법무생활은 사회주의법무생활의 새로운 높은 단계이다. …… 우리 시대 법무생활에서는 그 본보기도 인민군대이고 그 절대적기준도 인민군대의 기질과 풍모이다(장재수, ≪로동신문≫, 2005.12.15).

앞의 논설은 선군시대 강성대국 건설의 요구에 맞게 법무생활을 강화해나갈 것을 촉구한다. 선군시대에는 모든 구성원이 인민군대식 준법 기풍을 모범으로 삼아 법무생활을 행해야 한다는 것이다. 이는 준법 의무를 군대식으로 강요하는 것과 같다.

선군시대의 법무생활은 사람들을 주체의 선군사상으로 철저히 무장시키는데서 중요한 작용을 한다. …… 사회주의법무생활은 사람들의 머리속에 남아있는 낡은 사상잔재를 없애는데서도 적극적인 작용을 한다. …… 선군시대의 사회주의법무생활은 경제강국건설을 다그치기 위한 위력한 담보로 된다(장재수, ≪로동신문≫, 2005.12.15).

계속해서 이 논설은 선군시대의 법무생활이 사람들의 법 위반 행위를 일으키는 동인인 낡은 사상적 잔재를 제거하는 작용과 경제 강국 건설에 박차를 가하기 위한 강력한 담보로서 작용한다고 주장한다. 이런 논리로 '선군시대 사회주의법무생활'을 실천해야 할 당위성을 제시한다. 법무생활의 실천 당위성에 대한 주장은 2009년의 「김일성종합대학학보 력사 법학」 논문에서 더욱 구체적으로 드러난다. 이 논문은 '선군시대 사회주의법무생활' 강화 이유를 세 가지로 제시하고 있다.

첫째, 선군시대 사회주의법무생활 강화 이유는 우리식 사회주의 제도를 철저하게 지키기 위함이다. 사회주의 제도 고수를 위해 선군시대에 맞게 법의 기능과 역할을 제고시키고 이전보다 사회주의법무생활을 더욱 강화해 비사회주의적 현상이자 위법 현상을 적발해 샅샅이 없앨 것을 강조하고 있다(김경현, 2009: 104).

> 선군시대의 요구에 맞게 사회주의법의 기능과 역할을 백방으로 높이고 사회주의법무생활을 더욱 강화해 인민군대를 핵심으로 하는 자위적군사력을 철통같이 다지는것과 함께 제국주의반동들의 내부와해책동을 무자비하게 짓뭉개버리며 퇴폐적이고 이색적인 요소들과 부르죠아생활양식, 종교와 미신행위, 부정부패행위, 도박과 불량행위, 부당한 리혼현상과 같은 위법현상들을 예리하게 포착하고 맹아단계에서 철저히 쓸어버려야 한다(김경현, 2009: 105).

여기서 주목할 점은 이 논문이 예로 든 위법 현상들이 2004년 개정 형법에 새로 규정된 범죄유형들 및 형벌이 강화된 기존 범죄유형들과 일치한다는 것이다. 미신행위죄, 증명서매매죄, 뇌물수수죄, 비법혼인죄는 새로운 범죄유형들이다. 불량행위죄와 도박죄는 사회문제로 부각되어 형벌이 강화된 기존 범죄유형들이다.

둘째, 선군시대 사회주의법무생활 강화 이유는 모든 국가 사회 생활 분야에서 군대 같은 혁명적 제도와 질서를 수립하기 위한 것이다. 선군시대의 제도 및 질서 수립을 위해 사회주의법무생활을 강화할 방도로 선군시대에 맞는 사회주의 법을 끊임없이 제·개정하는 법 체계화 사업을 진행할 것을 강조한다. 여기서 '선군시대 사회주의법무생활' 강화 목적이 드러난다. 이는 결국 구성원을 통제하고자 강제력이 강한 법 제·개정 사업을 촉구하는 것이며, 다시 말해 범죄 규정화 추진을 강조하는 것이다. 이 논문은 선군시대 사회질서 확립의 장애 요소인 위법 현상과 범죄, 무규율과 무질서를 극복할 중요성을 강조하면서 이를 근절하기 위해 혁명적 준법 기풍의 수립과 사회주의법무생활 강화를 역설하고 있다(김경현, 2009: 106~108).

셋째, 선군시대 사회주의법무생활 강화 이유는 당면한 과제인 경제 강국 건설을 실현하기 위한 것이다. 북한은 '강성대국 건설' 목표 중 경제 강국을 제외한 정치·사상·군사 강국을 실현했다고 자부해왔다. 남은 과업인 경제 강국 건설을 실현하기 위해 선군시대의 경제 건설 노선과 경제 정책을 반영한 경제관리 관련 법규범을 준수해야 한다는 것이다. 이를 위해 경제관리·건설에서 나타나는 위법 현상과 자본주의적 요소를 척결하는 법투쟁을[7] 벌여나가도록 요구하고 있다(김경현, 2009: 106~107).

결국 북한이 과거 '사회주의법무생활론'을 '선군시대 사회주의법무생활론'으로 변형해 주장한 궁극적 이유는 북한 체제의 주권과 사회주의 제도를 고수하고 사회주의 강성대국 건설을 완성하기 위한 것이다. 과거 사회주의법무생활론과 비교할 때, 경제 부문에서 위법 현상 및 자본주의적 요소 척결을 위한 법적 투쟁과 법 제·개정 사업 진행을 더 절박하게 강조하고 있다. 이는 앞으로 법에 근거한 법적 통제를 더욱 활용하고자 하는 북한 당국의 의지를 강하게 나타낸 것으로 볼 수 있다. 구성원들의 행위 통제를 법적 처벌 등의 강화를 통해 실현하고자 하는 북한의 의도가 '선군시대 사회주의법무생활론'으로 나타난 것이다. 결론적으로, 북한은 '선군시대 사회주의법무생활론'을 내세워 자본주의적 성격을 강하게 띠는 주민들의 일탈 행위를 범죄로 규정함으로써 적극적으로 형벌과 행정 처벌을 가하는 통제 대상으로 삼았다. 이러한 범죄 규정 확대를 비롯한 여러 법 제·개정 사업의 정당성 확보를 위해 '사회

7) 북한에서 '법투쟁'이란, "법에 기초해 진행하는 위법행위와의 투쟁"을 말하며, "법위반자를 법으로 다스리고 그에게 책임을 추궁하는것"을 내용으로 한다(사회과학출판사 엮음, 2007: 173).

주의법치국가건설사상'이라는 새로운 법사상을 내놓기에 이르렀다.

3. 사회주의법치국가건설론 출현과 과잉 범죄 규정화

1) 법 관련 출판 보도물 창간과 법 문건의 대중화

북한은 2000년대 들어와 법적 통제 공간을 확장하는 데 두 가지 이례적인 사업을 시행했다. 첫 번째는 '정치법률저널의 창간'이며, 두 번째는 '대중용 법전의 발간'이다.

2003년부터 북한은 정치 및 법률 관련 논문을 실은 ≪정치법률연구≫를 계간으로 발행하기 시작했다. 이 저널은 창간사에서 김정일의 "정치법률사상의 정당성과 과학성을 깊이 있게 해석론증함에 대한 절박한 시대적 요구"와 함께 김정일의 국방위원장 추대 10주년을 기념해 발간하게 된 취지를 밝히고 있다. 이 저널은 "정치학, 법률학부문에서 사업하는 교원, 연구사들, 현직일군들"이 그 주요 독자라고 설명하고 있다(과학백과사전출판사 엮음, 2003: 2; 김동한, 2009: 55~56에서 재인용). 그런데 북한은 법학 저널인 ≪김일성종합대학학보 력사 법학≫ 계간지를 발행해오고 있었다.[8] 이 법학 저널은 주로 북한의 사회주의법이론, 사회주의법무생활론과 헌법을 비롯한 부문법 등을 다루고 있다. 반면 ≪정치법률연구≫는 ≪김일성종합대학학보 력사 법학≫과 중첩된 분야도 다루면서 법적 통제를 더 특화해 중점적으로 다루고 있다. 사회주의법무생활화론은 물론이고 법제정 사업을 비롯해 일반범죄의 해독성과 행정 처벌의 국가 관리상 필요성, 비

8) 2011년부터 ≪김일성종합대학학보 력사 법률≫로 잡지명을 변경했다.

사회주의적 현상과 투쟁 강조 등을 구체적으로 논하고 있다.

북한이 2003년 ≪정치법률연구≫를 창간한 데는 두 가지 해석이 가능하다. 하나는 김정일 정권의 새로운 정치 방식과 지배 담론 및 법적 통제 방식의 변화에 대한 정당성을 확보할 '특정 출판보도물 공간'을 마련하고자 한 것이다. 2003년 제1호 ≪정치법률연구≫의 경우 주로 '선군정치·선군사상'과 '강성대국 건설' 관련 논문을 게재하고 있다. 이후 발간된 ≪정치법률연구≫는 형사정책 관련 논문이 주를 이룬다. 다른 하나는 독자 대상에서 추론할 수 있는데, 국가에 복무하는 법률전문가와 통제기관일군들을 국가의 새로운 정치법률사상으로 무장시키고 설득하기 위한 수단으로 활용하고자 한 것이다. 북한이 출판물을 '통제적 수단'으로 활용하고 있다는 사실은 2006년 ≪김일성종합대학학보 력사 법학≫의 논문에서 확인된다.

> 사회주의강성대국을 실현하기 위한 …… 선군정치를 실현하는 수단이 형사소송법 하나만은 아니다. 형법, 검찰감시법 등 여러 부문법들과 함께 당의 정강이나 권력기관들과 출판보도물 등도 있다. …… 사회주의강성대국건설을 법적으로 튼튼히 담보하자면 무엇보다도 형사소송법의 통제적역할을 높여야 한다(리창세, 2006: 60~62).

북한은 정치법률 저널을 창간한 다음해인 2004년 대중용 법전을 최초로 발간했다. 2000년대 들어와 북한 역사상 이례적이라고 할 정도로 법 제·개정 사업을 활발히 추진해왔다. 이를 증명해주는 것이 법전의 연속적 발간이다. 2004년 8월 25일 『조선민주주의인민공화국 법전』(대중용)을 발간한 후, 2006년 3월 15일에는 초판 증보판을, 2012년 7월 30일에는 법전 제2판을, 2016년 6월 15일에는 제2판 증보판을 발간했다. 초판 법전은 기존 법률에 2004년 6

월까지 제·개정한 법률을 더한 총 112개의 법률을, 증보판은 2004년 7월부터 2005년 12월까지 새로 제정한 15개의 법률과 개정한 32개의 법률을, 제2판은 기존 법률에 2006년 1월부터 2012년 5월까지 제·개정한 법률을 포함한 총 187개의 법률을 수록하고 있다. 최근 발간한 제2판 증보판은 2012년 7월부터 2015년 12월 동안 새로 제정한 31개 법률과 개정한 81개 법률을 수록하고 있다(박정원, 2017).

2004년 이전까지 북한은 누구나 열람 또는 소지가 가능한 남한의 대법전이나 소법전과 같은 대중용 법전을 발간한 적이 없었다. 북한의 대중용 법전의 발간은 '규범적 법 문건'을 일반 주민에 공개했다는 데 특별한 의의를 가진다. 특히 2004년 대중용 법전에 주목할 필요가 있다. 이 대중용 법전은 1990년대 '고난의 행군' 기간을 거쳐 2000년대 들어오면서 급격한 사회 변화를 겪은 북한의 실정을 상당 부분 반영하고 있기 때문이다. 이 법전이 수록하고 있는 개정 형법이 그 대표적인 예이다. 이 법전의 발간 취지는 이제부터 북한 주민 스스로 자신의 행동이 법에 어긋나는지 여부를 법전을 통해 미리 알고, 법에 위배되는 행위를 알아서 조심하며 법을 지키도록 하고 있다(법률출판사 엮음, 2004). 2012년 제2판 발간 취지에서는 국가 법규범에 대한 자각적인 준수 의무야말로 신성한 의무라고까지 주장함으로써 공민의 준법 의무를 더욱 강하게 요청하고 있다(법률출판사 엮음, 2016).

2000년대 들어 북한이 법 제·개정 사업을 활발히 단행한 데에는 주민들의 일탈과 범죄에 대한 법적 통제 근거 마련 등 국가적 통제 기능을 강화하는 목적이 더 컸다. '사회주의법무생활 강화'의 방도로 제시했던 준법 교양이나 사상투쟁, 군중 속에서 법 해설 선전 사업만으로 주민들의 준법 의식 고취 및 범죄 예방 등에서 효과를 낼 수가 없었다. 결국 북한은 행위 기준이자 법 위반 행위에 대한 통제 기준인 법규범에 대한 준수 의식을 고취시키기 위해 법적 제재를 명시하고, 법적 통제를 강화한 법규범을 공개하기에 이른 것이다. 대중용 법전을 주민의 법 인식이나 준법 의식 고양을 위한 새로운 방법으로 활용하는 한편, 형사법을 공개함으로써 비사회주의적 행위를 범죄로 처벌하는 데 주민들의 반발을 막는 방법으로 활용하고자 했던 것이다. 하지만 공식 발간된 대중용 법전은 외부 독자나 북한 주민이 북한의 모든 법률을 접하는 데 한계를 드러내고 있다. 이는 북한 당국이 북한 내에서 제·개정하는 모든 법률을 대중용 법전에 전부 수록·공개하지 않았기 때문이다. 위 시기별 대중용 법전에 형사법을 제외하고 치안·행정 처벌과 관련한 인민보안단속법 및 행정처벌법과, 법 준수 및 법 집행 감시와 관련한 검찰감시법 등은 수록·공개되지 않았다. 또한 2007년에 제정한 형법 부칙도 대중용 법전에 공개·수록되지 않았다. 북한은 여전히 체제 보안과 사회 내부 통제와 밀접한 관련이 있는 법률에 대해 '비밀주의'를 고수하고 있는 것이다.[9)]

2) 사회주의법치국가건설론의 출현

대대적인 범죄 규정화를 진행하는 가운데 '사회주의법치국가건설'의 필연성을 강조하는 논문이 2005년 ≪김일성종합대학학보 력사 법학≫에 등장했다. 이 논문은 범죄 규정화의 당위성을 뒷받침해주는 '사회주의법치국가건설사상'을 소개하고 있다. 이 논문 서두에서 "당의 령도밑에 사회주의국가를 법치국가로 건설할데 대한 독창적인 사상"이 사회주의법치국가건설사상임을 밝히고 있다. 이 논문은 기본 내용을 사회주의법치국가건설사상의 필연성,

9) 북한은 주민의 생명 및 자유 등의 권리 제한이나 침해, 즉 인권침해와 직접 관련이 있는 형사법의 내용에 대해 '비밀주의'를 취해왔다(박정원, 2010: 227).

본질과 특징, 방도로 구분해 설명하고 있다.

> 위대한 장군님께서 밝히신 사회주의법치국가건설사상은 사회주의국가는 왜 법치국가로 되어야 하며 사회주의법치국가는 어떤 국가이고 어떻게 건설해야 하는가 하는 법치국가건설의 기본문제들에 과학적인 해답을 주고있다. 주체의 사회주의법치국가건설사상의 기본내용은 첫째로, 사회주의법치국가건설의 필연성에 관한 사상이며 둘째로, 사회주의법치국가건설의 본질과 특징에 관한 사상이며 셋째로, 사회주의법치국가건설방도에 관한 사상이다(진유현, 2005: 46).

이 글의 사회주의법치국가건설의 필연성 부분에서 "사회주의국가가 법치국가로 되어야 하는 것은 사회주의법이 국가관리와 사회관리의 기본수단이라는 사정과 관련"이 있다고 한다. '사회주의법치국가'가 되면 사회주의적 민주주의를 원만히 실현해 인민의 복무자로서 자기 사명을 훌륭히 수행하고, 결국에는 강성대국도 성과적으로 건설할 수 있다고 한다. 이를 위해서는 법률 제도와 질서를 확립한 사회주의법치국가라야 강성대국도 건설할 수 있다는 것이다. 이 글은 사회주의법치국가의 본질 및 특성 부분에서 우리식 사회주의법치국가를 설명하고 있다. '우리식 사회주의법치국가'란 "당의 령도하에 인민대중의 의사와 요구가 행위규범으로 표현된 사회주의법을 기본수단으로 해 사회관리, 국가관리를 해나가는 국가"라고 정의한다. 여기서 주목할 부분은 당의 영도 부분이다. 법치에 대한 당의 영도가 중요한데, 당의 영도에 따라야만 법의 제정과 집행, 집행 감독이 당 정책의 요구 및 법대로 진행할 수 있다고 한다. 사회주의법치국가건설의 방도 부분에서 세 가지 방안을 제시한다. 법 제정 사업 강화를 통한 사회주의 법체계 완비, 준법 교양의 강화와 준법 의식의 고취를 통한 혁명적 준법 기풍 수립, 국가 사회 생활의 모든 분야에서 법적 통제 강화를 통한 철저한 법질서 수립 등을 들고 있다(진유현, 2005: 47~49).

북한이 인식하고 있는 '사회주의법치국가'란, "당이 령도하는 법치국가"로, "당의 령도밑에 법을 가지고 나라를 다스리고 당과 수령의 선군사상과 선군령도를 실현해나가는 국가"를 말한다. 북한은 당의 영도가 선군시대 사회주의법치국가의 근본 핵이자 생명이라고 강조한다(강철남, 2007: 21). 현 선군시대는 당 정책을 관철시키는 데 강력한 수단인 사회주의법을 더욱 강화시킬 것을 절박하게 요구한다고 설명한다(강천복, 2005: 32).

결국 북한이 말하는 '선군시대 사회주의법치'는 조선노동당의 영도하에 선군사상과 당 정책이 반영된 법으로 다스리는 것이다. 북한식 사회주의 사회에서 이제 법은 그 어느 때보다 절실하게 되었다. 사회 구성원들에게 과거 김일성의 주체사상은 절대적 세계관이요 가치관이요 신앙이었다. 하지만 그때와는 달리 1990년대 식량난 이후 시장의 경험은 북한이 부정한다 해도 구성원들의 사고방식이 경제 개념 등을 포함한 사적 소유에 대한 자본주의적 가치관에 가까워졌고 수령의 사상만 가지고 구성원들을 통제할 수 없었다. 물론 북한이 정치 이데올로기로서 내놓은 선군사상도 구성원의 내면까지 통제할 만큼 영향력을 발휘하지 못했다. 북한은 '사회주의강성대국건설'이라는 명목하에 '사회주의법치국가건설' 필요성을 제기하고, '사회주의법치국가' 건설 방안으로 세 가지 강화 정책을 제시한 것이다. 즉, 법제 정비 사업, 준법 교양, 법적 통제 등을 강화할 때에야 비로소 사회주의법치국가를 건설할 수 있다는 것이다. 이 시기 이러한 주장을 뒷받침하듯 관련 북한 문헌들이 다수 쏟아져 나왔고, 활발한 법 제·개정 사업이 이루어졌다. 북한은 선군시대의 사회주의 법무생활강화론 주장을 펴면서 비사회주의적 행위에 대한 법적 처벌 근거 마련을 위해 법 제·개정 작업을 더욱 활발하게 진행했다.

또한 법적 제재를 적극적으로 활용하기 위한 법 제·개정 사업의 이론적 이데올로기로서 '사회주의법치국가건설사상'을 제시했다. 이는 주민들이 납득할 수 있는 정당성과 이념적 논리를 제시함으로써 법적 통제 수행을 용이하게 하고 주민들의 반발을 미연에 방지하는 등의 효과를 내기 위한 것으로 보인다. 이후 북한은 '사회주의법치국가건설' 논리를 바탕으로 구성원의 비사회주의적 행위를 법적으로 규제하고 처벌하는 데 필요한 형법 및 치안·행정 처벌법을 제·개정하는 데 더욱 박차를 가했다.

3) 법 제·개정을 통한 범죄 규정화의 추진 현황

대중용 법전에 수록된 법률 수에서 추론할 수 있듯, 북한은 강성대국으로 나아가는 방안으로 제시한 '사회주의법치국가' 건설이라는 명목하에 사회주의법제를 활발히 구축 및 정비해왔다. 1992년 개정 헌법에 '사회주의법률제도의 완비(제18조)'를 명문화한 이래 10여 년이 지나 급격한 사회 변화를 반영하는 다수의 법률 제·개정을 진행했다. 특히 1990년대 이후 다양해진 비사회주의적 행위를 범죄 및 위법행위로 규정하는 관련 법 제·개정 작업을 2004년과 2005년 사이에 대대적으로 단행했다. 대중용 법전에 수록된 형법 및 미수록된 형법 부칙을 범죄 규정화 대상으로 삼는 한편, 행정처벌법 및 인민보안단속법의 제·개정을 통해 비사회주의적 행위에 대한 법적 통제 방식을 다양화했다.

범죄 및 위법행위 관련 법의 제·개정 빈도를 살펴보면, 북한은 형법의 경우 1987년 제정 이후 1990년대 3차례, 2000년대 16차례(2007년 형법 부칙 제정 미포함)로, 2015년까지 총 22차례 개정 작업을 진행했다. 2004년 전면 개정 이후 2015년까지 매해 1~2회 이상 형법 개정 작업이 이루어졌다. 한편 입수된 북한

법률 문건 자료에 따르면, 치안과 사회질서를 규율하는 인민보안단속법의 경우 1992년 '사회안전단속법'으로 제정 이후 1990년대 1차례, 2000년대 3차례로(2001년 인민보안단속법으로 개칭) 2005년까지 총 4차례 개정 작업을 진행했다. 그다음으로, 위법행위를 규율하는 행정처벌법의 경우 2004년 제정 이후 2015년까지 총 9차례 개정 작업을 진행했다(장명봉 엮음, 2015; 국가정보원 엮음, 2017).

북한은 2000년대 들어 대중용 법전 발간을 계기로 비사회주의적 행위에 대한 범죄 규정화 작업을 더욱 강도 있게 진행해왔다. 대중용 법전에 수록된 형법상의 범죄 규정화 외에 미수록된 치안·행정처벌법상의 위법행위 규정과 형법 부칙상의 범죄 규정을 통해서도 비사회주의적 행위에 대해 행정적 제재 및 중형 등을 가함으로써 법적 통제를 강화해왔다. 범죄 규정 수 및 위법행위 규정 수의 변화를 살펴보면, 북한은 2004년 4월 개정 형법상 일반범죄 규정을 1987년 형법상 106개에서 231개로 확대·규정했다. 형법 개정 이후, 같은 해 7월 제정한 행정처벌법에 146개의 위법행위 규정을 신설했다. 한편 1992년 제정한 사회안전단속법을 2001년 인민보안단속법으로 법명을 변경한 후 2005년 7월 단속 대상 행위 규정을 20개에서 32개로 확대했다. 2007년 12월에는 형법 부칙을 제정해 23개 일반범죄 가중처벌 규정을 두었다가 2010년 10월 이를 개정해 11개 규정으로 축소했다. 2011년 10월에는 행정처벌법을 개정해 위법행위 규정을 기존 146개에서 195개로 확대·규정했고, 2015년 12월에 재개정된 행정처벌법에서는 위법행위 규정 수의 변화는 없었다(황의정, 2016: 92; 국가정보원 엮음, 2017). 북한의 과잉 범죄 규정화 현상은 김정일 정권하에서 나타난바, 2007년 시장 단속 강화 정책을 추진하면서 제정된 형법 부칙에서 더욱 두드러지게 나타났다가 2010년 개정된 형법 부칙에서는 수그러들었다.

김정은 정권이 들어선 이래 북한 형법은 2012년 2차례, 이후 2013년부터 2015년까지 각 1차례씩 총 5차례 개정되었고, 2012년 개정 형법은 일반범죄 규정이 기존 231개에서 217개로 도리어 축소·규정되었다. 그런데 2015년 개정 형법에서 일반범죄 규정은 기존 217개에서 227개로 확대되었다. 주목할 점은 2015년 형법전에 별도의 장인 "제10장 자금세척 및 테로자금지원범죄"를 신설해 새로운 범죄 분야에 대한 범죄 규정 10개 조항을 둔 것이다. 북한은 2006년 '자금세척방지법'이라는 특별법을 제정해 불법 거래로 획득한 자금이나 재산을 금융기관 등을 통해 합법적 거래로 획득한 자금이나 재산으로 변경하는 행위 등에 대해 통제해왔다. 2014년 개정된 '자금세척방지법'에 규율 대상인 자금세척행위 외에 테러자금지원행위가 추가 규정되었다. 이듬해 형법 개정을 통해 자금세척방지법상 규율과 병행되도록 형법에 별도의 장을 두어 "자금세척 및 테로자금지원범죄"를 통제하기 시작한 것이다. 이는 2009년 화폐개혁 조치로 인해 북한 은행에 대한 불신이 커지면서 사금융시장이 활성화되고 돈주를 비롯한 다양한 사금융 주체들이 등장한 것과 불법적 금융거래가 빈번해진 데 따른 것으로 판단된다. 또한 이러한 불법적 사금융시장 활성화로 국가재정의 파탄, 공적 금융의 기능 상실, 사경제 활동의 심화로 인한 부의 편중 악화 등을(임을출, 2015) 염려해 형사 정책상 강력한 형벌 규정이 필요했던 것으로 보인다. 2015년 개정 형법에 신설된 범죄 규정 중 "비법적인 자금거래 및 소유, 리용죄(제291조)"나 "비법적인 돈자리개설 및 계약체결죄(제292조)"가 대표적인 사금융거래를 통제하고자 규정된 범죄 규정이다. 여기서 돈자리는 은행계좌를 말한다. 한편 제10장의 범죄 규정은 아니지만, 기존 범죄 규정이 폐지된 동일 조항에 새로운 범죄유형으로 "비법적인 국제통신죄(제222조)"와 "정치협잡죄(제231조)"가 규정된 점도 주목할 만하다(법률출판사 엮음, 2016). 일반적으로 새로운 범죄 규정의 등장은 법적으로 규율할 필요가 있는 사회문제가 법 조항으로 편입되기 때문이다.

북한은 주민들의 사회적 일탈에 대해 실정법에 근거해 법적 처벌로 통제하기 위해 2004년부터 2015년 사이 범죄 규정화 작업을 집중적으로 전개해왔다. 체제 내부 단속, 즉 주민들의 각종 위법행위 및 범죄 단속을 더욱 강화하고자 여러 가지 형사·행정 처벌 정책, 즉 범죄 규정화 정책을 실행해왔다. 2000년대 이후 북한은 법적 근거와 무관하게 물리적 강압으로 주민 일탈을 통제해오던 방식을 점차적으로 법적 근거에 따라 법적 처벌로써 통제하는 방식의 변화를 보여주었다.

4. 맺음말: 향후 김정은 시대 범죄 규정화 전망

2000년대 초반 북한은 두 가지 차원에서 범죄 규정화를 전개했다. 첫 번째는 법사상과 법 이론적 차원에서 선군시대 사회주의법무생활론, 사회주의법치국가건설사상 및 사회주의법치국가건설론 등 북한식 사회주의 법 이론과 법사상 및 법적 정당성 논리를 가지고 범죄 규정화를 전개했다. 두 번째는 실질적 방식의 차원에서 법 관련 출판 보도물을 창간해 사회 구성원을 설득하는 방식으로 사회주의 법제 정비 사업의 당위성을 주장하며 규범적 통제력 행사의 정당성을 확보했다. 이를 토대로 비사회주의적 행위를 형법상 범죄와 행정처벌법상 위법행위로 규정하는, 국가적 범죄·위법행위 규정화 작업을 추진한 것이다. 북한은 법적 행위 통제 기제인 형법과 행정처벌법만 범죄·위법행위 규정화 대상으로 삼은 것은 아니었다. 이에 더해 북한 주민의 실생활과 밀접한 거리에서 범죄 및 위법행위를 감시하고 포착하는 인민보안원의 임무 및 위법행위를 규율하는 인민보안단속법 또한 통제 기제 대상으로 삼았다. 더 나아가 2007년 시장 통제를 강화하면서 사회적으로 심각한 문제가 되는 범죄에 대해 사형, 무기 노동 교화형 등 가중처벌을 가하는 특별법인 형법 부칙을 범죄 규정화 대상으로 삼아 제정했다. 북한은 이런 범죄·위법행위 규정화 작업을 일회적으로 추진하지 않고 2004년부터 2015년 동안 꾸준히 진행해왔다.

이상 북한의 범죄 관련 법제 구축 과정을 살펴본 결과, 향후 김정은 시대 북한 주민들에 대한 법적 통제의 방향을 다음과 같이 전망할 수 있다. 첫째, 북한은 선대의 법적 통제 강화 정책을 계승해 '사회주의법치'를 내세워 사회 문제로 부각되는 주민 일탈 행위에 대해서는 형법상 범죄행위로 규정해 법적 처벌을 행사해나갈 것이다. 둘째, 북한은 주로 자본주의사회에서 발생할 법한 자금세탁과 같은 불법 금융거래 및 김정은 정권에 위협이 될 만한 부의 축적을 통한 실력 행사를 사전에 방지하고자 하는 등의 관련 법제 구축을 지속적으로 추진할 것이다. 셋째, 북한은 향후 시간은 걸리겠지만 주민들의 행위를 통제하기 위한 사상교양보다는 법 위반에 따른 벌금형이나 신체형과 같은 제재를 강화하는 방향으로 법에 의한 통치를 가속화할 것이다.

참고문헌

강천복. 2005.「사회주의법은 선군정치의 한 표현형식이며 위력한 실현수단」. ≪정치법률연구≫, 3호, 30~32쪽.

강철남. 2007.「사회주의법치국가의 본질」. ≪사회과학원 학보≫, 1호, 20~22쪽.

국가정보원 엮음. 2017.『북한법령집(상)』. 국가정보원.

김경현. 2009.「사회주의법무생활을 강화하는 것은 선군시대 혁명과 건설의 중요한 요구」. ≪김일성종합대학학보 력사 법학≫, 55권 2호, 104~108쪽.

김동한. 1990.「북한의 법사상: 주체의 법이론을 중심으로」. ≪고황논집≫, 7집, 137~159쪽.

______. 2009.「북한의 법학」. 강성윤 편저.『북한의 학문세계(상)』. 선인.

김일성. 1981.「우리 당 사법정책을 관철하기 위하여(1958.4.29.)」.『김일성저작집』, 제12권. 평양: 조선로동당출판사.

______. 1986.「인민정권을 더욱 강화하자(1977.12.15.)」.『김일성저작집』, 제32권. 평양: 조선로동당출판사.

______. 2005.「인민정권을 더욱 강화하며 사회주의법무생활을 잘 지도할데 대하여(1977.2.28.)」.『김일성전집』, 제61권. 평양: 조선로동당출판사.

김정일. 2011.「사회주의법무생활을 강화할데 대하여(1982.12.15.)」.『김정일선집』, 제10권. 평양: 조선로동당출판사.

리창세. 2006.「공화국형사소송법은 사회주의강성대국건설의 위력한 법적무기」. ≪김일성종합대학학보 력사 법학≫, 52권 2호, 60~63쪽.

박국성. 2003.「선군사상을 사회생활의 모든 분야에 철저히 구현하는것은 사회주의 위업수행의 근본요구」. ≪정치법률연구≫, 3호, 쪽수 미상.

박정원. 2010.「북한의 체제수호를 위한 규범통제: 2007년 북한형법 부칙을 중심으로」. ≪통일문제연구≫, 22권 1호, 225~259쪽.

______. 2011.「북한의 '사회주의 법치국가 건설론'과 법제 정비 동향」. ≪동북아법연구≫, 5권 1호, 1~29쪽.

______. 2017.「'2016년 북한 법전(증보판)'의 내용과 특징 분석」. ≪북한법연구≫, 17호, 405~453쪽.

법률출판사 엮음. 2004.『조선민주주의인민공화국 법전(대중용)』. 평양: 법률출판사.

______. 2016.『조선민주주의인민공화국 법전(증보판)』. 평양: 법률출판사.

사회과학출판사 엮음. 1992.『조선말대사전 2』. 평양: 사회과학출판사.

______. 2007. 『조선말대사전 2(증보판)』. 평양: 사회과학출판사.

심형일. 1987. 『주체의 법리론』. 평양: 사회과학출판사.

임을출. 2015. 「북한 사금융의 형성과 발전: 양태, 함의 및 과제」. ≪통일문제연구≫, 27권 1호, 205~242쪽.

장명봉 엮음. 2015. 『2015 최신 북한법령집』. 북한법연구회.

장재수. 2005.12.15. "선군시대 사회주의법무생활과 강성대국건설." ≪로동신문≫, 2면.

진유현. 2005. 「사회주의법치국가건설에 대한 주체의 리론」. ≪김일성종합대학학보 력사 법학≫, 51권 1호, 45~49쪽.

한석봉. 2003. 「사회주의법무생활을 강화하는것은 우리 당의 선군정치실현의 위력한 법적 담보」. ≪정치법률연구≫, 3호, 쪽수 미상.

홍극표. 1983. 「사회주의법무생활을 강화하는것은 혁명발전과 사회주의, 공산주의 건설의 합법칙적 요구」. ≪사회과학≫, 6호, 48~53쪽.

황의정. 2016. 「북한의 '비사회주의적 행위'에 대한 법적 통제: 범죄규정화(crime-definition)를 중심으로」. 이화여자대학교 대학원 박사학위논문.

Brunner, Georg. 1977. "The Functions of Communist Constitutions: An Analysis of Recent Constitutional Developments." *Review of Socialist Law*, Vol.3, No.2, pp.121~153.

6장

북한의 통일 정책 변화에 관한 이해

윤은주 (이화여자대학교 통일학연구원)

1. 들어가는 말

북한의 통일 정책은 대남 정책과 긴밀하게 맞물려 있다. 조국 통일은 '남조선혁명'이 수행되는 조건에서만 달성할 수 있다고 주장하기 때문에 북의 통일 정책은 대남 정책과의 연관성하에서 이해하는 것이 타당하다. 북한은 전쟁 이후로도 '남조선혁명론'을 내세우며 1960년대까지 군사적 모험을 마다하지 않았다. 2016년 5월 개최된 제7차 당대회 이후 국가 전략을 명시해놓은 헌법이나 당 규약상에는 민족 해방 민주주의혁명 노선이 유지되고 있어 혁명론이 변하지 않았음을 확인할 수 있다. 한편 1992년 개정 헌법은 국가의 지도 이념을 마르크스·레닌주의에서 주체사상으로 교체했다. 1989년 12월 미국과 소련의 탈냉전 선언 이후의 일이다. 역사적으로 공산주의는 종언을 고했고 북한은 사회주의 진영의 와해로 국제적 고립을 감수해야 했다. 엎친 데 덮친 격으로 식량난과 경제난, 최고 지도자 사망 등 국내 혁명 역량 약화로 인해 체제

안보가 위협받는 데까지 이르렀다. 혁명의 지속을 천명한 공식 담론과 달리 북한은 3대 혁명 역량의 위기 속에서 국내외적인 생존 게임을 벌여야 하는 처지에 놓이게 됐다.

북한에서 혁명론이란 어떤 의미를 갖는 담론인가. 소련을 비롯한 사회주의 국가들의 도미노식 체제 전환 소용돌이 속에서도 국가 전략으로 기능하고 있는 혁명론의 배경은 무엇이고 어떻게 조성되었을까. 또한 탈냉전기 혼란으로부터 기사회생起死回生한 북한이 남북 관계에서 전열을 가다듬고 합의한 통일 방안은 어떻게 변화했는가. 근본적으로 다루어볼 주제들이다. 북한의 통일 정책에서 발견되는 변화는 혁명론에 있어서 어떤 영향을 주고받는지도 생각해봄직하다. 통일 정책 변화를 추적하면서 국가 전략의 주요 목표로 제시되는 혁명론의 의의를 살피기 위해서는 초기 통일 정책이었던 민주기지론과 남조선혁명론의 배경을 알아야 한다. 변화된 현실 속에서도 포기할 수 없는 북한 혁명론의 기능을 이해할 필요가 있기 때문이다. '남조선혁명론'의 공식 담화가 그대로 유지되는 반면 북한의 통일 방안은 1960년 처음 제시한 남북연방제 이후 6·15 남북공동성명 2항 낮은 단계 연방제에 이르기까지 변화를 거듭해왔다.

김정은 시대의 통일 정책은 선대의 통일 유훈을 계승하며 7·4에서 10·4까지 기존의 남북한 합의 실행을 주장하는 것으로 정리됐다. 4·27 남북 정상회담에서는 종전 선언과 평화협정 체결을 위한 남북미 혹은 남북미중 회담 추진에 합의했고, 완전한 비핵화를 통해 핵 없는 한반도를 실현한다는 목표도 확인했다. 2018년 6월 12일 최초의 북미 정상회담이 우여곡절 끝에 성사됐고 새로운 북미 관계 정립을 목표로 비핵화 실무 협상이 이어지고 있다. 핵 문제와 평화협정 문제가 풀린다면 남북 관계는 과거 어느 때보다 활성화될 것이고 그에 따라 통일 논의도 새롭게 조명될 전망이다. 이 글에서는 초창기 통일 방안이었던 '남조선혁명론'에서부터 각 시대마다의 통일 정책을 정리해보고,

남북 평화적 공존의 전제라 할 수 있는 북한의 핵 문제와 한반도 평화협정 문제를 연계시켜 살펴보고자 한다.

2. 혁명과 통일

북조선 혁명은 해방 직후 1946년 3월 단행된 토지개혁을 필두로 전격 진행됐다. 이를 한반도 전 지역으로 확산시키기 위한 이론으로 내세운 '민주기지론', '국토완정론', '남조선혁명론' 등이 북에서 주장했던 초창기 통일론이다. 항일운동 경력, 친일파 청산, 토지를 비롯한 민주개혁 등을 후광 삼아 등장한 김일성은 한반도 전역에서의 혁명 완수를 정권 쟁취와 유지에 있어서 가장 중요한 정당성 기제로 삼았다. 노동자와 농민 계급이 중심이 되는 인민민주주의혁명이 바로 통일의 지향이며 현실적 목표였던 것이다.

1) 사회주의 혁명과 정권의 정당성

(1) 항일운동과 친일파 청산

북한의 혁명 역사에서 김일성의 항일운동은 1926년 10월 '타도제국주의동맹' 결성 때부터라고 주장한다. 당시 14세 소년이었던 김일성이 어떤 역할을 했는지 정확히 알 수 없지만 1929년 5월 만주 지린에 있었던 조선공산당 산하 만주총국에 중학생 신분으로 참여하다가 체포되었고 1년여 수감 생활을 하게 됐다. 1930년 5월 출옥 후에는 여러 항일 구국 단체와 함께 활동을 한 것으로 알려졌다. 1931년 일본의 만주국 설립 이후 유격대 활동이 본격화하면서 김일성은 1934년부터 1940년까지 6년 동안 동북항일연군 소속으로 활약했다.

1937년 6월 보천보 전투는 김일성이 동북항일연군 제1로군 제2군 제6사장師長 시절, 휘하의 유격대원 100여 빨치산과 국경을 넘어와 일본 경찰을 습격했던 무장 전투였다. 일경 100여 명을 넘게 죽이고 60여 명을 포로로 잡았다고 선전하는 것과는 달리 실제로는 경찰서장과 국경 수비대 7명을 죽이고 7명에 중상을 입히는 전과를 냈다. 이는 만주에서 활약했던 조선인 항일 무장투쟁이 조선 본토에까지 미쳤다는 점에서 의의를 찾아볼 수 있는 사건이었다.[1)]

보천보 전투 이외에 김일성이 이끌었던 항일 무장투쟁은 1937년 2월 창바이현 리밍쉐이 전투, 1938년 4월 류탸오거우 전투, 1940년 초 허룽현 전투 등을 꼽을 수 있다. 일제가 가장 큰 액수의 현상금을 내걸었을 정도로 김일성의 전투력은 인정받을 만한 것이었다(서대숙, 2000: 40~52). 이후 1939년 10월 일본과 만주국이 동북항일연군 전면 소탕 작전에 나서자 김일성은 1941년 3월 소련으로 건너가 하바롭스크 부근에 머물며 소련 극동군 산하 88독립보병여단 소속으로 들어갔다. 연해주에서의 활약에 대해서는 크게 알려진 바 없는 김일성은 1945년 9월 19일 원산을 통해 입국했다. 이후 소련 군정 당국의 비호 하에 북한 지역에서 소비에트화 정책을 신속히 실행했다. 1945년 10월 10일~13일 조선공산당 서북5도 책임자 및 열성자 대회에서 조선공산당 북조선분국 구성안이 채택됐고, 김일성은 조선민주당 조만식은 물론 국내파 공산주의자로서 서울에 근거지를 둔 박헌영, 함남과 평남에서 유력했던 현준혁과 오기섭을 제치고 북한 지역에서 개혁 정책을 주도하게 됐다(스칼라피노·이정식, 1986: 414~416).

1) ≪동아일보≫는 1937년 6월 5일 호외를 내서 그 사실을 알리면서 김일성의 항일 무장투쟁 기록이 사료로 남게 됐다. 김병관 회장을 대표로 한 방북 취재단은 1998년 방북 시 보천보 기사 원판을 순금으로 떠서 선물했고 이는 묘향산 국제친선박물관에 전시되어 있다.

(2) 토지개혁과 민주개혁

일제 말기 농업 현황은 농업 식민정책에 따른 미곡의 일본 유출로 식량 부족 문제가 컸다. 또한 사회 구성 면에서 일본 당국에 의해 보호받아왔던 지주 외에 중소농이나 소작농들은 공출에 시달리며 영세농이나 빈민으로 몰락했다. 1938년 전국 농가 분포를 조사한 조선총독부 농림국 발표에 따르면 지주를 제외한 부농이 1.8%인 반면 중농은 19.2%, 빈농은 79.0%에 달했다(김성보, 2000: 56). 일제의 식민지 수탈뿐만 아니라 봉건적인 지주·소작 관계로 인해 식량이 더욱 불균등하게 분배되는 상황에서 토지개혁은 북한 농민들에게 가장 큰 관심거리였다. 1946년 2월 28일 개최된 북조선 농민 대표 대회에서는 토지 문제, 증산 문제, 식량 문제 등이 다루어졌고 다음의 내용이 3월 3일 임시인민위원회에서 건의안으로 제출되었다.

① 일본인들에게 소속되었던 토지와 친일파, 민족 반역자의 전 토지의 몰수
② 지주들에게 속한 토지 몰수, 사원과 기타 종교 단체에 속한 토지의 몰수
③ 고용 노동자, 토지 없는 농민, 토지 적은 농민에게 몰수한 토지 무상 분여
④ 지주에게 관한 농민과 고용자들의 제 부채의 취소
⑤ 모든 관계 시설과 산림의 인민화(국유화)(김성보, 2000: 140)

해방 직후 전국적으로 급속히 조직화된 건국준비위원회(건준) 지부들이 북한에서는 1946년 2월 북조선임시인민위원회(임시인민위원회)로 개편되었다. 이후 11월 도·시·군 인민위원회 선거를 통해 정식 대의기관인 북조선인민위원회(현재의 최고인민회의)가 수립됐다.

임시인민위원회는 소련 군정을 위한 행정기관으로써 기능했다. 특히 3월 5일 북조선 토지개혁에 관한 법령과 토지개혁 실시에 대한 임시조치법이 공표

된 후 본격적으로 토지개혁이 이루어지는 데 큰 역할을 했다. 농민위원회가 작성한 세부 시책이 인민위원회의 결정을 통해 착수되었던 것이다. 당시에는 북한 지역에서만이라도 개혁 조치를 단행하겠다는 김일성의 의지가 뚜렷했지만 공산당의 힘만으로는 개혁을 추진할 수 없었다. 소련 군정의 비호 속에 조직화한 임시인민위원회에는 각 정당과 사회단체, 각급 인민위원회 등 상부와 하부 단체들이 다양하게 결합하고 있었다. 20여 일 남짓한 빠른 시일 내에 개혁 조치가 완성된 데에는 농지에 대한 농민들의 열망과 정치적 참여, 임시인민위원회를 통한 정당과 제반 사회단체들의 합의와 연대가 중요했다.[2)]

북한에서의 토지개혁은 대지주 토지의 국유화, 소작제도 철폐, 농민에 무상 분여라고 하는 3대 원칙을 기준으로 실행되었다. 무상몰수와 무상분배 방식이다. 일제하의 국가 소유와 개인 소유 토지는 물론 지주들로부터 몰수한 토지 면적은 총 100만 8178정보로 북한 전체 토지 면적의 55.4%에 해당하는 규모였다. 5정보 이상 소유한 지주로서 몰수당한 지주 가호는 2만 9683호로 이 중 13.2%는 다른 지역으로 이송되어 농민이 됐다. 몰수한 토지는 1가호당 평균 2.5정보(7500평)씩 분배됐다. 토지개혁으로 친일파와 지주층은 와해된 반면 농민들은 조직화되면서 북한 전역에 1만 1930개의 농촌위원회가 구성되었다. 이들 중 상당수가 사회주의 세력의 지지 기반이 되었음은 물론이다. 조선공산당원의 수도 1945년 12월에 4530명에서 1946년 4월에 2만 6000여 명, 8월에는 36만 6000여 명으로 급증했다(김성보, 2000: 151~161). 토지개혁과

2) 인민위원회는 '아래로부터'의 혁명을 가능하게 한 인민들의 자발적 결사체였고 공산당의 영향력이 미비했던 해방 직후 북한 지역에서 국가 건설 과정에 인민들을 동원하고 정당성을 창출하는 기능을 한 '통일전선체'였다고 보는 견해가 있다. 이에 따르면 대중적 기반이 취약했던 김일성은 초창기 소련군의 후원과 인민위원회의 조직화에 편승해 당 조직을 구축하고 리더십을 발휘할 수 있었다. '기층 인민의 자발성'에 의한 국가 건설이라는 점에서 강력한 국가가 창출됐다고 하는 주장이다(류길재, 1995).

더불어 실행된 제반 민주개혁 조치는 북한 지역을 관할했던 소련 군정의 '소비에트화' 전략에 부합했고 김일성과 공산당의 권력 입지를 강화시켰다.

토지개혁 실시 이후 임시인민위원회는 1946년 3월 23일 발표된 20개조 정강을 기초로 제반 민주개혁 법안을 발표한다. 6월 24일에는 노동자 및 사무원에 대한 노동법령, 7월 30일에는 남녀평등권에 대한 법령을 채택했다. 법령에는 1일 8시간 노동제, 남녀 노동자의 동일 임금제, 유급휴가와 보충 휴가제 등 사회보장 성격의 노동 보호 조치가 반영되어 있었다. 여성에게 동등한 재산 및 토지 상속권을 부여했는가 하면, 이혼 시 재산과 토지 분배의 권리까지도 명시되어 있었다. 실행의 문제와는 별개로 노동자와 여성에 대한 권리를 법령에 반영시키면서 임시인민위원회는 전 인민적 지지를 받는 공적 기구로서의 권위를 획득하는 데 성공했다. 8월 10일에는 중요 산업 국유화 법령이 공표되어 소련군에게 접수되었던 일제 소유의 기업소, 발전소, 광산, 철도 등이 임시인민위원회에 이양됐다. 이렇듯 1946년 전방위全方位 개혁이 추진되면서 임시인민위원회, 노동당, 인민위원회에 대한 인민들의 자발적인 지지와 충성이 이어졌고 김일성과 노동당이 주도하는 국가 건설 과정은 순탄하게 진행됐다.

2) 혁명의 완성과 통일

(1) 민주기지론과 국토완정론

민주기지론은 1945년 10월 10일~13일까지 열린 조선공산당 북부조선 책임자 및 열성자 대회와, 12월 17일~18일 개최된 조선공산당 북조선 조직위원회 제3차 확대집행위원회에서 제시됐다. 남한에서 미군정이 본격화됨에 따라 북한 지역에서라도 먼저 토지개혁을 비롯한 제반 민주개혁 조치를 실행하고자 했던 취지에서 나온 발언이라 할 수 있다.

> 해방 직후 우리 당은 북조선에서 민주개혁을 철저히 수행하고 민주 건설을 촉진함으로써 장차 조선 민족을 완전히 해방하며 조선을 부강한 자주 독립 국가로 만들기 위한 튼튼한 민주기지를 북조선에 창설하는 것을 기본적인 정치로선으로 규정했습니다(김일성, 1968: 224~225).

> 우리당 앞에 제기된 당면 과업은 무엇입니까? 첫째로, 현 단계에 있어서 우리당의 정치로선은 모든 민주주의적 정당, 사회 단체들과의 련합의 기초 위에서 우리나라의 통일적 민주주의 정권을 수립하며 북조선을 통일된 민주주의적 독립 국가 건설을 위한 강력한 민주기지로 전변시키는 것입니다. 그러므로 우리는 한편으로는 북조선의 정치, 경제, 문화 생활을 급속히 민주화하기 위한 투쟁에 도시와 농촌의 근로대중을 궐기시키며 다른 편으로 남북조선의 모든 민주주의적 정당, 사회단체들과의 통일 전선을 결성하고 껏을 백방으로 강화해야 하겠습니다(김일성, 1968: 20~21).

사전적 의미에서 민주기지란 "혁명이 진행 중인 나라에 있어서 다른 지역보다 먼저 혁명이 성공하고 혁명 정권이 수립되어 민주개혁이 이루어지고 전국적으로 혁명의 과제를 수행할 수 있기 위한 근거지가 되는 지역을 말한다"(박순서 엮음, 1946: 177). 민주기지론은 한반도 전역에서 반제반봉건 민주주의혁명 완수를 위해서 선행적으로 혁명에 나서야 한다는 당위성을 내세우며 북한 지역 개혁을 촉구하는 데에 쓰이기도 했다.

1946년 8월 북조선공산당과 조선신민당의 합당으로 나온 북조선로동당 창립 대회에서도 동일한 논리로 북에서 이룩한 개혁 조치를 남에서 실시해 '통일되고 독립된 새 민주 조선'을 건설해야 한다는 주장이 제기됐다. 이는 국토완정론으로 이어졌는데 민족상잔의 전쟁을 일으킨 배경이기도 했다. 김일성은 1948년 9월 10일 최고인민회의 제1차 회의에서 조선민주주의인민공화국의 우선적 과업이 국토완정에 있으며 이를 위해서는 외국 군대의 철수가 선행되어야 한다고 주장했다(김일성, 1979). 당시부터도 북한이 주장하는 통일은 외세를 몰아내고 반제반봉건 민주주의혁명을 완성하는 것이었고 이를 위해서는 무력 사용도 정당시됐다. 무력 통일을 시도했던 북한은 일본 제국주의를 미국 제국주의가 대신하고 있다는 논리에서 오늘날까지도 한국전쟁이 조국 해방 전쟁이었다는 것을 주장한다.

승자도 패자도 없이 멈춘 전쟁 이후 북한에서는 농지의 집단 소유와 농업협동화 사업이 추진됐다. 전쟁으로 빈농이 증대하고 토지 소유권자가 없어진 경작지도 늘었기 때문이다. 황폐해진 농토를 개간하기 위해서는 농업용 중장비가 필요했는데 개별 농가에서 갖추기도 힘들었다. 중공업 우선 정책을 실행하면서 농촌 노동력의 이동 역시 필요했다. 1953년 8월 조선로동당 전원회의에서는 농업 협동화 방침을 포함한 결정서가 채택되었는데 실행 과정에서는 당 주류와 비주류의 계파 갈등이 치열했다. 김일성의 동북항일연군 계열이 주류였다면 김두봉을 중심으로 하는 독립동맹 계열은 비주류였다. 사회주의 이행기에서의 국가 형태가 '통일전선 독재'냐 '프롤레타리아 독재'냐를 놓고 대립하던 두 계파는 1956년 8월 종파 사건을 정점으로 정리됐다(이종석, 1989).[3] 주류의 승리였다. 1959년에 열린 전국 농업협동조합 대회에서 농업협동조합 기준 규약 초안이 결정되면서 토지의 사적 소유 원칙은 폐기되고

3) 전쟁 이후 북한의 권력투쟁 과정에서 치열한 노선 갈등을 드러낸 사건이었다. 중소농 등 농업 자본가들과의 통일전선을 구축할 것인가 아니면 바로 프롤레타리아 독재로 나갈 것인가를 놓고 당내뿐 아니라 학계와 이론가들 사이에서도 논쟁이 뜨거웠다.

협동조합적 소유로 전환됐다. 1950년대 전후 복구가 마무리되자 북한은 '남조선혁명론'에 기초한 무력 도발을 지속했다.

(2) 남조선혁명론과 고려연방제 창립 제안

성공적인 토지개혁으로 정권을 장악한 후 전쟁을 수행하면서 내부 권력을 다진 김일성은 전쟁의 책임을 묻는 과정에서 남한노동당 당수 박헌영을 제거했다.[4] 1956년 8월 종파 사건 이후 재차 독립동맹 계열 연안파를 제거하고 전후 복구 사업에 매진했던 김일성은 1960년대에 공격적인 대남 정책을 펼쳤다. 남한에서 4·19 혁명이 발발했던 1960년 8월 북한은 남북연방제 통일 방안을 공식 제안했다. 전쟁을 전후한 1950년 6월 19일과 1954년 제네바 정치회의에서 '외국군 철수 이후 자유 총선거를 통한 남북통일 정부 구성'을 골자로 하는 통일 방안을 제안했지만 이승만 대통령은 유엔 감시와 대한민국 헌법에 기초한 자유 총선거를 주장하며 거부했다(박호성, 2004: 3). 상호 간 적화통일과 반공 통일에 대한 우려가 팽배한 상황에서 제도적 통합 논의는 공전할 수밖에 없었다. 외국 간섭 없는 자유 총선거, 과도적 남북연방제, 경제 위원회 조직, 모든 분야의 교류, 남북 당국자와 정당, 사회단체 대표 간 대화 추진 등을 담은 남북연방제 통일 방안은 완전한 통일국가 형태가 아닌 과도기적 성격의 연방 국가를 뜻했다.

"당분간 남북조선의 현 정치 제도를 그대로 두고 조선민주주의인민공화국 정부와 대한민국 정부의 독자적 활동을 보장하"(≪로동신문≫, 1960.8.15)는 연방 국가를 구성해 남북 정부의 독자성을 인정하고 평화적 공존을 추구한다고 했

4) 남한에서의 기반을 상실한 채 북으로 올라간 남로당 당수 박헌영은 간첩으로 몰려 1955년 12월 사형됐다.

지만 실제로는 혁명론에 기초한 전위당 창당과 무력 도발을 감행했기 때문에 남한에서는 대북 인식이 더욱 부정적이게 됐고 반공 태세를 강화시키는 결과를 낳았다.[5] 1964년 3월 15일 남한 혁명 지원을 위한 목적으로 통일혁명당 창당준비위원회를 결성했고 1969년 8월 25일에는 당 중앙위원회를 창립했다. 뿐만 아니라 청와대 습격이나 울진·삼척 지구 침투 등 군사적 모험을 감행했는데 이 또한 '남조선혁명을 통한 통일 완수'의 연장선에서 이루어졌다. 1964년 2월 당 중앙위원회 4기 8차 전원회의에서는 3대 혁명 역량 강화 노선이 발표됐다. 김일성은 혁명론에 대해 다음과 같이 설명했다.

> 첫째로 공화국 북반부에서 사회주의건설을 잘해 우리의 혁명기지를 정치, 경제, 군사적으로 더욱 더 강화하는 것이며, 둘째로 남조선인민들을 정치적으로 각성시키고 튼튼히 묶어세움으로써 남조선의 혁명력량을 강화하는 것이며, 셋째로 조선인민과 국제혁명 력량과의 단결을 강화하는 것이다(김일성, 1968: 239).

북반부에서의 사회주의 건설 강화는 북한 내부의 권력 구조를 견고하게 하는 명분으로 쓰였고, 남한과 국제 혁명 역량 강화라는 목표는 시간이 흐름에 따라 북한이 통제할 수 없는 변수가 되었다. 처음 북한이 제시한 남북연방제는 외세의 간섭 없는 자주적인 남북 총선거가 당장 수용되기 어렵다면 남북의 정치제도를 그대로 두고 경제와 문화 교류를 통해 완전한 통일로 나가자는 것이었다. 남한에서 전위당 구축이 좌절되고 반공 이데올로기가 견고한

5) 북한은 1968년 1월 원산만 근해에서 정찰 활동을 하던 미국 해군 정보함 푸에블로호를 나포했고 4월에는 미 해군 정찰기 EC-121기 격추, 12월에는 KAL 여객기 납치 등 무력 도발을 이어갔다. 이는 북한의 호전성을 각인시켰을 뿐만 아니라 연방제 제안의 진정성을 의심케 만드는 일이었다(김형기, 2010: 54).

현실 속에서 우회 전략을 펼친 것이다. 또한 닉슨 독트린 발표 이후 국제 정세 변화에 따라 남북대화가 필요해진 상황에서 북한은 1971년 9월 적십자 회담을 필두로 고위급 회담을 제안했다. 혁명 세력이 아닌 남한 당국을 대상으로 하는 상층부 통일전선 전략이 시작된 것이다.

(3) 조국 통일 3원칙과 고려민주연방제

1969년 닉슨이 괌에서 발표한 독트린은 베트남 전쟁 이후 미국의 불간섭주의를 표방한 선언이었다. 이후 1972년 2월 닉슨의 중공 방문으로 냉전 분위기가 변화하기 시작했고 한반도 내에서도 북한의 군사 모험주의로 인한 긴장 국면에서 전환이 모색됐다. 이런 맥락하에 19971년 8월 6일 김일성은 '남조선의 민주공화당을 포함한 모든 정당, 사회단체 및 개별적 인사들과 아무 때나 접촉할 용의'가 있다고 밝혔다. 국제 정세 변화와 함께 혁명론에 근거한 정변이 현실적으로 불가능해진 조건에서 나타난 정책 변화라 할 수 있다. 이어서 8월 15일 남북 적십자 회담을 제안했고 1972년 7월 4일 고위급 회담에서 자주, 평화, 민족 대단결의 통일 원칙을 천명한 남북공동성명이 채택됐다. 북한의 통일론에는 이 3원칙이 근간이 되고 있다. 그러나 남북 당국 간 대화 채널이 통일 문제 논의의 공식적 창구로 등장함과 동시에 독재 정권의 발판이었다고 할 수 있는 유신헌법(10월)과 사회주의헌법(12월)이 남북에서 잇따라 채택되면서 통일 논의는 통치 담론으로서만 한정되는 결과가 되었다.

1973년 6월 23일 북한은 조국 통일 5대 강령을 발표했다. 7·4 남북공동성명에 이어 북한의 통일 정책을 강령으로 체계화한 것이다. 이 강령의 요지는 ① 북과 남 사이의 군사적 대치 상태 해소와 긴장 상태 완화, ② 다방면적 합작 교류, ③ 각계 각층 인민들, 각 정당·사회단체 대표들로 구성되는 대민족회의 소집, ④ 단일 국호에 의한 남북연방제 실시, ⑤ 고려연방공화국 국호로 유엔 가입 등이었다. 주목할 부분은 1항 후반의 '무력 증강과 군비경쟁 중지, 모든 외국 군대 철거, 남북한 평화협정 체결'이다. 무력 도발을 하지 않겠다는 선제적 조치이기 때문이다. 그러나 그 같은 공언公言은 1974년 11월에 땅굴이 발견되면서 위장 평화 공세였다는 인상만 주고 말았다. 또한 고려연방공화국이라는 단일국호 유엔 가입 제안은 같은 날 발표된 남한의 평화통일 외교정책 선언에서 밝힌 남북한 유엔 동시 가입 제안과 상반된 주장이었다. 이로써 유엔 가입 방식을 놓고 국제 무대에서는 외교전이 치열해졌고 북한은 1991년 12월 동시 가입 때까지 남한의 방안을 분단 영구화 전략이라고 비판했다.

고려민주연방제 통일 방안은 1980년 10월 조선로동당 제6차 대회에서 발표됐다. 이는 현재까지도 유지되는 북한의 공식 통일 방안으로서 연방 국가 창립 방안과 권력 구조, 연방 정부와 지역정부와의 관계, 대외 관계 등을 총정리했다. 이전 남북연방제와의 차이점은 과도적 성격이 아닌 완전한 형태로서의 연방 국가를 상정했고, 연방 정부와 지방정부와의 관계를 구체적으로 설정하며, 민주주의를 연방 국가의 정치 이념으로 제시하고 있는 것이다. 특히 '북과 남이 서로 상대방에 존재하는 사상과 제도를 그대로 인정하고 용납하는 기초 위에서 북과 남이 동등하게 참가하는 민족 통일 정부를 내오고 그 밑에서 북과 남이 같은 권한과 의무를 지니고 각각 지역 자치제를 실시'한다는 내용은 남한의 통일 방안에서 2단계에 해당하는 국가연합과 유사하다. 사상과 제도가 다르다고 하는 것은 이념과 체제의 차이를 뜻하는데 이는 연방 국가를 구성하기 어려운 조건이다. 더구나 고려민주연방공화국의 통일 정부가 총선거를 통해 새롭게 구성되는 것이 아니고 기존의 정부 형태를 유지한 채 구성된다는 점에서 연방 국가라고 보기 어렵다.[6]

---

6) 1989년 9월 8일 조선민주주의인민공화국 창건 40주년 경축보고대회에서는 "조국통일을

3. 미완의 혁명과 공존 논리

1) 남북 기본 합의서와 유엔 동시 가입

남북 사이의 화해와 불가침 및 교류 협력에 관한 합의서(이하 남북 기본 합의서)는 1989년 12월 미국과 소련의 탈냉전 선언 이후 1990년 9월 한소 수교와 10월 독일 통일이 이루어지는 시기에 전격 체결됐다. 제1장 남북 화해, 제2장 불가침, 제3장 교류·협력 등 큰 틀에서 평화적 공존을 우선시하는 합의였나. 7·4 남북공동성명에서 규정한 자주, 평화, 민족 대단결 원칙을 바탕으로 상호 체제를 인정한 사실상의 불가침 선언이었다. 평양과 서울을 오가며 진행된 고위급 회담을 통해 1991년 10월 제5차 회담에서 합의서가 완성됐고 실행을 위한 남북정치분과위원회, 남북군사분과위원회, 남북교류·협력분과위원회도 구성됐다. 제8차까지 후속 회담이 이어졌으나 북한이 한미 연합 군사훈련을 문제 삼고 국제사회에서는 북핵 개발 의혹이 대두되면서 중단됐다(임동원, 1997). 당시 남북 관계는 '나라와 나라 사이의 관계가 아닌 통일을 지향하는 과정에서 잠정적으로 형성되는 특수 관계'로 규정했는데, 이는 연방제냐 연합제냐를 놓고 벌였던 이전 시기 통일국가 형태에 관한 논쟁과 다른 평화공존을 위한 임시 합의였다.

급변하는 국제 정세 속에서 공세적 통일론이 수세적으로 변화된 모습은 1991년 신년사에서 찾아볼 수 있다. 김일성 주석은 "조국통일은 누가 누구를

실현하기 위해서는 누가 누구를 먹거나 먹히우지 않고 일방이 타방을 압도하거나 압도당하지 않는 공존의 원칙에서 두 제도를 그대로 두고 두 자치정부를 련합하는 방법으로 통일국가를 형성해야 한다"고 해 일방적 통합에 대한 경계심을 드러냈다(조선중앙통신사, 1989: 1~71).

먹거나 누구에게 먹히지 않는 원칙에서 1민족, 1국가, 2제도, 2정부에서 기초한 연방제"(≪로동신문≫, 1991.1.1)로 이루어져야 한다고 주장했다. 탈냉전기가 도래하자 북한으로서는 독일 통일과 같은 일방적인 체제 통합 우려가 컸다. '2제도 2정부' 안이 남한의 국가연합과 다르다고 하지만[7] 지역 자치 정부에 더 많은 권한을 부여한다거나 서로 다른 체제와 정부를 두고 그 기초 위에 연방 정부를 구성한다는 점에서 연방 국가로서의 성격이 확연히 약화된 형태이다. 더구나 12월 남북이 유엔에 동시 가입함으로써 고려민주연방제 창립 방안에서 주장하던 단일국호하의 유엔 가입 주장도 철회됐다. 북한은 "남조선 당국자들이 기어이 유엔에 단독으로 가입하겠다고 하는 조건에서 이것을 그대로 방임해둔다면 유엔 무대에서 전 조선민족의 리익과 관련한 중대한 문제들이 편견적으로 론의될 수"(≪로동신문≫, 1991.11.10)있기 때문에 난국 타개를 위한 조치로서 유엔에 가입한다는 궁색한 변명을 하는 처지가 됐다.

북한은 1992년 김용순 노동당 국제담당비서를 미국에 보내 북미 수교를 타진한 바 있다. 1990년 한소 수교와 1992년 한중 수교로 외교적 열세에 몰린 북한이 미국을 상대로 체제 보장을 꾀했던 것이다. 당시 아버지 부시 대통령은 이를 받아들이지 않았고 1993년 북한은 핵확산금지조약NPT을 탈퇴하면서 제1차 북핵 위기가 발발했다(정세현, 2013: 71~78). 소연방의 해체와 독일 통일, 폴란드·헝가리·체코슬로바키아 등 북한의 동맹 국가들의 체제 전환 국면에서 북한은 벼랑 끝 전술을 폈다. 더욱이 김일성 장기 독재를 모방하려 했던

7) 남한의 통일론을 1민족 1국가 1체제론으로 제도 통일을 시도한다고 비판하며 2제도 2정부론의 타당성을 주장한다. 동시에 남한의 1민족 2국가 2체제론은 영구 분단을 기획하고 있다는 모순된 주장도 하고 있다. 남한의 3단계 통일론상의 남북 연합은 완전한 통일국가 형성을 전제로 하지만 이행 방식은 규정하지 않았다. 실천적 통일론 모색을 위해 6·15 2항은 남북 간 통일 논의 수렴을 위한 초석이 될 수 있다(최기환, 1992).

루마니아의 차우셰스쿠 대통령이 부인과 더불어 인민재판 후 처형되는 영상이 전 세계로 퍼지는 가운데 북한에서도 머지않아 독재 정권이 무너지고 체제가 바뀔 것이란 전망이 일고 있었다. 특히 1994년 7월 김일성 주석 사망 이후 연거푸 발생한 자연재해로 수많은 아사자가 속출했고 북한 붕괴론은 공공연하게 거론되기 시작했다. 핵 카드를 쥔 북한은 이때부터 에너지 공급과 더불어 북미 관계 정상화, 평화협정 체결 등을 협상 조건으로 요구해오고 있다.

2) 6·15 남북공동성명 2항 국가 연합제와 낮은 단계 연방제

남북 기본 합의서가 고위급 회담의 결과물이었다면 6·15 남북공동선언(6·15 선언)은 남북 정상 간의 최초 합의였다. 남북 기본 합의서 채택 이후 남에서는 1993년 정권이 교체됐고 1994년 7월 김일성 주석의 사망으로 준비 중이던 정상회담은 무산됐다. 조문 파동을 거친 후 제1차 북핵 위기가 불거져 남북관계가 진전을 보지 못하는 가운데 북한은 국제사회에서 핵을 놓고 협상을 이어갔다. 1994년 10월 제네바 합의가 체결됐고 이후 1997년 8월 신포 지구에서 경수로 공사가 시작됐다. 그렇지만 1년 후 1998년 8월 금창리 핵 개발 의혹이 제기되고 잇따라 북한이 미사일을 발사하면서 경수로 건설 공사는 중단됐다.[8] 2000년 6월 남북 정상회담은 북핵 문제 해결을 위한 미국의 페리 프로세스[9]가 추진되는 가운데 성사됐고 최초로 정상 간 통일 방안 합의가 이루어졌

8) 경수로 사업은 2002년 고농축우라늄 문제가 불거진 이후 다시금 위기를 맞았다. 결국 2007년 사업 철회가 완전 결정됐는데 향후 북핵 문제 해결의 경험으로 교훈 삼아 로드맵 마련에 참고해야 한다(정세현, 2013: 108~112).

9) 미국의 페리 프로세스는 임동원 장관이 제시한 핵 문제 해결의 포괄적 접근법이다(임동원, 2008).

다. 6·15 남북공동선언 중 제2항에는 "북과 남은 나라의 통일을 위한 남측의 연합 제안과 북 측의 낮은 단계의 연방제 안이 서로 공통성이 있다고 인정하고 앞으로 이 방향에서 통일을 지향시켜나가기로 했다"(통일부 홈페이지)고 해 통일 방안의 수렴 가능성을 열어놓았다.

남북이 통일 방안으로 내세우는 연방제와 연합제에 있어서 가장 중요한 차이점은 주권의 보유, 대외 관계에 있어서 군사권과 외교권의 귀속 문제일 것이다. 연방제에서는 주권이 연방 국가에 있다면 연합제에서는 구성국들에 있다. 군사권도 마찬가지이다. 연방제에서 외교권은 연방 국가에 있지만 연합제에서는 구성국과 국가연합이 사안에 따라 제한적인 외교권을 발휘할 수 있다. 북한은 처음부터 일원적 통일 국가 형태를 주창했고 연방제를 공식 통일 방안으로 제시한 후 시대마다 내용을 조금씩 변화시켰다. 남한은 3단계에 걸쳐 점진적으로 일원적 통일에 이르게 됨을 상정하고 그 두 번째 단계를 '남북연합'으로 제시했다. 북한이 1991년 신년사에서 밝힌 1민족 1국가 2체제 2정부 방안은 느슨한 연방제를 상정한 것이었고 2000년 6·15 정상선언에서는 '낮은 단계 연방제'로 명칭 자체를 달리했다. 남북이 상호 간 흡수 통일을 우려한다면 현 단계에서는 1민족 2국가 2체제 2정부 방식의 남북 연합이 현실적이다. 최초의 남북 정상회담에서는 이 점을 확인하고 연합제와 낮은 단계 연방제의 공통성을 인정했다고 할 수 있다.

3) 남북 관계 발전과 평화 번영을 위한 선언과 평화협정

6·15 공동선언이 포괄적으로 민족 화합의 방향을 확인했다면 남북 관계 발전과 평화 번영을 위한 선언(10·4 정상선언)에서는 좀 더 구체적인 실행 방안에 합의했다. 7·4 남북공동성명에서부터 밝혀온 기능주의적 접근과 자주, 평화,

민족 대단결 원칙에 입각한 논의가 구체화된 것이다. 또한 10·4 정상선언은 2006년 10월 북한의 1차 핵실험 이후 6자 회담에서 나온 9·19 공동성명과 2·13 합의 이행을 위해 노력하기로 해 국제 관계와 남북 관계가 맞물리며 영향을 주고받는 관계임을 명시했다. 남북 관계가 확고하지 못하면 국제 관계에서 다루어지는 한반도 이슈 해법도 불투명해진다. 10·4 정상선언 4항은 한반도 평화 체제 구축을 위한 방향을 제시했는데 정전 선언과 평화협정 체결이 북핵 문제 해결을 위한 합의의 실행이라는 것을 알 수 있다.

> 4. 남과 북은 현 정전 체제를 종식시키고 항구적인 평화 체제를 구축해나가야 한다는 데 인식을 같이하고 직접 관련된 3자 또는 4자 정상들이 한반도 지역에서 만나 종전을 선언하는 문제를 추진하기 위해 협력해나가기로 했다. 남과 북은 한반도 핵 문제 해결을 위해 6자 회담 9·19 공동성명과 2·13 합의가 순조롭게 이행되도록 공동으로 노력하기로 했다(통일부 홈페이지).

전쟁 이후 남과 북의 적대적 경쟁이 계속되는 가운데 '남조선혁명론'을 바탕으로 하는 북한 통일론은 그 의도와 목적에 있어서 신뢰받기 어려웠다. 마찬가지로 북한의 평화협정 제안 역시 혁명 전략상 전술의 변화일 뿐이라고 여겨졌다. 북한은 전쟁 이후 개최된 1954년 6월 15일 제네바 회담 말미에서 군 병력을 10만 이하로 감축하고, 외국군은 철수하며, 남북 간에 평화협정을 체결하자는 요지의 제안을 했다. 반면 남한은 유엔 감시하 대한민국 헌법에 의한 자유선거를 주장했다. 정전협정에 따른 후속 합의를 위한 첫 국제 무대였지만 남과 북은 전쟁 이전의 통일 논지를 계속 주장했을 뿐 종전 선언조차 이끌어내지 못했다(김연철, 2018: 41~45). 이후 미국과 소련을 중심으로 유럽에서는 냉전 질서가 구축됐고 동북아에서는 소련과 중국의 노선 갈등이 불거졌다. 중소 분쟁이 심각해지는 와중에 북한은 자주노선을 표방하게 되고 종파 사건 후유증으로 연안파 입지가 약해졌다. 더불어 1958년 중공군은 철수했다. 북한 지역에서 외국 군대가 철수했으니 남한에서도 미군이 나가야 한다는 주장은 통일 방안 제시 때마다 반복적으로 거론됐다.

그러나 1991년 이후 미군 철수에 대한 입장이 달라졌다. 1992년 1월엔 김용순 국제담당비서를 미국에 보냈을 때 미군 철수를 전제로 하지 않고 북미 수교를 할 수 있다는 의사를 표했던 것이다. 당시 미국이 북한과 국교를 맺었다면 어땠을까? 아쉽게도 미국은 북한이 머지않아 붕괴할 것으로 내다봤고 무너질 정권과의 수교는 관심 사안이 되지 못했다. 이후 북한은 미국의 핵 사찰 요구에 반발하며 1993년 NPT 탈퇴를 선언했고 제1차 북핵 위기가 발생했다. 2000년 남북 정상회담 이후 10월 조명록 국방위원회 제1부위원장이 특사 자격으로 방미해 클린턴 대통령과 만났다. 이 자리에서 재차 미군 철수가 북미 수교의 조건이 아님을 밝혔는데, 올브라이트 미 국무부 장관이 답방 형식으로 평양을 방문했을 때 직접 김정일로부터 확인하기도 했다(올브라이트, 2003). 북미 코뮈니케도 채택됐지만 2002년 불거진 고농축우라늄 의혹 문제로 북미 수교는 무산됐다. 2005년 우여곡절 끝에 채택된 6자 회담 9·19 합의도 BDA 문제에 걸려 실행되지 못하자 북한은 2006년 10월 1차 핵실험을 강행했다.

이에 부시 대통령은 2006년 11월 하노이 한미 정상회담에서 북핵 문제 해결을 위해 남북미 3자가 종전 선언을 하고 평화협정을 맺자는 제안을 하기에 이르렀다. 10·4 정상선언의 4항이 가능했던 배경이다(김연철, 2018: 234). 미국의 양해 속에서 남북이 한반도 평화 체제 구축을 주도할 수 있는 여건이 형성되었음에도 불구하고 10·4 정상선언에서의 합의는 이명박 정부에서 승계하지 못했다. 북핵 문제는 남북 관계 틀 안에서만 접근할 수 없는 국제사회 이슈이다. 국제 관계와 남북 관계의 교차 지점을 이해하며 상황에 맞는 해법을 찾아야 하는 것은 역사적 교훈이 되었다.

4. 김정은 시대의 통일 정책

1) 경제 건설과 핵 무력 건설 병진 노선

김정일 사후 2012년부터 공식 지도자로 나선 김정은은 국내 정치 구도를 '선군先軍'에서 '선당先黨'으로 복구시켰다. 김일성 탄생 100주년 기념연설에서 사회주의 강성 대국의 문을 열겠다며 포부를 밝히기도 했고 헌법에는 핵보유국임을 명시해놓았다. 2013년 2월 3차 핵실험을 감행하고 3월에는 경제 건설과 핵 무력 건설 병진 노선을 발표했는데, 이는 "일시적 대응책이 아니라 우리 혁명의 최고 리익으로부터 항구적으로 틀어쥐고 나가야할 전략적 로선"(김정은, 2013)이라 못 박은 뒤 일로매진했다. 이미 후계 구도를 준비하는 가운데 2009년 4월 북한은 2차 핵실험을 강행했고, 김정은 등장 이후에는 2013년 2월, 2016년 1월과 9월, 2017년 9월 잇따라 핵실험이 이루어졌다. 더욱이 2017년 11월 29일 사거리 1만 3000km에 달하는 장거리 미사일 실험에 성공하면서 서둘러 핵 무력 완성을 선언했다. 사회주의 강성 국가를 만들어 사회주의 부귀영화를 누리게 해주겠다는 김정은은 2018년 신년사에서 북한 대표단의 평창 올림픽 참여를 제안했고 곧이어 예술단·태권도 시범단 교류가 성사됐다.

2013년 3월 노동당 중앙위원회 전원회의에서 발표한 김정은의 병진 노선은 "핵 무력을 강화 발전시켜 나라의 방위력을 철벽으로 다지면서 경제 건설에 더 큰 힘을 넣어 우리 인민들이 사회주의 부귀영화를 마음껏 누리는 강성국가를 건설하기 위한 전략적로선"(김정은, 2013)이라고 주장한다. 핵 개발로 안보를 보장받고 경제개발에 나서겠다는 의지이다. 북한은 2006년 1차 때부터 핵실험이 자위적 전쟁 억제력 강화를 위한 불가피한 조치라는 것을 강조해왔다. 핵 무력 완성 선언 이후 2018년 신년사에서 밝힌 바 "우리 공화국은 마침내 그 어떤 힘으로도 그 무엇으로도 되돌릴 수 없는 강력하고 믿음직한 전쟁 억제력을 보유"(≪로동신문≫, 2018.1.1)하게 됐고 '평화수호의 강력한 보검'을 갖게 됐다는 주장도 같은 맥락이다. 핵무기 보유국만이 군사적 침략을 당하지 않는다고 인식하는 북한의 입장에서 핵 무력 완성 선언이 어떤 의미인지 읽히는 대목이다. 북한이 핵과 미사일 실험에 총력을 기울임에 따라 국제사회의 제재는 최고조에 달했다. 북한의 핵 무력 완성 선언은 역설적으로 경제개발을 위한 협상 전략으로의 전환을 예고했다고 할 수 있다.

국가로서 제일가는 의무인 안보를 보장할 수 있다면 그다음 김정은과 노동당의 과제는 부강 조국 건설이다. 4·27 남북 정상회담과 6·12 북미 정상회담, 그리고 3차례에 걸친 북중 회담은 병진 전략의 연장선에서 이해할 수 있다. '전체 인민의 존엄 높고 행복한 생활을 누리는 사회주의 강국'을 이루기 위해 가동시켜놓은 경제 발전 전략 실행도 핵 개발만큼이나 어려운 과제이다. 농장과 공장 등 개별 생산 단위의 자율성을 확대시켜놓은 6·28 우리식 경제관리 방법이나 촘촘하게 지정해놓은 33개 경제·관광 특별 구역 활성화를 위해서는 국제 제재가 해제돼야 한다. 북한이 안보를 위해 쥐게 된 '평화 수호의 강력한 보검'을 경제 발전을 위해서 어떻게 쓸지 귀추가 주목되고 있다. 평화협정 체결과 북미 수교는 북한이 전쟁 직후부터 요청했던 사안이다. 1, 2차 핵 위기 국면에서 체결됐던 제네바 합의나 9·19 공동성명에서도 평화협정 문제가 다루어진 바 있다. 10·4 남북 정상선언과 4·27 북미 정상선언도 종전선언과 평화협정 체결, 비핵화 문제를 명시하고 있다.

2) 제7차 노동당대회 이후 통일 정책

2016년 5월 36년 만에 열린 제7차 노동당대회에서 제시된 김정은의 통일 정책은 김일성 수령과 김정일 장군의 '통일 유훈' 관철이다. 조국 통일 3대 원칙, 고려민주련방공화국창립방안, 전민족대단결 10대 강령을 조국 통일 3대 헌장으로 삼고 선대의 과업을 계승하겠다는 것이다. 조국 통일 3대 원칙인 자주, 평화, 민족 대단결은 7·4 남북공동성명의 내용이다. "북과 남은 상대방에 존재하는 서로의 사상과 제도를 인정하고 용납하는 기초우에서 온 민족의 지향과 요구에 맞게 련방국가를 창립하는 길로 나아가야"(조선중앙통신사, 2017: 30) 한다며 남북 기본 합의서에서 밝힌 상호 체제 인정과 불가침 원칙도 재확인했다. 또한 6·15 공동선언과 10·4 선언을 '자주통일의 력사적리정표'로 규정하면서 기존의 남북 합의 실행을 촉구하기도 했다.

> 북남 관계를 개선하고 조국 통일의 활로를 열어나가기 위해서는 민족 공동의 합의들을 존중하고 일관하게 리행해나가야 합니다. 북과 남이 합의하고 온 세상에 선포한 조국통일3대원칙과 6.15 공동선언, 10.4 선언은 북 남관계발전과 조국통일문제를 해결하는데서 일관하게 틀어쥐고나가야 할 민족공동의 대강이며 그에 대해 그 누구도 일방적으로 부정하거나 외면할 권리가 없습니다. 정세가 달라지고 정권이 바뀌였다고 해 북남합의들이 백지화된다면 앞으로 북과 남이 그 어떤 합의를 해도 소용이 없게 될것입니다(조선중앙통신사, 2017: 31).

7·4에서 10·4까지 선대의 남북 합의를 계승한다고 밝힌 김정은의 통일 정책이 당 규약상 그대로 유지되고 있는 민족 해방 민주주의혁명과 어떻게 연관되는지 좀 더 깊은 분석이 필요하다. 2016년 개정된 사회주의 헌법 제9조

에서도 "조선민주주의인민공화국은 북반부에서 인민정권을 강화하고 사상, 기술, 문화의 3대혁명을 힘있게 벌여 사회주의의 완전한 승리를 이룩하며 자주, 평화통일, 민족대단결의 원칙에서 조국통일을 실현하기 위해 투쟁"("조선민주주의인민공화국 헌법", 2016.6)한다고 해 민주기지론이 여전히 대남 전략으로 작동하는 모습이다. 반면 당 규약과 헌법의 규정과 달리 북한 당국은 오히려 우리에게 "'제도통일'의 허황한 꿈을 버리고 내외에 천명한대로 련방제방식의 통일실현에로 방향전환을 해야"(조선중앙통신사, 2017: 30)한다고 주장한다. 북한이 말하는 제도 통일은 흡수통일에 해당된다. 북한이 대남 전략을 추진하기 위한 3대 혁명 역량 강화가 어려워진 현실 속에서 변화된 환경, 즉 국제 사회주의 역량의 급속한 퇴락과 남북의 현격한 국력 차이 등을 어떻게 진단하고 전술을 변경하는지도 살펴볼 필요가 있다.

"만일 남조선당국이 천만부당한 '제도통일'을 고집하면서 끝끝내 전쟁의 길을 택한다면 우리는 정의의 통일대전으로 반통일세력을 무자비하게 쓸어버릴것"(조선중앙통신사, 2017: 30)이라는 언사는 탈냉전 이후 체제 유지에 여념이 없던 북한 당국의 방어 기제라 볼 수 있다. 핵과 미사일은 그 통일 대전을 수행할 수 있는 자위적 평화 보장의 보검이라는 주장인 셈이다. 또한 북한은 1992년 헌법에서 마르크스·레닌주의가 아닌 주체사상을 국가의 지도 이념으로 삼았다. 선군 혁명의 기치를 내걸었던 김정일 사후 김정은은 "인민대중의 자주위업, 사회주의 위업은 위대한 김일성-김정일주의를 지도지침으로 해 온 사회를 김일성-김정일주의화함으로써만 빛나게 완성될 수 있습니다. 온 사회의 김일성-김정일주의화는 우리 당의 최고강령"(조선중앙통신사, 2017: 12)이라고 주장했다. 국제 혁명 역량을 추구할 수 없게 된 조건 속에서 김일성·김정일 중시 사상을 토대로 하는 북한식 사회주의 유지와 보전이 급선무가 되고 있는 것을 가늠해볼 수 있다.

김정은이 통일 유훈으로 삼은 조국 통일 3대 원칙 중 민족 대단결 담론은 1991년 신년사에서 통일 방안을 언급하며 남북 화해와 체제 공존의 민족주의 정체성을 드러냈다. 분단의 원인을 외부의 힘, 특히 미국의 대북한 적대시 정책에 돌리고 줄기차게 미군 철수를 주장하던 북한은 사회주의권 국가들의 체제 전환 국면에서 '하나의 조선' 정책을 고수할 수만은 없었다. 1991년 유엔 동시 가입과 4차례에 걸친 남북 정상회담을 통해 사실상 '두 개의 조선'인 것을 인정한 셈이다. 1민족 1국가 2제도 2정부론에서 설명하는 느슨한 형태의 연방제는 비록 2국가로 명시하지 않을지라도 내용상으로는 비판의 대상이었던 남한의 1민족 2국가 2제도 2정부와 유사한 통일 방안이다. '누가 누구를 먹거나 먹히지 않는 관계'를 위해 택한 길이기도 하다. 남조선혁명론은 형해화됐고 북한은 민족을 앞세워 우리 민족끼리 통일 과업을 완수하자는 주장과 함께 남한을 자신의 체제 유지를 위한 레버리지로 삼고 있다. 북미 정상회담 취소라는 극적인 상황 속에서 가진 5·26 남북 정상회담은 남한의 조력이 북한에게 매우 중요함을 확인해주었다.

김정은은 7차 당대회에서 남과 북이 8000만 인구와 막강한 국력을 가지고 '선진문명국, 동북아시아와 세계 평화를 선도하는 정의의 강국'을 만들자고 제안했다. 그렇지만 5월 당대회 이후 강행된 9월 5차 핵실험과 2017년 9월 6차 핵실험, 거듭된 미사일 발사 실험으로 북한의 평화 담론은 신뢰를 얻지 못했다. 2017년 신년사에서도 '역사적인 7·4 공동성명 발표 45돌과 10·4 선언 발표 10돌이 되는 해'에 '온 민족이 힘을 합쳐 자주통일의 대통로를 열어나가'자고 제안했지만 2017년 한 해 동안 북미 관계의 긴장은 최고조에 달했다. 북미는 '화염과 분노', '핵 단추' 발언을 이어갔고 미국은 한반도에 레이건호, 니미츠호, 루스벨트호 등 핵 추진 항공모함과 B1B 전략폭격기, F35B 스텔스 전투기 등 전략 자산을 전개하며 북한을 위협했다. 북미 관계로부터 독립적이지 못한 남한 정부는 한미 동맹의 틀 속에서 공조 체제를 유지할 수밖에 없었다. 한반도의 평화 체제 구축 과정에서 남과 북은 상호 관계를 현실적으로 새롭게 정립할 필요가 있다. 통일 방안 합의에 있어서 남북 관계 재정립은 새로운 출발점이 되기 때문이다.

5. 맺음말

북한의 통일론은 초창기 '남조선혁명론'으로부터 시작해서 남북연방제 → 고려연방제 → 고려민주연방공화국 창립 방안 → 느슨한 연방제 → 낮은 단계 연방제 등으로 변화해왔다. 통일론의 변화에는 국제 환경과 남북 관계, 북한 내부 상황이 상호 교차하며 영향을 미쳤다. 현재까지 공식적인 통일론은 조국 통일 3원칙와 고려민주연방공화국 창립 방안, 조국 통일 10대 강령으로 구성된 조국 통일 헌장이다. 또한 6·15와 10·4, 4·27, 9·19 정상선언 등 정상회담 합의에서 논의된 종전 선언에 이은 평화협정 체결도 통일 전략 차원에서 주창되고 있다. 남북의 통일론은 전쟁을 피하고 평화적 공존을 추구한다는 목표에서는 공감대를 형성하고 있다. 7·4에서 9·19까지의 합의에서 상호 체제 인정, 상호 불가침, 민족 화합을 위한 교류 협력 등이 주된 내용으로 규정되어 있는 것이다. 또한 10·4 선언 4항과 4·27 선언 3항에는 종전 선언과 평화협정에 관한 방법론을 제시하고 있어 남북 평화 공존을 위한 구조적 접근이 이루어지고 있다. 북핵 문제는 9·19 정상선언에서 명문화된 것처럼 남북 협력을 바탕으로 평화 체제 실현 과정에서 해결을 모색해야 한다.

'1민족 1국가 2제도 2정부'가 북한의 통일 방안이라면 '1민족 2국가 2제도 2정부'는 남한의 3단계 중 2단계 통일 방안이다. 북한은 '2국가' 정체성을 영구 분단론이라고 비난했지만 1991년 유엔 동시 가입으로 비난의 명분이 사라졌다. '1민족 1국가' 통일론은 현실적으로 당장 받아들일 수 없는 목표이다. 통일 행태에 있어서 낮은 단계 연방제와 연합제를 어떻게 통합할지, 자주성 테마와 연계되는 미군 철수 문제는 어떻게 정리할지 귀추가 주목된다. 큰 틀에서는 공존의 논리가 우세하기 때문에 장기간에 걸쳐 '2제도 2정부'를 공통으로 하는 사실상의 남북 연합, '련방련합'이 가장 먼저 조명될 것으로 보인다. '남조선혁명론'이 공식 담론에서 유지된다면 혁명의 의미가 새롭게 규명될 수도 있을 것이다. 인민민주주의 혁명이 추구하는 바 '이밥에 고깃국 먹고 기와집에서 잘사는' 사회주의 부귀영화가 남북 통합의 목표라면 남북이 따로 또 같이 국가 전략을 재조명할 수 있다. 해묵은 통일 형태에 관한 논쟁을 뒤로하고 분단 비용 감축과 통일 편익 추구로 눈길을 돌리면 가능한 일이다.

북한에서 인민민주주의 혁명은 아래로부터 전 인민의 참여와 지지가 뒷받침됐기에 성공할 수 있었다. 수령을 절대시하는 사회 정치 질서를 구축하고 있는 북한이 한때는 찬란하게 빛났지만 지금은 퇴색한 '남조선혁명론'을 거듭 주장한다고 해서 남한 사회의 지지를 얻지 못한다는 것은 명약관화明若觀火이다. 폐쇄적인 북한 사회의 면모가 드러나면서 역으로 북한 인권 문제가 제기되고 민주화 운동이 암암리에 시도되고 있기 때문이다. 이제 북한의 혁명론은 시작에서부터 다시 검토되어야 한다. 북한은 더 이상 경제 시스템의 제도적 한계를 외부 탓으로 돌리며 안일하게 대응할 수 없는 지경에 이르렀다. 이미 정부 차원에서 여러 차례 경제관리 개선 조치가 취해졌지만 국제적으로 고립된 상태에서는 성과를 내지 못한다는 것이 증명됐다. 중앙의 계획경제 시스템은 붕괴된 지 오래고 사상적 통제 수단은 예전 같지 않다. 안보에서 경제로 주안점을 옮겨간 북한이 성공적으로 국가 발전 전략을 수행하기 위해서는 통일 정책에 있어서 어느 때보다 적대적 대결이 아닌 평화적 협력이 요청되고 있다. 북한 당국은 상당 기간 평화 공존과 민족 공조를 내세우는 통일 정책을 표방할 것으로 보인다. 이는 남조선혁명론을 추동하는 측면보다 자신들의 체제 안정에 긴급한 조건이기 때문이다.

참고문헌

김성보. 2000.『남북한 경제구조의 기원과 전개』. 역사비평사.

김연철. 2018.『70년의 대화』. 창비.

김일성. 1979.「조선민주주의인민공화국 정부의 정강(1948.9.10.)」.『김일성저작집 4』. 평양: 조선로동당출판사.

김정은. 2013.『조선로동당 중앙위원회 2013년 3월전원회의에서 한 결론』. 평양: 조선로동당출판사.

_____. 2018.1.1. "신년사". ≪로동신문≫.

김형기. 2010.『남북관계변천사』. 연세대학교 출판부.

류길재. 1995.「북한의 국가건설과 인민위원회의 역할, 1945~1947」. 고려대학교 대학원 박사학위논문.

박순서 엮음. 1946.『대중정치 용어사전』. 평양: 조선로동당출판사.

박호성. 2004.「북한 통일정책 연구의 쟁점: '연방제'통일방안을 중심으로」. ≪북한연구학회보≫, 8권 2호, 3쪽.

서대숙. 2000.『현대 북한의 지도자: 김일성 김정일』. 을유문화사.

스칼라피노·이정식. 1986.『한국공산주의운동사 2』. 돌베개.

올브라이트, 매들린(Madeleine Albright). 2003.『매들린 올브라이트』. 노은정 외 옮김. 황금가지.

이종석. 1989.「김일성의 '반종파투쟁'과 북한 권력구조의 형성」. ≪역사비평≫, 통권8호, 238~271쪽.

임동원. 1997.「남북 고위급회담과 북한의 협상전략」.『북한의 협상전략과 남북한 관계』. 경남대학교극동문제연구소.

_____. 2008.『피스메이커』. 중앙북스.

정세현. 2013.『정세현의 통일토크』. 서해문집.

조선로동당출판사. 1968.『김일성 저작선집 1권』. 평양: 조선로동당출판사.

조선중앙통신사. 1989.『조선중앙년감』. 평양: 조선중앙통신사.

_____. 2017.『조선중앙년감』. 평양: 조선중앙통신사.

최기환. 1992.『통일국가론-1민족 1국가 2제도 2정부론』. 평양: 평양출판사.

통일부 홈페이지 http://www.unikorea.go.kr

≪로동신문≫. 1960.8.15. "조선 인민의 민족적 명절 8.15 해방 15주년 경축 대회에서 한 김일성 동지의 보고".

≪로동신문≫. 1991.1.1. "신년사".

≪로동신문≫. 1991.11.10. "제도통일론은 분렬영구화론".

2부

북한 경제의 현재와 미래

7장

북한의 사경제화 현황과 시사점*

이해정 (현대경제연구원 통일경제센터)

1. 들어가는 말

북한의 사경제의 확산은 1990년대 9년 연속 마이너스 성장 이후, 별다른 성장 동력을 확보하지 못한 북한 경제의 회복에 도움이 될 수 있고 장기적으로는 남북한 경제 통합 과정에도 큰 영향을 미칠 수 있어 이에 대한 분석이 필요하다. 1990년대 후반 고난의 행군[1)]시기 이후 북한의 사경제화私經濟化가 급속히 진행되었으며, 현재 북한 사경제는 사실상 북한 경제의 중심으로 부각된 상황이다. 고난의 행군 시기를 지나면서 북한의 계획경제 및 배급제가 사

* 이 장은 현대경제연구원 통일경제센터, 「북한의 사경제화(私經濟化) 현황과 시사점」, 『통일경제』(현대경제연구원, 2018) 원고를 수정·보완한 것이다.

1) 북한은 1990년 사회주의 경제권의 붕괴 이후 1990~1998년 9년간 연평균 -3.8%의 성장률을 보임으로써, 총생산력 수준이 1980년대 말에 비해 절반 수준 이하로 하락했다. 북한은 이 시기를 '고난의 행군' 시기라고 일컫고 있는데, 당시 북한의 산업은 군수산업만 제외하고 사실상 생산력이 붕괴 수준으로 최악의 상황이었다(통일부 북한정보포털).

실상 제 기능을 상실하게 되자, 시장(장마당)을 중심으로 하는 사경제화가 빠른 속도로 진행되었다. 특히 2012년 김정은 위원장 정권 출범 이후 2016년 '우리식 경제관리 방법'[2] 등으로 경제적 자율성이 확대됨에 따라 사경제 활성화의 토대가 강화되었다.

북한의 사경제는 계획경제에서 벗어난 경제활동을 의미한다. 사경제는 사회주의 계획경제 체제에서 사적 소유에 기초해 국가의 통제를 받지 않고 이루어지는 '민간의 경제활동'이라는 의미를 가지고 있다.[3] 이 장에서도 북한의 사경제란, 사회주의 계획경제에서 벗어나 시장을 중심으로 경제활동을 실행하는 것으로 정의하고자 한다. 한편, 북한 사경제의 특징은 크게 장마당으로 대표되는 '시장화'와 시장의 확대에 따라 발생한 '신흥 부유층(돈주)'으로 구분될 수 있다.

북한 사경제 확산은 북한 경제 회복에 중요한 역할을 할 수 있고, 나아가 통일 비용 절감 등의 긍정적 효과도 가져올 수 있다. 북한의 사회주의 계획경제가 사실상 어려움에 처한 상황에서 장마당 확산에 따른 사경제 활성화는 비공식 부문을 활용한 재정 확충 등으로 북한의 경제 회복에 이바지할 수 있다. 또한 북한의 사경제 확대는 남북한 경제통합 과정에 있어 남한과 북한의 이질적인 경제 제도의 간극 해소에도 큰 기여를 할 수 있을 것으로 기대된다.

---

2) ≪조선신보≫(2013.5.10)에 따르면, '우리식 경제관리 방법'이란 "경영 권한을 현장에 부여하고", "노동자·농민의 일 욕심을 돋우는" 조치, 즉 경제단위에 대폭 자율성을 부여해주고 물질적 인센티브제를 적극 도입한 조치이다. '우리식 경제관리 방법'은 농업 분야에서는 '분조 관리제하의 포전 담당 책임제', 국영기업 분야에서는 '사회주의 기업 책임 관리제', 상업 분야에서는 '상업기관의 운영 자율권 확대'라는 세 개의 방향성으로 실행되고 있다. 자세한 내용은, 통일부 통일교육원(2018: 137) 참고.

3) 이러한 의미의 '사경제'라는 용어는 세계은행(World Bank), 유럽부흥개발은행(EBRD), 미국 국회도서관 등에서 발간하는 자료를 비롯해 많은 학자들이 일반적으로 사용하고 있다(한국은행 조사국, 2002: 1).

표 7-1 _ **북한 사경제화 진전 현황 분석 방법**

구분	주요 분석 내용
북 사경제화 역사적 변천	- 장마당: 역사적 변천 과정, 판매 물품, 최근 장마당 동향 등 - 신흥 부유층(돈주): 장마당 내 신흥 부유층의 역할 분석
북 사경제화 부문별 분석	① 소규모 자발적 사유화 - 산업별 사유화 비중을 중심으로 분석 ② 토지 이용권 - 농민들의 소토지 경작을 중심으로 분석 ③ 주택 시장 - 주택 거래 유형 변화를 중심으로 분석 ④ 운수업 및 통신업 - 개인 운수업 및 휴대전화 사용률을 중심으로 분석 ⑤ 금융업 - 사금융의 체계화를 중심으로 분석
자료	- 북한 사경제화(장마당, 사금융 등) 관련 기존 문헌 분석 - 북한 시장화 동향과 관련한 Daily NK 등 인터넷 자료 분석

이 장에서는 북한 사경제화의 양대 축인 시장화와 신흥 부유층의 역사적 변천 과정을 비롯해, 사경제화의 부문별 5대 특징을 분석했다.

우선 북한 사경제의 두 축인 시장화와 돈주에 대한 역사적 변천 과정을 분석했다. 북한 시장화의 활성화 배경 및 역사를 알아보고, 장마당의 세부적인 현황을 살펴보았다. 또한 북한의 신흥 부유층 발생 배경을 비롯해 장마당 내 신흥 부유층의 역할을 분석했다.

다음으로 북한 사경제화의 부문별 분석은 다음의 5개의 특징을 중심으로 분석했다. 첫째, 소규모 자발적 사유화는 산업별 사유화의 비중을 중심으로 현황을 점검했다. 둘째, 토지 이용권은 농민들의 소토지 경작을 중심으로 현황을 분석했다. 셋째, 주택 시장의 경우 주택 거래 유형 변화를 중심으로 현황을 알아보았다. 넷째, 운수업 및 통신업은 개인 운수업 및 휴대전화 사용률을 중심으로 현황을 분석했다. 다섯째, 금융업에 있어서는 사금융의 체계화를 중심으로 현황을 살펴보았다.

한편, 북한 사경제화 분석 방법은 문헌 연구를 비롯해 인터넷 자료를 활용했다. 북한 사경제화에 대한 정보와 자료는 제한되어 있어, 기존 연구자들의 문헌 분석과 대북 소식통의 장마당 동향 조사 결과 등을 주로 활용했다.

2. 북한 사경제의 역사적 변천

1) 장마당

1990년대 경제 위기로 국가의 배급 시스템이 사실상 붕괴되면서 북한에서는 시장화가 급진전되었다. 공장 가동률이 30% 수준으로 떨어지면서 일감이 없어진 근로자들은 8·3 입금을 통해 출근을 하지 않으면서 개인 수공업 등 사경제 활동에 열중하게 되었고, 이에 따라 시장화가 확산되었던 것이다.[4)]

북한의 장마당은 이러한 시장화의 확산에 따라 질적·양적으로 급성장했다. 장마당은 1990년대 중후반 '고난의 행군' 시기를 계기로 본격적으로 형성되기 시작했다. 1990년대 자연재해 및 공산권 붕괴에 따라 북한의 배급제가 사실상 중단되었고, 식량난을 해결하기 위해 비공식 시장이 점차 확산되었다. 이후

4) 8·3 입금이란 근로자가 공장에 출근하지 않는 조건으로 사적 경제활동을 통해 벌어들인 수입의 일부를 '8·3 제품(생산과정에서 나오는 부산물이나 자투리로 만든 생활필수품, 8·3 인민 소비품 운동에서 유래)의 명목으로 자신의 공장에 지불하는 금액을 의미한다. 공장은 이를 가지고 시장에서 원부자재를 구입해 제품을 만들어 시장에 판매해 현금 수입을 획득한다(김영희, 2008: 118).

2002년 7·1 조치[5])를 계기로 비공식 시장이 종합 시장으로 합법화되기 시작했다. 당시 북한 당국은 7·1 조치 이후 2003년 5월 종합 시장 운영에 관한 내각 지시에 의해 전국에 3000여 개의 종합 시장을 설치했다(이상숙, 2014: 11). 이와 함께 시장의 활성화를 위해 시장가격을 자유화하고 유통 부문의 자율성을 대폭 확대해 소매 유통 기관이 합법적으로 수매 위탁 기능을 수행할 수 있도록 허용했으며, 개인이 생산한 물품을 위탁받아 시장가격과 유사한 가격으로 판매할 수 있도록 했다. 개인은 물론 국영기업소, 협동단체들도 시장에서 상품을 구입하고 판매할 수 있도록 이용 범위도 확대했다(김병로, 2013: 184~185). 시장이 빠른 속도로 팽창하자 북한 당국은 2005년부터 부분적으로 시장에 대한 규제를 시도했다. 2005년 10월부터 배급제를 부활시키고, 만 40세 이하의 시장 활동 금지, 공산품 시장 판매 금지 등 시장 통제 조치를 실시했다. 특히, 2009년 12월 화폐개혁의 단행으로 시장을 통제하고 사회주의 계획경제를 강화하고자 했으며, 지역별로 장마당을 폐쇄하거나 시장 활동을 금지하기도 했다(조정아·김영윤·박영자, 2010: 63~64). 하지만 당국의 통제 강화로 인한 부작용이 발생하자 2010년 이후 강경 정책은 철회되었다.

김정은 위원장 시대에 들어서면서 북한은 '우리식 경제관리 방법'을 도입했다(이해정, 2014: 20~22). 새로운 경제관리 방법을 통한 부분적인 경쟁 시스템 도입으로 생산성 향상을 도모한 것이다. 2012년 6·28 농업 개혁 조치를 통해 분조관리제의 개선과 수확물의 자율 처분권 확대 등 협동농장 개혁을 통한 농업 생산성 향상을 도모했다. 종전 10~25명 단위 분조를 4~6명 단위로 축소하

5) 7·1 조치는 국영기업소, 협동농장 등 각 경제단위에 분권적 경영 권한을 일부 부여하고, 기존에 비합법적 영역이었던 소비재 시장을 종합 시장이라는 이름으로 공식 제도화하고, 기업 간 원자재·생산재 교류가 가능한 사회주의 물자 교류 시장의 개설을 허용한 조치이다(통일부 북한정보포털).

는 한편, 제한적으로 운영되던 자율 처분권을 크게 확대해 목표 생산량을 초과 달성한 경우에는 생산량의 70%는 국가, 30%는 목표 생산물 초과 분조에 처분권을 부여하도록 했다. 2012년 12·1 기업소 개혁 조치를 통해서는 공장·기업소들이 독자적으로 생산품을 결정하고, 가격과 판매 방식, 수익·배분도 자체 결정하도록 자율성을 보장했다. 각 기업소가 독자적인 생산계획, 인원, 설비 등을 자율적으로 책임지도록 하는 독립채산제를 확대했으며, 기존 동일 임금 적용에서 노동시간과 기여도 등에 따른 성과급제를 도입함으로써 일한 만큼 수익금을 차등 분배하도록 했다.

한편, 2014년 5·30 조치를 통해서는 기업 자율성을 높이는 '사회주의 기업 책임 관리제'를 도입해 경제관리의 효율성을 높이고자 했다. 이러한 조치들은 시장경제의 특징을 반영하고 있는 것으로 분석된다. 김정은 위원장 정권은 화폐개혁의 실패를 교훈으로 삼아 오히려 시장을 적극 활용해 북한 경제를 활성화하고 체제 내구력을 강화하려는 정책을 취하고 있는 것으로 보인다(통일부 통일교육원, 2018: 133).

북한의 공식(종합 시장) 및 비공식 장마당 모두 빠르게 증가하는 추세를 보이고 있다. 커티스 멜빈(미국 존스홉킨스대학)은 북한 전역을 구글 위성사진으로 분석한 후, 북한에서 운영 중인 종합 시장이 2010년 200여 개에서 2015년 396개로 2배 늘어났으며, 2017년 436개, 2018년 482개로 해마다 증가하고 있다고 밝힌 바 있다(양문수, 2018: 1). 특히, 북한 정부는 김정은 위원장 집권 이후 종합시장의 신설·확장에 나서고 있는 것으로 알려지고 있다. 2014년과 2015년에 평안남도 안주시의 남흥시장, 강원도 원산시의 갈마시장과 세길시장 등 20개의 새로운 시장이 생겼으며, 약 71개의 시장이 개보수되었다. 또한, 메뚜기장(이동식 장마당), 중고집(중고품 매장) 등 비합법적 장마당을 합치면 북한 전역에는 800개 이상의 장마당이 존재하는 것으로 추정된다.

그림 7-1 _ 북한의 대표적인 종합 시장 현황

자료: 통일부 통일교육원(2018: 133).

장마당의 확대로 신흥 부유층(돈주) 등 다양한 계층이 탄생했다. '고난의 행군' 시기 이후 장마당은 북한 주민들의 생계유지를 위한 중요한 터전이 되어 주었을 뿐 아니라, 신분 상승을 위한 통로로도 활용되었다. 북한 계획경제 시스템의 붕괴 이후 중국과의 무역을 통해 큰돈을 번 '신흥 부유층'(중국식 붉은 자본가), 장마당에서 매점매석으로 자산을 형성한 '중산층'도 등장했다. 한편 장마당의 상인들은 주로 40~50대이며, 성별로는 90% 이상이 여성인 것으로 알려지고 있어 북한 여성들의 경제적 영향력도 지속적으로 향상되는 추세(20대 여성 상인 제한)이다.

장마당은 하루 9시간 운영 중이며, 다양한 품목들이 판매되고 있다. 장마당은 전력난으로 보통 오전 9시~오후 6시까지 운영되며, 모내기 철, 김매기 철, 가을

표 7-2 _ **북한 장마당 변천사**

시기	주요 내용
1958	- 농촌 시장 폐지, 농민 시장으로 개설
1984	- 농민 시장 외 일일 시장 개설(시군별 3~4개)
1987~1992	- 매일장 폐지 시도했으나 실패
1999	- 장마당 폐지 시도, 장마당 관리 기관을 사회안전성→보위부로 이관
2001	- 장마당, 북한 전역에 300~350개 추정(군 단위 1~2개, 시 단위 3~5개)
2003	- 2002년 7·1 조치 이후 종합 시장으로 합법화(곡물 및 공산품 판매 공식 허용)
2010	- 2009년 화폐개혁 실패로 장마당 통제, 억제 정책 크게 감소
2011	- 사회주의 계획 가격 체계에서 시장가격 체계로 전환
2012~현재	- 2014년 5·30 조치(인센티브 인정) 이후 장마당 규모 급속히 확대

걸이 기간에는 시장 개장 시간이 2시간 단축되기도 한다. 공식 품목(곡물, 공업품, 상업품 등)을 비롯해 금속(금, 은, 동), 골동품, 한국 제품(CD, USB, 의류, 화장품 등), 마약류(필로폰) 등 비합법적 품목도 판매되고 있는 것으로 알려지고 있다.

세부적으로는 소비재 시장, 생산재 시장, 금융시장, 노동시장이 운영 중인 것으로 전해진다. 장마당에서 거래되는 소비재는 대부분 중국산 제품이며, 주로 의류와 신발, 잡화 등 일상 용품이 판매되고 있다. 기업소의 자율권을 부여한 사회주의 기업 책임 관리제(사회주의 물자 교류 시장 허용)를 도입한 후 기업소 생산재가 장마당에서 판매되고 있기도 하다. 또한 신흥 부유층이 주체가 되어 고리대금업 등 사금융시장도 확산되고 있다. 신흥 부유층이 운영 중인 기업소에 노동 수요가 발생함에 따라 일부 사적 고용이 발생하고 있으며, 특히 최근에는 가정부, 가정교사 등 인력시장도 형성되고 있는 추세이다.

한편, 장마당 물가는 북한 정부의 시장 정책 변화 등 다양한 요인에 따라 변동된다. 장마당 물가 변화는 주로 계절적 요인(춘궁기 등), 자연재해(가뭄 및 수해), 중국과의 교역 수준 변화, 북한 당국의 시장 통제 정책 수준 등에 기인한다.

그림 7-2 _ 북한 장마당 물가 동향

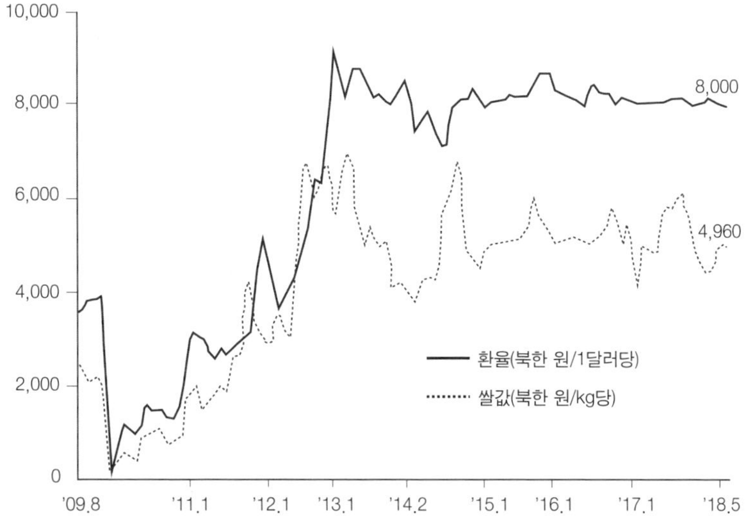

주: 평양을 기준으로 한 수치이다.
자료: *Daily NK*.

2) 신흥 부유층

북한 장마당의 확산으로 '신흥 부유층'이 급속히 성장하면서 사금융의 주요 주체가 되었다. 신흥 부유층으로 알려진 돈주들이 사경제화의 주체로 부상, 막강한 현금 동원 능력으로 북한의 사경제 활성화를 실질적으로 견인하고 있다. 이들은 대체로 여윳돈을 가진 다양한 계층의 집단으로, 재일 교포, 화교를 비롯해 무역 및 외화벌이 간부, 밀수꾼 등 출신 성분과 직업이 다양하다. 돈주들은 단순한 대부자뿐 아니라 투자자, 경영자, 자본가의 역할까지 수행(국정원 비공식 자료에 따르면 5~10만 달러 이상을 보유한 자산가는 24만 명으로 추정)하고 있다. 이들은 개인 대부업을 비롯해 주택 거래, 기업소 명의 무역 회사 개설, 석탄 기지 사영화, 중국 접경 지역 정보망을 활용한 환차익 등으로 이익을 실현

중인 것으로 알려졌다.

신흥 부유층은 주로 북한 사금융의 주체로 활약하고 있다. 기존 북한의 금융 제도하에서는 일반 주민들은 은행에서 대출을 받을 수 없고, 기업소나 단체는 가능했다. 하지만 고난의 행군 이후 국가재정 파탄 및 은행 기능 마비로 주민 간의 금전 거래가 법적으로 허용(2007년 민법 개정, 금융 거래는 허용하나 이자는 불허)되었다. 또한 1995~2002년 고난의 행군에 따른 재정 규모 축소로 기업에 대한 재정 지원이 사실상 중단되면서 기업소 등은 생존을 위해 사금융에 의존하게 되었다.[6] 이후, 2002년 7·1 조치로 외화벌이 일꾼을 중심으로 돈주 계층이 형성되었고, 이에 따라 개인 간 고리대금업도 본격적으로 성행하게 되었다. 한편, 북한 당국은 사금융 활성화에 대응하기 위해 2006년 상업은행법 제정 등 금융 개혁을 추진했으나 가시적인 성과는 없는 상황이다. 김정은 위원장 시대에 들어서면서 제한적으로 사금융을 공적 금융으로 전환하기 위해 외화 정기예금, 외화 카드, 외화 상점의 이용 확대, 전자 상거래 도입 등 다양한 방법을 추진 중에 있다.

신흥 부유층 발생에 따른 북한 사금융의 진전은 정보 유통 확대라는 긍정적인 효과도 있는 반면, 빈부 격차의 확대라는 부정적인 효과도 초래했다. 사금융의 발달과 시장화의 진전으로 휴대폰 보급이 확산되면서 돈주뿐 아니라 일반인들에게도 정보 유통의 기회가 점차 확대되고 있는 추세이다. 하지만 사금융 발달과 시장화의 진전에 따라 돈주를 중심으로 부의 집중 및 독과점

6) 평안남도 순천화력발전소가 돈주가 투자한 대표적인 사례이다. 돈주들은 발전소의 폐열을 활용하는 수영장과 목욕탕을 건설하자고 발전소에 투자 제안을 했다. 2014년 총 200여 명 수용이 가능한 수영장과 목욕탕, 식당 등 부대시설을 건설했으며, 현재 일반 대중을 상대로 영업을 하고 있다. 여기에서 발생한 이윤은 돈주와 발전소가 반씩 나누는 것으로 알려졌다(양문수, 2018: 2)

현상이 나타나고, 이에 따라 부익부 빈익빈 현상도 발생하고 있다.

3. 부문별 사경제화 추진 현황

1) 소규모 자발적 사유화

서비스업 분야를 중심으로 소규모 자발적 사유화 현상이 진행 중에 있다. 1990년대 경제 위기로 국가의 배급 시스템이 사실상 붕괴되면서 8·3 노동자가 나타나게 되었으며, 비공식 경제활동 참여율도 80%에 달했다. 2008년 북한 인구센서스 보고서에 따르면 16세 이상의 '가구 경제활동household economic activity' 참가율은 83%에 이르는 것으로 나타났다.[7] 김병연·송동호(2008)의 연구에서도 남한으로 이주한 탈북자 조사 결과, 북한에 거주할 당시 총소득 가운데 78%의 소득이 비공식 경제활동을 통해 획득한 것이라고 한다(Kim and Song, 2008: 361~386). 이처럼 높은 비공식 경제활동 참여율은 소규모 기업 창설 가능성을 높일 수 있는 긍정적인 신호로 받아들여질 수 있다(김병연, 2012: 121~122). 구아리글리아와 김병연(Guariglia and Kim, 2006)의 연구는 러시아의 이행기 동안 탄생한 자영업자의 26.5%는 부업 활동을 통해 자영업자가 된 것으로 나타났으며(Guariglia and Kim, 2006: 1~45), 김병연·강영호(2009)의 연구에서도 비공식 경제와 공식적으로 등록된 소기업은 유의한 관계가 있으며, 비

7) Central Bureau of Statistics of DPRK(2009: 205). 주요 가구 경제활동은 '채소 및 과일 등을 위한 텃밭 경영', '어업, 축산, 가금 등의 경제활동', '땔감 확보', '용수 확보', '기타 가구 경제활동'으로 이는 비공식 경제활동 구분과 유사해 비공식 경제활동 참여율로 이해할 수 있다(이석, 2012: 113).

공식 경제활동을 한 기업가는 시간이 지나면서 공식적인 소기업으로 전환하는 경향이 있다고 분석했다(Kim and Kang, 2009: 351~376).

2000년대 들어 지방 공장, 기업소, 식당, 서비스업 등 중소형 기업을 중심으로 개인이 임대·운영하는 자발적 사유화 현상이 증가하고 있는 것으로 알려지고 있다(김병연·양문수, 2012: 123~125). 모든 사회주의국가의 경험과 같이 북한에서도 소규모의 자발적 사유화는 서비스업이 제조업보다 훨씬 앞서 있는 것으로 나타나고 있다. 2005년 12월에, 주로 2002~2005년에 탈북한 탈북자 121명을 대상으로 한 설문 조사에서 식당의 사유화 비중은 50%를 넘었고, 2009년 4~8월에, 주로 2007~2009년에 탈북한 탈북자 207명을 대상으로 한 설문 조사에서 상점과 서비스업의 사유화 비중은 50% 수준을 보였다. 그러나 제조업은 아직도 20% 수준에 불과한 것으로 나타났다. 뿐만 아니라 적지 않은 국유 기업에서 '돈주'로 불리는 사적 자본이 기업 설비나 운영 자금을 공급하고, 그 대가로 기업의 운영에 참여하거나 기업의 이윤을 수취하고 있는 것으로 알려지고 있다(이석기, 2012: 104). 국영기업들이 돈주에게 공장의 일부를 임차해주는 사례도 자주 나타나고 있는데, 대부분이 국수 생산 공장이며, 신발 생산 공장도 일부 있는 것으로 전해진다(양문수, 2018: 3). 돈주가 기존 국영기업의 일부를 임차하거나 기업을 신설하는 경우에는 특정 기관 산하의 별도 기업으로 국가에 등록이 되는데, 이는 흔히 '사회주의 모자' 또는 '붉은 모자'를 쓴 기업으로 불리며, 중국의 개혁·개방 초기 이러한 형태의 소규모 자발적 사유화가 많이 나타났다.

2) 소토지 경작

극심한 경제난으로 국가의 계획 체제가 약화되자 각 협동농장에 자재 공급이 원활하지 못하게 되었고, 식량난의 지속으로 농민들은 자가 소비용 식량을 스스로 확보해야 할 필요성을 절감하게 되었다. 또한 생필품 배급이 중단되자 생필품 구매용 농산물 확보의 필요성이 커지면서 협동농장 농장원의 소토지 농사가 확대되었다(김영훈 외, 2009: 71).

소토지 농사는 공식 개인 부업지, 비공식 개인 부업지, 집단 부업지, 공장 기업소 부업지로 구분된다. 농장에서 공식적으로 승인하는 개인 부업지에는 텃밭, 소채전, 산림 이용반 소토지 농사, 농장 소토지 농사가 등이 있다.[8] 텃밭은 가구당 20~40평 정도이며 집 마당과 주변의 빈터를 이용해 옥수수, 채소, 공예작물(담배, 양념 채소) 등을 재배하는 것이다(토지법 제13조에는 협동농장원들의 텃밭 이용은 협동농장 규약에 의해 20~30평으로 한다고 규정). 소채전은 가구당 30~40평 정도로 집 주변에 빈 터가 없을 경우 공동 경작지 중 일부를 부업에 사용하도록 허용된 땅이다. 텃밭과 소채전의 경우 살림집 마당이나 농장이 제공하는 토지를 이용하는 것이기 때문에 토지 사용료는 없다. 산림 이용반 소토지 농사는 1인당 300~600평 정도이며 은퇴자 혹은 공로자들에게 허용한 산림 소토지 농사를 의미한다. 북한은 1990년대 초부터 조림과 산림 보호를 조건으로 연로 보장자, 사회 공로자에게 산림을 개간해 소토지 농사를 할 수 있도록 허용했다.[9] 2002년 7·1 조치 이후부터 산림 소토지를 경작할 수 있는

---

8) 북한 당국은 사경지의 확대를 금지 또는 억압하는 대신 제도화를 통해 관리하는 방식을 선택했다. 2002년 7월에 나온 당의 '53호 문헌'으로 불리는 "토지사용료납부규정"은 국가 토지를 가지고 생산한 농업 생산물의 일부를 사용료 형식으로 국가에 의무 납부하도록 할 것(제1조), 농업 생산물의 일부를 현금으로 국가에 납부하도록 할 것(제2조), 토지를 이용해 농산물을 생산하는 모든 기관, 기업소, 단체, 군부대, 개인에게 적용하는 것(제3조) 등을 규정하고 있다. 이 규정에 적용되는 토지에는 개인이 경작하는 텃밭과 부대기밭 등도 포함된다. 단, 농민 세대의 30평까지의 텃밭, 농민 세대를 제외한 세대의 주택 주변에 있는 10평의 텃밭 등에 대해서는 사용료를 적용하지 않고 초과분에 한해서 토지 사용료를 부과한다(김영훈 외, 2013: 102~103).

대상을 연로 보장자, 사회 공로자에서 협동농장 농장원, 공장 기업소의 산림 이용반으로 확대했다. 산림 소토지의 경우 지역 인민위원회에서 토지 이용료를 수령한다. 보통 산출의 10% 내외를 부과하나 기타 관련 기관원들이 비공식적으로 추가적인 이용료를 수령하는 것이 일반적이다. 농장 소토지 농사는 1인당 100평 정도이며 텃밭과는 별개로 농장에서 승인한 개인 부업지를 의미한다. 비공식 개인 부업지에는 무자격자의 산림 이용반 소토지, 허용 규모를 초과하는 산림 이용반 소토지가 해당된다. 국가 배급 체계가 유명무실해지면서 스스로 식량을 산출해내기 위해 허가받지 않은 개인이 산림 소토지 농사를 짓는 경우가 증가하고 있다. 허용된 면적을 초과해 산림 이용반 소토지 농사를 짓는 사람도 늘어나 1000평 이상의 산림 소토지 농사를 영위하는 개인도 많은 것으로 알려지고 있다.

집단 부업지는 지역에 따라 여러 가지로 지칭되고 있는데 함경북도 국경 지방에서는 일명 '비배관리지'라고 불리고 있다. 비배관리지는 2003년부터 함경북도 지역 협동농장에서 성행하기 시작한 것으로 작업반별로 '공동 경작지'와는 별도로 '비배관리지'를 지정해 개별 작업반원들에게 할당한 것이다. 보통 농장원에게는 200여 평, 부양가족에게는 100여 평이 제공되어 가족당 평균 500~700평이 제공된다. 비배관리지의 작목은 작업반이 직접 결정하며, 소요되는 종자와 농자재도 각 작업반에서 공동으로 조달해 경작한 후 수확 후에 곡물로 상환한다.

공장 기업소의 부업지도 여러 종류가 있지만 일반적인 것으로 '6월 농지'와 '원료 기지'가 있다. 6월 농지는 농장 인근의 공장 기업소가 농장의 경지를 작

---

9) 1998년 산림 보호 임무(산림보호원)가 국토관리부 산림경영소에서 국가보안성 산림감독부로 바뀌면서 산림 소토지 농사를 전면적으로 재조사해 통제했다(김영훈 외, 2013: 105).

표 7-3 _ 북한 소토지 농사의 구분과 관리

구분	종류	자재 조달	토지 사용료
공식 개인 부업지	텃밭, 소채전, 산림 소토지, 농장 소토지	개인	공식적 납부
비공식 개인 부업지	무자격자의 산림 이용반 소토지 허용 규모를 초과하는 산림 이용반 소토지	개인	비공식적 납부
집단 부업지	비배관리지	작업반	수확물 상환
공장 기업소 부업지	6월 농지, 원료 기지	단체	수확물 상환 현금

주: 6월 농지는 농장 인근의 공장 기업소가 농장의 경지를 작물의 재배 기간에(6개월 정도) 빌려 경작하고 대가를 지불하는 부업 농지(집단적 이용과 분배)를 의미한다. 원료 기지는 공장 기업소의 원료 농산물 생산 목적의 토지이나 집단 부업지로도 활용한다.
자료: 김영훈 외(2009: 71).

물의 재배 기간에(6개월 정도) 빌려 경작하고 대가를 지불하는 부업 농지(집단적 이용과 분배)를 의미한다. 원료 기지는 농산물을 원료로 하는 공장 기업소의 원료 생산을 위한 농지로, 부분적으로 직원들의 부업지로 이용(집단적 이용과 분배)된다.

3) 주택 시장

북한에서 주택은 원칙적으로는 거래 대상이 아니며, 형법, 부동산관리법, 살림집법 등에서도 주택 거래를 금지하고 있다. 그러나 주택 시장 부문에서도 사경제화가 상당히 빠른 속도로 진전되었다. 1980년대부터 주택 공급이 수요를 충족시키지 못하면서 웃돈을 주는 방식으로 '주택 교환' 등의 거래가 이루어졌다. 국가 계획만으로 주택 수요를 충당할 수 없게 된 북한 당국은 1980년대에 각 기관·기업소에 자체적으로 집을 지어 노동자들에게 주택을 배정할 수 있는 권한을 부여했다. 1990년대 경제난이 심화되면서 비공식적

표 7-4 _ **남북한 주택 제도 비교**

구분	남한	북한
주택 소유	- 주택의 사적 소유	- 주택의 국공유화 · 무상분배와 저임대료에 기초한 배급제 형식의 주택 공급 정책
주택 등급	- 없음	- 특호·4~1급(5등급) · 사회적 계급에 따라 배정
주택 보급률	- 주택 보급률: 101.9%(2010년 기준) · 가구 수: 1734만 가구(일반 가구) · 주택 수: 1767만 호 · 평균 가구원 수: 2.60명	- 주택 보급률: 약 75% 수준(2008년 기준) · 가구 수: 589만 호 · 주택 수: 422~457만 호(추정) · 평균 가구원 수: 4.08명
거처 유형	- 아파트 47.1%, 단독주택 39.6%, 연립·다세대주택 10.1%(2010년 기준)	- 연립주택 43.9%, 단독주택 33.8%, 아파트 21.4%(2008년 기준)
주택 공부	- 부동산등기 제도 · 건물등기부, 건축물대장	- 부동산등기 제도 폐지, 건물 등록 제도 · 건물등록대장
주택 시장	- 시장의 수요·공급에 의한 주택 가격·주택양 결정	- 국가에서 임차료 결정(농촌주택은 임차료 없음) · 1990년대 경제난 이후 배급제가 마비되면서 주택 거래가 공공연히 진행

자료: 이해정(2015: 50).

주택 거래가 더욱 활성화되었다. 주택의 거래는 시·군 인민위원회 도시경영과에서 발급한 '국가살림집이용허가증(입사증)'에 기재된 사용자의 이름을 구입자의 이름으로 바꾸는 식으로 이루어진다. 완공되지 않은 아파트에 대한 입사증을 사고파는 선先분양 방식까지 등장한 것으로 알려진다. 이 과정에서 돈을 받고 주택 사용권을 넘기는 것은 불법이기 때문에 합법적인 사용권 이전으로 문서를 만들기 위해서 '집데코'라는 일종의 부동산 중개인을 찾게 된다. 도시경영과나 보안서, 재판소 직원과 연줄이 있는 집데코들은 복잡한 문서를 처리해주고 거래가의 10%가량의 높은 수수료를 받는 것으로 알려져 있다(허강무, 2013: 9).

박석삼(2002)에 따르면 도시 지역에서는 10~20%의 주택이 거래되고 있으며, 지방에서는 많게는 45%의 주택이 거래되고 있는 것으로 나타났다(박석삼, 2002: 15). 김정은 위원장 취임 직후인 2012년 6월 초고층 아파트 단지인 창전거리 건설을 완공한 데 이어 은하과학자거리, 여명거리 등 초고층 아파트 건설이 대대적으로 이루어지고 있다. 이러한 신규 아파트 건설은 국가 지시에 의한 것도 있지만 민간의 기획에 의해 추진되는 것들도 상당히 존재하는 것으로 알려지고 있다(양문수, 2018: 3).

손희두(2012)에 따르면 돈주들이 권력기관의 비호 아래 공동으로 다세대주택을 건설하는 사례도 늘어나고 있으며, 주택을 매매하거나 서로 맞바꾸는 것을 중간에서 소개해주고 중개료를 받는 것을 전문으로 하는 사람들도 늘어나고 있다(손희두, 2012: 106~110). 최근에는 기존 주택에 대한 증축 및 개축에서 신규 주택 및 아파트 건설로 확대되었다. 돈주들은 주택 건설 권한을 가진 기관에 명의를 빌리고 주택을 건설해 그 대가로 해당 기관에 주택을 일부 제공하는 형식으로 아파트 건설에 투자하고 있다. 기존 주택을 허물고 다시 그 자리에 아파트를 건설하는 '철거 후 재개발' 형식까지 등장한 것으로 알려지고 있다(정은이, 2016: 52). 이는 지극히 자본주의적 발상에서 이윤을 극대화할 수 있는 부동산 개발 형식이라는 점에서 주목할 만하다. KOTRA(2014)에 따르면 주택 매매가 활성화되면서 2000년대 들어 북한의 주택 가격이 급상승한 것으로 보이며, 평양의 중저가 아파트 1채의 가격이 2000년대 초 약 5000달러에 거래되었지만 최근 같은 아파트가 약 16만 달러에 팔린 것으로 전해지고 있다(KOTRA, 2014.2.25). 최근 북한 당국의 주택 매매 단속이 늘어나면서 상승세가 주춤하고 있지만 지난 12~13년간 30배 가까이 오른 것으로 판단되며, 평양 시내의 주택 가격이 기타 지역 가격보다 배 이상 높은 것으로 추정된다. KOTRA(2018)에 따르면 평양에서의 부동산 거래는 달러로, 중국 접경 지역은 인민폐로 거래가 이루어지고 있으며, 평양 중심의 아파트는 m²당 5000~8000

위안으로 형성되어 있는 것으로 알려지고 있다(KOTRA, 2018.6.29). 신의주는 중국 국경과 맞닿아 있어 경제적으로 가장 발달한 지역이며, 그 영향으로 주택 매매가격이 m^2당 5000 위안으로 높은 편으로 단둥丹东 지역과 비슷한 수준을 기록하고 있다. 남포는 대동강의 하류 지역에 위치한 제조업 기지이자 평양과 인접한 도시이지만, 상대적으로 고급 아파트가 부족해 m^2당 3500~6000 위안 수준을 유지하고 있다. 개성은 경제적 여건이 비교적 여유롭고 주택도 많아 m^2당 2300~4000위안으로 상대적으로 낮게 형성되어 있다. 청진과 나선은 항구 도시로 해운과 관련 서비스업의 발전에도 불구하고 핵실험장에서 멀지 않고 정부 정책의 불안정으로 부동산 가격이 m^2당 1000위안으로 매우 낮게 형성되어 있는 것으로 알려지고 있다.

4) 운수업·통신업

철도 중심의 수송 체계 와해로 여객·화물 수송 관련 개인 운수업이 확대되었다. 철도 중심의 수송 체계는 에너지난과 설비 노후화로 제 기능을 수행하지 못하게 되었으며, 이에 따라 도로 교통 중심의 비공식 교통이 확대되었다(김석진·양문수, 2014: 160).

최근에는 기업·기관 소속 트럭 등이 '써비차'의 형태로 여객과 화물 수송 서비스를 담당(이석기·양문수·정은이, 2014: 132)하는 등 개인 운수업이 확대되고 있다. 써비차는 1990년대 중후반부터 본격 운행됐는데, '돈주'들이 국영기업·기관의 명의를 빌려 차량을 등록하고, 실질적으로 개인 운수업을 하는 것을 의미한다. 개인의 차량 소유가 금지된 북한에서 써비차는 당국 기관에 신청자가 등록비와 월간 수입의 일부를 지불하는 조건으로 운영되고 있다. 써비차로 사용되는 차량은 대부분 중국 또는 일본산 중고 차량이며, 연료는 중국 또는 러시아

표 7-5 _ 양강도 혜산 출발 기준 써비차 사용료(2018년 1월 기준)

목적지	거리	금액(미 달러)
평양	574km	300달러
평안남도 평성	562km	200달러
강원도 원산	393km	150달러
함경남도 함흥	278km	120달러
함경북도 길주	147km	50달러

자료: Kim, Yonho(2018: 15).

그림 7-3 _ 북한의 휴대전화 가입자 수

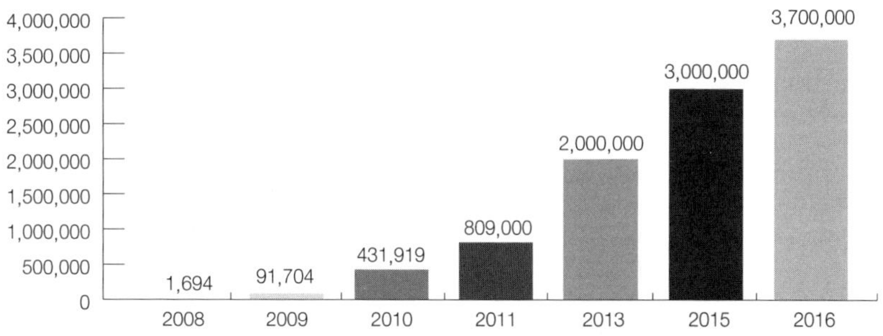

자료: Kim, Yonho(2018: 11).

에서 밀수되거나 북한군의 불법 판매로 공급되고 있는 것으로 전해진다(Kim, Yonho, 2018: 16). 사람, 화물, 소포 등을 운송하는 '벌이 버스', 택시나 영업용 승용차를 통한 승객 및 물품 운송 등도 확대되고 있다. 특히 대북 소식통에 따르면 현재 평양, 라선 특구, 신의주에서 택시 영업이 활발히 진행 중이며, 평양에서는 1500여 대의 택시가 2부제 형태로 운영 중인 것으로 알려지고 있다.

한편, 북한 인구 10명 가운데 2명은 휴대전화를 사용하고 있는 것으로 추정되고 있다. 북한은 2008년부터 오라스콤 텔레콤과의 합작으로 휴대전화 서비스를 재개통했다. 북한은 2002년부터 휴대전화 서비스를 개통했으나, 2004년 용천역 폭발 사건 이후 휴대전화 사용을 전면 금지시킨 바 있다. 북한의

2016년 기준 휴대전화 가입자는 370만 명이며, 2014년 기준 북한의 대對중국 휴대전화 수입은 107만 대에 달하는 것으로 알려졌다. 휴대전화의 보급은 소비재 및 서비스 시장을 중심으로 북한의 비공식 경제를 더욱 활성화하는 데 기여했다. 북한 상인들은 휴대전화를 통해 시장 판매 물품의 물량과 가격을 책정하고 있어 휴대전화는 사경제 활동의 필수품으로 꼽히고 있다.

휴대전화 사용자의 확대와 써비차의 등장으로 북한 경제에서는 전례 없이 가격 및 유통 과정에 대한 공유가 이루어지고 있다. 낙후된 교통 인프라로 경제활동에 제약을 겪던 북한 주민들에게 휴대전화와 써비차는 신속히 정보를 제공하는 역할을 하며, 사람과 화물의 이동을 가능케 하는 생계수단으로 자리매김하고 있어 시너지 효과를 창출하고 있는 것으로 보인다(정보통신정책연구원, 2018).

5) 금융업

북한에서 사금융은 여전히 불법이며 2007년 형법 개정을 통해 신설된 '고리대죄(제118조)' 조항에서, 고리대를 통해 이득을 얻을 경우 2년에서 5년까지 노동 교화형을 받도록 규정하고 있다. 그러나 시장화의 흐름에 따라 사금융 시장은 점차 체계화 및 전문화되고 있다. 1990년대 경제난으로 중앙은행이 기업 자금을 지원해주지 못하게 되자, 돈주들이 기관과 네트워크를 구축해 건설업, 서비스업, 제조업 등에 자금을 지원하기 시작했다(한국수출입은행 해외경제연구소, 2016).

2012년 이후 생산 단위의 자율성 및 인센티브를 확대하는 '우리식 경제관리 방법'의 추진으로 사금융시장이 더욱 확대되었다. 북한은 '우리식 경제관리 방법'의 일환으로 주민들이 보유하고 있는 현금을 끌어내어 은행 자금으로 활용하기 위해 초보적 금융 개혁을 추진하고 있다(양문수, 2018: 2). 북한은

2010년 조선무역은행이 '나래카드'를 발급한 이후 북한 중앙은행이 발행하는 '전성카드'와 '대성은행', '고려은행', '황금의 삼각주은행'이 발행하는 직불카드 등이 활용되고 있는 것으로 알려지고 있다. 2014년부터는 중앙은행에서 상업은행의 기능을 분리하기 위한 상업은행 제도를 시행하고 있으며, 상업은행은 자금 융통과 기관·기업체에 대한 재정적 통제를 하면서 자체로 채산을 맞추는 '금융기관 채산제'를 시행하고 있는 것으로 전해지고 있다.

북한의 사금융은 1980년대 환전, 1990년대 고리대, 2000년대 투자로 확대되다가 2010년대 송금 시스템이 마련되면서 수요와 공급 구조를 갖추게 되었다(박영자, 2016: 184). 사금융시장의 발달에 따라 이자율도 점차 안정화되는 추세를 보이고 있다. 2000년대 대출이자율은 월 13~15%였으나, 2010년대 5~10% 수준으로 안정화되었다. 이러한 안정화 추세는 개인과 농장원 간 금융에서 확인해볼 수 있다. 농장원들이 춘궁기에 식량을 빌려 가을에 농작물로 상환하는 '가을 내기'가 대표적인데, 1990년대 3~5배까지 하던 현물 고리대는 2000년대 시장화 이후 2배 수준으로 안정화되었다.

상인 간 또는 개인 간 금융도 발전하게 되었다. 1990년대에는 시장 상인들이 이용하는 소규모 사채 수준이었으나, 최근에는 거래 규모 자체도 확대되었으며 수요자의 사회적 지위에 따른 이율 결정 등 전문화된 사채시장이 형성되었다. 이자율은 신용도에 따라 다른데, 고위층은 월 3%, 중규모 상인은 월 10%, 밀수꾼은 월 20~30%로 차별화되어 있다. 또한 개인과 기업 간 금융도 발달했다. 이는 개인이 공장·기업소 및 협동농장에 대해 투자하는 것으로 기업은 개인으로부터 선투자를 받아 제품을 생산한 뒤 생산품(현물)으로 개인에게 자금을 상환하는 것을 의미한다.

6) 종합 평가

북한의 사경제화는 아직 제도적 보장을 받지 못하는 부분이 많이 남아 있으나, 전반적인 시장화 흐름에 따라 점차 확대되고 있는 것으로 평가된다. 1990년대 경제난으로 북한 당국의 계획경제 및 배급제가 사실상 와해되면서 시장화가 급진전되었으며, 돈주들의 역할이 강조되었다. 이에 따라 소규모 자발적 사유화, 토지 이용권, 주택 시장, 운수업 및 통신업, 금융업 부문에서의 사경제화 진전이 눈에 띄게 나타나게 된 것으로 분석된다.

4. 맺음말

북한의 사경제화는 앞으로도 지속적으로 확산될 것으로 보이며, 향후 사경제 활동을 통해 형성된 사적 재산권을 인정하고 보호하기 위한 법체계를 확립해야 할 것으로 판단된다. 이를 위해 북한은 사적 재산권 인정을 헌법에 명문화하고 개인의 이윤 추구를 보장하는 민법 개정을 통한 사법 체계의 전면적인 정비가 필요할 것으로 보인다. 토지 이용권을 인정·보호하고, 주택의 사적 소유를 인정하는 한편, 소규모 사적 기업의 창설을 허용하고, 이들의 기업 활동을 인정·보호하는 제도 구축 등 비공식 거래를 공식화하는 제도적 기반이 마련되어야 할 것이다. 소규모 사유화를 촉진하기 위해서는 국유 기업 파산법을 제정해 부실기업에 대한 정리와 함께 점진적으로 그 대상을 사기업에도 확대하는 방식으로 법제를 정비할 필요가 있다.[10] 북한은 2000년 4월 외국인 투자

10) 파산은 경쟁 시장의 창조적 파괴를 위한 시스템이며, 과거에 지불한 희생을 통해 새로운

표 7-6 _ 북한의 부문별 사경제화 진전 현황

구분	주요 내용	
소규모 자발적 사유화	배경	-8·3 노동자의 출연, 비공식 경제활동 참여율 83%(2008년 기준)
	현황	- 서비스업 분야를 중심으로 소규모 자발적 사유화 진행 중
토지이용권	배경	- 식량난 지속으로 농민들의 식량 확보 필요성 증대
	현황	- 농민들의 자가 소비 및 시장 판매 목적 소토지 경작 확대
주택시장	배경	- 주택 공급이 수요를 충족하지 못하게 되면서 비공식적 주택 거래 활성화
	현황	- 기존 주택 이용권의 단순 거래에서 돈주들에 의한 신규 주택 건설로 확대
운수업 및 통신업	배경	- 철도 중심의 수송 체계 와해 - 정부의 휴대전화 가입자 확대 의지
	현황	- 여객·화물 수송 관련 개인 운수업 확대 - 북한 인구 10명 중 2명은 휴대전화를 사용하는 것으로 추정
금융업	배경	- 중앙은행의 기업 자금 지원 능력 상실, 돈주들의 부상
	현황	- 수요와 공급 구조를 갖추며 체계화·전문화 진전

기업 파산법을 제정했으나, 국내 기업의 파산에 관한 규정은 두고 있지 않아 이에 대한 제도 구축이 필요한 상황이다.

남한은 북한의 사경제화 진전 상황을 면밀히 관찰하면서 북한의 사적 재산권 보호 관련 법제 구축을 지원하는 한편, 사경제화가 북한 경제의 안정적인 성장 동력이 될 수 있도록 측면 지원할 필요가 있다. 특히, 남한 정부는 남북 경협 확대를 통해 자본주의 시장경제를 학습할 수 있도록 기회를 제공하는 한편, 체제전환국의 사적 재산권 관련 법제 구축 지원 경험을 활용해 북한의 관련 제도 정비를 지원하는 방안을 고려할 수 있다. 정부에서 추진하는 '한반도 신경제 구상'을 통해 궁극적으로 남북 간 하나의 시장을 형성하는 방향으로 협력을 추진해 나아가려면 북한 경제의 현주소를 면밀히 검토하고, 북한의 사경제화 진전 현황을 활용해 남북 경협을 활성화하는 방안에 대한 고민이 필요할 것이다.

회사가 나타나는 것이다(Alexandrovich, 2001: 96).

참고문헌

김병로. 2013.「북한의 시장화와 계층구조의 변화」. ≪현대북한연구≫, 16권 1호, 171~213쪽.

김병연. 2012.「사회주의 체제의 시장화 진전 정도와 체제이행 간의 관계 분석」.『북한의 시장화 현황과 경제체제의 변화 전망』. 대외경제정책연구원.

김병연·양문수. 2012.『북한 경제에서의 시장과 정부』. 서울대학교출판문화원.

김영훈 외. 2009.『북한 농업·농촌 실태와 대북 농업지원 방향 연구: 협동농장을 중심으로』. 한국농촌경제연구원.

______. 2013.『북한의 농업부문 개혁조치 분석과 전망(1996~2012)』. 한국농촌경제연구원.

김영희. 2008.「7·1 조치 전후 북한 공장의 관리운영실태」.『글로벌 지역연구』. KDB 산업은행.

박석삼. 2002.『북한의 사경제부문 연구: 사경제 규모, 유통현금 및 민간보유 외화 규모 추정』. 한국은행.

박영자. 2016.「북한의 사금융시장」.『북한의 금융』. 오름.

양문수. 2018.「북한의 변화상 이해하기 시리즈-① 북한 가계의 경제활동 변화」. ≪대한상의 브리프≫, 64호. 대한상공회의소, 1~5쪽.

______. 2018.「북한의 변화상 이해하기 시리즈-② 북한 기업의 경제활동 변화」. ≪대한상의 브리프≫, 68호. 대한상공회의소, 1~5쪽.

______. 2018.「북한의 변화상 이해하기 시리즈-③ 북한 경제정책의 변화」. ≪대한상의 브리프≫, 70호. 대한상공회의소, 1~4쪽

이상숙. 2014.「북한의 시장화 경향과 통일기반 조성을 위한 남북경협 방향」.『2014-05 정책연구과제』. 국립외교원 외교안보연구소.

이석. 2012.「정량적 분석을 통한 북한 시장규모의 측정」.『북한의 시장화 현황과 경제체제의 변화 전망』. 대외경제정책연구원.

이석기. 2012.「남북통합과 북한 경제의 사유화 정책」.『남북한 경제통합 연구: 북한 경제의 개혁 및 이행 전략』. 한국개발연구원.

이해정. 2014.「남북관계, 새로운 접근법을 찾는다: 남북관계 개선으로 북한의 경제 개혁 추동해야」.『민족화해』. 민족화해협력범국민협의회.

______. 2015.「남북한 부동산 제도 비교」.『통일경제』. 현대경제연구원.

______. 2015.「북한 지역의 토지·주택·기업 사유화에 관한 연구」. 이화여자대학교 대학원 박사학

위 논문.
정은이. 2016.「북한 부동산 개발업자의 등장과 함의에 관한 분석: 중국 부동산 개발업자와의 비교 연구를 중심으로」.『나라경제』. 세종: 한국개발연구원.
조정아·김영윤·박영자. 2010.『북한 시장 진화에 관한 복잡계 시뮬레이션』. 통일연구원.
통일부 북한정보포털 http://nkinfo.unikorea.go.kr
통일부 통일교육원. 2018.『2018 북한이해』. 통일교육원.
한국수출입은행 해외경제연구소. 2016.「북한 사금융시장의 현황과 전망」.
한국은행 조사국. 2002.「북한의 사경제부문 연구: 사경제 규모, 유통현금 및 민간보유 외화 규모 추정」. 한국은행.
허강무. 2013.「북한의 부동산사용료제도와 시사점」. ≪토지공법연구≫, 61집. 한국토지공법학회, 1~22쪽.
현대경제연구원 통일경제센터. 2018.「북한의 사경제화(私經濟化) 현황과 시사점」.『통일경제』. 현대경제연구원.
KOTRA(대한무역투자진흥공사), http://www.globalwindow.org

Central Bureau of Statistics of DPRK. 2009. *DPRK Korea 2008 Population Census: National Report*.
Daily NK 홈페이지 http://www.dailynk.com/北장마당-동향/
Guariglia, A. and B-Y Kim. 2006. "The Dynamics of Moonlighting: What is Happening in the Russian Informal Economy?" *Economics of Transition*, Vol.14, No.1.
Kim Byung-Yeon and Kang Young-Ho. 2009. "The Informal Economy and the Growth of Small Enterprises in Russia." *Economics of Transition*, Vol.17, No.2.
Kim, Byung-Yeon and Song Dongho. 2008. "The participation of North Korean Households in the Informal Economy: Size, Determinants and Effect." *Seoul Journal of Economics*.
Kim, Yonho. 2018. "North Korea's Mobile Telecommunications and Private Transport Services in Kim Jong Un Era." Maryland: US-Korea Institute at Johns Hopkins University.

8장

김정은 시기 북한 경제특구 정책의 변화*

유현정 (국가안보전략연구원)

1. 들어가는 말

이 장의 목적은 김정은 정권이 취하고 있는 경제특구 정책의 변화와 특구 운영상의 문제점 및 대안을 모색해 개성 공단 재개에 주는 함의를 규명하는 데 있다.

북한은 김정은의 집권을 전후해 '핵·경제 병진 노선'을 채택하며 경제 재건에 대한 의지를 다각적으로 표명해왔다. 대내적으로는 이른바 '6·28 방침'이라 불리는 '새로운 경제관리 체계'(2013.6.28)를 채택해 농산물 배분의 탄력성을 제고하고 기업소에 좀 더 많은 자율권을 부여하는 등 경제의 분권화를 도모했고, 대외적으로는 나선, 황금평·위화도 경제특구의 개발에 힘쓰는 한편 새로운 경제개발구 건설에 노력을 기울였다. 현재까지 19개의 지방급 경제개

* 이 장은 법무부 발표문(2017.10)을 수정·보완해 ≪북한학부≫, 43-1호에 게재한 글을 수정·보완했다.

발구를 지정·운영하면서 특구 정책을 통한 지방분권화와 지방 경제 발전을 시도하고 있다. 2017년 10월 10일 노동당 창건 72주년을 기념해 병진 노선을 재차 확인함으로써 경제 부흥에도 방점을 두고 있는 모습이다(KBS, 2017.10.10).

북한 정권의 경제 부흥에 대한 관심에도 불구하고 그동안 핵 군사력 강화와 권력 안정화에 역량을 집중하면서 북한의 경제특구 정책은 대내외적으로 위기에 봉착해 있다. 개방정책을 주도했던 장성택이 숙청되면서 특구 정책의 내적 동력이 상실되었으며, 김정은 집권 4여 년 동안 네 번에 걸친 추가 핵실험을 단행하면서 국제사회로부터 강력한 경제제재를 받고 있다. 4차 핵실험(2016.1) 이후 우리 정부의 개성 공단 전면 중단 조치가 발표(2016.2)되었고, 미중 간 정상회담(2017.4)을 기점으로 중국 역시 대북 경제 압박에 적극 동참하면서 북한은 더 이상 특구 정책에 기울일 여력이 없는 것으로 평가된다.

경색된 남북 관계와 남북 경협은 문재인 신정부 출범을 계기로 획기적 전환의 기회를 맞이했다고 볼 수 있다. 문재인 대통령은 대선 공약에서 기존 200만 평 규모의 개성 공단을 2000만 평으로 확대·재개하겠다는 의지를 천명했고 2017년 7월에는 독일을 방문해 '평화 비전' 5대 정책·4대 제안을 발표하면서 남북대화와 교류의 의지를 강하게 표방했다. 문 대통령이 제안한 한반도 영구적 평화체제를 위한 5대 정책 방향은 ① '6·15 공동선언'과 '10·4 정상선언' 체제 복귀, ② 북한 체제의 안전 보장과 한반도 비핵화, ③ 남북 합의의 법제화와 한반도 평화협정 체결, ④ 남북 경제협력 확대, ⑤ 비정치적 민간 교류 협력 추진 등이며, 4대 제안은 ① 이산가족 상봉 재개, ② 평창 올림픽 북한 선수단 참가, ③ 군사적 적대 행위 중단, ④ 남북대화 재개 등이다. 정부 출범 초기만 하더라도 개성 공단 재개에 대한 기대감이 표출되었고 중소기업중앙회가 실시한 '남북 관계 및 통일에 대한 인식 조사'에서는, 중소기업인 300명 중 약 87%가 개성 공단의 재가동에 긍정적인 것으로 조사되었다.[1] 그러나 김정은 정권은 문재인 정부 출범 이후 10

차례에 걸친 미사일 실험과 제6차 핵실험(2017.9)을 감행하면서 국제사회로부터의 비난과 강력한 제재에 직면했다. 유엔 안보리 결의와 국제 제재의 틀을 존중해야 하는 우리 정부의 입장에서는 남북 경협과 개성 공단 재개 문제가 당면한 현안은 아닐 수 있다. 그러나 경색된 동북아 정세 속에서도 여전히 개성 공단을 비롯한 남북 간 경제협력의 가능성은 존재하고 있다. 중국을 포함한 국제사회의 대북 경제제재로 북한의 경제난이 가중되고 있기 때문에(≪월간조선≫, 2017.10.10) 김정은 지도부가 전향적인 결단을 내릴 가능성이 있다. 게다가 북핵 문제의 직접 당사자인 북미 간에도 대화 채널을 통해 지속적으로 소통하고 있다는 점(연합뉴스TV, 2017.10.2), 시진핑·문재인 지도부는 대화와 협력을 통한 북핵 해결에 방점을 두고 있다는 점은 향후 동북아의 안보 지형이 크게 변화될 수 있는 계기가 될 수 있는 것으로 분석된다.

따라서 개성 공단의 재가동 및 남북 경협의 재개에 미리 대비해야 할 필요가 있다. 개성 공단이 재개된다고 하더라도 공단의 재개 그 자체에 목적을 둘 것이 아니라 정상적이고 지속 가능한 경제특구 관리·운영 체계를 수립할 필요가 있다고 생각된다. 지난 15년간 개성 공단 운영 과정에서 나타난 문제점을 시정하고 김정은 정권의 경제특구 정책을 면밀하게 검토해 개성 공단이 지속 가능한 경제협력의 공간으로서 역할을 다할 수 있도록 대안이 마련되어야 할 것이다.

이러한 문제 인식에 근거해 경제특구 법제를 중심으로 북한 경제특구 정책의 변화에 초점을 맞추고자 한다. 법·제도적 측면에서 북한 경제특구를 살펴보고 해당 법제가 북한의 경제특구 활성화에 어떠한 영향을 미쳤는지 구체적

1) 개성 공단 재가동에 대한 의견을 묻는 설문에서 무조건 재가동(7.0%), 남북대화 재개 시 재가동(19.7%), 남북 관계의 우호적 개선 시 재가동(60.3%), 재가동 필요 없음(10.0%), 잘 모르겠음(3.0%)으로 조사되었다(중소기업중앙회, 2017: 20).

으로 검토함으로써 향후 개성 공단 재개를 위한 긍정적 환경 조성의 토대를 제공하고자 한다.

북한의 경제특구에 관한 법·제도적 분석은 주로 법학자의 시각에서 법제 해석에 기반을 둔 연구가 주를 이루어왔다. 대표적으로, 이창훈은 최근 북한의 외국인 투자법제 변화를 분석하고, 나아가 남북 경제협력을 활성화하기 위해서 투자자 범위를 확대하고 외국인 투자 보장을 위한 법적 일반 원리가 준수되는 방향으로 남북 투자 보장 합의서가 개정되어야 할 필요를 제기했다(이창훈, 2015). 유욱은 북한의 경제개발구법을 분석하고, 이전의 경제특구 법제가 북한 사회와 분리되었던 데 반해, 경제개발구법은 중앙 또는 지방정부가 필요에 따라 지역을 지정해 경제특구를 설립할 수 있도록 함으로써 경제특구 정책이 새로운 단계로 변화하고 있음을 지적했다(유욱, 2014). 이외에도 특정 경제특구에 초점을 맞춘 연구 또한 활발하게 진행되어왔는데, 특히 개성 공단의 운영과 노동법제 분야에서 가장 두드러진 연구 성과를 거두었다.[2)]

북한의 경제특구 법제에 관한 연구는 구체적인 법제에 관한 분석을 통해 그 특징을 도출하고 발전적 대안을 모색했다는 점에서 의의가 있다고 하겠다. 다만 거시적 시각에서 북한의 경제특구 개발을 투사하는 시도가 부족했다는 점이 한계로 지적될 수 있다. 이 장에서는 첫째, 북한의 경제특구와 관련한 국가 정책의 변화를 분석한다. 김정은 시기에 추진된 경제특구 정책의 변화를 관련 법제도의 변화를 중심으로 분석하도록 한다. 특히 나선 지역과 개성 그리고 경제개발구의 법제 변화를 추적해 그 변화의 특징을 도출해보고자 한다. 둘째, 특구 지정의 목적과 배경에 주목하고 이것이 법규에 어떻게

2) 개성 공단 법제에 관한 최근의 연구로는 박정원·박민(2014), 김광수(2014), 한상국(2012), 문무기(2012) 등이 대표적이다.

반영되어 있는지 상호 관련성을 밝혀보고자 한다. 대다수의 특구 법제 연구들은 개별 법규 내용에만 초점을 두고 법제 간 비교·분석을 진행했다. 그러나 특구의 목적과 지정 배경은 법률 전반을 해석하고 적용하는 지침이 되는 중요한 요소이기 때문에 중요한 분석의 대상으로 삼았다.

이 장은 5개의 절로 구성되어 있다. 서론에 이어 2절에서는 김정은 시기에 북한이 추진한 경제특구의 지정 배경과 목적을 고찰해 거시적 측면에서의 경제특구 정책 변화를 규명하고자 했다. 3절에서는 세부적인 법률과 제도를 비교·분석했고, 4절에서는 김정은 시기 북한 경제특구 성책의 변화가 지니는 한계와 그에 대한 해결책을 모색하고자 했다. 마지막으로 5절에서는 이 장의 연구 성과와 함께 북한 경제특구 정책의 변화가 개성 공단 재개에 주는 시사점을 살펴보았다.

2. 김정은 시기 북한 경제특구의 구분

북한은 1991년 나진·선봉 지역을 '자유경제 무역 지대'로 지정한 이후, 약 25년간 5개의 중앙급 경제특구(나선, 신의주, 개성, 금강산, 황금평·위화도)와 19개의 지방급 경제개발구를 지정해 개발해왔다. 각각의 경제 지대마다 지정의 배경, 주력 산업, 경제협력의 주된 상대방, 지정 위치를 서로 달리하며, 이러한 차이를 고려해 융통성 있게 법과 제도를 정비해왔다.

김정은 집권 시기에 유효하게 관리·운영되어왔던 경제 지대, 즉 개성 공업지구, 라선경제무역지대, 경제개발구를 법 제정 시기에 따라 구분해 특구 지정의 배경과 목적을 심층 분석하고자 한다. 라선경제무역지대의 경우, 2011년 12월에 개정된 '라선경제무역지대법'을 중심으로 고찰한다.

우선 라선경제무역지대는 유엔개발계획UNDP이 두만강 지역 개발 계획TRADP을 발표하면서 이에 부응해 북한이 지정(1991.12.28)한 최초의 경제특구이다. 유럽과 북미, 러시아와 호주를 잇는 십자형 교차점에 위치하는 지리적 이점을 이용해 국제 화물의 중계 기지, 가공 수출을 위한 제조업 기지로 육성하기 위해 노력을 기울였다. 그러나 초기 투자 당사자였던 조총련이 북 측의 특구 운영에 불만을 가지며 투자를 철회했고, 1990년대 말 동아시아의 금융위기 등 악재가 거듭되면서 뚜렷한 성과를 거두지 못했다. 다자간 경제협력사업인 광역두만강개발계획GTI이 협력 당사국인 중국, 러시아, 몽골, 북한, 일본, 한국 등의 이해관계가 상충되면서 사업 진행이 기대치를 하회하게 되자 북한은 2009년 11월에 GTI를 탈퇴했고 나진·선봉 지역 개발을 북중 양자 간 경제협력을 통해 진행하고자 했다. 중국의 동북 3성 개발 계획인 창지투長吉圖 프로젝트와 북한의 나진·선봉 특구 개발이 접점을 찾으면서 양국은 '조선민주주의인민공화국 정부와 중화인민공화국 정부 사이의 라선경제무역지대와 황금평·위화도 경제지대 공동개발 및 공동관리에 관한 협정"(2010.12)과 후속 합의서인 "조중라선경제무역지대와 황금평경제지대 공동개발총계획요강'(이하 '총계획요강')을 체결했고 북한 측은 '라선경제무역지대법'을 대폭 수정·보충하면서 현행법에 이르고 있다. 라선경제무역지대의 연혁을 살펴볼 때, 이 특구의 지정은 아시아뿐 아니라 유럽, 러시아 등 국제 투자가를 상대로 한 외자 유치를 목표로 하고 있으나 우선적으로는 중국과의 경협을 통해 특구 개발을 추진하려는 의도가 있는 것을 알 수 있다. 이를 위해 북한은 지대의 개발과 개발 후의 경제활동에도 북한 기업의 진출을 허용하고 있다.

개성 공업 지구는 1990년대 말 남북 화해 분위기가 조성된 가운데 남북 경제 교류와 협력의 장場으로 구상된 북한의 경제특구이다. 현대아산과 조선아시아태평양위원회 사이에 "공업지구 건설운영에 관한 합의서"(2000.8)가 체결

표 8-1 _ **개성 공업 지구 로동 규정 개정 사항**

개정 전 개성 공업 지구 로동규정(2003.9)	개정 후 개성 공업 지구 로동규정(2014.11)
제7조(감독 통제) 공업 지구에서 기업의 로력 채용과 관리 사업에 대한 감독 통제 사업은 **공업지구관리기관**이 한다.	제7조(로력 보장 사업에 대한 지도 통제 기관) 공업 지구에서 로력 보장 사업에 대한 지도 통제는 **중앙공업지구지도기관**이 한다.
제25조(종업원의 월 최저로임) 기업의 종업원 월 최저로임은 50$로 한다. 종업원 월 최저로임은 전년도 종업원 월 최저로임의 5%를 초과해 높일 수 없다. 종업원 월 최저로임을 높이는 사업은 **공업지구관리기관이 중앙공업지구지도기관과 합의**해야 한다.	제25조(종업원의 월 최저로임) 종업원 월 최저로임 기준은 **중앙공업지구지도기관**이 종업원의 로동 생산 능률, 공업 지구 경제 발전 수준, 로력 채용 상태 같은 것을 고려해 해마다 정한다.

되고, 2002년 11월에는 개성 공업 지구가 지정되고 '개성공업지구법'이 제정되면서 개발 사업 추진의 법적 기초를 마련했다. 2012년까지 3단계 총 2000만 평 개발을 목표로 현대아산과 한국토지공사가 개발을 추진했으나 2010년 1단계 100만 평 개발을 완료한 이후 2단계 조성 계획은 지연되고 있다. 2015년까지 125개의 남한 측 중소기업이 진출해 북 측에 6만 5000개의 일자리를 창출했고 누적 32.3억 달러의 생산 실적을 기록했다. 그러나 북 측이 원하는 첨단 기술 분야 투자보다는 섬유·기계금속 등 제조업 부문의 투자가 집중되었으며 천안함 폭침을 이유로 한 5·24 조치, 연평도 포격 등이 이어지면서 개성 공단 사업이 주춤하다가 2016년 1월 북한의 핵·미사일 실험으로 인해 개성 공단은 결국 전면 폐쇄되기에 이르렀다. '개성공업지구법' 제1조에서 보는 바와 같이 개성 공단 사업에 대한 북한의 인식은 경제적 측면뿐만 아니라 '민족경제 발전'이라는 정치적 고려가 내재되어 있음을 알 수 있다. 같은 법 제3조에서는 남측뿐 아니라 외국의 경제단위 및 해외 동포가 투자의 당사자로 규정되어 있으나 실제 지대의 개발을 주도하고 지대 내에 입주한 기업은 남한 기업이었으며 북한 측 기업의 진출은 허용되지 않았다. 한 가지 주목할 점

표 8-2 _김정은 시기 특수 경제 지대 개요

	개성	나선	경제개발구
위 치	황해남도	함경북도	지역별 총 19개
면적	66km^2	약 470km^2	
지정일	2002.11	1991.12 특수 경제 지대(2010)	
유형	공업 지구	경제 무역 지대	공업·농업·관광·수출가공·첨단 기술 개발구
관련 법	개성공업지구법(2002)	라선경제무역지대법(2011)	경제개발구법(2013)
법의 목적	**민족경제를 발전**시키는 데 이바지(제1조)	**라선경제무역지대**를 국제적인 중계 수송, 무역 및 투자, 금융, 관광, 봉사 지역으로 발전시키는 데 이바지(제1조)	경제협력과 교류를 발전시켜 **나라의 경제를 발전**시키고 **인민생활**을 높이는 데 이바지(제1조)
투자 당사자	남측 및 해외 동포, 다른 나라의 법인, 개인, 경제조직(제3조)	세계 여러 나라의 법인, 개인, 경제조직(제4조)	다른 나라의 법인, 개인, 경제조직, 해외 동포(제5조)
북한 측 개발 참여	부정 (규정 없음)	긍정 (총계획요강 제33항)	긍정 (법 제20조)
북한 기업의 입주 여부	부정 (규정 없음)	긍정 (기업창설운영규정 제2조)	긍정 (근거 규정 없음)

은 지난 2014년 11월 20일에 개정된 "개성공업지구 로동규정"에서 찾아볼 수 있다. 동 규정 제7조는 종래 관리위원회의 소관이었던 노동력 보장 사업에 대한 감독·통제권을 중앙공업지구지도기관으로 이전하고 이전 법에 규정된 종업원의 월 최저임금 제한을 중앙공업지도기관이 재량에 따라 책정할 수 있도록 개정했다. 이는 ① 공업지구관리기관의 독자성과 자율성을 훼손하고, ② 저임금 고생산성이라는 개성 공단의 경쟁력 근거를 약화시키며, ③ 남북 간의 신뢰를 깨뜨리는 조치로 평가(김병필, 2015: 11)되고 있다. 하지만 다른 한편으로는 개성 공업 지구를 통해 경제적 이익 취득에 집중하고 있다는 점에서 북

한 경제특구 정책의 실리적 측면을 엿볼 수 있는 대목이기도 하다.

김정은 시기의 특구 정책을 가장 명확하게 살펴볼 수 있는 것은 경제개발구 정책이라고 할 수 있다. GTI 체제하에서 다자간 경제협력이 진전되지 못하고 계속된 핵·미사일 실험으로 인해 남북 간, 북중 간 경제협력이 난항에 봉착하자 지체된 특구 사업에 속도를 내고 독자적인 개방 프로그램에 따라 외자 유치의 추진력을 확보하겠다는 의도가 반영된 것이라고 할 수 있다. 김정은은 2013년 3월 조선로동당 중앙위원회 전원회의에서 '핵 무력·경제 건설 병진 노선'을 채택한 후 '경제개발구법'(2013.5)을 제정했고 현재까지 19개의 지방급 경제개발구를 지정했다. 이들은 주로 북중 접경 지역, 동해와 서해 연안 그리고 남북 접경 지역에 위치하고 있다. 기존의 5대 경제특구가 점點형 개방이었다면 경제개발구는 경제특구의 개발 효과를 그 배후 지역으로 파급시키려는 선線형, 면面형 개방 사업이라는 평가가 지배적이다(임호열·김준영, 2015: 2). '경제개발구법'은 대외 경제협력과 교류를 통한 국가 경제 발전과 인민 생활 수준 제고에 궁극적인 목적을 두고 있다는 점이 주목된다. 북한 측이 지대 개발에 적극적으로 참여하고 지대 내 기존의 북한 기업과 외국의 신규 투자 기업이 함께 경제활동을 영위함으로써 지방 경제 발전과 북한 주민의 수요를 충족시키려는 것이 경제특구 정책의 핵심적인 목표라고 할 수 있다. 비록 핵 우선 정책으로 말미암아 현재의 경제개발구 계획은 중단된 상태이지만, 경제개발구 정책을 단순히 외화벌이 수단으로 인식하는 수준에서 벗어나 지역 균형 발전 및 주민 생활 안정이라는 국가 목표와 연계하고 있다는 점은 고무적이라고 할 것이다.

이상의 분석을 종합해볼 때, 김정은 시기의 경제특구 정책은 ① 특구 사업에서의 실리를 강조하고 특구 정책과 국가 목표를 연계하는 실용적인 측면이 강조되고 있으며, ② 북한 측 기업이 개발과 운영에 적극적으로 참여하는 방

표 8-3 _ **북한 경제개발구 현황**

소재지	개발구	개발 지역	주요 개발 업종	개발 면적	투자액
평안북도	압록강 경제개발구	신의주시 룡운리와 어적리 일부 지역	현대 농업, 관광 휴양, 무역	6.6km²	약 2억 4000만 $
	청수 관광 개발구	삭주군 청성 로동자구, 방산리 일부 지역	관광 봉사 시설, 특산물 가공과 축산, 과수, 양어 기지	38km²	
평안남도	청남 공업 개발구	청남구 룡북리 일부 지역			
	숙천 농업 개발구	숙천군 은정리 일부 지역			
평양시	은정 첨단 기술 개발구	은정 구역 위성동, 과학1동, 과학2동, 배산동, 을밀동 일부 지역	첨단 기술 개발		
자강도	만포 경제개발구	만포시 미타리와 포상리 일부 지역	현대 농업, 관광 휴양, 무역	3km²	약 1억 2000만 $
	위원 공업 개발구	위원군 덕암리와 고성리의 일부 지역	광물 자원 가공, 목재 가공, 기계 설비제 작업, 농토산물 가공업	3km²	약 1억 5000만 $
황해북도	신평 관광 개발구	신평군 평화리 일부 지역	명승지 유람과 탐승, 휴양, 체육, 오락 등 관광	8.1km²	약 1억 4000만 $
	송림 수출 가공구	송림시 서송리 일부 지역	수출 가공업, 창고 보관업, 화물 운송	2km²	약 8000만 $
황해남도	강령 국제 녹색 시범구	강령읍 일부 지역			
강원도	현동 공업 개발구	원산시 현동리의 일부 지역	정보 산업, 경공업과 관광 기념품 생산업	2km²	약 1억 $
함경남도	흥남 공업 개발구	함흥시 해안 구역 덕풍동 일부 지역	보세 가공, 화학 제품, 건재, 기계 설비 제작	2km²	약 1억 $
	북청 농업 개발구	북청군 문동리, 부동리, 종산리 일부 지역	과수업, 과일 종합 가공업, 축산업	3km²	약 1억 $

함경북도	청진 경제개발구	청진시 송평구역 월포리, 남석리, 수성동 일부 지역	금속 가공, 기계 제작, 건재 생산, 전자 제품, 경공업 제품 생산 및 수출 가공업	5.4km²	약 2억 $
	어랑 농업 개발구	어랑군 룡전리 일부 지역	농축산 기지와 채종, 육종을 포함한 농업 과학 연구 개발 기지	4km²	약 7000만 $
	온성섬 관광 개발구	온성군 온성읍 일부 지역	골프장, 수영장, 경마장, 민속 음식점 등 휴식 관광 봉사	1.7km²	약 9000만 $
양강도	혜산 경제개발구	혜산시 신장리 일부 지역	수출 가공, 현대 농업, 관광 휴양, 무역	2km²	약 1억 $
남포시	와우도 수출 가공구	와우도 구역 령남리 일부 지역	수출 지향형 가공 조립업	1.5km²	약 1억 $
	진도 수출 가공구	와우도 구역 진도동, 화도리 일부 지역			

* 북한의 경제개발구의 「13개 투자제안서」와 임을출(2015: 4~5)을 참조해 재구성했다.

향으로 진행되고 있는 것을 알 수 있다.

3. 김정은 시기 경제특구 법제의 비교·분석

2절에서는 김정은 시기 경제특구 정책의 거시적 변화의 흐름을 고찰했다면 이 절에서는 특구 정책의 핵심 분야에 관한 법제를 상호 비교·분석해 특구 정책의 세부적 변화 양상을 논의하기로 한다. 일반적으로 경제특구란 '외국자본 및 선진 기술을 유치하기 위해 특정 지역에 한해 시장경제 체제를 허용하며 각종 경제적 우대 조치를 통해 외국 기업의 활동을 보장하는 개방된 경제 구역'

이라 정의된다.[3] 이러한 정의에 기초해 이 절에서는 경제특구의 효율적인 관리·운영에 필수 요소라고 할 수 있는 ① 거버넌스 구조, ② 지대 관리의 원칙과 기업의 자율성 보장, ③ 장려 부문 산업과 세금 우대 조치, ④ 노동시장의 유연성이라는 4가지 부분에서 나타나는 변화 양상을 논의하고자 한다.

1) 거버넌스 구조

거버넌스governance에 대한 학문적 합의는 아직까지 이루어지지 않았으나 일반적으로는 '공통의 문제를 해결하기 위해 정책 결정과 정책의 집행 과정에서 다양한 참여자들 간의 상호작용'으로 정의되고 있다(Campbell, Hollingsworth and Lindberg, 1991). 조직의 목적과 지향하는 가치 등 다양한 요인에 따라 거버넌스는 상이하게 표출되기도 한다.

북한의 경제특구는 그동안 3단계 거버넌스 구조에서 4단계 거버넌스 구조로 변화되어왔다. 1993년에 제정된 '자유경제무역지대법'에서는 중앙 대외 경제 기관·지대 당국·개발업자(입주 기업)로 이루어진 3단계 구조로 편성되었다. 지방의 행정기관은 지대 내의 실무 처리 기구로서 각종의 행정 업무를 담당했으며, 경제특구의 원활한 관리·운영을 위한 관리위원회는 구성되어 있지 않았다. 이러한 구조하에서는 중앙·지방의 행정 구조적 상하 관계로 인해 특구의 자율성이 침해될 여지가 많았고, 지방행정기관의 전문성 결여, 개발업자 및 입주 기업들의 애로 사항을 조직적으로 대변해줄 기구의 부재 등이 문제가 되면서 특구 관리의 효율성이 저하될 수밖에 없었다.

---

3) 이 장에서 '경제특구'는 북한의 '경제개발구'를 포함하는 개념으로 활용한다(이용희, 2013: 271).

표 8-4 _ **지대별 거버넌스 구조**

나선(1993)	개성	나선(2011년 이후)	경제개발구
중앙대외경제기관	중앙공업지구지도기관	중앙특수경제지대 지도기관	중앙특수경제지대 지도기관
지대 당국		라선시인민위원회	도(직할시) 인민위원회
	공업지구관리기관	관리위원회	경제개발구 관리기관
개발 업자, 입주 기업	개발 업자, 입주 기업	개발 업자, 입주 기업	개발 업자, 입주 기업

2002년 시행된 '개성공업지구법'에서는 이러한 문제점을 시정하기 위해 특구 관리를 전담하는 관리 기관을 구성했다. 특징적인 점은 거버넌스 구조상 지방행정기관(개성시인민위원회)은 아무런 권한을 가지고 있지 않았다는 것이다. 즉, 중앙공업지구지도기관·공업지구관리기관·개발업자(입주 기업)의 3단계 거버넌스로 운영되었다. 입주 기업의 행정 요구를 효율적으로 처리하기 위해 남한 측 개발 업자가 추천한 인사를 중심으로 관리 기구를 구성했고(개성공업지구법 제24조) 북한 측의 행정 실무는 중앙공업지구지도기관이 처리하도록 했다. 하지만 총괄적 지도 감독 기관이 행정 실무까지 수행하게 되면 행정절차의 투명성이 문제가 될 수 있으며 일상적인 행정 실무조차 중앙의 행정기관을 거치게 되어 행정 절차가 지연될 수 있다는 문제가 있었다. 이러한 우려를 불식시키기 위해 실제로는 개성 공단으로부터 약 1.5km 떨어진 곳에 중앙공업지구지도기관의 지부를 설치해 행정 업무를 수행하도록 했다고 한다.

그동안의 경제특구 거버넌스가 가지고 있었던 비전문성과 비효율성의 한

표 8-5 _ 경제 지대 참여 주체의 권한

	개성	나선	경제개발구
중앙정부	**개성공업지구법 제22조** 개발업자의 지정 관리기관의 사업지도 시행세칙작성 로력, 용수, 물자의 보장 대상건설설계문건의 접수 보관 생산품의 북측지역판매실현 세무관리, 국가위임사업	**라선경제무역지대법 제31조** 발전전략작성 국내기관들과의 사업련계 외국정부와의 협조 및 연계 기업창설심의기준의 승인 지대에 투자할 국내기업의 선정 생산품의 지대밖, 국내 판매,협조	**경제개발구법 제33조** 발전전략안작성 국내기관들과의 사업련계 외국정부와의 협조 및 투자유치 관리기관의 사업방조 기업창설심의기준의 검토승인 세무관리 국가위임사업
지방정부		**라선경제무역지대법 제30조** 시행세칙작성 개발과 기업활동에 필요한 로력보장 중앙특수경제지대지도기관 위임사업 **개발규정 제12조** 개발기업의 선정은 라선시인민위원회 또는 관리위원회가 한다.	**경제개발구법 제34조** 관리기관의 조직 시행세칙 등 문건의 작성 및 시달 관리기관의 사업방조 로력보장, 국가위임사업 **개발규정 제11조** 개발기업의 선정은 도(직할시)인민위원회 또는 해당 기관이 한다.
관리기관	**개성공업지구법 제25조** 투자조건의 조성과 투자유치 기업의 창설승인, 등록, 영업허가 건설허가와 준공검사 토지리용권, 건물, 륜전기재의 등록 기업의 경영활동에 대한 지원 하부구조시설의 관리 환경보호, 소방대책 출입증명서 발급 사업준칙 작성 중앙공업지구지도기관 위임사업	**라선경제무역지대법 제27조** 투자조건의 조성과 투자유치 기업의 창설승인, 등록, 영업허가 건설허가와 준공검사 토지리용권, 건물소유권의 등록 기업의 경영활동협조 하부구조 등에 대한 감독 및 협조 환경보호와 소방대책 인원의 출입과 물자의 반출입 협조 개발과 관리에 필요한 준칙작성 중앙특수경제지대지도기관과 라선시인민위원회 위임사업 투자장려, 제한, 금지목록의 공포 대상설계문건의 보관 독자적인 재정관리체계의 수립 위임받은 재산의 관리 관리위원회의 규약작성	**경제개발구법 제36조** 투자환경의 조성과 투자유치 기업의 창설승인, 등록, 영업허가 건설허가와 준공검사 토지리용권, 건물소유권의 등록 기업의 경영활동협조 하부구조 등에 대한 감독 및 협조 환경보호와 소방대책 준칙작성 중앙특수경제지대지도기관과 도(직할시)인민위원회 위임사업 대상설계문건의 보관 관리기관의 규약작성

계를 시정하면서 2011년에 개정된 '라선경제무역지대법'에서는 지대 내 거버넌스 구조를 중앙경제무역지대지도기관·지방정부·관리위원회·개발업자(입주 기업)의 4단계로 편성했다. 〈표 8-5〉에서 보듯이 개성 공단에서는 중앙 기관이 관장했던 많은 권한을 지방정부와 관리위원회에 이관해 지방정부의 권한을 강화했으며, 지방정부가 관리위원회의 구성에 직접 참여하도록 해 특구 운영에서 적극적인 역할을 담당하도록 했다. '경제개발구법'에서도 라선 특구와 동일하게 4단계 거버넌스 구조를 채택하고 있으며 각 기구가 보유하는 권한 내용도 대체로 비슷하다. 특히 경제개발구에서는 경제개발구 시정 신청권을 지방정부에 부여하고 지방급 경제개발구를 운영할 수 있도록 규정하고 있는데(경제개발구법 제14조) 이는 종래 중앙정부 중심의 거버넌스에서 지방정부·관리위원회 중심의 거버넌스로 특구 정책이 변화되는 것으로 평가할 수 있을 것이다.

2) 지대 관리의 원칙과 기업의 자율성 보장

2011년 개정된 '라선경제무역지대법'에서 큰 주목을 받았던 부분은 지대의 관리 원칙에 관한 규정(법 제23조)이었다. 이는 금강산 부동산에 대한 북한 측의 일방적 동결 조치로 북한 특구의 투자 불안정성이 부각되고 기업 활동에 대한 정부 차원의 지나친 간섭으로 인해 기업의 자율성 침해 문제가 지속적으로 제기되었던 상황에서 개정된 것으로 북한 경제특구 정책의 한계로 지적되어온 '법치 경제'와 '시장경제'를 명문화했다는 점에서 높이 평가되었다.

그러나 2013년 발표된 '경제개발구법'에서는 '라선경제무역지대법'에서 규정했던 '시장 원리의 준수'라는 부분이 생략되었고, '경제개발구 기업창설운영규정'에서는 "경제개발구에서 기업은 평등한 지위를 가진다. 기업은 공정한

표 8-6 _ 경제 지대의 관리 원칙과 기업 활동 보장 규정

	개성	나선	경제개발구
지대 관리 원칙	규정 없음	**라선경제무역지대법 제23조** 1. 법규의 엄격한 준수와 집행 2. 관리위원회와 기업의 독자성보장 3. 무역과 투자 활동에 대한 특혜 제공 4. 경제발전의 객관적 법칙과 시장원리의 준수 5. 국제관례의 참고	**경제개발구법 제32조** 1. 법규의 엄격한 준수와 집행 2. 기업의 독자성보장 3. 경제활동에 대한 특혜제공 4. 국제관례의 참고 **관리기관운영규정 제5조** 관리기관은 관할지역의 관리에서 독자성을 가진다.
기업의 권리	규정 없음	**라선경제무역지대법 제40조** 경제무역지대에서 기업은 경영 및 관리 서와 생산계획, 판매계획, 재정계획을 세울 권리, 로력 채용, 로임기준과 지불형식, 생산물의 가격, 리윤의 분배방안을 독자적으로 결정할 권리를 가진다.	**로동규정 제8조** 경제개발구에서 기업은 법규에 정한 범위에서 로력채용과 로동조건의 보장, 로임기준과 지불형식 같은 것을 독자적으로 결정할 권리를 가진다.
일반적 경영 활동	**개성공업지구법 제39조** 기업은 공업지구 밖의 공화국 령역에서 경영활동이 필요한 물자를 구입하거나 생산한 제품을 공화국 령역에 판매할 수 있다. 필요에 따라 공화국의 기관, 기업소, 단체에 원료, 자재, 부분품의 가공을 위탁할 수도 있다	**라선경제무역지대법 제43조** 기업은 계약을 맺고 경제무역지대 밖의 우리나라 령역에서 경영활동에 필요한 원료, 자재, 물자를 구입하거나 생산한 재품을 판매할 수 있다. 우리나라 기관, 기업소, 단체에 원료, 자재, 부분품의 가공을 위탁할 수도 있다.	**기업창설운영규정 제22조** 기업은 정해진 절차에 따라 경제개발구 밖의 우리나라 기관, 기업소, 단체와 계약을 맺고 경영활동에 필요한 물자를 구입하거나 생산한 제품을 판매할 수 있으며 원료, 자재, 부분품을 위탁 가공할 수 있다.

경쟁, 등가 보상, 신용의 원칙에서 경영 활동을 한다"라는 다소 모호한 규정만을 두고 있다(경제개발구 기업창설운영규정 제6조). 또한 '라선경제무역지대법'의 기업의 경영 자율권, 생산·판매·재정 계획을 자유롭게 세울 권리 등의 규정

은 '경제개발구법'에서는 삭제되었다.

'경제개발구법'상 지대 관리의 원칙 중 하나였던 '시장 원리의 준수'가 삭제되고 기업의 권리 사항이 누락된 것에 대해서는 논의의 여지가 있을 수 있으며 경제개발구의 투자 여건이 라선 특구에 비해 후퇴한 것이라는 평가도 있다(배종렬, 2013: 4~6). 하지만 이러한 입법은 경제개발구의 특수성에서 기인한 것이라고 선해先解할 수도 있다. '경제개발구법'은 경제개발구 내의 외국 기업뿐만 아니라 기존의 북한 기업에도 적용되기 때문에 북한 기업에게 외국 기업과 동일한 수준의 권리를 보장하기 어렵다는 경제 정책의 반영이 아닐까 생각된다.

북한 측이 어떠한 의도에서 규정을 변경했는지 명확하게 밝혀지지 않는 상황에서 특구 경제의 핵심이라고 할 수 있는 '시장 원리'와 '기업의 권리'가 누락된 점은 북한 경제특구의 투자 안정성에 대한 지속적인 의문을 초래해 외국 투자자의 투자 의욕을 상실하게 만드는 부정적인 요인으로 작용할 가능성이 높다.

3) 장려 부문 산업과 세금 우대 조치

경제특구 정책에 있어서 외국인 투자 기업에게 제공되는 투자 인센티브 중 대표적인 것이 낮은 기업 소득세율과 기업 소득세 감면 특혜이다. 모든 북한의 경제특구 법제는 이를 명시하고 있다. 특구별 기본법에 따르면 공통적으로 투자 장려 부문에 대해서는 10%의 세율을, 일반 부문에 대해서는 14%의 세율을 적용하고 있으며, 투자 장려 부문 산업으로는 인프라 사업, 첨단 기술 부문 사업, 경쟁력 있는 제조업을 열거하고 있다. 개성 공단의 경우, 대부분의 입주 기업이 경공업 분야의 산업에 속한다는 점을 고려해 경공업을 투자 장려 부문에 포함시키고 있다. 중국의 심천 경제특구의 기업 소득세율이 최고 25%에 이르는 것과 비교해볼 때, 북한 경제특구의 기업 소득세율은 경쟁력을

표 8-7 _ 경제 지대의 투자 장려 부문과 세금 우대 조치

	개성	나선	경제개발구
장려 산업	**개성공업지구법 제4조** 하부구조건설부문 경공업부문 첨단과학기술부문	**라선경제무역지대법 제6조** 하부구조건설부문 첨단과학기술부문 국제시장에서 경쟁력이 높은 상품을 생산하는 부문	**경제개발구법 제6조** 하부구조건설부문 첨단과학기술부문 국제시장에서 경쟁력이 높은 상품을 생산하는 부문
기업 소득세	**개성공업지구법 제43조** 일반 14% 장려부문 10%	**라선경제무역지대법 제67조** 일반 14% 장려부문 10%	**경제개발구법 제45조** 일반 14% 장려부문 10%
조세 감면	**개성공업지구법 세금규정 제29조** 1. 장려부문과 생산부문에 투자해 15년 이상 운영하는 기업에 대해서는 리윤이 나는 해부터 5년간 면제하고 그다음 3년간 50%를 덜어준다. 2. 봉사부문에 투자해 10년 이상 운영하는 기업에 대해서는 리윤이 나는 해부터 2년간 면제하고 그다음 1년간 50%를 덜어준다. 3. 리윤을 재투자해 3년 이상 운영하는 기업에 대해서는 재투자분에 해당한 기업소득세의 70%를 다음 연도에 바쳐야 할 세금에서 덜어준다.	**라선경제무역지대법 제68조** 경제무역지대에서 10년 이상 운영하는 정해진 기업에 대해서는 기업 소득세를 면제하거나 감면해준다. **라선경제무역지대법 제71조** 경제무역지대에서 리윤을 재투자해 등록자본을 늘리거나 새로운 기업을 창설해 5년 이상 운영할 경우에는 재투자분에 해당한 기업소득세액의 50%를 돌려준다. 하부구조건설부문에 재투자할 경우에는 납부한 재투자분에 해당한 기업소득세액의 전부를 돌려준다.	**경제개발구법 제53조** 경제개발구에서 10년 이상 운영하는 기업에 대해서는 기업소득세를 덜어주거나 면제해준다. **경제개발구법 제54조** 투자가가 리윤을 재투자해 등록 자본을 늘리거나 새로운 기업을 창설해 5년 이상 운영할 경우에는 재투자분에 해당한 기업소득세액의 50%를 돌려준다. 하부구조건설부문에 재투자할 경우에는 납부한 재투자분에 해당한 기업소득세액의 전부를 돌려준다.

가지고 있다고 평가할 수 있다. 이와 더불어 일정 기간 이상 특구에서 기업을 경영하는 기업과 투자 수익의 재투자분에 대해서는 기업 소득세를 감경하거나 면제해주고 있다.

경쟁력 있는 세수 우대 조치에도 불구하고 세금 혜택과 관련해 지적될 수 있는 문제는 세수 특혜가 지나치게 정형화되어 있다는 점이다. 개발 단계에 따라 개발 초기에는 인프라 건설 산업에 혜택을 집중하는 등 세수 혜택을 차

별화할 필요가 있다. 또한 특구별 주력 산업에 따라 산업별 세수 혜택을 달리하는 등 탄력적인 조세정책이 바람직하다. 그러나 현재의 법제도하에서 투자 장려 부문을 변경하기 위해서는 매번 기본법을 개정해야 한다. 더욱이 개별 지방급 경제개발구는 주력 산업이 서로 상이하기 때문에 기본법상의 투자 장려 부문 규정만으로는 경제개발구의 주력 산업을 육성하는 데 한계가 있다. 개별 경제개발구의 지방정부나 관리 기관이 투자 장려 부문을 독자적으로 정할 수 있는 권한을 부여하는 것이 경제개발구의 효율적인 발전에 도움이 될 수 있다고 생각한다.

4) 노동 시장의 유연성

경제특구에서 제공되는 특혜 중 하나가 저렴하고 유능한 근로자를 입주 기업에 알선·배치하는 것이라고 할 수 있다. 현재 북한의 경제특구에서는 이른바 '통포통배統包統配 원칙'[4]에 입각해 모집이나 면접을 통한 기업주의 직접 채용이 인정되지 않고 노력 알선 기관을 통한 간접 채용만이 인정되고 있다. 입주 기업은 채용 희망 인원 수, 성별, 나이, 업종 등 필요로 하는 근로자의 요건을 문서로 작성해 관리 기관에 제출하고 관리 기관은 이를 북측의 노력 알선 기관과 협의해 근로자를 기업에 보내는 절차를 거치게 된다. 근로자의 고용 과정에서 제기되는 중요한 문제는 저렴하고 유능한 인력의 배분 및 평화적 노사 관계 형성을 위한 시스템을 마련하는 것이라고 할 수 있다. 이를 위해 현재 북한 경제특구에서 채택하고 있는 근로 시스템을 살펴보면 다음과 같다.

---

4) 통포통배 원칙이란, 국가의 모든 기업과 생산수단이 국가와 집단의 관리 체제하에 편성되어야 하며, 노동 인력 전원을 통일적으로 관리해야 한다는 원칙을 말한다.

표 8-8 _ **경제 지대 내 노동 시장의 유연성**

	개성	나선	경제개발구
외국 근로자 고용	**개성공업지구법 제37조** 관리인원과 특수한 직종의 기술자, 기능공은 공업지구관리기관에 알리고 남 측 또는 다른 나라 로력으로 채용할 수 있다. 이 경우 공업지구관리기관은 중앙공업지구지도기관에 **보고**해야 한다.	**라선경제무역지대법 제49조** 필요에 따라 다른 나라 로력을 채용하려 할 경우에는 라선시인민위원회 또는 관리위원회에 **통지**해야 한다.	**경제개발구법 제41조** 필요에 따라 다른 나라 로력을 채용하려 할 경우에는 관리기관과 **합의**해야 한다.
월 최저임금	**로동규정 제25조** 종업원 월최저로임 기준은 **중앙공업지구지도기관**이 종업원의 로동 생산능률, 공업지구경제발전수준, 로력채용상태 같은 것을 고려해 해마다 **정한다**.	**로동규정 제6조** 지대에서 종업원 월로임최저기준은 **라선시인민위원회**가 관리위원회와 협의해 **정한다**.	**로동규정 제6조** 경제개발구에서 종업원 월로임 최저기준은 **중앙특수경제지대지도기관**이 해당 도(직할시)인민위원회, 경제개발구관리기관과 협의해 **정한다**.
근로자 조직	**로동규정 제13조** 기업은 종업원대표와 협의하고 모든 종업원에게 적용하는 로동규칙을 작성하고 실시할 수 있다.	**로동규정 제7조** 지대에서는 기업의 실정에 맞게 직업동맹조직을 내오고 운영한다. 규모가 작은 기업에는 종업원대표를 둔다.	**로동규정 제7조** 경제개발구에서는 기업의 실정에 맞게 직업동맹조직을 내오고 운영한다. 규모가 작은 기업에는 종업원대표를 둔다.
로력관리 기관	**로동규정 제7조** 공업 지구에서 기업의 로력채용과 관리사업에 대한 감독통제사업은 **공업지구관리기관**이 한다.	**로동규정 제2조** 지대의 로력관리사업에 대한 통일적인 장악과 통제는 **라선시인민위원회**가 한다.	**로동규정 제2조** 경제개발구의 로력관리사업에 대한 통일적인 장악과 통제는 경제개발구를 관할하는 **중앙기관 또는 도(직할시)인민위원회**가 한다.
로동 채용 계약과 로동계약	**로동규정 제13조** 기업은 종업원 대표와 협의하고 모든 종업원에게 적용하는 로동규칙을 작성하고 실시할 수 있다. **로동규정 제10조** **기업**은 선발된 **로력자**와 월로임액, 채용기간, 로동시간 같은 것을 확정하고 **로력채용계약**을 맺어야 한다. 로력채용계약을 맺은 로력자는 기업의 종업원으로 된다.	**로동규정 제14조** 기업은 직업동맹조직 또는 종업원대표와 로동계약을 맺어야 한다. **로동규정 제13조** 로력을 채용하는 **기업은 로력자와** 채용기간, 로동시간, 초기 월로임액 같은 것을 밝힌 **로력채용계약**을 맺어야 한다. 로력채용계약을 맺은 당사자는 기업의 종업원으로 된다.	**로동규정 제14조** 기업은 직업동맹조직 또는 종업원대표와 로동계약을 맺어야 한다. **로동규정 제13조** 로력을 채용하려는 **기업은 로력자와 로력채용계약**을 맺어야 한다. 이 경우 계약서에 채용기간, 로동시간, 초기 월로임액 같은 것을 구체적으로 밝힌다. 로력채용계약을 맺은 로력자는 기업의 종업원으로 된다.

첫째, 경제 지대의 기본법에서는 자국민 우선 채용의 원칙을 고수하고 있다. 다만, 외국 근로자의 고용은 일정한 절차를 거쳐야 한다. 〈표 8-8〉에서 보는 바와 같이, 개성 공단에서는 관리 기관에의 통지와 중앙공업지구지도기관에의 보고를 요구하고 있으며, 라선경제무역지대에서는 라선시인민위원회 또는 관리위원회의 통지를 요구하고 있다. 예컨대, 투자가가 자국민을 고용하고자 할 경우에는 관계 기관에 통지 또는 보고만으로 채용이 가능하다. 하지만 이와는 달리 '경제개발구법'에서는 외국인 근로자를 고용하려면 '관리기관과 합의'하도록 규정하고 있는데 이는 기업주 입장에서는 상당히 불리한 조항이다. 관리 기관과 합의가 이루어지지 못할 경우에는 기업 활동에 필요한 근로자를 채용하지 못할 수도 있기 때문이다.

둘째, 근로자의 단결 조직인 직업동맹조직을 인정하고 있다. 근로자 단체가 기업의 자주적인 노무관리를 저해하는 측면이 없지는 않으나 반드시 기업 측에 불리한 것은 아니다. 작업 과정과 관련된 문제점들을 직업동맹조직을 통해 일반 근로자들에게 설명해 개선할 수 있는 장점이 있으며 파업권이 인정되지 않기 때문에 직업동맹조직을 인정하더라도 노동쟁의라는 최악의 상태로 돌입할 우려가 없기 때문이다. 개성 공업 지구에서는 직업동맹 대신 종업원대표를 두어 그 역할을 담당하도록 했으나 대표의 선임 절차, 권한 등에 대해서는 아무런 규정을 두고 있지 않았다.[5] 라선경제무역지대와 경제개발구의 로동규정에서는 직업동맹조직에 대한 상세한 규정을 두고 있다. 기업의 규모에 따라 반드시 직업동맹조직 또는 종업원대표를 두어야 하며, 이들은

5) 개성 공단의 종업원대표 제도는 기업 내에서 근로자들의 선출이나 기업주의 임명으로 선임되는 것이 아니라 입주 기업이 노력 알선 기관으로부터 근로자를 배정받을 때 이미 종업원대표가 정해져서 배치된다고 한다. 이들은 노무를 제공하지 않는 것을 원칙으로 하며 작업장 내 노무관리에 관해 사용자 측과 협의하는 권한을 가진다.

근로자의 권리와 이익을 대표하고 기업의 경영 활동에 협력하는 역할을 담당한다("라선경제무역지대법 로동규정" 제7조, "경제개발구 로동규정" 제7조). 이들은 기업주와의 노동계약(단체협약의 성격)을 체결하는 당사자가 되며("라선경제무역지대법 로동규정" 제14조, "경제개발구 로동규정" 제14조) 기업이 종업원을 해고할 경우에는 직업동맹조직이나 종업원대표와 토의하는 절차를 거치도록 하고 있다("라선경제무역지대법 로동규정" 제19조, "경제개발구 로동규정" 제19조).

셋째, 근로계약(노력 채용 계약)은 기업과 근로자 사이에 체결하도록 되어 있다. 기업은 근로 계약의 상대방에게 임금을 지불할 의무를 부담하기 때문에 근로 계약의 당사자가 누구인지 여부는 중요한 의미를 가진다. 〈표 8-8〉에서 보듯이 개성 공단, 라선경제무역지대, 경제개발구에서는 모두 근로자를 근로 계약의 당사자로 규정하고 있어 법문에 따르면 기업은 근로자에게 직접 임금을 지불해야 한다. 하지만 개성 공단의 실제 운영에 있어서는 근로자의 임금이 근로자에게 직접 지불되지 않았다. 노력 알선 기관의 역할을 담당하고 있는 중앙공업지구지도기관이 일정한 기일을 정해 근로자의 임금을 수령해 임금에서 세금과 보험료 등을 공제한 후 북한 근로자에게 배분하는 방식으로 운영되었다. 향후 라선경제무역지대와 경제개발구에서는 규정의 내용을 좇아 충실하게 시행될지 예측하기 어려우나 근로자의 근로 의욕을 고취하고 기업에 대한 애착심을 제고할 수 있도록 반드시 개선되어야 할 부분이라고 생각된다.

넷째, 노동 관련 사무에 대한 거버넌스 구조는 아직까지 체계화되어 있지 않은 것으로 보인다. 개성 공업 지구와 경제개발구에서는 최저임금 책정 및 노동 관련 사무에 대한 주도적 기능이 중앙 행정기관에 부여되어 있는 반면에 라선경제무역지대에서는 지방행정기관이 주도적 권한을 행사할 수 있도록 하고 있다. '경제개발구법'에서는 기업에 대한 노동력 보장 사무를 도(직할시)인민위원회의 사업 내용으로 규정(경제개발구법 제34조 제4호)하고 있는 점을 고려해볼 때, 노동 관련 사무 전반을 통일적으로 관리할 수 있도록 지방행정기관에 권한 배분이 이루어지는 것이 바람직할 것으로 판단된다.

4. 김정은 시기 북한 경제특구 정책의 한계와 대안의 모색

이 절에서는 앞서 살펴본 북한 경제특구 정책의 변화를 종합·정리하고 특구 정책이 지니는 한계와 그에 대한 해결 방안을 모색해보기로 한다.

1) 양자 간 경제협력 체계의 한계와 극복 방안

나진·선봉 지역이 최초의 경제특구로 지정된 1990년대 초 '자유경제 무역지대'는 인접 국가들과의 다자간 경제협력을 목적으로 한 것이었다. 이후, TRADP·GTI 등 다자간 경협이 속도를 내지 못하고 '핵·미사일 실험'으로 인해 국제사회의 경제제재 수위가 격상되면서 북한의 대외 개방은 개성 공단에서의 남북 경협, 라선경제무역지대에서의 북중 경협 등 양자 간 경제협력에 방점을 두고 진행되었다. 경제개발구 역시 현실적인 추진 주체가 북한과 중국의 지방정부에 국한될 수밖에 없는 점에서 차이를 보이지는 않는다.

이처럼 북한이 양자 간 경제협력을 고수할 수밖에 없는 근본적인 이유는 국제사회의 대북 제재와 밀접한 관련이 있다. 동북아시아 지역은 복잡 다기한 외교안보 이슈가 상주하는 지역이기 때문에 국제정치 상황과 경제가 완전히 분리될 수 없는 태생적 한계를 가지고 있다. 북한이 개방정책 추진을 위해 양자 간 경제협력으로 특구 정책을 선회했음에도 불구하고 개성 공단, 경제개발구, 라선경제무역지대 중 어느 하나도 정상적인 사업 추진이 이루어지지 못하고 있다.

다자간 경제협력 체제는 개별 국가의 상반된 이해관계로 인해 공통된 합의를 이끌어내는 데 지난한 과정과 시간이 소요된다. 하지만 일단 다자 구도가 형성된 후에는 비교적 안정적으로 경제협력 관계를 유지·발전시킬 수 있다는 것을 인식해야 할 것이다. 경제특구 정책의 지속 가능성과 안정성을 담보하기 위해 북한 정부는 다자간 경제협력 관계 형성을 위해 노력해야 하며, 이 과정에서 경제특구가 내포하는 정치적 색채를 약화시키고 특구 내의 운영에서 경제 논리가 제대로 관철될 수 있는 여건을 조성해야 할 것이다.

2) 지방정부의 실질적 권한 강화

경제 지대의 거버넌스 측면에서 보았을 때, 북한의 경제 지대는 4단계 거버넌스 체제로 변화해 정착된 것으로 판단된다. 특구가 위치한 지방정부에 종래 중앙정부가 관장하던 다양한 사무와 권한을 배분했고 지방정부는 관리 기관의 구성에 직접 참여함으로써 중앙정부와 개발(입주) 기업 간의 이해관계를 조정하는 가교 역할을 담당할 수 있을 것으로 보인다. 더욱이 '경제개발구법'에서는 지방 인민위원회에 지방급 경제개발구의 지정 신청권을 부여하면서 경제개발구 창설에도 역할을 담당하도록 하고 있다.

지방정부의 기능을 강화하는 일련의 조치는 바람직한 정책 방향이라고 할 수 있지만 지방정부의 실질적 권한을 강화하는 데는 여전히 불충분한 것으로 판단된다. 지방정부의 지정 신청에 의해 창설된 지방급 경제개발구와 중앙정부가 창설한 중앙급 경제개발구 사이에는 '경제개발구법'상 아무런 차이가 없기 때문이다. 다시 말하면, 지방급과 중앙급 경제개발구 사이에는 지정 신청의 절차상 차이만 있을 뿐, 일단 중앙특수경제지대지도기관에 의해 지방급 경제개발구로 지정된 후에는 법 적용에 있어서 중앙급 경제개발구와 아무런 차이가 없다. 지방급 경제개발구 발전 전략안도 중앙의 지도 기관이 작성하도록 하고 있고 투자 장려 부분, 세수 혜택, 토지 이용권 부여 기간 등 기업에 대해 적용되는 특혜 규정들이 지방급·중앙급 경제개발구 모두에게 동일하게 적용되기 때문에 특구 소재의 지방 여건에 따라 특화된 혜택 부여가 불가능하다. 외자 유치 사업과 특구 발전 계획안 작성 사무 역시 중앙의 지도 기관이 관장하기 때문에 소재 지역과 주력 업종에 따른 개발 전략이 유연성을 가지기 어렵다.

경제특구 사업이 유연성을 확보하기 위해서는, 중앙정부는 경제개발구 사업에 대한 거시적 계획 수립만을 담당하고 특구 발전 계획안 작성 및 대부분의 행정 사무는 가급적 지방정부가 관장하도록 해야 할 것이다. 또한 '경제개발구법'이 가지는 경직성을 보완하기 위해 중국의 경제특구 사례에서 찾아볼 수 있는 지방정부의 수권 입법권을 보장해 지역 맞춤형 경제개발구 발전에 노력하는 것이 바람직하다.

3) 특구 정책의 현실화와 법제 정비의 필요성

북한의 경제특구 법제를 분석해보면 법과 제도가 매우 정형화되어 있음을 알 수 있다. 투자 장려 산업의 업종, 특혜 세율, 조세 감면 정책, 기업의 경영 활동 자율권 등에서 경제 지대 간 차이를 발견하기 어렵다.

〈표 8-2〉와 〈표 8-3〉에서 보듯이 각각의 경제 지대는 지정의 목적, 지정 위치뿐 아니라 주력 업종에 있어 매우 다양하다. 이러한 특수성을 감안할 때, 현재의 정형화된 법제는 개별 경제 지대의 경쟁력을 제고하는 데 한계로 작용할 가능성이 높다. 예컨대, 관광과 1차 산업을 주력 산업으로 하는 청수 관광 개발구 내에서는 첨단 기술 산업에 특혜 세율을 부여하기보다는 관광 인프라 사업 또는 농축산 연구 사업에 파격적인 특혜 세율을 부여하는 것이 해

당 경제개발구의 목적에 부합한다. 대중 수출 전진 기지로 개발 예정인 남포시 와우도수출가공구의 경우에는, 제조 가공 산업을 위한 낙후 시설의 개선과 교통 인프라 구축이 절실하게 요청되므로 제조업 부문과 초기 인프라 건설 사업에 좀 더 파격적인 혜택을 부여하는 것이 투자 유치에 도움이 될 것으로 생각된다. 그러나 '경제개발구법'에서는 투자 장려 부분이 제한적으로 열거되어 있고 기업 소득세 특혜도 법정되어 있기 때문에 각 지역에 맞는 기업 우대 조치를 실시하기 어려운 것이 현실이다. 현재 19개의 지방급 경제개발구는 주로 국경 지역과 연안 지역에 위치하고 있다. 추후에 북한의 내륙 지방에도 경제개발구가 창설된다면 부족한 인프라 및 시장 접근성을 고려해 전반적으로 특혜 조치를 개발구 특성에 맞게 유연하고 다양하게 조정할 필요가 있다.

'경제개발구법'에서는 특구 사업에 관한 개괄적 내용만을 규정하고 개별 경제개발구에 적용되는 법률은 별도로 마련하는 방식으로 법체계를 재정비해 지방급 경제개발구의 특수성을 살릴 수 있는 방향으로 법제를 정비하는 것이 바람직하다.

5. 맺음말: 개성 공단 재개에 대한 함의

김정은 시기의 경제특구 정책은 ① 특구 정책과 국가 발전 목표를 연계하는 실리적·실용적 특구 정책, ② 지방정부의 권한을 강화하는 지방 분권형 경제 발전, ③ 북한 기업의 적극적인 참여의 방향으로 진행되어왔다. 물론 이러한 정책들이 노정하는 한계와 추진 과정에서의 문제점은 여전히 존재하지만 김정일 시기와는 다른 개혁적 성격을 내포하고 있다고 할 수 있다.

특구 정책의 긍정적 변화는 향후 남북 간 경제협력 재개 및 개성 공단의 재가동에 유의미한 시사점을 제공할 수 있으리라 생각된다. 새로이 가동되는 개성 공단은 기존 개성 공단의 연장이라는 인식에서 벗어나 개성 공단 사업에 대한 전면적인 재검토가 필요하리라 본다. 개성 공단의 재가동은 국제사회의 경제제재와 남한의 5·24 조치가 완화되거나 해소될 경우에야 가능할 것으로 판단되지만 개성 공단의 재개를 대비해 다음과 같은 제언을 하고자 한다.

첫째, 개성 공단 사업의 지속 가능성을 제고하기 위해서는 다자간 경제협력 체제로 전환할 필요가 있다. 개성 공단이 '한민족 경제 공동체 형성'이라는 목적을 가지고 화해와 협력의 상징으로서 운영된 것은 부인하기 어려우나 한반도를 둘러싼 정치 상황에 의해 특구 사업이 크게 영향을 받아온 것 역시 사실이다. 남북 간의 마찰로 인해 '경제 공동체 형성' 자체에 회의감을 가지게 될 경우에는 또다시 개성 공단 사업에 부정적인 영향을 미칠 수 있다. 개성 공단의 확장 개발 사업은 남북 간의 경협을 통해 우선적으로 시행하고, 지대 개발의 진척에 따라 중국의 중부와 남부, 홍콩·마카오 자본의 참여를 적극 유도해 다자간 경제협력 구도를 구축해야 한다. 이와 더불어 개성 공단이 지니는 정치 안보적 가치를 부각시키기보다는 특구 운영을 시장경제 논리에 의해 진행함으로써 개성 공단의 안정성과 지속 가능성이 담보될 수 있으리라 생각한다.

둘째, 개성 공단 사업을 남북 간 지방 차원의 경제력으로 격을 낮추는 방법도 고려해볼 필요가 있다. 개성 공단 사업을 개성시와 서울시 또는 개성시와 인천광역시 사이의 경제협력으로 추진하는 방안이다. 개성 공단 사업이 남북의 중앙정부 간 경제협력으로 인식될 경우 외교 안보 이슈에 민감한 영향을 받을 수 있다. 중앙정부는 개성 공단에 대한 재정적·제도적 지원에 초점을 맞추고, 구제적인 개발 전략 수립과 행정적 실무 등은 양국의 지방정부가 주도하도록 권한을 부여하는 것이다.

셋째, 북한 기업의 적극적 참여를 유도해야 한다. 기존 개성 공단 사업에서는 북한 기업의 지대 진출이 제한되었다. 자본주의에 의한 침식을 두려워했던 북한 측의 정치적 고려가 있었던 것으로 추측된다. 이러한 북한 측의 우려는 중국 투자가의 공단 내 입주를 통해서 어느 정도 불식시킬 수 있으리라 생각된다. 특구 사업을 통해 북한에 시장경제를 확산시키고 북한 주민의 생활수준 제고에 직접적인 도움이 되기 위해서는 공단 내 북한 기업의 진출을 장려하는 것이 바람직할 것으로 판단된다.

넷째, 친기업 환경 조성을 위해 꾸준한 법제의 정비 작업이 이루어져야 한다. 기업에 부여되는 각종 특혜를 탄력적으로 적용하기 위해서 기본법은 특혜의 가이드 라인만을 규정하고 특혜의 세부 내용은 지방정부나 관리 기구가 필요에 따라 제·개정할 수 있도록 법규의 유연성을 인정할 필요가 있다. 특구 내 모든 경제활동이 시장 원리에 따라 법에 의해 규율될 수 있도록 꾸준히 관리·감독할 필요가 있다.

참고문헌

김광수. 2014.「개성 공단에서의 남북상사중재위원회 구성·운영에 관한 연구」. ≪중재연구≫, 24권 2호, 3~31쪽.

김병필. 2015.「북한의 새로운 라선경제무역지대 하위 규정의 분석과 평가: 기업창설운영규정과 외국투자기업로동규정을 중심으로」. ≪KDI 북한경제리뷰≫, 2월호, 3~26쪽.

문무기. 2012.「북한의 개혁개방과 노동법제: 개성공업지구 노동규정을 중심으로」. ≪한양법학≫, 23권 3집, 601~632쪽.

박정원·박민. 2014.「개성 공단의 법제도 개선 과제: 국제화와 관련하여」. ≪법학논총≫, 27권 2호, 51~88쪽.

배종렬. 2013.「북한의 특수경제지대 추가지정과 남북경제협력: 13개 지방급 경제개발구 지정을 중심으로」, ≪수은 북한경제≫, 겨울호, 4~6쪽.

유욱. 2014.「논단: 북한 경제개발구법 제정 배경과 의미」. ≪통일경제≫, 겨울호, 68~83쪽.

이용희. 2013.「북한의 경제특구정책과 실패요인: 중국의 경제특구정책과의 비교분석」. ≪동북아경제연구≫, 25권 3호, 267~308쪽.

이창훈. 2015.「최근 북한의 외국인투자법제 변화와 남북경제협력 활성화를 위한 법제 개선방안: 김정은 집권 전후를 중심으로」. ≪경제법연구≫, 14권 1호, 227~252쪽.

임호열·김준영. 2015.「북한의 경제개발구 추진 현황과 향후 과제」. ≪KIEP 오늘의 세계경제≫, 15권 11호, 2쪽.

장명봉 엮음. 2015.『북한법령집』. 북한법연구회.

중소기업중앙회. 2017. "남북관계 및 통일에 대한 중소기업계 인식조사".

한상국. 2012.「개성공업지구 수정 세금규정 시행세칙의 문제점과 개선방안」. ≪東北亞法硏究≫, 6권 3호, 169~197쪽.

연합뉴스. 2017. 5. 10. "북미, 오슬로서 이틀째 비밀 접촉…… 철통보안 속 '탐색전' 마쳐".

연합뉴스TV. 2017.10.2. "틸러슨, 북한 · 미국 직접 접촉 첫 확인…… 북미채널 뭐가 있나".

≪월간조선≫. 2017.10.10. "국제공조 대북제재 '충격파(衝擊波)'…… 원료부족에 핵심계층도 곤경 처한 北".

Campbell, J., R. Hollingsworth and L. Lindberg. 1991. *Governance of the American Economy.* Cambridge: Cambridge University Press.

9장

북한의 지속가능발전을 위한 국제개발협력*

박지연 (전북대학교 국제인문사회학부)

1. 들어가는 말

새천년개발목표(Millenium Development Goals: 이하 MDGs) 그리고 지속가능발전목표(Sustainable Development Goals: 이하 SDGs)로 요약되는 국제사회의 개발 협력 아젠다는 개별 국가들이 원조의 공여 및 수원과 관련한 구체적인 정책을 수립하도록 하고, 이를 조화롭게 실행하도록 해, 궁극적으로 개발 효과를 높이기 위한 목적에서 공유되어왔다. MDGs는 북한에 대한 개발 지원 논의와 사례에도 다양한 형태로 영향을 미쳐왔으며, SDGs 또한 여러 측면에서 북한개발협력에 영향을 미치게 될 것이다. 특히 국제사회에서는 2015년 이후 지속가능발

* 이 장은 박지연, 「취약국 원조 논의와 북한개발협력」; 손혁상 외, 『북한개발협력의 이해』(도서출판 오름, 2017); 박지연, 「유엔의 지속가능개발목표(SDGs)와 북한개발협력」, ≪수은북한경제≫(2017년 겨울호); 박지연 외, 「UN 지속가능개발목표 담론의 북한 적용을 위한 이해지표 고찰」, ≪담론 201≫, 19권 4호(2016); 박지연 외, 「국제사회의 개발협력 패러다임과 북한개발협력」, ≪아태연구≫, 23권 2호(2016)의 내용을 수정·보완한 것이다.

전이라는 목표를 두고 전 지구적 발전 이슈에 접근하고 있다. SDGs는 2015년 종료한 MDGs를 승계해 2016년부터 2030년까지 사회, 경제, 환경 분야를 망라해 지속가능한 발전과 빈곤 종식을 위해 전 세계가 함께 추구할 목표로 제시되었다. 따라서 북한은 국제사회의 일원으로서 전 지구적 차원의 지속가능발전 목표의 실현을 위해 국제사회와 협력해야 할 것이며, 국제사회의 주요 공여국과 공여 기관들 또한 전 지구적 발전을 위해 북한개발협력에 참여하게 될 것이다. 이러한 측면에서 전 지구적 차원의 SDGs 담론을 살펴보는 동시에 이를 바탕으로 북한개발협력 추진 방안을 탐색하는 것이 이 글의 목적이다.

이 장은 먼저 1절을 통해 연구의 배경을 소개하며, 2절에서 MDGs와 구별되는 SDGs의 특징을 정리한다. 3절에서는 구체적으로 북한과의 개발 협력 초기 조건을 SDGs 주요 지표별로 살펴본다. 이를 바탕으로 4절에서는 북한의 정치, 경제 상황 및 국제사회의 북한에 대한 태도 등을 고려한 북한개발협력의 로드맵을 제안하고자 한다. 마지막으로 북한의 SDGs 달성을 위한 과제를 서술하는 것으로 결론을 대신한다.

2. 유엔의 지속가능발전 목표 탐색

유엔UN은 범세계적으로 대두되는 다양한 영역의 문제를 해소하고자 2000년 새천년정상회의를 소집해 새로운 개발 목표인 MDGs를 설정하고, 전 세계가 공동으로 추구해야 할 글로벌 비전을 선포했다(강선주, 2015: 94~97).

이후 2015년 9월 25일 UN 제70차 총회에서 193개국 정상은 Post-2015 개발 아젠다로 'Transforming Our World: The 2030 Agenda for Sustainable Development'를 채택했으며, 아젠다의 핵심 목표를 MDGs를 대체할 '지속가

능발전목표SDGs'로 설정했다. SDGs는 2015년 종료되는 MDGs를 승계해 2016년부터 2030년까지 사회, 경제, 환경 분야를 망라해 지속가능한 발전과 빈곤 종식을 위해 전 세계가 함께 추구할 목표로 정해진 것이다. 따라서 향후 SDGs는 경제, 사회, 환경뿐만 아니라 평화, 정의, 제도 등 광범위한 발전 목표를 기반으로 전 분야에서의 역량 개발을 통한 지속가능한 개발을 도모할 것으로 예상된다.

MDGs와 대비되는 SDGs의 특징은 다음과 같이 정리할 수 있다(〈표 9-1〉 참조). 먼저, SDGs는 MDGs와 비교해 구성, 범주, 대상, 재원, 거버넌스 측면에서 광범위하다. MDGs가 8개 목표, 21개 세부 목표를 추구했던 반면, SDGs는 17개 목표, 169개 세부 목표로 확대해 경제, 사회, 환경의 지속가능발전에 필요한 이슈를 모두 포괄하도록 구성되었다는 점에서 MDGs와 구별된다. 둘째, MDGs가 빈곤 감소와 경제 발전에 초점을 맞췄던 반면 SDGs는 경제, 사회, 환경뿐만 아니라 평화, 정의, 제도의 발전도 추가해 인류 행동 양식의 변혁을 요구하고 있다. 셋째, 개도국의 발전을 강조했던 전통적 개발 협력과 비교해 SDGs는 일자리 증진, 기후변화 대응 등 선진국에도 적용되는 보편적 가치 도모를 강조했다. 넷째, MDGs 체제하에서는 선진국이 주요 행위자였으나 SDGs에서는 인도, 브라질 등 개도국도 주요 행위자로 포함되었으며, 재원도 공여국의 공적개발원조ODA(Official Development Asistance) 중심에서 공공 재원, 민간 재원 모두 활용하는 방식으로 확대되어 거버넌스 방식에도 큰 변화를 가져올 것으로 예상된다. 끝으로 SDGs에서는 구체적인 이행 수단을 확보하고, 후속 조치와 이행 점검 체계를 마련해 목표 달성을 위한 각 행위자들의 책임성을 강화하는 등 MDGs 자발적 보고 시스템의 한계를 극복하려는 시도를 보여주고 있다.

한편 SDGs는 17개의 목표로 구성되어 있다. SDGs의 항목들 중 빈곤 퇴치,

표 9-1 _ MDGs와 SDGs 특징 비교

	MDGs(2001~2015)	SDGs(2016~2030)
구성	[포괄성] 인류 사회의 지속가능발전을 위해 필요한 방대한 이슈를 포괄	
	8개 목표+21개 세부 목표	17개 목표+169개 세부 목표
범주	[변혁성] 경제, 사회, 환경의 균형 발전	
	경제 발전과 사회/인간 개발	환경의 지속성, 평화, 정의, 제도 등 추가
대상	[보편성] 모든 국가에 적용되는 보편적 원칙 강화	
	개발도상국과 저개발국의 발전	선진국도 추진해야 하는 과제 포함 (일자리, 지속가능 도시/소비 및 생산, 기후)
재원	[다층성] 정부 및 공공/민간 재원 활용	
	정부의 ODA 중심 개발 원조	민관 협력 파트너십, 기업 참여 확대
참여 주체/ 거버넌스	[포용성] 다양한 이해 관계자 참여 확대	
	DAC(개발협력위원회) 선진국 위주 남북 협력	DAC 선진국+인도, 브라질, 아랍 국가 포함 남남 협력 포괄
평가	[책임성] 보고의 의무 추가	
	실천 과정 자발적 보고	이행 과정, 성과 의무 보고

자료: 박지연 외(2016: 255).

기아 종식, 보건과 복지, 양질의 교육 보장, 양성평등 도모, 물과 위생, 클린 에너지, 지속가능한 도시, 지속가능한 소비 및 생산, 기후변화 대응, 해양생태계 보존, 육상생태계 보전 등은 MDGs를 확대한 것이다. 반면 일자리와 경제 성장, 산업 및 혁신, 불평등 완화, 평화·정의·제도 발전 등은 MDGs에서는 다루어지지 않았으나 SDGs에서 추가되었으며, 이행 수단과 글로벌 파트너십 강조 항목 또한 MDGs에서는 다루지 않았던 이슈이다.

SDGs와 MDGs의 구체적인 항목들을 살펴보면(〈표 9-2〉 참조), 첫째 SDG ①부터 ⑤까지는 '인간'에 관한 가치를 높이는 것으로, 빈곤 퇴치, 기아 종식, 보

표 9-2 _ MDGs와 SDGs 항목 비교

MDGs(2001~2015)	SDGs(2016~2030)	가치
① 극심한 빈곤 및 기아 퇴치	① 모든 곳에서 모든 형태의 빈곤 퇴치	인간 (People)
	② 기아 종식, 지속가능한 농업 도모	
④ 유아 사망률 감소 ⑤ 모성 보건 증진 ⑥ HIV/AIDS, 말라리아 등 질병 퇴치	③ 보건과 복지	
② 보편적 초등교육 실현	④ 양질의 교육	
③ 성 평등 및 여성 권한 강화	⑤ 양성평등 및 여성 역량 강화	
⑦ 지속가능한 환경 보장	⑥ 물과 위생	지구 (Planet)
	⑬ 기후변화 대응	
	⑭ 해양생태계 보존 및 지속가능한 활용	
	⑮ 육상생태계의 보호, 복원 및 지속가능한 활용	
	⑫ 지속가능한 소비 및 생산 패턴 확보	
	⑪ 지속가능한 도시 및 주거 여건 조성	번영 (Prosperity)
	⑦ 클린 에너지	
해당 없음	⑧ 일자리와 경제성장	
	⑨ 산업, 혁신과 인프라	
	⑩ 불평등 완화	평화 (Peace)
	⑯ 평화롭고 포용적인 사회 구축, 정의에 대한 접근성 제고, 신뢰할 만하고 포용적인 제도 구축	
⑧ 파트너십	⑰ 이행 수단과 글로벌 파트너십 강화	파트너십 (Partnership)

자료: 박지연 외(2016: 249~275).

건과 복지, 양질 교육, 양성평등이 여기에 포함된다. 이 중 MDG ①에 해당되는 SDG ①과 ②,[1] 즉 빈곤 및 기아 퇴치와 관련된 목표들은 MDGs와 비교해

1) SDG ① MDGs에서 극심한 빈곤을 줄이는 것을 목표로 삼았다면, SDGs에서는 모든 곳에

지속가능한 빈곤 종식 상태를 유지할 수 있도록 빈곤층의 취약성 완화 개념을 포함하는 등 그 범위가 포괄화되었고, 식량 생산 기반의 지속가능성을 강화시키는 방향으로 확장되었다(Camfield, Crabtree and Roelen, 2013: 599~608). 또한 MDG ③은 SDG ⑤로 확장[2]되어 여성의 역량 강화에 초점을 맞추게 되었다. 이 목표는 다른 목표와는 달리 SDGs의 독자적 목표의 하나인 동시에 다른 목표의 세부 목표에서도 반영되어 있는 목표이다.

둘째, MDG ④, ⑤, ⑥은 SDG ③[3]에 해당된다. SDG ③은 건강한 삶을 보장하는 보건 복지의 포괄적 목표를 제시함으로써 MDGs의 기존 3개 목표와 더불어 목표에서 배제되었던 다양한 건강의 문제들을 포함하고 있다. 한편, 보편적 초등교육 실현을 도모했던 MDG ②는 양질의 교육 및 평생 학습 기회의 제공을 명시한 SDG로 확장되었다.[4] 양질의 교육은 MDGs 체제에서 교육의 양적 성장에 집중한 나머지, 교육의 질에 대한 고려가 없었다는 비판을 수

서 모든 형태의 빈곤 퇴치를 목표로 설정했다. 2030년까지 $1.25/일 미만 생활자가 없도록 하고, 이들을 위한 사회보장제도를 확충하며, 경제적 권리를 제고하는 것이 목표이다. 재원 확충을 통해 개도국의 노력을 지원하고 협력 방안을 모색한다. SDG ② 2030년까지 기아를 종식시키고, 지속가능한 농업을 도모하는 것이 두 번째 목표이다. 이를 통해 인류의 안전한 식량을 확보하고 모든 형태의 영양실조를 종식시키는 등 지속가능한 식량 생산 시스템을 보장한다.

2) SDG ⑤ 성별에 따른 차별과 폭력뿐만 아니라 문화적 관습과 제도 등을 철폐하며 여성의 가사노동에 대한 가치를 인정하고, 보상을 확대한다. 아울러 여성의 사회참여를 적극 권장하고 보건 서비스 및 정보 통신 기술에 대한 접근성을 확대하는 등 양성평등 증진을 위한 정책과 제도를 강화한다.

3) SDG ③ 2030년까지 임신부 사망률, 영아 사망률, 5세 이하 유아 사망률을 현저히 감소시키며 에이즈, 결핵, 말라리아 등과 같은 질병을 전멸시킨다. 또한 약물 남용, 정신 질환, 유해 화학물질, 공기 오염, 교통사고 등에서 기인한 질병 역시 감소시키며, 보편적 건강보험 제도를 확보한다.

4) SDG ④ 2030년까지 무상 초등 및 중등 교육을 보장, 양질의 기술/직업 교육 기회를 보장한다. 또한 성별에 따른 교육 불평등을 해소하고 취약 계층 대상의 교육 서비스를 강화, 문맹률 감소, 교육 시설 개선, 장학금 확대, 인력 확충 등을 도모한다.

용해 제시되었으며, 개도국 중심의 기초 교육에서 벗어나 선진국에도 해당되는 평생 학습 기회의 제공까지 확장된 것이다.

셋째, MDG ⑦의 지속가능한 환경 목표는 '지구'와 '번영'과 관련된 가치로 SDG ⑥과 ⑦, 그리고 ⑪~⑮로 구체화되었다.[5] 물과 위생, 클린 에너지, 기후 변화 대응, 해양·육상 생태계 보호, 지속가능한 소비, 도시 등으로 목표를 설정해 구체적이고 광범위하게 다루어졌다. 한편 SDGs는 '번영'과 '평화'와 관련된 가치를 강조해 SDG ⑧ 일자리와 경제성장, SDG ⑨ 산업 혁신과 인프

---

5) SDG ⑥ 2030년까지 모든 사람이 음용수와 위생 시설을 이용할 수 있도록 개선한다. 오염물질 배출 감소를 통한 수질 향상, 물 사용 효율성 제고, 통합 수자원 관리(integrated water resource management), 물 관련 생태계 보호와 복원력을 향상시킨다. 이를 위한 국제 협력 및 역량 강화 지원을 확대한다. SDG ⑦ 2030년까지 저렴하고 안정적이며 현대적인 에너지 서비스 공급을 보편화하고, 이를 위한 인프라를 확충하고 기술을 개발하며, 신재생에너지의 비중을 확대한다. 청정에너지 연구 기술 분야에서 국제 협력을 확대한다. SDG ⑪ 2030년까지 모든 사람에게 기본적인 정주 여건을 개선하고, 대중교통 접근성을 강화, 환경적 영향 축소, 자연재해의 피해 감소를 위해 노력한다. 세계 문화 유산과 자연 유산을 보호하고 개도국의 기후변화 감축 및 적응 능력을 강화시키는 데 노력을 경주한다. SDG ⑫ 모든 국가들은 지속가능 소비 및 생산 패턴에 관한 10년 프로그램(10-Year Framework of Programmes on Sustainable Consumption and Production Patterns)을 시행해 자연자원의 지속가능 관리 및 효율적 사용을 달성한다. 또한 2030년까지 1인당 음식물 쓰레기 배출량을 절반으로 감소시키고 생산 및 공급 과정에서도 음식물 손실을 줄이도록 노력한다. 화학물질의 친환경적 관리, 폐기물 배출량의 획기적 감소, 기업 및 공공 조달 분야에서 친환경적 방식을 적극적으로 추진한다. SDG ⑬ 기후변화 대응과 관련한 교육과 인식 제고 노력을 강화하고, 기후 관련 위험 및 자연재해 대응 능력을 향상시킨다. 선진국은 2020년까지 연간 1000억 달러 기금을 조성해 녹색 기후 기금(Green Climate Fund)을 운용한다. SDG ⑭ 해양오염을 감소시키고, 해양생태계를 지속가능한 수준에서 이용하고 보존하기 위해 노력한다. 해양 산성화의 최소화, 불법적 남획 방지를 위해 노력하고, 어자원 남획을 조장하는 어업 보조금을 폐지한다. SDG ⑮ 육상생태계 및 내륙의 수자원 생태계의 보존과 복원, 지속가능한 사용을 도모한다. 산림에 대한 지속가능한 관리, 사막화 방지, 산악 생태계 보존을 위한 조치를 취하며, 자연 보존 지역의 파괴를 중단시키고, 생물 다양성의 보호를 추진하며, 멸종 위기 동식물의 불법 포획과 채취 및 거래 금지를 촉진한다.

라, SDG ⑩ 불평등 완화, SDG ⑯ 평화·정의·제도의 개선 등을 추가했다.[6)]

마지막으로 MDG ⑧은 SDGs에서 이행 수단 및 글로벌 파트너십을 강화하는 방향으로 확대되었다. MDGs에서도 '개발을 위한 글로벌 파트너십의 구축'이 강조되었으나 실제로는 충분히 이행되지 못했다. 이에 SDGs에서는 모든 국가가 효과적으로 대응하고 확대된 목표를 달성하기 위해서 재원 조달과 글로벌 파트너십이 시급하다는 것에 동의하고, 이를 위한 구체적인 목표를 포함했다.[7)] 이 중 이행 수단과 관련해서는 ODA, 기술 이전, 능력 향상 지원, 무역과 공공·민간·시민사회 파트너십public-private and civil society partnership을 토대로 재원을 확보하도록 했다. 이를 위해서는 혁신적인 개발 협력 사업 방식이 필요하게 되었고, 공공 영역으로부터뿐만 아니라 민간으로부터의 재원 조달의 중요성도 강조되고 있다. SDGs 달성에 필요한 재원은 연간 수조 달러에 이를 전

6) SDG ⑧ 국가별로 상황에 맞는 경제성장을 유지하도록 노력하고 최빈국은 최소한 연 7% GDP 성장률을 유지하도록 한다. 선진국은 10년 단위 계획을 수립해 환경을 파괴하지 않는 경제성장을 도모하며, 2030년까지 모든 사람에게 양질의 일자리를 제공하고 노동권을 보장해 안전한 노동환경을 조성한다. SDG ⑨ 안정적이며 복원력 있는 인프라를 개발하고, 포용적이고 지속가능한 산업화를 증진한다. 개도국 소규모 기업의 금융 서비스 접근성 확대, R&D 향상을 위해 선진국이 지원하며 2020년까지 최빈국에서 저렴한 인터넷 서비스에 대한 보편적 접근이 가능하도록 정보 통신 기술을 향상시킨다. SDG ⑩ 불평등을 완화시킬 수 있는 조치를 모두 포함하는 '목표 10'에서는 2030년까지 하위 40% 소득 증가율을 전 국민 소득 증가율 이상으로 유지하고, 연령, 성별, 장애, 인종, 출신, 종교, 경제적 지위 등에 무관하도록 정치, 경제 사회적 참여를 확대한다는 규정을 명시했다. 글로벌 금융시장에 대한 규제 및 감시를 강화한다. 최빈국에 대한 ODA를 확대하고 자유로운 이주와 국제적 인구 이동을 보장하도록 한다. 2030년까지 이주 노동자의 송금 거래 비용을 3% 이하로 인하한다. SDG ⑯ 모든 폭력, 인명 살상, 인권 학대, 착취, 인신매매, 아동 폭력을 종식시킨다. 국내외 법치 질서를 확립하고 사법적 정의에 대한 접근권을 보장하며 모든 형태의 부패를 척결한다. 책임 있고 투명한 제도를 확립하고, 개도국의 글로벌 거버넌스에 대한 참여를 확대한다.

7) SDG ⑰에서는 SDGs에 명시된 목표의 이행 수단과 지속가능한 발전을 위한 글로벌 파트너십(Global Partnership for Sustainable Development)을 활성화한다.

망이며, 전 분야의 SDGs 이행 수단 확보를 위한 개발 재원 조성 논의가 확대 중이다(UN System Task Team Working Group on Sustainable Development Financing, 2013: 6~22).[8] 또한 광범위한 분야에서 SDGs 목표를 이행하기 위해서는 정부, 민간 기업, 시민사회 등 다양한 주체의 참여가 가능한 포괄적 파트너십이 필수적이다. 과거에는 '수원국 대 공여국'이 '개도국 대 선진국'을 의미하는 남북 협력 중심이었으나, 최근에는 개도국들 간 남남 협력, 남남남 3각 협력 등 다양한 파트너십으로 변화하고 있는 추세이다. 특히 개발 협력에서 민간을 포함하는 포괄적 파트너십이 강조되면서 ODA 이외에 민간 기업이 제공하는 자금이 개도국 발전에 중요한 역할을 수행하고 있음이 부산 세계개발원조총회에서도 강조되었다.[9] SDGs 체제는 공공 재원과 국내외 민간 재원, 국제무역 등 재정적 수단과 제도 개선 등과 같은 비재정적 수단을 활용해 파트너십을 확대하고, 민관 협력PPP(Public Private Partnership)을 활용해 원조 기관과 민간의 협력을 강화, 기업의 핵심 사업을 통해 빈곤 퇴치와 위생 개선 사업을 전개하는 등 범세계적인 포용적 성장을 유도해나갈 것으로 전망된다.

8) 2015년 에티오피아에서 개최된 개발재원총회에서 채택된 아디스아바바 행동과제(AAAA: Addis Ababa Action Agenda)는 Post-2015 SDGs 결과 문서와 연계해 포용적 경제성장 재원 프레임워크(Financing Framework)로 활용될 예정이다. 한편 세계은행 김용 총재는 SDGs 시대에 필요한 재원이 수십억 달러 수준이었다면, SDGs 시대에는 연간 수조 달러가 필요할 것이며, 이를 위해 민간 부문의 참여가 확대되어야 한다고 강조했다. 지속가능발전금융전문위원회에서는 빈곤 근절을 위한 사회 안전망 구축에 연간 66억 달러, 농업, 교통, 에너지 등 사회 기반시설 투자에 연간 5~7조 달러가 소요될 것이라고 예상했고(Intergovernmental Committee of Experts on Sustainable Development Financing, 2014: 5), UN System Task Team에서는 SDGs 주요 분야의 연간 투자수요를 1조 8500억~4조 8000억 달러로 추정하고, 민관 파트너십 등 통합적 재원 조달 전략 수립을 제안했다.

9) 2011년 부산에서 개최된 제4차 OECD 개발원조위원회(DAC) 고위급 회담으로 민간 부문이 공식적인 이해관계자로 참여한 바 있다.

3. 북한개발협력의 초기 조건 1: SDGs 이행 지표 검토

이 절에서는 북한개발협력의 초기 조건 검토를 위해 SDGs 관련 지표를 살펴보았다. 2005년부터 2014년까지 최근 10년간 한 건 이상의 데이터를 포함하는 북한의 SDGs 지표는 47개로 전체 230개 중 약 20.4%이다.

비교군을 대상으로 북한의 초기 조건을 평가하기 위해 유엔의 SDGs Progress Report(2016)를 활용한다(UN Economic and Social Council, 2016).[10] SDGs 17개 개발 목표를 5개의 범주로 나누면, 사회 영역, 경제 영역, 환경 영역, 제도 구축 영역, 파트너십 영역으로 구분할 수 있다. 먼저 사회 영역에 해당하는 SDG ①~⑤의 지표를 살펴보면, 2005년을 기준으로 직업을 가진 인구employed population가 국제 빈곤선 이하에서 사는 경우는 전체의 63.8%인데, 이것은 세계 평균값 18.6%(2005년 기준)과 비교해 크게 웃도는 수치라고 평가된다.[11] 아동 발달 저해 발생 비율의 경우에도 세계 평균보다 5% 안팎의 높은 수치를 기록하고 있는 것을 감안할 경우, 빈곤 및 기아와 영양과 관련한 북한개발협력은 지속의 필요성이 여전히 존재하는 것으로 평가할 수 있다. 반면, 동일하게 사회 영역에 속하는 SDG ③ 건강한 삶의 보장과 복지 증진에 관해서 북한은 세계 평균을 상회하는 수준의 지표를 가지고 있다. 예를 들어 모성 사망 비율 세계 평균의 1/3 수준이며, 아동 및 신생아 사망률도 세계 평균의 1/2 수준이다. 전염병 및 유해물

10) 국제사회의 평균값을 바탕으로 북한개발협력의 초기 조건을 평가하는 것은 절대적으로 초기 조건을 평가하는 것에 대한 해석의 한계를 보완하기 위해 선택한 제한적인 방법이라는 것을 밝힌다. 향후 연구에서는 취약국군이나, 유사 소득 국가군 등을 대상으로 구체적인 비교·분석이 요구된다.

11) SDG ① ④ ⑤ 지표의 출처는 Key Indicators of the Labour Market(KILM), UIS and UOE Surveys of Formal Education, OECD, CRS database 등이다. UN SDG Indicators 홈페이지, http://unstats.un.org/sdgs/indicators/database/?area=PRK(검색일: 2016.8.25).

그림 9-1 _ SDGs 목표별 북한의 이행 지표

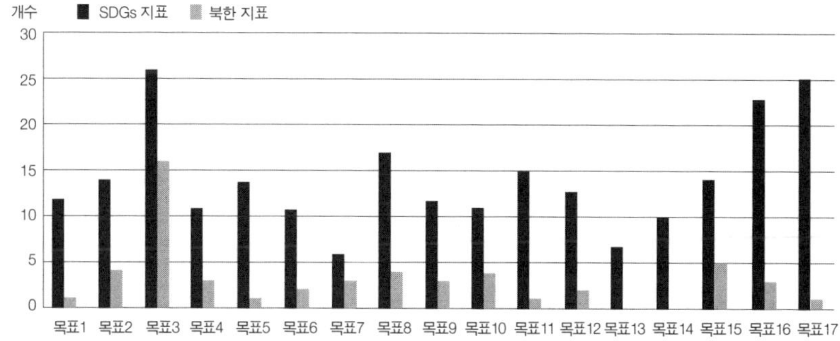

주: 중복되는 지표의 경우 중복해 표기했다.
자료: IAEG-SDGs(2016); UN SDGs Indicator 홈페이지(검색일: 2017.8.25).

질로 인한 사망 비율도 세계 평균을 하회하고 있는데, 다만 결핵 발생률은 세계 평균의 2배 수준인 것으로 평가된다. 한편 SDG ④ 공평한 양질의 교육 제공과 관련해 북한은 높은 수준의 이행을 보이고 있다. 이는 사회주의 무상교육 시스템에 기반한 이행 지표로 판단되며, 실질적인 교육의 질과 형평성의 질에 대해서는 추가적인 논의가 이루어져야 할 것이다. 유사한 배경으로 성 평등 지수도 비교적 세계 평균 수준에 부합하고 있는 것으로 평가되나, 제공되는 지표가 '중앙 및 지방 정부의 여성 고위직 비율' 단 하나이기 때문에 해석이 제한적일 수 있는 것을 염두에 둘 필요가 있다.

둘째, 경제 영역에 해당하는 SDG ⑥~⑩의 경우 물 스트레스는 세계 평균 수준을 약간 상회하고 있는 수준이며, 기타 지표에 대한 정보가 존재하지 않아 식수 및 위생 시설에 대한 접근성과 관리 능력 확보와 관련한 초기 조건 파악은 쉽지 않은 것으로 판단된다.[12] 다만 수인성 질병에 대한 발생률이 세계

12) SDG ⑥, ⑦, ⑧, ⑨, ⑩ 지표의 자료는 WHO/UNICEF Joint Monitoring Programme(JMP),

평균 수준을 하회(SDG ③의 이행 지표 참조)하는 것을 감안할 경우, 기초적인 수준의 식수 관리는 이루어지고 있는 것으로 평가할 수 있다. SDG ⑦ 지속가능한 현대적 에너지에 대한 접근성 수준은 매우 낮은 것으로 판단된다. 전기에너지와 청정에너지에 대한 접근성은 세계 평균 수준의 최소 1/10에서 최대 1/4 수준으로, 매우 낮음을 알 수 있다. 한편 SDG ⑧ 지속가능한 경제성장과, 양질의 고용 및 일자리 제공의 이행 지표로서 경제성장의 수준은 목표치 7%에 크게 밑도는 5% 이하의 수준이며, 지표가 제한적인 한계는 존재하지만, SDG ⑨ 지속가능한 인프라 건설 및 산업화와 혁신 촉신도 세계 평균 수준을 밑도는 것으로 분석된다(선진국일수록 GDP 대비 제조업의 부가가치 비중의 수준이 낮음). 마지막으로 SDG ⑩ 국내적 혹은 국제적 불평등 경감과 관련해 공개된 북한의 지표는 국제적 수준의 불평등과 관련한 것으로 북한에 대한 개발 협력의 초기 조건을 파악하는 것은 어려울 것으로 판단된다.

셋째, 환경 영역인 SDG ⑪과 SDG ⑫의 북한 지표를 살펴보면, 대기 미세먼지 수준과 1인당 물질 소비 수준은 세계 평균을 하회하고 있다.[13] 즉, 친환경적인 측면에서 비교적 평균을 상회하는 것으로 평가할 수 있는데, 이것은 북한의 산업 발달 수준이 낮기 때문이며, 향후 경제개발이 본격화될 경우 환경문제는 새로운 이슈로 부각될 가능성이 높아 보인다. 한편 환경 영역에 대한 SDG ⑬과 SDG ⑭에 대한 북한 지표는 존재하지 않으며, SDG ⑮ 중 북한

Resource Efficiency Indicator database. United Nations Environment Programme, OECD, CRS database 등이다. UN SDG Indicators 홈페이지, http://unstats.un.org/sdgs/indicators/database/?area=PRK(검색일: 2016.8.25).

13) SDG ⑪, ⑫ 지표의 자료는 Resource Efficiency Indicator database. United Nations Environment Programme, Country party as of reference year. Joined the Basel Convention in 2016 등이다. UN SDG Indicators 홈페이지, http://unstats.un.org/sdgs/indicators/database/?area=PRK(검색일: 2016.8.25).

지표는 국제 수준의 지표만 공개되어 있어, 북한의 특징을 파악할 수 없다.

넷째, 제도 영역으로 구분되는 SDG ⑯의 이행 지표 중 하나인 '국제기구 내 개도국 참여 확대'는 국제 지표이기 때문에 북한만의 특징을 보여주기 어렵다. 그 외 '폭력과 이로 인한 사망률 경감'은 세계 평균을 웃도는 수치를 가진다.[14] 또한 아홉 번째 하위 목표의 이행 지표인 '출생신고가 완료된 5살 이하의 인구 비율'은 100%로 사회주의국가에서의 철저한 관리 통제 시스템에서 기인된 현상으로 이해할 수 있다.

마지막으로 이행 수단 및 파트너십과 관련한 SDG ⑰의 경우, 열여덟 번째 하위 목표의 이행 지표인 '재정 지원에 의한 국가 통계를 생산하는 국가의 수'는 국제 지표이기 때문에 이를 바탕으로 북한의 특징을 파악하기 어렵다.[15]

분석 결과를 바탕으로 북한의 SDGs 초기 조건을 분석해보면, 전통적인 북한개발협력의 항목에 해당하는 사회 영역에 대한 목표를 제외하고는 대부분 지표가 존재하지 않거나 국제 지표, 즉 북한의 특징과 무관한 지표만 존재한다. 따라서 첫째, 북한개발협력에 있어서 북한 지표의 개발은 우선 과제가 되어야 할 것이다. 특히 공식 통계의 구축과 활용은 SDG ⑰의 목표이기도 하며, 기본적으로 SDGs의 이행 평가가 각국의 자체적인 지표 설정과 평가 기준 마련을 요구하고 있기 때문에 북한 자체적인 지표 개발을 위한 북한개발협력은 매우 필요할 것으로 판단된다. 둘째, 제한적이지만 이행 지표를 바탕으로 북한의 개발 협력 조건을 살펴본 결과 MDGs에서 전통적으로 다루어온 분야, 즉

---

14) SDG ⑯ 지표의 자료는 IMF Annual Report 2005, UNESCO website 등이다. UN SDG Indicators 홈페이지, http://unstats.un.org/sdgs/indicators/database/?area=PRK(검색일: 2016.8.25).

15) SDG ⑰ 지표의 자료는 NSDS Status Report, Source: http://www.paris21.org/nsds-status 등이다. UN SDG Indicators 홈페이지, http://unstats.un.org/sdgs/indicators/database/?area=PRK(검색일: 2016.8.25).

표 9-3 _ 북한개발협력의 초기 조건

목표	세부 목표	지표	경과보고서(2016)	북한(연도)
1	2030년까지 인류의 절대 빈곤 퇴치	국제 빈곤선 이하에서 사는 인구	18.6%(2005), 10.2%(2012)	63.8%(2005)
2	영양가 높으며 충분한 식량 공급 보장	영양 결핍 유병률	10.8~14.3%(2005~2014)	34.5~41.6%(2005~2014)
	5세 이하 아동, 여성 청소년, 임산부 등에 대한 영양 제공	아동의 발달 저해 발생 비율	26.2%(2010), 23.8%(2014)	32.4%(2009), 27.9%(2012)
		아동의 과체중 비율	N/A	0%(2009)
	농촌 인프라, 농업 연구, 농업 생산 능력 강화를 위한 투자 확대	농업 분야에 대한 외부 재원 도입	12.10십억 달러 (개도국 총합, 2014)	1.45~4.7백만 달러 (2005~2014)
3	모성 사망 비율 79/10만 이하로 감소	모성 사망 비율	0.288%(2005), 0.216%(2015)	0.085~0.105% (2005~2014)
		전문가에 의한 출산 비율	62%(2000), 75.4%(2015)	100%(2009)
	신생아 사망 12/1000으로, 5세 이하 아동 25/1000 이하로 감소	5세 미만 아동 사망률	6.26%(2005), 4.25%(2015)	2.61~3.27% (2005~2014)
		신생아 사망률	2.57%(2005), 1.92%(2015)	1.41~1.77% (2005~2014)
	AIDS, 결핵, 말라리아, 소외 열대 질병의 유행을 종식, 간염, 수인성 질병과 기타 감염성 질병의 확산 방지	결핵 발생률	0.16%(2005), 0.13%(2014)	0.38~0.44% (2005~2014)
		말라리아 발생률	0.13%(2005), 0.10(2013)	0.10%(2005), 0.20%(2010), 0.21%(2013)
		열대 질병 관여 필요 인구	17억 명	560만 명(2014)
	비전염성 질병으로 인한 조기 사망 1/3로 감소	암, 당뇨, 만성 호흡기 질병으로 인한 사망	N/A	27.15%(2012)
	약과 알코올을 포함한 약물 남용의 예방과 치료 강화	알코올 남용	6.0리터(2005), 6.3리터(2015)	3.7리터(2005, 2010)

	교통사고 사망과 상해 1/2 이하로 감소	교통사고 사망률	0.019%(2005), 0.017(2013)	0.021%(2010~2013)
	성 생식 보건 서비스에 보편적 접근	청소년 출산율	5.1%(2005), 4.4%(2015)	0.07%(2008)
	유해물질, 공기, 물, 토양의 오염에 기인한 사망과 질병 감소	공기 오염에 의한 사망률	0.092%(2012)	0.001%(2005), 0.002%(2010), 0.002%(2013)
		물 오염에 의한 사망률	0.012%(2012)	0.0014%(2012)
		독극물에 의한 사망률	0.002%(2012)	0.003(2012)
	의약품과 백신에 대한 접근 제공	기초보건 및 의약 연구에 대한 ODA	8.89십억 달러 (개도국 총합, 2014)	1~30백만 달러 (2005~2014)
	국가 역량 강화	국제보건규약(IHR)의 역량 강화	N/A	39.5~68.5(IHR 핵심 역량 Index 2010~2014)
4	양질의 영유아 발달과 교육 제공	조직된 학습 참여 비율	N/A	94.52%(2009)
	취약 계층의 교육에 대한 접근 보장	형평성 지수	N/A	1.01(Gender Parity Index 2009)
	개도국에 대한 장학금 수혜 증대	ODA 중 장학금 비율	1.32십억 달러 (개도국 총합, 2014)	0.01-0.56백만 달러 (2006~2014)
5	여성의 동등한 리더십 기회 보장	중앙 및 지방 정부의 여성고위직 비율	16.1%(2005), 22.7%(2016)	15.6~20.1% (2005~2014)
6	지속가능한 물 사용 보장	물 스트레스	8.8%(2012)	11.2%(2007)
	관련 활동 및 사업 지원을 위한 국제 협력	물, 위생과 관련한 ODA	10십억 달러 (개도국 총합, 2014)	0.21~8.41백만 달러 (2005~2014)
7	현대식 에너지 서비스의 보편적 접근성 제공	전기 에너지 접근 인구 비율	83.2%(2010), 84.7%(2012)	26%(2010), 29.56%(2012)
		청정에너지 의존 인구 비율	53.5%(2005), 56.0%(2010), 57.8%(2014)	5.7%(2005), 6.2%(2010), 6.6%(2012)
	재생에너지 비중의 실질적인 증대	재생에너지가 차지하는 비율	17.0%(2005), 18.1%(2012)	9.94~15.98% (2005~2012)

8	GDP 성장률이 적어도 7% 이상	1인당 총생산(GDP) 성장률	5.2%(2005), 3.1%(2014) 개도국 평균	-1.77~3% (2005~2014)
	소비와 생산에서의 자원 효율성 증대	국내 및 1인당 material footprint	9.10톤(2005), 10.10톤(2010)	0.97~1.32% (2005~2014)
		국내 및 1인당 물질 소비 등	9.0톤(2005), 10.1톤(2010)	3.18~3.34톤 (2005~2010)
	무역을 위한 원조 지원 증대	무역에 의한 원조의 약속과 이행	42.75십억 달러(집행) 54.80십억 달러(약정) (개도국 총합, 2014)	0.7~35.7백만 달러 (2005~2014)
9	회복력 있는 인프라 개발	교통수단별(항공) 사람 수송	2,027백만 명(2005) 2,642백만 명(2010) 3,271백만 명(2014)	101,313명(2005), 73,052명(2010), 232,725명(2014)
	산업 부문의 점유율 확대	GDP 대비 제조업의 부가가치 비중	15.8%(2010), 16.1%(2015)	21.09~22.48% (2005~2013)
	지속가능하고 회복력 있는 인프라 발전 지원	인프라에 대한 국제 지원	52.76십억달러(2010), 59.54십억 달러(2014) (개도국 총합)	0.06~3.0백만 달러 (2005~2014)
10	개도국 발언권 강화 보장	국제기구에서의 개도국 투표권	UN General Assembly 74%(2015) International Finance Corporation 32%(2015)	UN General Assembly 74%(2015) International Finance Corporation 32%(2015)
	최빈국 ODA, FDI 등 재정 지원 권장	OECD ODA, FDI 데이터	588.47십억 달러 (ODA 개도국 총합, 2014)	72.66~307.38백만 달러 (ODA 2005~2014)
11	인구 1인당 도시에 미치는 환경의 부정적인 효과 감소	대기 미세 먼지 수준	45%(2014)	32%(2014)
12	자연 자원의 지속가능 개발	국내 및 1인당 material footprint	9.10톤(2005), 10.10톤(2010)	0.97~1.32% (2005~2014)
		국내 및 1인당 물질 소비 등	9.0톤(2005), 10.1톤(2010)	3.18~3.34톤 (2005~2010)

15	국제조약하에서의 육상 및 담수 생태계 시스템 등의 보존, 복구 및 지속가능한 이용을 보장	전체 육지의 숲 비율	30.9%(2005), 30.8%(2010)	52.31%(2005), 42.06%(2010)
		보존 지역의 비중	15.6%(2005) 16.4%(2010)	0%(2005) 0%(2010)
	생물 다양성 감소를 막기 위한 긴급한 행동 채택	Red List Index	0.78(2005), 0.74(2016)	0.91~0.92% (2005~2014)
	생물 다양성과 생태계 시스템의 지속가능한 보존을 위한 재원 조달	관련 ODA 및 공공 지출	2.44십억 달러(2005), 5.61십억 달러(2010), 6.96십억 달러(2014) ODA 개도국 총합	2000~2007, 2011~2014
	지속가능한 숲 관리를 위한 재정 동원	관련 ODA 및 공공 지출	2.44십억 달러(2005), 5.61십억 달러(2010), 6.96십억 달러(2014) ODA 개도국 총합	2000~2007, 2011~2014
16	폭력과 이로 인한 사망률 경감	살인 관련 사망자	0.0053%(2014)	0.0047%(2012)
	국제기구 내 개도국 참여 확대	국제기구에서의 개도국 투표권	UN General Assembly 74%(2015) International Finance Corporation 32%(2015)	UN General Assembly 74%(2015) International Finance Corporation 32%(2015)
	모든 사람에게 법적 지위 부여	출생신고가 완료된 5살 이하의 인구 비율	N/A	100%(2009)
17	신뢰할 수 있는 데이터 확보 가능성 증대를 위한 역량 강화 지원	재정 지원에 의한 국가 통계를 생산하는 국가의 수	166(2015)	133(2009)

주: 1) IAEG-SDGs(2016); UN SDGs Indicator 홈페이지(검색일: 2016.8.25)와 UN Economic and Social Council(2016) 등을 바탕으로 필자가 작성했다.

2) 중복 지표는 중복으로 표기했다.

3) 추가 설명이 없는 경우, Progress Report(2016)의 비굣값은 전 세계 평균값이다.

4) 지표의 값이 복수인 경우는 최솟값과 최댓값의 범위로 표기한다.

보건과 교육 등은 일정 수준 개발된 단계에 놓여 있는 것으로 평가된다. 그러나 같은 목표에 대해서도 지표마다 편차가 관찰되는 것을 감안해, 추가 하위 목표 혹은 기존에 지원이 이루어지지 못했던 세부 지표에 대한 전략적인 접근이 요구된다. 예를 들어 SDG ③의 물, 공기 오염 등으로 인한 사망 관리 등에 대한 전략적 접근이 요구될 수 있다. 셋째, 전통적인 목표와 동일한 목표들이지만, 하위 이행 지표에 대한 정보가 존재하지 않는 경우, 대부분은 북한개발협력에서 다루어진 경험이 없는 사안들이다. 따라서 해당 지표의 구축을 시작으로 관련 프로젝트를 발굴하는 초기 작업이 이루어져야 할 것으로 판단된다. 넷째, 목표 자체가 새로운 경우가 있다. 새롭게 제안된 SDG ⑧ 지속가능한 경제 성장과 완전하고 생산적인 고용 및 양질의 일자리, SDG ⑨ 회복 가능한 인프라 건설 및 산업화와 혁신 촉진, SDG ⑩ 국내 혹은 국가 간 불평등 경감, SDG ⑯ 지속가능한 발전을 위한 평화적이며 포용적인 제도 구축에 대해서 북한개발협력은 새로운 로드맵을 구상해야 할 필요가 있을 것이다.

4. 북한개발협력의 초기 조건 2: 북한 내부 조건 및 국제사회의 시각 검토

이 절에서는 먼저, 북한의 경제정책 및 경제 상황을 통해 북한의 SDGs 활용의 방향성을 전망하고, 다음으로 국제사회의 북한에 대한 취약성 인식 등을 통해 국제사회의 대북 SDGs 수립의 방향성을 분석한다.

북한은 2011년 국가 경제개발 10개년 전략 계획(2011~2020년)을 발표했다. 계획에 따르면 중점 분야는 공업 지구 개발, 교통망 개발, 에너지 개발, 농업 분야 개발 등이며 여기에 약 1000억 달러를 투자할 계획이다.[16] 이후 2013년 북한

그림 9-2 _ 최근 북한 경제성장률

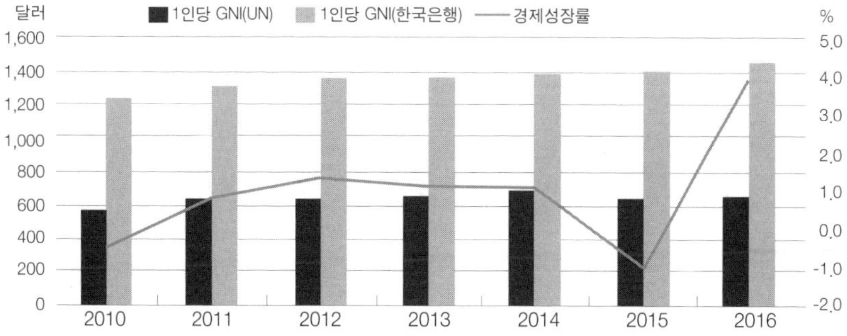

주: 1인당 GNI(한국은행)는 US$1=1,000원으로 계산했다.

자료: UN Statistics; 한국은행 경제통계시스템(검색일: 2018.6.12).

은 13개 경제개발구와 신의주 특수 경제 지대를 지정했으며, 2014년에는 원산·금강산 국제 관광 지대와 그 외 경제개발구 6개를 추가 발표했다(2013년 11월 21일 상임위정령, 2014년 6월 11일 상임위정령). 북한의 개발에 대한 강력한 의지 표명에도 불구하고, 2018년 6월 현재까지 개발의 본격화는 이루어지지 못하고 있다. 개발의 본격화를 위해서는 재원 확보가 필수적이지만, 북한이 자체적으로 개발 재원을 조달할 가능성은 매우 낮아 보인다. 따라서 북한은 자국 개발을 위한 재원 확보를 위해 국제사회와의 협력이 절실히 필요할 것이다. 한편 최근 북한의 1인당 GDP 수준을 살펴보면, 한국은행은 1400달러 내외인 것으로 추정[17]하고 있으며, 유엔은 600달러 내외인 것으로 발표하고 있다.[18] 한편, 1인당 GDP가 약간의 증가세를 보이고 있는 데 이를 통해 북한 경제가 낮은 수준

16) 통일부 북한경제포털, http://nkinfo.unikorea.go.kr(검색일: 2016.2.12).

17) 한국은행 경제통계시스템, http://ecos.bok.or.kr/(검색일: 2018.6.17); 한국은행은 북한의 GDP를 산출하는 데 해당되는 한국의 가격 체계와 부가가치율을 적용, 따라서 북한의 GDP는 일반적으로 말하는 시장가격을 기준으로 하는 GDP와는 근본적인 차이가 있지만, 상대적으로 높게 측정될 가능성이 있다.

18) UN 통계, http://unstats.un.org/unsd/snaama/selbasicFast.asp(검색일: 2018.6.12).

그림 9-3 _ 최근 북한 대외 경제 현황

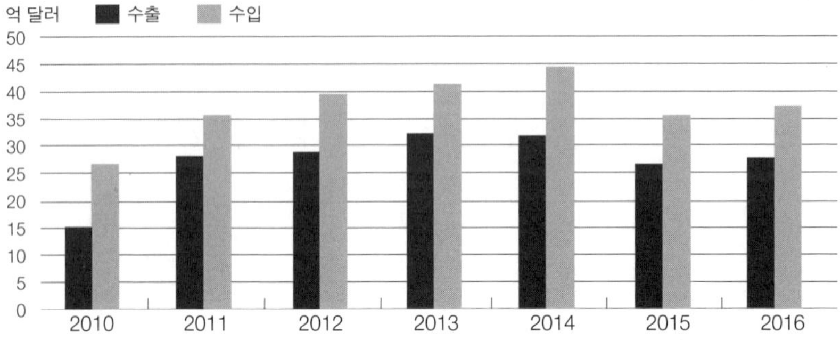

자료: 한국은행 경제통계시스템(검색일: 2018.6.12).

에 머물러 있지만 경제 상황은 개선되고 있는 것으로 평가할 수 있다.

다음으로 북한의 대외무역 규모는 지속적인 증가 추세를 보이고 있는데, 특히 2014년 규모는 76.1억 달러로 북한 경제 역사상 최대 규모를 기록했다.[19] 그럼에도 불구하고 북한의 무역은 대상국의 지나친 쏠림 현상과 품목의 후진성이라는 한계가 여전히 존재할 뿐 아니라, 여타 국가들과 비교해도 그 절대 규모가 매우 작다는 한계를 가지고 있다. 주요 교역국은 중국, 러시아, 인도, 태국, 방글라데시 등이며, 특히 대중 무역은 전체 무역의 90.19%를 기록했다.[20] 북한의 투자 유치 상황 또한 유사한 특징을 보이고 있다. 북한의 외자 유치는 2011년 이후 급격히 증가해 2013년에는 사상 최대 규모를 기록했다. 다만, 투자 유치 투자의 경우 급격한 증가에도 불구하고 여전히 그 규모가 매우 작다는 한계뿐 아니라 중국으로부터의 투자가 전체의 70% 이상을 차지하는 쏠림 현상[21]을 보이고 있다.

19) 코트라 북한 대외무역 동향, http://www.kotra.or.kr(검색일: 2015.12.12).

20) 코트라 북한 대외무역 동향, http://www.kotra.or.kr(검색일: 2015.12.12).

21) 2004~2013년까지 중국의 누적 투자액은 약 5.8억 달러이며 2013년 투자액은 약 1.8억

이러한 북한의 경제 상황을 감안한다면, 민생 안정 등의 경제 상황 개선이 SDGs 주요 활용 방향이 될 것으로 분석할 수 있다. 즉, 북한은 SDGs의 17개 목표 중 기본적으로는 ① 빈곤 종식, ② 기아 종식과 지속가능 농업, ③ 보건과 복지, ⑥ 물과 위생 등에 초점을 맞출 것인데, 이러한 목표는 기존의 MDGs에서 다루어졌던 전통적인 목표와 유사하다. 다만 그와 더불어 ⑧ 일자리와 경제성장, ⑨ 혁신과 인프라, ⑫ 지속가능한 소비 생산 등이 새로운 개발 목표 설정의 주요한 요소가 될 것으로 판단된다. 왜냐하면, 전술했듯이 북한은 현재 최빈국이기는 하지만 최근 경제성장의 추세가 명확히 발견되고 있으며, 정치적인 안정을 바탕으로 민생 문제 해결을 위해 대내외 개혁 개방을 다양한 방식으로 추진 중에 있기 때문이다. MDGs에서 지속적으로 다루어온 ① 빈곤 종식, ② 기아 종식과 지속가능 농업, ③ 보건과 복지, ⑥ 물과 위생 등의 목표는 기존 대북 지원의 지속적인 연계로 추진될 수 있을 것이며, ⑧ 일자리와 경제성장, ⑨ 혁신과 인프라, ⑫ 지속가능한 소비 생산 등의 새로운 개발 목표 실현을 위해서는 기존보다 확장된 형태의 개발 협력이 추진될 것으로 전망된다.

한편 국제사회는 각 국가의 취약성을 다양한 기준으로 평가해오고 있다. Index of State Weakness(SW), Peace and Conflict Instability Ledger(PC), (Fragile) Failed State Index(FSI), State Fragility Index(SFI), Global Peace Index(GP), Political Stability and Absence of Violence(WGI) 등이 대표적인 측정 지수이다(Rice and Patrick, 2008).[22] 다양한 지수들을 바탕으로 국제사회의 북

달러로 북한 전체 투자 유치 규모의 약 70%[UN comtrade, http://comtrade.un.org/(검색일: 2015.12.12)] 규모이다.

22) Peace and Conflict, http://www.cidcm.umd.edu/pc/; The Fund for Peace, http://global.fundforpeace.org/; Global Report, http://www.systemicpeace.org/globalreport.htm; Global Peace Index, http://www.visionofhumanity.org/; Worldwide Governance Indicators, http://info.worldbank.org/(검색일: 2015.10.30).

그림 9-4 _ 북한의 취약성에 대한 국제사회의 평가

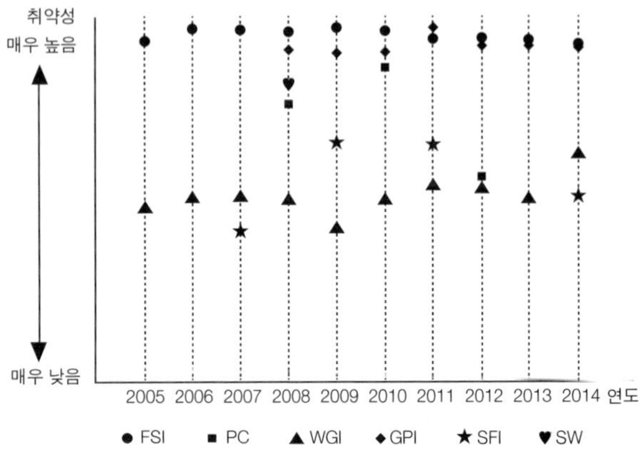

주: 지수별로 다양한 기준과 평가 게이지를 가지기 때문에 상대평가는 불가능하다.

자료: The Fund for Peace의 각 연도 자료; Global Report의 각 연도 자료; Worldwide Governance Indicators, Political Stability and Absence of Violence 자료; Peace and Conflict 각 연도 자료; Brookings 보고서, http://www.brookings.edu/research/reports/2008/02/weak-states-index를 참조해 필자가 작성했다.

한 취약성 평가의 결과를 요약하면, 첫째, 정도의 차이는 보이지만 대부분의 데이터는 북한을 취약국으로 평가하고 있다. 북한의 취약성을 가장 심각하게 평가하고 있는 지수는 (Fragile) Failed State Index(FSI)이며, 취약성을 상대적으로 낮게 평가하는 지수는 Peace and Conflict Instability Ledger(PC)이다. 지수가 국가 합법성, 경제성장, 인권 등 정치·경제적 요인에 집중한 지표로 구성된 경우 취약성이 높게 나타난 반면 정권의 안정성, 인종 갈등 등 사회·안보적 요인 등의 지표가 지수를 구성한 경우 취약성이 상대적으로 낮게 나타난 것으로 분석된다. 즉, 국제사회는 북한이 경제, 인권 등에 있어 매우 취약한 수준인 것으로 판단하고 있다. 한편 취약성의 절대 수준은 다르지만, 최근 취약성이 일정 수준 낮아지고 있는 경향이 대부분의 지수에서 관찰되고 있는데, 경제난의 완화가 취약성 완화에 긍정적인 영향을 미친 것으로 파악된다. Global Peace Index

(GP)와 같이 일부 지수의 경우 취약성이 증가한 것으로 보기도 하는데, 이는 인권, 군사화 분야에 대한 북한의 취약성이 상대적으로 높은 가중치로 다루어졌기 때문이다.

이러한 국제사회의 인식을 반영할 경우, 주요 공여국의 북한개발협력은 먼저, 경제 상황 개선에 초점이 맞추어질 것이다. 기본적으로는 기존의 지원 방식이 유지, 확대되면서 ① 빈곤 종식, ② 기아 종식과 지속가능 농업, ③ 보건과 복지, ⑥ 물과 위생 등의 목표 달성을 위해 지원 규모를 확대할 수 있다. 북한의 입장에서의 전망과 마찬가지로 SDGs에서 제안하고 있는 ⑧ 일자리와 경제성장, ⑨ 혁신과 인프라, ⑫ 지속가능한 소비 생산 등은 특히 북한의 대외무역 개선과 투자 유치 등과 연계해 진행될 수 있다. 단, 초기에는 직접적인 투자 확대보다는 시장경제 교육을 통한 투자 환경 개선에 지원의 방향이 맞추어질 것으로 전망된다. 더불어 국제사회가 인식하는 북한의 취약성이 인권문제에 초점이 맞추어져 있기 때문에 인권 개선을 위한 다양한 교육 사업이 동시에 진행될 것으로 예상할 수 있다.

5. 맺음말

최근 국제사회의 개발 패러다임은 MDGs와 SDGs로 요약된다. 과거 MDGs는 북한에 대한 개발 지원 논의와 실제에 다양한 형태로 영향을 미쳐왔으며, SDGs라 불리는 변화된 패러다임 또한 다양한 측면에서 대북 개발 협력에 영향을 미치게 될 것이다. 특히 이 장에서는 국제사회에서 채택하고 있는 개발 협력 프레임인 SDGs의 북한 적용을 시도해, 북한 특화된 SDGs를 단계별로 전망해 보았다. 분석 결과 국제사회의 북한개발협력은 기본적으로 ① 빈곤 종식, ②

그림 9-5 _ **북한 SDGs 구상**

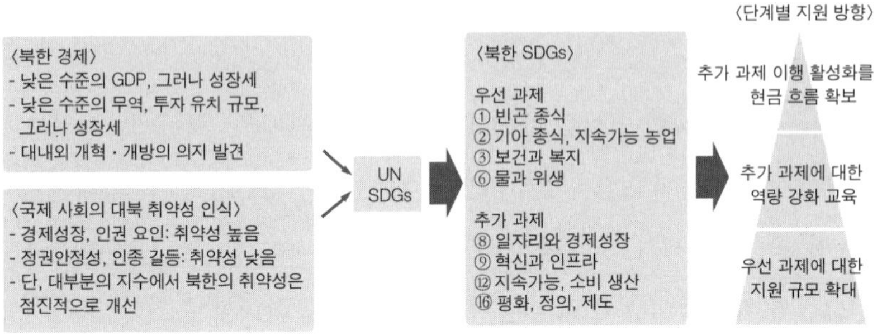

* 본문의 내용을 요약해 필자가 작성했다.

기아 종식과 지속가능 농업, ③ 보건과 복지, ⑥ 물과 위생 등의 목표 달성에 초점이 맞추어질 것이나, 기존과 달리 ⑧ 일자리와 경제 성장, ⑨ 혁신과 인프라, ⑫ 지속가능한 소비 생산 등으로 그 영역이 확장될 것으로 전망된다.

과거보다 포괄적인 내용을 담고 있는 북한의 SDGs 이행을 위해서는 재원 조달이 주요한 과제가 될 것으로 예상된다. 기존의 대북 지원 규모가 크게 감소한 상태이기 때문에 재원 조달 과제는 북한개발협력에서 매우 중요한 이슈가 아닐 수 없다. 따라서 이 장은 북한개발협력을 위한 재원 조달 측면의 과제와 이와 관련한 추후 연구에 대한 제안으로 결론을 대신하고자 한다. 북한개발협력의 재원 확보는 두 가지 측면에서 검토가 가능하다. 첫째는 기존 ODA의 범위 확대 논의에 따른 추가 ODA 확보 가능성에 대한 검토이다. OECD DAC은 ODA 현대화 작업을 통해 ODA 재정의 논의를 추진 중에 있다. 발표 결과에 따르면, 현재의 ODA는 첫째, 공적 주체가 제공하며, 둘째, 수원국의 경제개발과 복지 증진에 사용되어야 하고, 마지막으로 증여율이 25% 이상, 동시에 모든 국가에 대해 10%의 할인율이 적용되는 개발 재원이다. 그러나 변경된 ODA는 세 번째 기준에서 차이를 가진다(OECD, 2014). 새로운 ODA는 공적 주체가 제공해 수원국의 경제개발과 복지 증진에 사용되는 재원인 것은 동일하나, 소득 그룹별 최소 증여율과 할인율을 다르게 정하고 있다. 새롭게 정의된 기준에 따르면, 북한과 같은 최빈국에 제공되는 ODA의 경우 상대적으로 높은 증여율과 할인율이 적용되기 때문에 해당 국가가 추가적인 ODA를 확보할 수 있는 가능성이 있다(임소진, 2015).[23] 둘째는 ODA와 더불어 북한 개발에 도입할 수 있는 재원 조달 방안으로서 금융 포용성 강화 방안이 검토될 수 있다. 특히 해외투자와 관련해 OECD는 '투자 환경 진단 및 개혁을 위한 지원', '지속가능 개발을 위한 민간 투자 유치 지원' 등을 추진하고 있는데, 이러한 논의를 북한개발을 위한 재원 조달의 프레임으로 도입할 수 있다(OECD, 2015). 물론 초기에는 직접적인 현금 흐름cash flow보다 역량 강화 측면이 강조될 것이지만, 북한의 태도에 따라 이러한 재원 조달 프레임의 적용이 불가능해 보이지는 않는다. 성공적인 북한 SDGs 달성을 위해서는 향후 더욱 구체적이며 실질적인 재원 확보 방안에 대한 추가적인 논의가 이루어져야 할 것이다.

23) 다만 이러한 ODA 현대화는 유상 재원에 대한 기준이기 때문에 현재 100% 무상 지원의 대상인 북한이 향후 유상 지원 가능 대상으로 변경될 경우에만 이러한 재원 조달의 논의가 현실화될 수 있다.

참고문헌

강선주. 2015.「Post-2015 개발 아젠다의 이해: MDGs에서 SDGs로 진화」. ≪외교≫, 112호, 94~105쪽.

박지연. 2017.「취약국 원조 논의와 북한개발협력」. 손혁상 외.『북한개발협력의 이해』. 도서출판 오름.

_____. 2017.「유엔의 지속가능개발목표(SDGs)와 북한개발협력」. ≪수은북한경제≫, 겨울호, 61~84쪽.

박지연 외. 2016.「UN 지속가능개발목표 담론의 북한 적용을 위한 이행지표 고찰」. ≪담론 201≫, 19권 4호, 123~147쪽.

_____. 2016.「국제사회의 개발협력 패러다임과 북한개발협력」. ≪아태연구≫, 23권 2호, 249~275쪽.

임소진. 2015.「국제사회의 개발재원 지형의 변화와 한국 개발협력에 대한 시사점」. ≪한국의 개발협력≫, 2015년 제1호, 3~31쪽.

Camfield, Laura, Andrew Crabtree and Keetie Roelen. 2013. "Editorial: Poverty, Vulnerability, and Resilience in a Post-2015 World." *Social Indicators Research*, Vol.113, No.2, pp.599~608.

Craig Burnside and David Dollar. 2000. "Aid, Policies and Growth." *American Economic Review*, Vol.90, No.4, pp. 847~868.

Deborah A. Brautigam and Stephen Knack. 2004. "Foreign Aid, Institutions and Governance in Sub-Saharan Africa." *Economic Development and Cultural Change*, Vol.53, No.2, pp. 255~285.

IAEG-SDGs. 2016. *Final list of Proposed SDGs Indicators*. IAEG-SDGs.

Intergovernmental Committee of Experts on Sustainable Development Financing. 2014. *Report of the Intergovernmental Committee of Experts on Sustainable Development Financing*. Intergovernmental Committee of Experts on Sustainable Development Financing.

Jack Heckelman and Stephen Knack. 2008. "Foreign Aid and Market-Liberalizing Reform." *Economica*, Vol.75, No.299, pp.524~548.

Michael A. Clemens, Steven Radelet and Rikhil Bhavnani. 2004. "Counting Chickens When They Hatch: The Short-term Effect of Aid on Growth." *Working Paper*, No.44.

OECD. 2014. *(2014) DAC HLM Communique*. Paris: OECD.

_____. 2015. *The Sustainable Development Goals: An Overview of Relevant OECD Analysis,*

Tools and Approaches. New York: The United Nations Sustainable Development Summit.
Rice, S. E. and S. Patrick. 2008. *Index of State Weakness in the Developing World*. Washington D.C.: Brookings Institution.
Shirley, Mary. 2005. "Can Aid Reform Institutions?" *Working Paper*, No.6. Ronald Coase Institute.
Tim Harford and Michael Klein. 2005. "Aid and the Resource Curse: How Can Aid Be Designed to Preserve Institutions?" *Public Policy for Private Sector*, Note. 291.
UN Economic and Social Council. 2016. *Progress towards the Sustainable Development Goals*. UN.
UN System Task Team Working Group on Sustainable Development Financing. 2013. *Financing for Sustainable Development: Review of Global Investment Requirement Estimates*. New York: UN.

코트라 북한 대외무역 동향, http://www.kotra.or.kr.
통일부 북한경제포털, http://nkinfo.unikorea.go.kr.
한국은행 경제통계시스템, http://ecos.bok.or.kr/.

Global Peace Index, http://www.visionofhumanity.org/.
Global Report, http://www.systemicpeace.org/globalreport.htm.
Peace and Conflict, http://www.cidcm.umd.edu/pc/.
The Fund for Peace, http://global.fundforpeace.org/.
UN Comtrade, http://comtrade.un.org/.
UN SDGs Indicator, http://unstats.un.org/sdgs/indicators/indicators-list/.
UN SDG Indicators DPRK, http://unstats.un.org/sdgs/indicators/database/?area=PRK.
UN Statistics, https://unstats.un.org/unsd/snaama/resQuery.asp.
Worldwide Governance Indicators, http://info.worldbank.org/.
2013년 11월 21일 상임위정령.
2014년 6월 11일 상임위정령.

3부

북한 사회의 문화 변동과 정체성

10장

북한 주민의 정치의식과 정치 참여*

남녀 비교를 중심으로

현인애 (이화여자대학교 북한학과)

1. 들어가는 말

북한에서 정치는 극소수 최고 지도부의 점유물일 뿐 간부들조차도 정치적 권리가 극히 제한되어 있다. 그럼에도 불구하고 북한 당국은 인민이 정치의 주인이며 정치의 담당자로서 역할을 하고 있다고 주민들을 세뇌하고 있다. 세뇌된 주민들의 정치 태도는 북한 체제를 유지하는 근본 동력이 되어왔다.

그러나 1990년 이후 국가 경제 파산으로 북한 주민들의 생존 환경이 급격히 변했다. 국가가 제정해준 직장에서 국가가 공급하는 배급과 생필품에 의해 살아가던 주민들이 생존을 위해 스스로 개척한 시장을 통해 자생적으로 살아가고 있다. 국가의 경제적 파산은 북한 주민들을 외부와 연계시켰다. 이러한 과정 속에서 주민들의 정치의식과 정치 참여에서 변화가 포착되고 있다.

---

* 이 장은 현인애, 「북한주민의 정치의식과 정치참여: 남녀비교를 중심으로」, ≪북한연구학회보≫, 20권 1호(북한연구학회, 2016)를 수정·보완한 것이다.

수십 년 동안 북한 당국의 강력한 세뇌 교양으로 인해 당에서 주입한 정치의식대로만 사고하던 주민들이 점차 그에 대해 의문을 갖고 그에 반하는 사고를 하고 있다. 당에서 명령하는 대로만 말하고 움직이는 것을 법으로 알던 주민들이 언어와 행동에서 일탈 빈도가 잦아지고 그 정도도 높아지고 있다.

하지만 북한 주민의 정치의식과 정치 참여에 대해 직접적으로 살펴본 연구는 찾아보기 어렵다. 지난 시기 북한 주민에 관한 연구는 북한의 특수한 상황으로 인해 대부분 탈북민을 대상으로 한 질적 연구를 통해 진행되어왔다. 그러나 질적 방법으로 의식의 일반적 상황을 연구하는 것은 한계가 있다. 최근 남한에 입국한 북한 이탈 주민이 3만여 명에 이르면서 충분하지는 않지만 어느 정도 양적 조사가 가능한 시점에 이르렀다. 이에 따라 이 장에서는 400명의 탈북민의 경험에 대한 탐색을 통해 북한 주민의 정치의식과 정치 참여에서의 변화를 고찰하고자 했다.

냉전 해체 이후 정치학에서는 여성 문제가 중요한 화두가 되고 있으며, 여성의 정치적 지위와 역할은 해당 국가와 사회의 민주화 정도를 평가하는 주요한 척도가 되고 있다. 북한에서는 국가 성립 초기부터 여성들의 사회 활동 참여를 강조해왔지만 1960년대 중반부터 강화된 수령 중심의 국가 체제로 인한 가부장적 성격의 강화는 여성의 정치적 지위의 하락과 남녀 불평등의 구조화를 가져왔다. 북한의 경제난 이후 여성의 시장 활동이 허용되면서 사회적 지위와 역할이 변화하고 있다. 그러므로 이 장에서는 북한 주민의 정치의식과 정치 참여 분석에서 성차를 밝히는 데 중점을 두려고 했다.

2. 이론적 논의

1) 기존 연구 고찰

탈북민의 국내 입국 규모가 점점 증가하면서 북한 주민 의식에 대한 양적 연구가 점차 늘고 있다. 전우택은 2002년 하나원에 입소해 있는 탈북민을 대상으로 북한 주민들이 가지고 있는 김일성에 대한 인식과 그 내용을 조사한 바 있으며(전우택, 2005: 43~71), 서울대학교 통일평화연구원은 2008년부터 탈북민 면접을 통해 북한 실태 자료를 축적해오고 있다. 통일 의식 조사의 설문 내용은 크게 6개 범주로 분류(통일 인식, 대남 인식, 북한 실태 변화, 주변국에 대한 인식, 북한 이탈 주민의 남한 사회 적응 실태, 인구통계학적 정보)되는데, 이 범주들 중 북한 주민의 정치사상 의식조사가 포함되어 있다. 또한 강동완과 박정란은 김정은 시대 3년의 사회 변화 실태와 현황을 살펴보기 위해 중국 현지에서 북한 주민을 대상으로 직·간접적 면접 조사를 실시했으며(강동완·박정란, 2014), 장인숙과 최대석은 2010년 이후 탈북한 북한 이탈 주민들을 대상으로 북한 체제 변화에 대한 기대감과 북한 정권의 정치의식을 토대로 북한 정치 사회의 균열의 추이와 김정은 정권의 안정성 및 변화 가능성을 알아보았다(장인숙·최대석, 2014: 5~36).

이외에 차성근은 북한 체제 변동 가능성을 분석하기 위해 북한 주민의 의식구조를 조사했으며(차성근, 2015), 성창권은 '고난의 행군 세대'의 정치의식을 살펴보고 이를 통해 사회변동 추동 가능성을 추측했다(성창권, 2008). 유효열은 남북한 정치 통합을 목적으로 북한 주민들의 의식을 진단하기 위해 탈북민을 대상으로 북한에서의 의식 변화를 조사해 분석했다(유호열, 2015: 221~253). 또한 현인애는 탈북민을 통한 양적·질적 연구를 통해 북한에서의 정치 사회화가 남한에서의 재사회화 과정에 영향을 미친다는 것을 밝혔다(현인애, 2014).

북한 여성의 정치의식과 정치 참여에 대한 양적 연구는 진행된 바가 없다. 다만 북한의 경제 위기로 인한 여성들의 사회의식과 성 의식 변화에 대한 질적 연구는 적지 않게 진행되었다. 이미경·구수미(2004: 161~338), 임순희 외(2004), 배영애(2010: 93~127)는 1990년 경제난 이후 북한 여성들의 물질주의와 개인주의적 가치관 증대, 성性 역할에 대한 인식 변화, 가부장제적 질서 유지에 대한 문제의식 등의 변화를 고찰했다.

앞서 살펴본 것처럼 지난 시기 진행된 양적 연구들은 주로 북한 사회 변화에 대한 실태 파악의 수단으로서 부분적으로 북한 주민의 정치의식을 조사했는데, 북한 주민의 정치의식 변화를 설명하는 데까지 나아가지 못했다. 북한 여성 연구에서는 정치의식보다는 여성 의식 변화에 중심을 두고 질적 연구를 진행해왔다. 따라서 이 장에서는 북한 주민의 정치의식과 정치 참여를 포괄적으로 조사하며, 더 나아가 이것에 영향을 미치는 요인들을 남녀 차이를 중심으로 파악하고자 한다.

2) 북한 주민의 정치의식과 정치 참여

(1) 정치의식

일반적으로 정치의식은 정치와 관련된 대상, 사건, 사태, 행위, 사고, 감정, 의향 등과 관련된 일체의 의식일 뿐만 아니라 권위와 집단에 대한 태도 등의 총체이다(이강빈, 2014: 29). 이러한 정치의식의 형성에서 주요한 역할을 하는 것은 국가이다. 국가는 정치교육의 내용과 강도를 결정하며, 기능하고 있는 국가 정치체제는 해당 사회의 정치적 환경으로 주민 일반의 정치의식에 영향을 준다. 특히 독재국가는 주민들의 정치의식에 결정적 영향을 미친다.

북한은 강한 독재국가로 국가가 주민들이 가져야 할 정치의식의 내용을 결정하고 끊임없는 세뇌와 강한 통제 시스템을 통해 정치의식의 일체화를 추진해왔다. 북한에서는 국가의 이와 같은 활동을 "정치사상교양"으로 정의하고 있다.

정치사상교양의 내용은 시기별로 조금씩 바뀌어왔다. 김일성·김정일 시기 정치사상교양의 기본 내용을 체계화한 것은 김일성의 "사회주의교육에 관한 테제"다. 여기에서는 정치사상교양의 내용을 당 정책 교양과 혁명 전통 교양, 혁명 교양 공산주의 교양, 사회주의 애국주의 교양, 프롤레타리아 국제주의 교양, 사회주의 준법 교양을 정치사상교양의 내용으로 규정했다(김일성, 1979: 384). 김정은이 등장하면서부터는 위대성 교양, 김정일 애국주의 교양, 신념 교양, 계급 교양, 도덕 교양을 포함한 5대 교양을 주장하고 있다.[1)]

김일성·김정일·김정은 시기를 거치면서 조금씩 변화를 보이지만 사상교양의 내용에서 기본이 되는 것은 체제 수호를 위해 절실히 필요로 하는 위대성 교양, 계급 교양, 집단주의 교양이다. 북한 당국이 첫째로 강조하는 것은 수령의 위대성 교양이다. 북한 당국은 정치사상교양을 당에 대한 충실성을 키우는 데 기본을 두고 진행해야 한다고 주장하고 있는데, 당에 대한 충실성 교양이란 곧 수령의 위대성을 인식하고 충성을 다하도록 하는 것이다(김일성, 1979). 최근 강조하고 있는 5대 교양에서도 첫째로 강조한 것은 위대성 교양이다. 북한 체제는 수령 독재 체제이므로 수령의 위대성 교양은 체제의 정당성을 확보하고 충성을 유도하는 중요한 수단이 된다.

---

1) "위대성 교양과 김정일애국주의교양, 신념교양, 반제계급교양, 도덕교양을 강화해 모든 당원들과 군인들, 근로자들을 선군혁명투사들로 튼튼히 준비시키며 조국보위와 강성국가 건설의 전투장마다에서 애국충정의 불길, 창조와 혁신의 불바람이 세차게 나래치게 해야 합니다"(≪로동신문≫, 2015.1.1).

다음으로 북한 당국이 중시하는 것은 계급 교양이다. 혁명 교양 공산주의 교양에서 기본은 계급 교양이었다. 계급 교양에서 중요한 것은 적들을 미워하도록 교양하는 것이다. 특히 김정은은 등장 이후 계급 교양을 더욱 강조하고 있다. 북한에서 계급 교양의 성지인 신천박물관을 개건하고 김정은이 직접 찾아가 운영을 고무하고 있다. 이는 북한 주민들 속에서 높아지고 있는 남한에 대한 동경이 체제 유지에 심각한 위협이 되고 있다는 판단 때문인 것으로 보인다.

또한 북한 당국은 집단주의 교양을 중시한다. 원래 집단주의는 사회주의·공산주의의 기본 원칙이다. 북한에서 집단주의는 개인주의, 이기주의와 대립되는 개념으로 사회와 인민의 이익, 당과 혁명의 이익을 위해 개인을 희생할 것을 요구하는 사상이다. 북한의 집단주의는 국가와 결부되면 사회주의 애국주의로 된다. 북한은 집단주의와 애국주의 교양을 통해 주민들을 국가주의로 세뇌시킴으로써 체제와 자신을 일체화하고 체제 수호에 동원하려 하고 있다.

선행 연구들에서는 남한 주민의 정치의식을 기준으로 하고 그와 다른 특징을 찾는 방법으로 북한 주민의 의식 특성을 고찰해왔다.[2] 이 장에서는 북한 주민의 정치의식의 내용을 북한 당국에 의한 정치사상교양의 핵심적 요소에 초점을 맞출 것이다.

(2) 정치 참여

정치 참여는 정부와 정치에 영향을 미치려는 행동이다. 밀브래스와 고엘(Milbrath and Goel, 1977)에 따르면, 정치 참여는 "정부와 정치에 영향을 미치거

2) 유호열은 북한 정치 사회화의 주요한 특징 중 하나로 수령에 대한 권위와 복종을 들었으며, 이현주는 북한 정치 사회화의 결과 형성되는 특징으로 집단주의를 분석했다(유호열, 2015: 221~253; 이현주, 2011: 291~325).

나 지지를 보내기 위한 일반 유권자의 행동"으로 정의된다(김욱, 2013: 27~59). 기존 연구들에서는 정치 참여의 유형을 참여 동기와 방식을 기준으로 자발적 및 통상적인 참여와 동원 혹은 의도된 참여로 구분하며(Huntington and Nelson, 1976; Putnam, 2001), 정치적 영향력 행사의 양식을 기준으로 해 제도화된 정치 참여 활동과 비제도화된 정치 참여 활동으로 나누기도 했다(Offe, 1985; 김동노 엮음, 2013: 43~70). 제도화된 정치 참여는 주로 선거, 피선거, 정당 등 공식적인 정치적 조직 활동과 정치적 선출 제도를 근거로 해 제도적으로 참여하는 것을 의미한다. 반면 비제도화된 정치 참여는 진정서 서명이나 시위 및 집회 참여, 기금 형성, 정치적 공론장 활용 등과 같이 공식적이거나 절차적인 방식 이외의 자발적인 참여로 정치적 의견을 표시하는 행동을 의미한다. 최근 인터넷을 통한 정치 참여 연구에서는 정치 참여를 인지적 차원의 소극적 참여와 행위적 차원의 적극적 참여로 구분하기도 했다(황용석, 2001: 321~456).

북한 당국은 주민들에게 정치 활동의 자유가 있다고 주장하며 그 예로 조직 생활과 선거를 들고 있다. 실제로 북한 주민들은 모두 국가가 통제하는 당, 청년동맹, 직맹, 농근맹, 여맹에 망라되어 조직 생활을 하고 있으며 주민들이 선거에 100% 참가해 100% 찬성투표를 한다. 북한 주민들은 이러한 행위들을 통해 북한 정치체제 유지에 실질적으로 참여하고 있다.

1990년대 이후 북한 주민들은 불법으로 외부 정보에 접속해서 세상 소식을 알아가고 있으며 주변 사람들과 정세나 정치 문제에 대해 이야기하고 있다. 이러한 소극적인 정치 행위는 주민들로 하여금 북한 당국이 주입한 정치의식에서의 일탈을 촉진한다.

앞서 논의한 정치 참여의 분류를 북한에 적용시켜보면, 조직 생활과 선거는 제도적 정치 참여 혹은 국가 통제하의 정치 참여로, 외부 정보 접속과 정치적 논의와 같은 소극적 정치 행위는 비제도적 정치 참여 또는 자발적 정치 참여로 구분할 수 있다. 다음 절에서는 이에 초점을 맞춰 북한 주민의 정치 참여를 고찰할 것이다.

3. 조사 설계

1) 변수의 정의 및 연구 모형

이 절에서는 국가에 의해 주입된 이데올로기를 북한 주민의 정치의식으로, 그에 동조하거나 일탈하는 행위를 정치 참여로 정의하고 정치의식과 정치 참여의 관계, 이에 영향을 미치는 요인들을 살펴보고자 했다.

당국이 주입한 수령 숭배심, 집단주의, 적대 의식을 북한 주민의 정치의식으로 정의한다. 수령 숭배심은 수령 1인만을 절대화하고 그에 무조건 충성하는 의식이다. 집단주의는 개인보다 국가의 가치를 우선시하고 국가를 위해 개인을 희생하는 의식이다. 적대 의식은 타협과 반대되는 개념으로 미국과 남조선에 대한 증오와 투쟁 의식이다.

또한 국가가 주도하는 정치 참여를 통제적 정치 참여로, 북한 주민 스스로의 정치 참여를 자율적 정치 참여로 정의한다. 통제된 정치 참여는 학습, 생활총화 참가 정도로 측정한다. 정치 참여 행위로 많이 측정되고 있는 선거 참여는 북한의 정치 참여 지표로는 적당하지 않다. 북한 주민은 선거에 100% 참가, 100% 찬성투표를 하고 있기 때문에 이를 통해 의미 있는 결과를 얻을 수 없다. 하지만 조직 생활에 참가하는 사람들의 태도는 지속적으로 변화하고 있다. 북한에서 정치조직 생활의 주요 내용은 학습, 강연회, 생활총화이다. 따라서 통제적 정치 참여로 당의 노선에 대한 인식과 생활총화 참가를 조사할 것이다. 또한 자율적 정치 참여에 대한 측정으로 정치 문제 논의와 외부 정보 접속을 조사할 것이다.

일반적으로 정치의식과 정치 참여에 영향을 주는 요인으로 인구학적 요인인 성별, 연령, 학력, 소득, 계층, 직업이 고려된다. 이 장에서도 정치의식과 정치 참여에 영향을 주는 요인으로 성별, 연령, 학력을 고려한다.

다음으로, 소득 대신 생활수준이 주는 영향을 파악할 것이다. 탈북민을 대상으로 북한에서의 소득을 조사하는 것은 매우 어렵다. 시장 상황으로 소득이 일정치 못하고 특히 인플레가 극심해서 비교가 거의 불가능하기 때문이다.

또한, 북한 주민의 계층 의식이 정치의식과 정치 참여에 주는 영향을 살펴볼 것이다. 북한에서 계층은 복합적인 성격을 갖고 있다. 1990년대 이전 북한에서 계층은 정치적 지위를 나타냈으며, 이는 경제적 지위와 일치했다. 이후 국가 경제의 파산과 시장의 출현으로 정치적 지위와 경제적 지위는 분리되었으며 현재 북한 주민들은 정치적 지위와 경제적 지위를 적정하게 반영해 자신의 사회적 지위를 평가하고 있다.

마지막으로, 북한 주민의 정치의식과 정치 참여에서 시장이 주는 영향에 대해 관심을 가질 것이다. 아직까지 북한 주민의 정치의식과 정치 참여에 대한 시장의 영향을 직접적으로 살펴본 연구는 없는 실정이다. 하지만 시장의 형성과 확대로 인한 주민들의 의식 변화를 보고하는 연구들이 있다. 이주철과 오유석은 북한의 경제 위기 이후 시장의 형성과 확대로 물질이 주민들이 신봉하는 유일한 가치가 될 가능성이 높아질 것으로 주장했으며(이주철·오유석, 2007: 59~87), 김화순은 북한 주민의 일 유형을 공식 일, 이중 일, 비공식 일(시장 활동)로 구분하고 비공식 일과 이중 일 참가자의 불만 수위가 높다는 것을 밝혔다(김화순, 2013: 79~112).

추가적으로 이 장에서는 북한 주민의 정치의식과 정치 참여와 성 평등 의

그림 10-1 _ **분석의 틀**

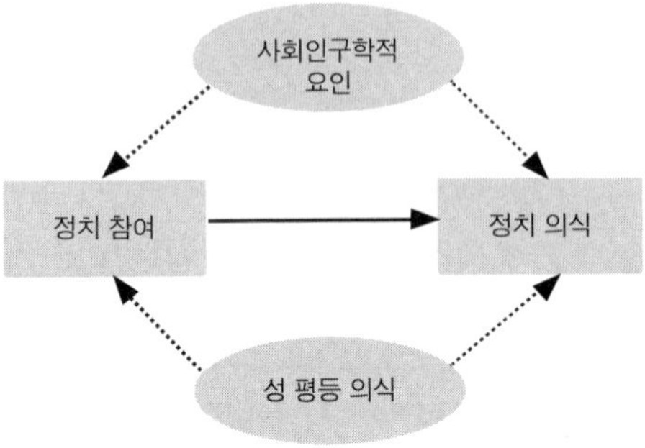

식 간의 관계도 살펴보려고 한다. 여성의 정치 참여를 제한하는 여러 이유들 중 하나는 성 역할에 대한 고정관념이다. 북한에서는 시장이 확산되면서 가계에서 여성의 역할이 두드러지고 있으며 이와 함께 주민들의 성 평등 의식이 자연스럽게 증가되고 있다.

이 장에서 연구한 문제는 다음과 같다.

연구 문제 1	인구사회학적 요인은 북한 주민의 정치의식과 정치 참여에 어떤 영향을 주는가?
연구 문제 2	북한 주민의 정치 참여는 정치의식의 변화와 어떤 연관성을 가지는가?
연구 문제 3	북한 주민의 정치의식과 정치 참여는 성 평등 의식과 연관성을 가지는가?
연구 문제 4	정치의식 정치 참여에서 남녀 차이는 어떻게 나타나는가?

이 장의 연구 모형은 〈그림 10-1〉과 같다.

2) 측정 도구

일반적으로 측정 도구는 선행 연구를 통해 검증된 것을 이용하거나 혹은 연구의 대상이나 목적에 맞추어 변경해 사용하지만 북한 관련 연구에서는 일반 연구에서 사용된 척도가 적합하지 않다. 이러한 관계로 이 장의 목적과 북한 주민의 특성, 수준에 맞는 적절한 설문지를 만들고 요인 분석과 신뢰도 분석을 통해 유의한 문항만 선택해 재구성하는 방법으로 도구를 사용했다.

(1) 정치의식

수령 숭배, 집단주의, 계급의식의 내면화 정도를 나타내는 9개 문항을 조사 문항으로 사용했으며, 신뢰도 분석과 요인 분석을 진행해 일부 항목을 제거하고 척도를 재구성했다. 수령 숭배를 측정하는 문항의 예는 '북한에 살 때 김일성을 진심으로 존경했다', '북한에 살 때 김정일을 진심으로 존경했다'이며, 집단주의를 측정하는 문항의 예는 '탈북하기 전에 직장과 국가를 위해 열심히 일했다', '탈북했을 때 당과 국가를 배신했다는 생각이 들어 불안했다'와 같은 문항들로 구성되어 있다. 또한 계급의식을 측정하는 문항의 예는 '북한에 살 때 남조선을 적이라고 생각했다', '북한에 살 때 원수들과 한 하늘을 이고 살 수 없다고 생각했다'였다. 각각의 신뢰도 계수(Cronbach's α)는 .817, .407, .820이었으며, 모든 문항들은 4점 척도(1점: 전혀 그렇지 않다, 2점: 그렇지 않은 편이다, 3점: 조금 그렇다, 4점: 매우 그렇다)상에서 응답하는 형태로 제시되었다.

〈표 10-1〉에서 정치의식 측정 문항에 대한 탐색적 요인 분석을 실시한 결과를 살펴보면, 3개의 요인으로 추출되었으며 설명된 총 분산은 77.629%로 나타났다. 수령 숭배는 북한에 있을 때 가졌던 김일성·김정일에 대한 존경심으로 측정되었다. 김정은이 등장한 이후에 탈북한 사람들에 한해서는 김정은

표 10-1 _ 정치의식의 요인 분석 결과

세부 항목	요인명		
	수령 숭배심	적대 의식	집단주의
북한에 살 때 김일성을 진심으로 존경했다	.878	.225	.098
북한에 살 때 김정일을 진심으로 존경했다	.874	.231	.183
북한에 살 때 남조선을 '적'이라고 생각했다	.218	.881	.157
북한에 살 때 원쑤들과 한 하늘을 이고 살 수 없다고 생각했다	.238	.863	.141
탈북했을 때 당과 국가를 배신했다는 생각이 들어 불안했다	.247	.025	.774
탈북하기 전에 직장과 국가를 위해 열심히 일했다	.009	.245	.765
고윳값	1.701	1.685	1.272
분산 설명(%)	28.342	28.091	21.195

에 대한 존경심도 조사했으나 이 문항은 제거했으며, 김일성·김정일에 대한 존경심 문항을 합쳐서 수령 숭배심 변수를 만들었다. 두 문항의 공통성은 .878, .874, 적재량은 .832, .851, 분산 설명 28.34%이었다. 집단주의는 북한에서 당과 국가에 충성한 정도, 탈북 시 배신에 대한 자책감에 대한 문항으로 구성되었다. 이 변수의 공통성은 .661, .645, 적재량은 .774, .765, 분산 설명 21.20%이었다. 북한 주민의 적대 의식은 미국·남한을 적으로 생각한 정도와 적들과 타협할 수 있는 정도에 관한 2개 문항으로 구성되었으며 계급의식 변수의 공통성은 .821, .849, 적재량은 .881, .863, 분산 설명 28.09%이었다.

(2) 정치 참여

정치 참여를 북한 당국에 의해 통제되는 정치 참여와 주민들의 자율적인 정치 참여로 구분해 조사했다. 전자는 북한에서 당의 노선과 정책에 대한 인식 정도와 생활총화 참가 정도로 측정했는데, 당의 노선에 대한 인식 정도는 4점 척도(1점: 전혀 그렇지 않다, 2점: 그렇지 않은 편이다, 3점: 조금 그렇다, 4점: 매우 그렇다)의 범위에서 표시하도록 했으며, 생활총화 참가 정도는 "거의 빠짐없이 참가", "절반 정도 참가", "거의 참가 안함" 중 해당 범위에 응답하도록 하는 방식으로 측정했다. 또한 주민들의 자율적인 정치 참여는 북한에서 정치 문제에 대해 친구들과 이야기를 나눈 정도로 측정했으며, 외부 정보 접속은 드라마나 방송·영화 청취, 외국에 가본 경험, 외국인과 함께 일한 경험의 정도로 측정했다. 각 문항들은 4점 척도(1점: 전혀 그렇지 않다, 2점: 그렇지 않은 편이다, 3점: 조금 그렇다, 4점: 매우 그렇다)로 응답하도록 했다.

(3) 성 평등 의식

북한에서 살 때 남성의 가사일 분담에 대한 견해, 남성만 간부로 등용하는데 대한 견해를 조사했다. 성 평등 의식에 대한 탐색적 요인 분석을 실시한 결과를 살펴보면, 공통성은 .639, 적재량은 .792, 분산 설명 63.9%, 신뢰도는 .409로 나타났다.

(4) 인구사회학적 요인

[시장 활동] 학교 졸업 이후 직장에서 일한 기간, 직장에서 일하면서 장사를 병행한 기간, 장사에만 종사한 기간, 집안일만 한 기간을 구분해 조사했으며, 장사를 병행한 사람과 장사만 한 사람들을 시장 참여로, 직장 일과 집안일만 한 사람은 시장 불참여로 나누어 시장 참여 유무라는 변수를 만들었다.

[생활수준] 북한 주민의 생활수준 평가 기준으로는 식생활수준을 택했다. 경제가 어려운 나라에서 주민들의 가계의 대부분은 식생활에 지출되므로 식생활수준은 북한 주민의 가계 수준을 측정하는 합리적인 도구로 보았다. 식

생활수준은 "죽을 먹거나 끼니를 건넜다", "잡곡밥을 먹었다", "이밥을 먹었다", "먹고 싶은 것을 마음대로 먹었다"의 4가지 수준상에서 응답하도록 했다.

[주관적인 계층 의식] 북한 주민의 주관적인 계층 의식을 최상층, 중상층, 중간층, 하층, 최하층으로 구분해서 측정했다.

[학력] 고등 중학교 졸업까지는 일반교육으로, 전문학교 이상은 고등교육으로 분류해 고등교육 유무라는 변수를 만들었다.

그리고 탈북 연령, 탈북 연도, 출신도를 조사했다.

3) 조사 대상자

조사는 서울과 경기도 인천을 중심으로 남한에 입국한 북한 이탈 주민 400명을 대상으로 2015년 7월부터 8월까지 진행되었다. 비교 연구를 위해 남성과 여성에 대한 조사를 동시에 진행했다. 조사의 정확성을 기하기 위해 북한 연구에 종사하는 탈북민 조사자를 선발하고 교육을 통해 연구 목적과 설문 내용, 진행 및 절차 등의 필요한 정보를 충분히 숙지할 수 있도록 했다.

조사 대상자 400명 중 어릴 때 탈북한 1명을 제외한 399명을 분석 대상으로 사용했다. 조사 대상자의 특성은 〈표 10-2〉와 같다.

표 10-2 _ **조사 대상의 인구통계적 특징**

분류		성별		전체
		여성	남성	
전체		248	151	399
		62.2%	37.8%	100.0%
탈북 연령	20대	79	35	114
		31.9%	23.2%	28.6%
	30대	56	36	92
		22.6%	23.8%	23.1%

	40대	55	44	99
		22.2%	29.1%	24.8%
	50대	37	15	52
		14.9%	9.9%	13.0%
	60대 이상	21	21	42
		8.5%	13.9%	10.5%
탈북 연도	1999 이전	58	34	92
		23.4%	22.5%	23.1%
	2000~2004	57	27	84
		23.0%	17.9%	21.1%
	2005~2009	65	48	113
		26.2%	31.8%	28.3%
	2010~2014	68	42	110
		27.4%	27.8%	27.6%
출신도	함경북도	165	78	243
		66.8%	51.7%	61.1%
	함경남도	22	23	45
		8.9%	15.2%	11.3%
	양강도	33	20	53
		13.4%	13.2%	13.3%
	기타	28	29	57
		11.3%	19.2%	14.3%
학력	무	2	1	3
		.8%	.7%	.8%
	소학교 졸업	2	2	4
		.8%	1.3%	1.0%
	중학교 졸업	65	29	94
		26.2%	19.2%	23.6%
	고등학교 졸업	116	49	165
		46.8%	32.5%	41.4%
	전문학교 졸업	40	28	68
		16.1%	18.5%	17.0%
	대학교 졸업	23	42	65
		9.3%	27.8%	16.3%

현재 연령	20대	13	6	19
		5.2%	4.0%	4.8%
	30대	39	23	62
		15.7%	15.2%	15.5%
	40대	90	44	134
		36.3%	29.1%	33.6%
	50대	57	43	100
		23.0%	28.5%	25.1%
	60대 이상	49	35	84
		19.8%	23.2%	21.1%

통계 프로그램인 SPSS 18.0을 사용해 신뢰도 분석, 요인 분석, 평균 분석, 상관 분석, 회귀 분석을 실시했다.

4. 분석 결과

1) 남녀의 정치의식과 정치 참여

(1) 정치의식

① 수령 숭배심

수령 숭배심은 "북한에 살 때 지도자를 진심으로 존경했다"는 문항을 김일성, 김정일, 김정은으로 구분해 조사했으며 김정은에 한해서는 그가 지도자로 등극한 이후에 탈북한 사람에 한해서만 응답하도록 했다. 분석 결과, 김일성 78.0%, 김정일 56.7%, 김정은 28.0%로 북한 주민의 수령 숭배심은 김일성, 김정일, 김정은으로 교체되면서 크게 약화되고 있는 것으로 나타났다(〈표 10-3〉).

표 10-3 _ **수령 숭배심에 대한 빈도 분석 결과**

(단위: %)

	성별	N	정말 그렇다	조금 그렇다	별로 아니다	전혀 아니다	종합	
							그렇다	아니다
김일성	남성	150	39.3	23.3	19.3	18.0	62.7	37.3
	여성	246	58.1	29.3	8.9	3.7	87.4	12.6
	모두	396	51.0	27.0	12.9	9.1	78.0	22.0
김정일	남성	150	18.0	24.7	20.7	36.7	42.7	57.3
	여성	245	33.5	31.8	22.4	12.2	65.3	34.7
	모두	395	27.6	29.1	21.8	21.5	56.7	43.3
김정은	남성	46	4.3	17.4	21.7	56.5	21.7	78.3
	여성	62	11.3	21.0	24.2	43.5	32.3	67.7
	모두	108	9.0	19.0	24.0	48.0	28.0	72.0

② 집단주의

집단주의 의식을 조사하는 문항으로 "탈북했을 때 당과 국가를 배신했다는 생각이 들어서 불안했다", "탈북 전 당과 국가를 위해 열심히 일했다" 문항을 제시했다. 분석 결과, 배신 의식을 느꼈다는 주민은 47.9%, 당과 국가를 위해 열심히 일했다는 주민은 74.7%로 나타났다(〈표 10-4〉). 여성의 집단에 대한 충성도는 남성보다는 낮았지만 크게 차이가 나지는 않는다는 것을 알 수 있다.

표 10-4 _ **집단주의 의식에 대한 빈도 분석 결과**

(단위: %)

문항	성별	N	정말 그렇다	조금 그렇다	별로 아니다	전혀 아니다	종합	
							그렇다	아니다
탈북했을 때 당과 국가를 배신했다는 생각이 들어서 불안했다	남	149	12.1	30.9	18.8	38.3	43	57.1
	여	246	17.9	32.9	19.5	29.7	50.8	49.2
	모두	395	15.7	32.2	19.2	32.9	47.9	52.1
탈북 전 당과 국가를 위해 열심히 일했다	남	149	51.0	24.2	16.1	8.7	75.2	24.8
	여	241	43.2	31.1	14.1	11.6	74.3	25.7
	모두	390	46.2	28.5	14.9	10.5	74.7	25.3

③ 적대 의식

북한 주민들의 적대 의식 정도를 조사하는 문항으로 "북한에 살 때 남한을 '적'이라고 생각했다", "북한에 살 때 원수들과 한 하늘을 이고 살 수 없다고 생각했다"는 2개의 문항을 제시했다. 분석 결과, 주민들은 남한을 적이라고 생각한 비율이 67%, 원수들과 타협할 수 없다고 생각한 비율이 67.3%로 나타났다(〈표 10-5〉). 북한 주민은 적대 의식을 상당 정도 내면화하고 있으며, 특히 여성들의 적대 의식이 남성에 비해 매우 높음을 알 수 있다.

표 10-5 _ 적대 의식에 대한 빈도 분석 결과

(단위: %)

문항	성별	N	정말 그렇다	조금 그렇다	별로 아니다	전혀 아니다	종합	
							그렇다	아니다
북한에 살 때 남한을 '적'이라고 생각했다	남	149	31.5	28.2	16.8	23.5	59.7	40.3
	여	244	41.4	29.9	18.4	10.2	71.3	28.6
	모두	393	37.7	29.3	17.8	15.3	67.0	33.0
북한에 살 때 원수들과 한 하늘을 이고 살 수 없다고 생각했다	남	150	31.3	28.7	20.7	19.3	60	40
	여	245	41.6	30.2	19.2	9.0	71.8	28.2
	모두	395	37.7	29.6	19.7	12.9	67.3	32.7

(2) 정치 참여

① 통제된 정치 참여

당의 노선과 정책에 대한 인식 정도에 대한 분석 결과를 보면, 당의 노선과 정책을 알고 있다는 주민은 67.9%, 알지 못한다는 주민은 32.1%로 당의 노선 인식 정도가 반수를 넘는 것으로 나타났다. 이는 당의 사상교양 사업이 여전히 강하며 대다수 주민들이 이에 부응하고 있다는 것을 보여주고 있다. 또한 여성은 남성에 비해 아는 정도가 낮은 것을 알 수 있다(〈표 10-6〉).

북한의 조직 생활에서 기본으로 되고 있는 생활총화 참가 정도에 대한 분

표 10-6 _ "북한에서 매 시기 나오는 당의 노선과 정책을 잘 알고 있었다"의 빈도 분석 결과

	정말 그렇다	조금 그렇다	별로 그렇지 않다	전혀 그렇지 않다	종합	
					그렇다	아니다
여성	64	96	66	21	170	87
	25.9%	38.9%	26.7%	8.5%	64.8%	35.2%
남성	58	50	29	11	108	40
	39.2%	33.8%	19.6%	7.4%	73%	27%
전체	122	146	95	32	268	127
	30.9%	37.0%	24.1%	8.1%	67.9%	32.1%

표 10-7 _ 생활총화 참가 정도의 빈도 분석 결과

	거의 빠짐없이 참가	절반 정도 참가	거의 참가 안함
여성	143	75	28
	58.1%	30.5%	11.4%
남성	100	34	15
	67.1%	22.8%	10.1%
전체	243	109	43
	61.5%	27.6%	10.9%

석 결과를 살펴보면, 거의 빠짐없이 참가한 사람은 61.5%, 절반 정도 참가한 사람은 27.6%로 나타났다. 대다수 주민이 생활총화에 참가하고 있었으며 여성은 남성에 비해 참가하는 정도가 조금 낮았다(〈표 10-7〉).

② 자율적 정치 참여

북한에 있을 때 정치 문제에 대한 논의에 대해 응답한 결과를 보면, 논의해본 적이 있다는 응답은 19.9%, 조금 했다는 응답은 40.4%, 별로 해보지 않았다는 응답은 23.5%, 전혀 하지 않았다는 응답은 16.2%로 절반 이상이 정치 문제에 대해 이야기해본 적이 있는 것으로 나타났다. 그리고 정치 문제에 대한

표 10-8 _ "정치적 문제에 대한 논의를 한 적이 있다"의 빈도 분석 결과

	정말 그렇다	조금 그렇다	별로 그렇지 않다	전혀 그렇지 않다	종합	
					그렇다	아니다
남성	49	59	29	12	108	41
	32.9%	39.6%	19.5%	8.1%	72.5%	27.5%
여성	30	101	64	52	131	116
	12.1%	40.9%	25.9%	21.1%	53%	47%
전체	79	160	93	64	239	157
	19.9%	40.4%	23.5%	16.2%	60.3%	37.9%

논의 정도는 여성이 남성보다 크게 낮은 것으로 나타났다(〈표 10-8〉).

외부 정보 접속에 대한 분석 결과, 주로 방송이나 드라마 시청을 통해서 진행되며 과반수의 북한 주민이 외국 방송이나 드라마를 본 것으로 나타났다. 그러나 외국 방문과 외국 사람과의 접촉은 방송 시청에 비해 적은 것으로 나타났다. 여성은 남성에 비해 모든 형태의 외부 정보 접속 비율에서 낮은 것을 알 수 있다(〈표 10-9〉).

표 10-9 _ 외부 정보 접속의 빈도 분석 결과

		전혀 그렇지 않다	별로 그렇지 않다	조금 그렇다	정말 그렇다	종합	
						아니다	그렇다
외국 드라마, 영화, 방송 시청	여성	56	37	104	47	93	151
		23.0%	15.2%	42.6%	19.3%	38.2%	61.8%
	남성	19	16	64	51	35	115
		12.7%	10.7%	42.7%	34.0%	23.4%	76.6%
외국 방문	여성	171	15	35	25	186	60
		69.5%	6.1%	14.2%	10.2%	75.6%	24.4%
	남성	71	13	34	30	84	64
		48.0%	8.8%	23.0%	20.3%	56.8%	43.3%

외국인 접촉	여성	161	25	39	22	186	61
		65.2%	10.1%	15.8%	8.9%	75.3%	24.7%
	남성	79	22	30	18	101	48
		53.0%	14.8%	20.1%	12.1%	67.8%	32.2%

(3) 인구사회학적 요인에 따른 남녀의 정치의식과 정치 참여 비교

① 인구사회학적 요인에 따르는 남녀 정치의식 비교

연령이 정치의식에 미치는 영향을 알아보기 위해 일원 분산 분석을 실시한 결과, 여성의 집단주의 의식에서만 연령 간 유의한 차이가 발견되었을 뿐 차이가 크지 않았다. 20대의 수령 숭배심이 다른 연령대보다 높게 나타나 북한 학교에서의 위대성 교육이 효력이 있다는 것을 보여준다. 그러나 집단주의 의식에서는 20대가 다른 연령대에 비해 크게 낮아 청소년들 속에서 개인주의가 확산되고 있다는 것을 알 수 있다.

탈북 연도에 따른 정치의식의 변화를 알아보기 위해서 독립 표본 T-test 검정 결과를 보면, 북한 주민들 특히 여성들에서 적대 의식과 집단주의 의식은 점차 약화되고 있는 것으로 나타났다. 그러나 수령 숭배심에서는 유의미한 변화가 없었다.

고등교육 여부에 따른 정치의식의 차이를 비교하기 위해 독립 표본 T-test를 실시했다. 유의미하지 않지만 고등교육을 받지 못한 주민의 세뇌 정도가 더 강한 것으로 나타났다. 그러나 집단주의 의식에서만은 고등교육을 받은 남성은 못 받은 사람에 비해 유의미하게 높은 것으로 나타났다. 북한의 간부는 고등교육을 받은 남성 위주로 구성된다. 북한에서 집단주의 의식은 국가주의 의식과 거의 동일하므로 간부들이 일반 주민에 비해 국가주의 의식이 높은 것으로 해석할 수 있다.

장사 경험 여부에 따른 정치의식 차이를 비교하기 위해 독립 표본 T-test를 한 결과를 살펴보면, 시장 활동 참여자와 비참여자 간에 유의미한 차이가 나타나지 않았으나, 평균값에서 시장 참여자가 비참여자보다 수령 숭배심, 적대 의식이 더 높았으며 다만 집단주의 의식에서만은 남성 시장 참여자가 비참여자보다 낮은 것으로 나타났다.

생활수준에 따른 차이를 보기 위해 일원 분산 분석을 한 결과, 생활수준이 높은 집단일수록 수령 숭배심, 적대 의식, 집단주의 평균값이 낮아졌으며, 특히 여성은 생활수준이 높아짐에 따라 집단주의와 적대 의식에서 유의미한 차이가 나타났다.

계층 의식에 따른 정치의식의 차이를 보기 위해 일원 분산 분석을 실시한 결과를 보면, 유의미하지는 않지만 평균값에서 하층에서 상층으로 가면서 높아지는 것으로 나타났다. 남성은 집단주의 의식에서만은 하층보다 중간층이 낮아졌다가 상층에서는 하층보다 더 높아지는 것으로 나타났다(〈표 10-10〉).

그러나 여성은 인구사회학적 요인에 따르는 정치의식의 차이가 남성보다 크게 나타났다. 여성의 집단주의 의식은 탈북 연령대와 탈북 연도, 생활수준에 따라 유의미한 차이를 보이며, 적대 의식도 탈북 연도와 생활수준에 따라 유의미한 차이가 나타난다. 즉, 여성은 탈북 연도가 최근으로 올수록, 생활수준이 높아질수록 북한 당국이 요구하는 정치의식에서 일탈 정도가 높아진다. 그러나 남성은 고등교육 유무에 따른 집단주의 의식에서만 차이가 나타났을 뿐 유의미한 차이가 나타나지 않았다. 이는 현재 북한 여성의 정치의식이 남성보다 낮지만 남성보다 역동적이라고 해석할 수 있다. 예로 탈북 연도에 따른 차이에서 1999년 이전에는 적대 의식에서 여성은 3.37, 남성은 2.96으로 0.47의 차이를 보였지만 2010년 이후에는 차이가 0.27로 줄었으며, 집단주의 의식은 1999년 이전 여자 2.86, 남자 2.64에서 2010년 이후는 여자 2.47, 남자 2.63으로 반전되었다(〈표 10-10〉).

표 10-10 _ 인구사회학적 요인에 따른 남녀 정치의식 비교(일원 분산 분석, 독립 표본 T-test)

	분류	수령 숭배심		적대 의식		집단주의	
		여성	남성	여성	남성	여성	남성
탈북 연령대	20대(a)	3.24	2.7	2.97	2.79	2.58	2.4
	30대(b)	3.19	2.61	3.17	2.74	2.93	2.82
	40대(c)	3.02	2.53	2.92	2.72	2.59	2.67
	50대(d)	3.13	2.5	3.16	2.83	2.96	2.8
	60대 이상(e)	3	2.19	2.98	2.33	2.6	2.78
	F/p	-	-	-	-	2,510/.043	-
	Scheffe	-	-	-	-	-	-
탈북 연도	1999 이전(a)	3.19	2.51	3.37	2.96	2.86	2.64
	2000~2004(b)	3.07	2.39	3.04	2.94	2.93	2.63
	2005~2009(c)	3.23	2.61	3.04	2.57	2.66	2.75
	2010~2014(d)	3.07	2.57	2.73	2.46	2.47	2.63
	F/p	-	-	5,214/.002	-	3,786/.011	-
	Scheffe	-	-	a > d	-	b > d	-
북한 고등 교육 유무	없음	3.17	2.6	3.07	2.76	2.72	2.54
	있음	3.05	2.47	2.91	2.63	2.71	2.82
	t/p	-	-	-	-	-	2,052/.042
장사 경험 유무	없다	3.09	2.58	2.92	2.68	2.66	2.68
	있다	3.18	2.49	3.13	2.72	2.77	2.65
	t/p	-	-	-	-	-	-
생활 수준	최하층(a)	3.18	2.35	3.25	2.78	2.8	2.69
	하층(b)	3.21	2.71	3.06	2.75	2.8	2.59
	중간층(c)	2.89	2.57	2.71	2.5	2.46	2.67
	상층(d)	3	2.47	2.24	2.5	2.21	2.86
	F/p	-	-	8.634/.000	-	3,811/.011	-
	Scheffe	-	-	a > c,d b > d	-	a > d	-
계층 의식	하층(a)	3.17	2.48	3.15	2.77	2.68	2.68
	중간층(b)	3.12	2.62	2.94	2.68	2.79	2.63
	상층(c)	3.06	2.52	2.89	2.6	2.63	2.79
	F/p	-	-	-	-	-	-
남녀 비교	M	3.14	2.54	3.03	2.7	2.72	2.69
	t	5,971		3,210		.538	
	p	.000		.000		.591	

정치의식의 평균값은 수령 숭배심 > 적대 의식 > 집단주의 의식순으로 나타나 현재 북한 체제 유지에서 가장 중요한 정치의식은 수령 숭배 사상이며 다음은 적대 의식인 것을 알 수 있다. 또한 집단주의는 상대적으로 빠르게 약화되고 있는 것으로 볼 수 있다.

여성의 정치의식의 평균값이 남성보다 높아 여성이 남성보다 더 세뇌되었다는 것을 보여주었다. 수령 숭배심과 적대 의식의 남녀 차이가 유의미하게 나타났으며 특히 수령 숭배심의 남녀 차이가 매우 컸다. 북한 사회에서 남성이 리더로서의 역할이 당연시되고 여성은 그 조력자로서의 역할만을 수행하도록 조장되어왔다. 이런 환경에서 상징적인 존재로서 수령에 대한 의존성은 여성에게 더 강하게 작용했을 것 같다.

② 인구사회학적 요인에 따르는 남녀의 정치 참여 비교

탈북 연령대별로 정치 참여에 대한 차이를 살펴보기 위해 일원 분산 분석을 실시했다. 당의 노선 인식 정도와 정치 문제 논의에서는 연령에 따라 유의미한 차이가 나타났는데, 20대가 가장 낮은 것으로 나타났다. 또한 유의하지 않지만 생활총화 참가 정도와 외부 정보 접속 정도에서 연령이 어릴수록 평균값이 낮은 것으로 나타났다.

탈북 연도에 따른 정치 참여에 대한 일원 분산 분석 결과를 보면, 여성의 정치 문제 논의와 외부 정보 접속은 탈북 연도가 최근일수록 유의미하게 증가하는 것으로 나타났으며, 유의미하지는 않지만 평균값에서 생활총화 참가와 당의 노선 인식 정도가 최근으로 오면서 낮아지는 것으로 밝혀졌다.

학력에 따른 정치 참여의 차이가 있는지를 알아보기 위해 독립 표본 T-test를 실시했다. 분석 결과, 고등교육을 받은 주민은 그렇지 않은 주민에 비해 당의 노선 인식 정도에서 유의미하게 더 높은 것으로 나타났다. 이는 북한 교육에서 정치사상교양이 많은 비중을 차지하고 있는 것과 관련된 것으로 볼 수 있다. 그리고 유의미하지 않지만 평균값에서 고등교육을 받은 주민은 그렇지 않은 주민에 비해 생활총화 참가, 정치 문제 논의, 외부 정보 접속에서 더 높은 것으로 나타났다.

독립 표본 T-test 분석 결과, 장사 경험이 있는 사람들은 없는 사람들에 비해 생활총화 참여 정도가 낮은 것으로 나타났는데, 특히 여성들에게서 그러하다. 여성은 전적으로 장사에 종사하지만 남성은 직장에 적을 두고 장사에 참가하고 있으며, 남성은 여성보다 당원 비율이 높기 때문에 시장 활동에 참가하더라도 생활총화 참가율이 높을 수밖에 없을 것으로 보인다. 장사 경험에 따른 당의 노선 인식의 차이는 성별에 따라 다르게 나타났는데 여성은 시장 활동 참여자가 당의 노선 인식 정도 평균값이 더 높았고, 남성은 시장 활동 참가자가 유의미하게 낮은 것으로 밝혀졌다. 그리고 정치 문제 논의 정도에서 여성은 시장 활동 경험자의 평균값이 더 높았으나 남성은 더 낮았고, 외부 정보 접속에서도 여성은 시장 활동 경험자는 비경험자에 비해 유의미하게 더 높았지만 남성은 평균값이 더 낮은 것으로 나타났다. 이는 일반적으로 여성의 시장 활동 경험은 자율적인 정치 참가를 강화시키지만 남성에게는 큰 영향을 주지 못하는 것으로 해석할 수 있다. 또한 남성의 시장 활동 참가 형태는 대부분 직장 일과 병행이어서 제한적으로 참가하는 것과 관련되어 보인다.

생활수준에 따른 정치 참여의 차이를 일원 분산 분석을 통해 검증한 결과, 생활수준에 따른 통제적 정치 참여의 차이는 없었으나 자율적 정치 참여의 차이는 있는 것으로 나타났다. 구체적으로 살펴보면, 여성들에게서 중간층, 하층, 상층, 최하층의 순서로 정치 문제 논의 정도가 높았으며 이러한 차이는 통계적으로 유의하게 나타났다. 또한 남녀 모두에게서 생활수준에 따른 외부 정보 접속 정도의 차이가 유의하게 나타났다. 성별에 따라 변화에서 차이가 나타났는데, 남성은 모든 정치 참여 항목에서 최하층, 하층, 중간층, 상층의

표 10-11 _ **인구사회학적 요인에 따른 남녀 정치 참여 비교(일원 분산 분석, 독립 표본 T-test)**

		생활총화 참가		당의 노선 인식		정치 문제 논의		외부 정보 접속	
		여	남	여	남	여	남	여	남
탈북 연령	20대(a)	2.41	2.43	2.47	2.46	2.08	2.51	1.89	2.17
	30대(b)	2.46	2.61	3.07	3.42	2.45	3.18	1.84	2.45
	40대(c)	2.39	2.48	2.87	2.95	2.67	3.11	2.07	2.46
	50대(d)	2.64	2.87	3.03	3.67	2.70	3.20	2.16	2.38
	60대 이상(e)	2.62	2.71	3.00	3.19	2.76	2.95	2.05	2.22
	F/p	-	-	4,986 /.001	7,816 /.000	5,256 /.000	3,250 /.000	-	-
	Scheffe			a<b,d	a<b,d	a<c,d			
탈북 연도	1999 이전(a)	2.44	2.58	2.84	2.91	2.14	2.74	1.79	2.18
	2000~2004(b)	2.53	2.70	2.86	3.07	2.46	3.00	1.87	2.41
	2005~2009(c)	2.60	2.66	2.88	3.19	2.54	3.08	2.14	2.40
	2010~2014(d)	2.31	2.38	2.72	2.98	2.59	3.02	2.05	2.39
	F/p	-	-	-	-	2,701 /.046	-	3,022 /.030	-
	Scheffe	-	-	-	-	-	-	-	-
학력	없음	2.43	2.47	2.71	2.77	2.38	2.91	1.96	2.36
	있음	2.59	2.69	3.14	3.36	2.63	3.04	2.00	2.34
	t/p	-	-2,052 /.042	-3,536/. 001	-4,067 /.000	-	-	-	-
장사 경험	없다	2.56	2.59	2.74	3.22	2.40	3.09	1.82	2.35
	있다	2.38	2.54	2.90	2.76	2.48	2.79	2.11	2.32
	t/p	2,009 /.046	-	-	2,789 /.005	-	-	-3,253 /.001	-
생활 수준	최하층(a)	2.47	2.67	2.76	2.80	2.24	2.61	1.74	2.09
	하층(b)	2.49	2.51	2.92	3.12	2.42	3.17	1.98	2.35
	중간층(c)	2.46	2.47	2.96	3.19	3.29	3.10	2.56	2.60
	상층(d)	2.32	2.61	2.42	3.35	2.37	3.22	2.32	2.81
	F/p	-	-	-	-	9,751 /.000	4,394 /.005	12,524 /.000	4,427 /.005
	Scheffe	-	-	-	-	a,b<c<d	a<b	a<c,d b<d	a<d

계층 의식	하층(a)	2.68	2.63	2.68	2.88	2.14	2.77	1.79	2.20
	중간층(b)	2.91	2.48	2.91	3.05	2.64	3.08	2.11	2.32
	상층(c)	3.00	2.69	3.00	3.38	2.87	3.19	2.17	2.77
	F/p	-	-	-	-	11.738 /.000	-	7.063 /.000	4.553 /.012
	Scheffe	-	-	-	-	a<b,c	-	a<b,c	a<c
남녀 비교	M	2.47	2.57	2.82	3.05	2.44	2.97	1.97	2.34
	t	-1.451		-2.343		-5.483		-4.603	
	p	.148		.020		.000		.000	

순서로 점차 높아졌지만 여성은 중간층까지 높아지다가 상층에서 다시 낮아지는 형태를 보였다. 이는 상층 여성의 정치 참여가 소극적이라는 것을 보여준다. 그러나 표본 수가 적어서 일반화에는 무리가 있으며 앞으로 더 연구해 보아야 할 문제인 것 같다.

일원 분산 분석 결과, 주관적 계층 의식에 따른 통제적 정치 참여의 차이는 없지만 자율적 정치 참여의 차이는 있는 것으로 나타났다. 남녀 모두에게서 하층, 중간층, 상층의 순서로 정치적 논의와 외부 정보 접속이 높았고, 정치 문제 논의에서는 여성이, 외부 정보 접속에서는 남녀 모두 통계적으로 유의했다(〈표 10-11〉).

모든 정치 참여에서 여성은 남성보다 평균값이 낮았다. 특히 통제적 정치 참여보다 자율적 정치 참여의 남녀 차이가 크게 유의미한 것으로 나타나 여성의 정치 참여가 남성에 비해 낮다는 것을 확인해주고 있다.

그러나 정치의식과 마찬가지로 여성의 정치 참여가 더 역동적이었다. 자율적 정치 참여인 정치 문제 논의에서 여성은 탈북 연령, 탈북 연도, 생활수준, 계층 의식에 따르는 차이가 남성보다 뚜렷하게 컸으며, 외부 정보 접속에서도 탈북 연도, 장사 경험, 생활수준, 계층 의식에 따른 차이가 남성보다 컸다. 탈북 연도에 따른 정치 문제 논의와 외부 정보 접속에서 여성의 변화가 남성보다 더 큰 것은 여성의 변화가 남성보다 더 빠르다는 것을 확인해주고 있다 (〈표 10-11〉).

2) 정치의식과 정치 참여에 영향을 주는 요인

(1) 정치의식과 정치 참여에 영향을 주는 인구학적 요인

다중 회귀 분석 결과, 인구사회학적 요인은 북한 주민의 정치의식인 수령 숭배심, 계급의식, 집단주의 의식에 영향을 주지 않는 것으로 나타났다. 이는 북한 당국의 사상교양이 모든 주민들에게 절대적 영향을 미치고 있다는 것을 보여준다.

① 생활총화 참가에 영향을 주는 요인

생활총화 참가에 대한 분석 결과, 여성에게서는 탈북 연령과 학력이 유의한 영향을 미치는 것으로 나타났으며, 남성은 탈북 연령이 유의한 영향을 주는 것으로 나타났다. 그리고 이러한 요인들은 모두 정의 영향을 미치는 것으로 나타났는데 β계수로 각각의 상대적 영향력을 비교해보면, 여성 집단에서는 생활총화 참가에 미치는 영향은 학력보다 연령이 더 크게 작용하고 있었다(〈표 10-12〉). 이러한 결과는 북한에서는 연령과 학력이 높을수록 생활총화에 참가할 확률이 높은 것으로 해석할 수 있다. 연령의 영향은 나이가 들면서 일탈 성향이 약해지는 것(보수적으로 되는 것)으로 해석할 수 있지만 좀 더 중요하게는 나이 든 세대는 북한의 사회주의 체제가 정상적으로 작동할 때 교육받고 생활했으므로 당국의 질서에 대한 복종심이 습관으로 굳어진 것과 관련된다고 볼 수 있다.

표 10-12 _ 생활총화 참가에 대한 인구사회학적 요인들의 회귀 분석 결과

Variables	여성				남성			
	SE	β	t	p	SE	β	t	p
탈북 연령	.004	.175	2.453	.015	.005	.199	2.183	.031
학력	.048	.155	2.367	.019	.050	.157	1.799	.074
탈북 연도	.010	-.100	-1.362	.175	.011	-.166	-1.827	.070
장사 경험	.090	-.121	-1.866	.063	.115	-.015	-.179	.858
계층 의식	.062	.122	1.535	.126	.071	.020	.200	.842
생활수준	.061	-.121	-1.513	.132	.072	-.062	-.586	.559
	R^2=.087, Adj R^2=.064 F=3.741 p=.001				R^2=.083, Adj R^2=.044 F=2125, p=.054			

② 당의 노선 인식에 영향을 주는 요인

분석 결과, 당의 노선 인식에 유의한 영향을 주는 요인은 여성은 탈북 연령, 학력, 주관적 계층 의식, 남성은 탈북 연령, 학력, 장사 경험 유무인 것으로 나타났다. 그리고 표준화 계수 β를 보면 장사 경험을 제외한 나머지 요인들은 모두 양의 부호를 갖는 것으로 나타났다. β계수로 각각의 영향력을 비교해보면, 여성 집단에서는 당의 노선에 대한 인식에 미치는 영향은 탈북 연령, 계층 의식, 학력순으로 나타났으며, 남성 집단에서는 탈북 연령, 학력, 장사 경험 순서로 나타났다. 이러한 결과는 북한 주민들은 연령이 높을수록 당의 노선을 더 잘 알고 있는 것으로 해석할 수 있는데, 연령은 생활총화와 마찬가지로 북한 체제가 정상적으로 작동하던 시기의 영향 정도를 나타낸다고 볼 수 있다. 또한 학력의 영향은 정치 사상 교육 위주로 되어 있는 북한 교육의 특성, 그리고 대학 졸업생은 간부 학습반에 망라시키고 정치 학습을 더 강하게 하

표 10-13 _ 당의 노선 인식에 대한 인구사회학적 요인들의 회귀 분석 결과

Variables	여성				남성			
	SE	β	t	p	SE	β	t	p
탈북 연령	.005	.236	3.381	.001	.006	.290	3.386	.001
학력	.062	.157	2.431	.016	.067	.205	2.496	.014
탈북 연도	.012	-.140	-1.943	.053	.015	-.113	-1.328	.186
장사 경험	.116	.105	1.654	.099	.153	-.182	-2.329	.021
계층 의식	.080	.174	2.221	.027	.094	.025	.258	.797
생활수준	.080	-.113	-1.442	.151	.097	.139	1.399	.164
	R^2=.116, Adj R^2=.093 F=5.166, p=.000				R^2=.210, Adj R^2=.176 F=6.113, p=.000			

도록 통제하는 시스템과 관련된 것으로 보인다.

여성의 장사 경험은 미미하지만 당의 노선 인식에 정의 방향으로 영향을 주지만, 남성은 부의 방향으로 영향을 주는 것으로 나타났다. 여성과 달리 남성의 시장 참여가 공식적으로 금지된 상황에서 시장에 참가하는 남성들은 일탈성이 강하며, 따라서 당의 노선 인식 정도가 낮을 것으로 생각된다.

여성의 주관적 계층 의식은 당의 노선인 식 정도와 정의 관계를 가지지만, 남성에게서는 유의미한 관계가 나타나지 않았다(〈표 10-13〉).

③ 정치 문제 논의에 영향을 주는 요인

분석 결과, 정치 문제 논의에 영향을 주는 요인은 여성은 탈북 연령과 주관적 계층 의식, 남성은 탈북 연령과 식생활수준이며 모두 정의 관계를 가지는 것으로 나타났다. 탈북 연령의 영향은 여성이 더 크게 나타났다. 그리고 여성은 계층 의식이 높을수록 남성은 생활수준이 높을수록 정치 문제를 더 많이 논의하는 것으로 나타났다(〈표 10-14〉).

표 10-14 _ 정치 문제 논의에 대한 인구사회학적 요인들의 회귀 분석 결과

Variables	여성				남성			
	SE	β	t	p	SE	β	t	p
탈북 연령	.005	.230	3.365	.001	.006	.205	2.268	.025
학력	.063	-.016	-.260	.795	.068	-.021	-.245	.807
탈북 연도	.013	.024	.345	.730	.016	-.024	-.264	.792
장사 경험	.119	.055	.884	.378	.157	-.115	-1.393	.166
계층 의식	.082	.261	3.404	.001	.098	.055	.545	.587
생활수준	.082	.046	.603	.547	.099	.224	2.130	.035
	R^2=.152, Adj R^2=.131 F=7.106, p=.000				R^2=.115, Adj R^2=.076 F=2.997, p=.009			

④ 외부 정보 접속에 영향을 주는 요인

분석 결과, 외부 정보 접속에 영향을 주는 요인은 여성은 장사 경험과 생활수준, 남성은 생활수준이며, 모두 정의 부호를 갖는 것으로 나타났다. 그리고 여성 집단에서 β계수로 각각의 영향력을 비교해보면, 외부 정보 접속에 미치는 영향은 장사 경험보다 식생활수준이 더 크다고 할 수 있었다. 장사 경험이 외부 정보 접속과 관련된다는 것은 북한에서 외부 정보를 접하는 통로는 시장이라는 것을 보여준다. 실제로 시장에서는 DVD, USB를 비롯한 외부 정보들을 담은 매체가 거래되고 있으며 시장 활동 과정에서 외국 사람(주로 중국 사람)과 접촉하고 외국(주로 중국)에 드나들면서 바깥소식을 알게 된다. 특히 생활수준이 외부 정보 접속과 관련된 것은 외부 정보에 접속하자면 미디어 기기가 필요하고, 외부 정보를 보다가 단속에 걸릴 경우 돈이 필요한 것과 관련되어 있다(〈표 10-15〉).

표 10-15 _ 외부 정보 접속에 대한 인구사회학적 요인들의 회귀 분석 결과

Variables	여성				남성			
	SE	β	t	p	SE	β	t	p
탈북 연령	.004	.089	1.302	.194	.006	.098	1.065	.289
학력	.047	-.093	-1.496	.136	.061	-.089	-1.021	.309
탈북 연도	.010	.019	.269	.788	.014	-.020	-.220	.826
장사 경험	.089	.224	3.631	.000	.141	.029	.347	.729
계층 의식	.062	.140	1.841	.067	.088	.070	.685	.494
생활수준	.061	.282	3.697	.000	.090	.298	2.785	.006
	R^2=.187, Adj R^2=.165 F=8.865, p=.000				R^2=.102, Adj R^2=.063 F=2.610, p=.020			

(2) 정치의식에 대한 정치 참여의 영향

① 수령 숭배심에 대한 정치 참여의 영향

회귀 분석 결과, 여성의 정치 참여는 수령 숭배심과 관련되는 것으로 나타났다. 통제적 정치 참여인 당의 노선에 대한 인식이 높을수록, 그리고 자율적 정치 참여인 정치 문제에 대한 논의가 낮을수록, 수령 숭배심이 높은 것으로 나타났다(〈표 10-16〉). 그러나 남성의 정치 참여는 수령 숭배심과 유의한 관련

표 10-16 _ 수령 숭배심에 대한 정치 참여 요인들의 회귀 분석 결과

Variables	β	t	p
생활총화 참가	.094	1.446	.149
당의 노선 인식	.214	3.021	.003
정치 문제 논의	-.183	-2.517	.012
외부 정보 접속	-.098	-1.460	.146
	R^2=.082, Adj R^2=.066, F=5.179, p=.001		

성을 가지지 않는 것으로 나타났다.

② 적대 의식에 대한 정치 참여의 영향

회귀 분석 결과, 남녀 모두에게서 당의 노선 인식 정도가 높을수록 적대 의식 수준이 높은 것으로 나타났다. 반대로 정치 문제 논의 정도가 높을수록 외부 정보 접속 정도가 높을수록 적대 의식 수준은 낮은 것으로 나타났다. β값의 계수로 상대적인 영향력을 보면, 여성이 남성보다 큰 것으로 나타났다(〈표 10-17〉).

표 10-17 _ **적대 의식에 대한 정치 참여 요인들의 회귀 분석 결과**

Variables	여성				남성			
	SE	β	t	p	SE	β	t	p
생활총화 참가	.082	.039	.625	.532	.136	.131	1.530	.128
당의 노선 인식	.069	.313	4.550	.000	.104	.219	2.310	.022
정치 문제 논의	.067	-.185	-2.622	.009	.107	-.164	-1.721	.087
외부 정보 접속	.082	-.189	-2.912	.004	.112	-.212	-2.429	.016
	R^2=.137, Adj R^2=.122 F=9162, p=.000				R^2=.128, Adj R^2=.103 F=5.068, p=.001			

③ 집단주의 의식에 대한 정치 참여의 영향

회귀 분석 결과, 남녀 모두에게서 당국의 통제하에 진행되는 통제적 정치 참여인 생활총화 참가 정도, 당의 노선 인식 정도가 높을수록 집단주의 의식이 높은 것으로 나타났다. 반면 자율적인 정치 참여인 정치 문제 논의와 외부 정보 접속은 집단주의 의식과 유의한 관련성이 없는 것으로 나타났다(〈표 10-18〉).

표 10-18 _ 집단주의 의식에 대한 정치 참여 요인들의 회귀 분석 결과

Variables	여성				남성			
	SE	β	t	p	SE	β	t	p
생활총화 참가 정도	.075	.165	2.712	.007	.102	.165	2.022	.045
당의 노선 인식	.063	.396	5.907	.000	.078	.395	4.352	.000
정치 문제 논의	.061	-.061	-.891	.374	.080	-.064	-.707	.481
외부 정보 접속	.075	-.080	-1.262	.208	.083	-.118	-1.420	.158
	R^2=.194, Adj R^2=.179 F=13.683, p=.000				R^2=.208, Adj R^2=.185 F=9.084, p=.000			

(3) 정치의식과 정치 참여에 대한 성 평등 의식의 영향

① 인구사회학적 요인에 따른 성 평등 의식

회귀 분석 결과, 여성은 생활수준이 높을수록, 남성은 탈북 연도가 최근일수록 성 평등 의식이 높다는 것을 알 수 있었다(〈표 10-19〉). 이러한 결과는 북

표 10-19 _ 성 평등 의식에 대한 인구사회학적 요인들에 대한 회귀 분석 결과

Variables	여성				남성			
	SE	β	t	p	SE	β	t	p
생활수준	.050	.134	2.096	.037				
탈북 연도	-	-	-	-	.013	.285	3.353	.001
	R^2=.018, Adj R^2=.037 F=4.393, p=.037				R^2=.072, Adj R^2=.059 F=5.669, p=.004			

한에서 생활수준의 증가는 여성의 성 평등 의식을 높이는 데 기여하는 것으로 볼 수 있다. 하지만 한편으로는 고난의 행군 시기부터 여성들의 적극적인 가정 경제활동에 따른 자연스러운 성 평등 의식의 증가가 생활수준에 영향을 주는 것으로도 해석할 수 있다. 또한 남성들의 성 평등 의식 수준이 탈북 연도와 연관성을 가지는 것은 여성들의 시장 활동이 장기화되면서 그에 따른 남성의 보조적인 가사 활동의 증가로 성 평등 의식이 바뀌고 있다는 것을 보여준다.

② 정치의식에 대한 성 평등 의식의 영향

회귀 분석 결과, 여성들에게서 성 평등 의식이 높을수록 수령 숭배심이 낮은 것으로 나타났다(〈표 10-20〉). 또한 남녀 모두에게서 성 평등 의식이 높을수록 적대 의식이 낮은 것으로 밝혀졌다(〈표 10-21〉). 반면 성 평등 의식과 집단주의 의식 간에는 유의미한 관계가 없는 것으로 나타났다.

표 10-20 _ **여성의 수령 숭배심에 대한 성 평등 의식의 회귀 분석 결과**

Variable	SE	β	t	p
성 평등 의식	.074	-.133	-2.084	.038
	R^2=.018, Adj R^2=.014 F=4.344, p=.038			

표 10-21 _ **적대 의식에 대한 성 평등 의식의 회귀 분석 결과**

Variable	여성				남성			
	SE	β	t	p	SE	β	t	p
성 평등 의식	.081	-.181	-2.838	.005	.099	-.254	-3.180	.002
	R^2=.033, Adj R^2=.029 F=8.052, p=.005				R^2=.064, Adj R^2=.058 F=10.112, p=.002			

3) 소결

여성에 있어서 북한 체제 유지를 위한 통제적 정치 참여에 영향을 주는 요인은 학력, 연령, 계층 의식이었고, 자율적 정치 참여에 영향을 주는 요인은 계층 의식, 장사 경험, 생활수준이었다. 그리고 통제적 정치 참여는 북한 당국의 체제 유지를 위한 기본 사상인 집단주의 의식, 수령 숭배심, 적대 의식을 예측했는데, 특히 당의 노선 인식 정도는 정치의식의 세 가지 유형과 모두 정적 관계를 지니는 것으로 나타났다. 반면 자율적 정치 참여가 높을수록 수령 숭배심과 적대 의식이 낮은 것으로 밝혀졌다. 또한 여성의 성 평등 의식은 생활수준이 높아지는 데 따라 상승하며, 성 평등 의식이 높을수록 수령 숭배심과 적대 의식은 낮게 나타났다(〈그림 10-2〉).

남성의 정치 참여에 영향을 주는 요인은 학력, 연령, 장사 경험, 생활수준으로 나타났다. 구체적으로 학력과 연령이 높을수록 통제적 정치 참여가 높으며, 시장 활동의 부재는 당의 노선에 대한 인식을 강화시키는 것으로 밝혀졌다. 연령이 높을수록 정치 문제 논의 정도가 높으며, 생활수준은 정치 문제 논의와 외부

그림 10-2 _ 여성의 정치의식과 정치 참여, 인구사회학적 요인들의 관계

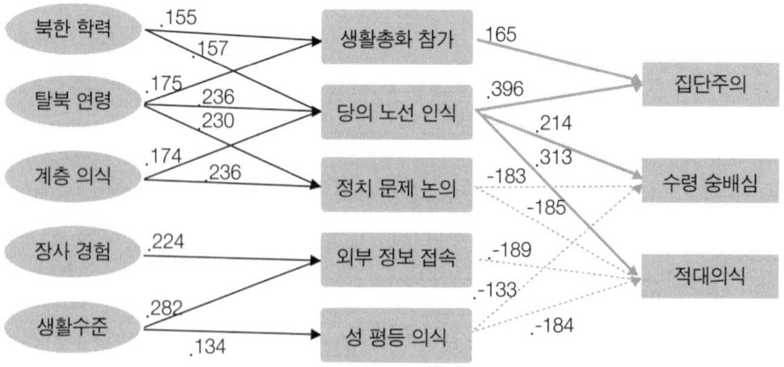

그림 10-3 _ 남성의 정치 참여와 정치의식, 인구사회학적 요인들의 관계

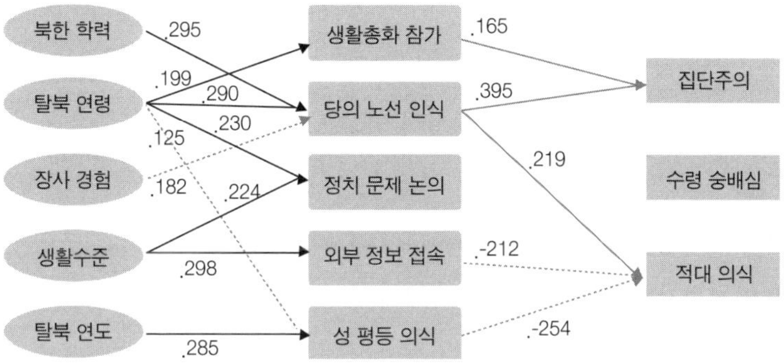

정보 접속과 정적 관계를 가지는 것으로 나타났다. 그리고 통제적 정치 참여는 정치의식에 영향을 주었는데 구체적으로 살펴보면, 생활총화 참가 정도가 높고 당의 노선 인식이 강할수록 집단주의 의식이 높게 나타났으며, 높은 수준의 당의 노선 인식은 높은 수준의 적대 의식과 관련되었다. 반면 자율적 정치 참여가 높을수록, 성 평등 의식이 높을수록 적대 의식이 낮은 것으로 나타났다. 또한 성 평등 의식에 영향을 주는 요인은 탈북 연도와 연령으로 나타났는데 탈북 연도가 최근일수록, 연령이 낮을수록, 성 평등 의식이 높았다(〈그림 10-3〉).

〈그림 10-2〉와 〈그림 10-3〉을 보면, 북한 주민의 정치 참여에 영향을 주는 가장 큰 요인은 남녀 모두 연령으로, 이는 생활총화 참가, 당의 노선 인식 같은 통제적 정치 참여에 영향을 주고 있는 것으로 나타났다. 일반적으로 연령이 증가함에 따라 보수성이 강화되며 이는 북한 주민도 예외가 아니다. 이전 사회주의 시기에 받은 교양이 나이가 든 사람들에게는 계속 남아 있는 반면 젊은 세대는 변하는 환경에 빠르게 순응하고 있다는 것을 의미한다. 또한 정치 참여 가운데서 당의 노선 인식이 북한 주민의 정치의식을 강화하는 데 가장 많은 영향력을 가지는 요인이라는 것을 알 수 있다.

시장 활동 참여는, 여성은 외부 정보 접속을 강화함으로써 적대 의식 약화로 이어지고, 남성은 당의 노선 인식에 부정적 영향을 줌으로써 적대 의식과 집단주의를 약화시키는 것으로 나타났다. 그러나 시장 활동 참여가 자율적 정치 참여와 정치의식에 주는 직접적 영향은 크지 않았다.

〈그림 10-2〉와 〈그림 10-3〉을 보면 인구학적 요인과 정치 참여 정치의식의 관계에서 여성은 남성보다 요인들 간의 연계가 더 많이 나타난다. 특히 정치 참여가 정치의식에 주는 영향은 여성에게서 훨씬 많이 나타나고 있다. 이는 여성이 변화에 더 민감하고 역동적이라는 것을 보여주는 것으로 해석할 수 있다.

5. 맺음말

이 장에서는 북한 주민의 정치 참여와 정치의식의 특성과 변화 요인을 양적 연구 통해 밝히려고 시도했다. 이를 위해 탈북민의 북한에서 정치의식과 정치 참여 상황을 조사하고 인구사회학적 요인에 따르는 남녀 정치의식과 정치 참여의 특성을 비교·분석했다. 분석 결과, 아직 과반수 북한 주민들이 당국의 사상교양에 세뇌되어 있으며 당국의 정치적 통제에 순응하고 있다는 것을 알 수 있었다. 그러나 동시에 정치 문제에 대한 논의와 외부 정보 접속도 늘고 있어 일탈 현상도 증가하고 있다는 것을 확인해주었다.

다음으로 북한 주민의 정치의식과 정치 참여, 인구사회학적 요인들과의 관계를 분석했다. 분석 결과, 인구사회학적 요인은 북한 주민의 정치의식에 영향을 주지 않는 것으로 나타나 북한 당국의 사상교양의 영향이 매우 크다는 것을 확인할 수 있었다. 반면, 인구사회학적 요인은 정치 참여와 유의미한 관계가 있는 것으로 나타났다.

연구 결과 정치 참여가 정치의식에 영향을 준다는 것을 확인할 수 있었다. 통제적 정치 참여는 체제 유지를 위한 정치의식을 강화하는데, 특히 당의 노선 인식의 영향이 강한 것으로 나타나 북한 당국의 사상교양 강화 정책이 체제 유지에 유효한 영향을 미치고 있다는 것을 알 수 있었다. 또한 자율적 정치 참여는 체제 의식을 약화시키는 결과로 이어지고 있다는 것을 확인했다.

분석 결과 다른 국가와 마찬가지로 북한에서도 여성은 남성에 비해 정치 참여가 낮고 북한 당국의 사상교양에 더 세뇌된 것으로 나타났다. 하지만 여성의 변화가 남성보다 크게 나타나고 있는 것으로 보아 여성이 북한 사회 변화의 중요한 잠재적 역량인 것을 알 수 있었다. 그리고 주민들 속에서 높아지고 있는 남녀평등 의식은 여성의 수령 숭배심을 약화시키고 북한 주민의 적대 의식을 감소시키는 효과가 있다는 것을 확인할 수 있었다.

북한 사회의 변화에서 주목되는 시장 활동 참여는 통제적 정치 참여를 약화시키고 자율적 정치 참여를 강화함으로써 정치의식을 약화시키는 결과로 이어졌지만 그 효과가 크지는 않았다. 그러나 시장 활동은 생활수준과 계층의식에도 영향을 주기 때문에 이 부분에 대해서는 추후 연구에서 분석해봐야 할 것이다.

이 장의 제한점은 다음과 같다. 우선, 탈북민을 대상으로 북한 주민을 간접적으로 연구한 것이므로 모집단 대표성에서 한계를 가지고 있다. 조사 대상의 70% 이상이 국경 지역 출신이므로 정치 태도도 북한 주민 일반보다 더 부정적일 가능성이 높다. 다음으로, 과거의 기억은 부정확하거나 왜곡될 가능성을 갖고 있다. 또한, 이 장은 횡단 자료에 기초하고 있기 때문에 인과관계보다는 상관관계에 가깝다는 제한성을 갖고 있다. 마지막으로, 연구 결과에서 인구사회학적 요인, 정치 참여·정치의식의 관계가 여성에 비해 남성에게서 덜 나타난 것은 여성의 역동성으로 해석되지만 한편 연구 도구를 개발할 때 연구자의 주관적인 관점(여성적인 시각)이 반영되지 않았을까라는 의구심이 남는다. 북한 주민의 정치의식과 정치 참여를 조사하는 도구는 앞으로 더 연구되고 개발되어야 할 과제이다.

참고문헌

강동완·박정란. 2014.『사람과 사람: 김정은 시대 '북조선 인민'을 만나다』. 너나드리.

김동노 엮음. 2013.『한국의 대통령 리더십과 국가관리 정치참여』. 법현.

김욱. 2013. 투표참여와 다른 유형의 정치참여 간의 연계성 분석」.≪정치·정보연구≫, 16권 2호, 27~59쪽.

김일성. 1979.「사회주의교육에 관한 테제」.『김일성저작집 32』. 평양: 조선로동당출판사.

김정은. 2015.1.1. "신년사". ≪로동신문≫.

김화순. 2013.「시장화시기 북한 주민의 일유형 결정요인」.≪통일정책연구≫, 22권 1호, 79~112쪽.

배영애. 2010.「1990년대 북한의 경제난 이후 여성의 역할과 의식 변화」.≪통일전략≫, 10권 2호, 93~127쪽.

성창권. 2008.「'고난의 행군 세대'의 정치의식 연구」. 북한대학원대학교 석사학위논문.

유호열. 2015.「탈북민의 의식을 통해 본 북한 정치사회화의 특징」.≪통일전략≫, 15권 3호, 221~253쪽.

이강빈. 2014.『한국인의 정치의식과 도덕교육』. 글로벌콘텐츠.

이미경·구수미. 2004.「경제위기이후 북한도시여성의 삶과 의식: 청진, 신의주, 혜산 지역을 중심으로」. ≪북한연구학회보≫, 8권 2호, 161~338쪽.

이주철·오유석. 2007.「1990년 이후 북한주민의 경제위기 대응과 의식변화」. ≪지역사회학≫, 8권 2호, 59~87쪽.

이현주.「북한집단주의 정치사회화의 심리적 요인에 관한 연구」. ≪북한연구학회보≫, 15권 2호, 291~325쪽.

임순희 외. 2004.『식량난과 북한여성의 역할 및 의식변화』. 통일연구원.

장인숙·최대석. 2014.「김정은 시대 정치사회 변화와 북한주민 의식: 탈북민 의식조사를 중심으로」. ≪북한학연구≫, 10권 1호, 5~36쪽.

전우택. 2005.「북한주민들의 사회의식 및 김일성 부자에 대한 태도 조사: 남한 내 탈북자들에 대한 설문 조사를 중심으로」. ≪통일연구≫, 9권 1호, 43~71쪽.

차성근. 2015.「북한 체제변동 가능성과 북한 주민의식구조 분석」. 경기대학교 정치전문대학원 박사학위논문.

현인애. 2014.「북한이탈주민의 정치적 재사회화 연구」. 이화여자대학교 대학원 박사학위논문.

황용석. 2001.「인터넷 이용과 정치참여에 관한 탐색적 연구」. ≪한국언론학보≫, 45권 3호, 321~456쪽.

11장

김정은 시대 문화정치와 수행적 정체성*

조영주 (한국여성정책연구원)

1. 들어가는 말

김정은 시대 들어 주목할 만한 변화 중 하나는 문화에 관한 것이다. 정권 차원에서 체육을 강조하고 모란봉악단 등 문화적인 수단들을 적극 활용하고 있는 현실은 김정은 정권이 보이는 새로운 모습에 대한 의미를 추측하게 한다. 그리고 세계적인 추세에 맞추어 인민 생활을 발전시키고 사회주의 문명국 건설이라는 구호에서 김정은 정권의 외부 문화를 대하는 태도의 변화를 감지할 수 있다. 한편으로 시장을 통해 확산되고 있는 외부 문화가 주민들의 생활양식의 변화에 영향을 주면서 주민 생활의 변화가 북한 사회의 변화와 어떤 관계를 맺는지도 관심의 대상이 되고 있다.

북한 당국이 문화를 체제 유지적 차원에서 활용해온 것은 어제 오늘의 일은

* 이 장은 조영주, "Cultural Politics and Performative Identites in the Kim Jung Un Era," *Journal of Peace and Unification*, Vol.5, No.1을 수정·보완한 것이다.

아니다. 체제 건설 시기부터 자본주의 문화와 사회주의 문화를 구별짓고, 문화의 정치적 의미를 강조하며 문화의 중요성을 강조해왔다. 북한은 체육과 음악을 통해 사상 의식을 고취시키고, 사회주의적 문화 건설을 주요 목표로 해 그 내용과 형식을 제도화해왔다. 김정일 시대 들어서도 문화 예술 분야를 통해 주민들을 사상 의식화하려는 시도는 계속되었다. 특히 1990년대 사회주의권의 붕괴와 식량난이라는 대내외적 위기에 직면한 북한은 위기를 돌파하기 위해 선군 문화 예술을 표방하고 '조선민족제일주의' 등과 같이 민족 담론과 민족 문화를 강조하며, 2004년과 2009년에 형법을 개정해 외부 문화 유입 차단과 외부 문화로 인한 사상의 이완을 법적·제도적으로 통제하고자 했다.

한편으로는 세계에서 고립된 상황으로부터 벗어나고 체제를 유지하기 위해서는 외부 세계와의 교류 협력을 피할 수 없었고 외부와의 접촉을 당국 차원에서 증대시켜야만 했다. 그러나 이러한 당국 차원의 정책은 외부 문화 유입의 주요 통로가 되는 결과를 낳기도 했다. 시장을 통해서 뿐만 아니라 러시아나 중국 등 해외 국가에 노동자 파견, 북한 당국 차원에서 행해지는 관광산업이나 외화 벌이 사업을 통해 외부 문화가 유입된 것이다. 이처럼 북한 당국은 북한 사회로 유입되는 문화를 통제해야 하지만 그 통로를 막을 수는 없는 딜레마에 직면했다. 김정은 체제 역시 외부 문화의 유입에 대한 통제를 지속해야 하는 한편, 외부 세계와 북한 당국 간의 교류와 협력을 증대시킴으로써 국가 경제를 활성화하고 인민 생활을 향상시켜야 하는 과제를 안고 있었다. 더욱이 김정일의 갑작스러운 죽음으로 인해 등장한 김정은은 정권을 안정화시키고 새로운 리더십을 구축해야 할 과제도 있었다. 이런 상황에서 김정은은 문화적인 것들을 동원해 주민을 통제하고 자신의 이미지를 구축해가고 있는 한편, 외부 문화에 대한 통제를 강화시키고 있다. 따라서 이 장에서는 김정은 체제가 문화적인 요소들을 통치 기제의 차원에서 어떻게 활용하는지,

외부 문화에 대한 태도가 어떻게 나타나고 있는지를 문화정치라는 개념을 통해 살펴보고자 한다.

또한 이 장에서는 최근 북한 사회 변화의 한 현상이기도 하면서 변화를 추동하는 요인이 되고 있는 주민들의 문화적 수행의 의미를 살펴보고자 한다. 최근 북한 사회의 외부 문화 유입과 시장을 통한 문화적 변화와 관련해 많은 연구들이 이루어졌다[이주철(2003); 윤선희(2011); 강동완·박정란(2011); 김석향(2012); 박정란·강동완(2013) 참조]. 대부분의 연구들은 북한 사회로의 외부 문화 유입과 주민들의 행위 양식의 변화가 폐쇄적이고 억압적인 북한 사회구조에 균열과 변화를 가져오는 중요한 동인이 될 것이라는 가정을 수용하고 있다. 그래서 외부 문화의 유입, 시장 문화와 북한 주민의 의식 변화의 상관관계가 주요한 분석 대상이 된다. 통제된 북한 사회에 시장이라는 새로운 공간과 외부 문화의 등장이 북한 주민들의 행위와 의식 변화에 큰 영향을 미치는 것은 사실이다. 그러나 그러한 변화가 직접적으로 북한 사회의 변화를 의미한다고 보기는 어렵다. 주민들에게서 나타나는 변화가 구체적으로 무엇인지, 기존 질서나 구조와 변화가 갖는 관계는 무엇인지를 살펴볼 때 변화가 가지는 전복의 가능성을 찾을 수 있다. 또한 '외부 문화'라 일컬어지는 문화가 과연 무엇인지에 대한 질문도 중요하다. 외부에서 들어오는 사물인 것인지, 사물에 기입된 문화적 의미인 것인지, 북한의 기존 문화와는 다른 새로운 문화인 것인지 등 외부 문화에 대한 엄밀한 분석이 이루어질 때 외부 문화의 수용을 통해 나타나는 변화를 감지할 수 있을 것이다. 더욱이 중요한 것은 북한 당국은 외부 문화를 통제하고 주민들은 외부 문화를 수용한다는 이분법적인 틀을 깨야 한다는 점이다. 김정은 체제는 미키마우스, 록키 등 외부 문화를 이미지 구축의 과정에서 동원했고, 주민들 역시 과거 또는 현재 북한의 규범화된 문화로부터 완전히 단절된 방식으로 외부 문화를 수용하고 있는 것은 아니기 때문이다.

따라서 이 장에서는 김정은 시대에 북한 당국이 통치에 문화적인 것들을 활용하는 방식과 북한 주민들이 생활에서 문화적인 수행을 행하는 방식을 분석함으로써 이들이 보이는 문화정치가 갖는 의미를 살펴보고자 한다. 구체적으로 외부 문화에 대한 북한 당국의 태도와 그것이 갖는 의미, 문화적 수단을 통해 북한 당국이 달성하고자 하는 목적이 무엇인지를 살펴보고자 한다. 주민의 차원에서는 이들의 일상생활에서 나타나는 문화적 수행의 양식이 무엇인지, 그러한 수행이 기존의 문화나 사회적 구조와 어떤 관계를 맺고 있는지를 밝히고자 한다.

2. 문화정치와 수행적 정체성

1) 문화정치

문화는 다양한 정의를 갖고 있는 복합적인 개념으로, 예술적 행위를 비롯해 가치, 신념, 행동의 총체이며, 공유된 언어, 커뮤니케이션 스타일, 아이디어, 생각하는 양식을 포함하는 개념이다. 이러한 문화 개념에 따르면 문화 자체가 정치적이기도 하다. 모든 문화가 정치적이라고 할 수는 없으나 특정한 가치와 신념, 스타일, 생각하고 행위하는 양식을 문화라 지칭한다고 할 때, 가치와 신념, 행위 양식은 개인 또는 집단이 속한 사회의 규범 체계를 준거로 한다는 점에서 문화는 정치적일 수밖에 없다. 그리고 허용되는 문화와 그렇지 않은 문화가 구별되고 문화들 사이에 위계가 존재한다는 점에서 문화는 정치적이다. 그러나 문화가 갖는 정치성은 문화 그 자체만으로 획득되는 것은 아니다. 문화에 작동하는 권력이 문화를 정치적인 것으로 만든다. 모든 의미를 드러내는 실천은 나름의 권력관계를 수반하는데, 의미와 상징, 사회적 가치를 규정할 수 있는 수단의 확보는 모두 권력의 문제와 결부되어 있다는 점에서 권력은 문화의 필수 요소이며 문화는 권력 행사의 주요 장이 된다(전규찬, 1998: 157). 이러한 문화와 권력의 관계, 즉 취향과 스타일, 표상, 소비, 정체성을 포함한 일상생활의 문화적 실천이 권력과 지배, 불평등에서 파생된 정치의 문제와 분리될 수 없다며 문화가 다양한 권력과 관계를 맺는다는 점을 강조하는 것이 문화정치 개념이다(전규찬, 1998: 156). 문화정치는 일상적 실천에 개입하는 권력을 문제화하는 것으로 권력이 문화라는 매체, 수단, 내용을 통해 정치적 이해를 관철시키는 행위를 일컫기도 한다. 그렇다고 할 때 김정은 체제가 문화를 동원해 주민에 대한 효과적인 통치와 체제 유지라는 목적을 달성하려는 것을 문화정치 개념으로 살펴볼 수 있다. 문화라는 수단에 지배 권력의 가치와 목적을 기입한 내용을 담고 이를 주민들이 향유하고 일상적으로 실천하게 함으로써 통치와 권력을 유지하려 한다는 점에서 문화정치를 구사하고 있는 것이다.

또한 문화정치는 "상식과 사회 문화적 세계에 대한 '공식적' 해석을 포함해 대상이나 사건에 이름을 붙이고 그리해 합법화하는 권력에 대한 것"이다(바커, 2009: 131). 이름을 짓는 권력power to name, 상식을 재현하는 권력, 공식적 시각을 재현하는 권력은 문화정치의 한 형식으로, 특정한 문화를 특정한 방식으로 규정짓는 것 역시 문화정치이다(Jordan and Weedon, 1995: 13). 이러한 문화정치의 정의에 따르면 김정은 체제가 '황색 바람', '퇴폐적인 문화', '반동적인 록화물' 등 최근 주민들 사이에 유행하는 문화를 부정적이고 반체제적인 것으로 규정하고, 선군 문화와 민족문화 유산 등 계승하고 확산해야 할 문화를 담론화하는 것 역시 문화정치의 일환이라 할 수 있다. 따라서 이 장에서는 문화정치를 문화라는 수단을 통해 정치적 목적을 달성하려는 행위와 주민들의 일상적 실천에서 나타나는 다양한 문화적 현상을 권력이 규정하는 방식으로 개념화한다.

그런데 문화정치는 단순히 지배 집단이 피지배 집단에게 일방적으로 구사하는 것만을 의미하지는 않는다. 문화정치는 위에서 아래로, 아래에서 위로 향하는 양방향으로 작동하는 것으로, 일종의 저항적이고 위반적인 문화적 실천들 역시 문화정치의 일환이라 할 수 있다(미첼, 2011: 355). 여기서 저항적이고 위반적인 실천이 무엇인지, 특정한 문화적 실천이 저항성을 띠기 위한 조건이 무엇인지를 명확히 규정할 수는 없다. 하지만 중요한 것은 문화정치가 지배 권력에 의해서만 구사되는 것은 아니라는 점이다. 김정은 체제의 권력 집단이 문화정치를 통해 북한 주민을 통치하려는 것과 마찬가지로 북한 주민들 역시 나름의 문화적 실천을 통해 이를 위반하거나 전유하는 행위를 한다는 것이다. 이는 문화정치에 대한 관심이 북한의 권력이 문화를 어떻게 정치화하는지뿐만 아니라 이에 대한 북한 주민의 태도와 행위가 어떻게 나타나는가에도 주목해야 한다는 것을 의미한다. 따라서 이 장에서는 김정은 체제의 문화정치를 파악하는 데 북한 당국이 구사하는 문화정치뿐만 아니라 북한 주민들이 행하는 문화정치의 다층적인 지점들을 발견하고자 한다.

2) 수행적 정체성

북한 주민들이 행하는 문화정치를 살펴보기 위해 이 장에서는 수행성 개념을 차용하고자 한다. 수행성performativity은 존 랭쇼 오스틴J. L. Austin의 수행적 발화의 논의에서 영감을 받은 주디스 버틀러Judith Butler가 제안한 개념으로, 정체성은 주어진 것이 아니라 수행될 뿐이며 규범에 대한 반복된 실천을 통해 질서가 생성되고 고착화되면서 사회적 사실로 자리 잡는다는 내용을 담고 있다(버틀러, 2003: 24). 이때 수행은 이중적이며 다중적인 양상을 띠는데, 개개인의 실천을 통해 규범을 따라 하고 모방하고 인용함으로써 질서가 재생산되기는 하지만 그러한 모방과 인용은 항상 완벽할 수 없고 차이를 발생시킨다는 것이다.

수행성 이론을 사회주의 체제에 접목한 연구로 알렉세이 유르차크Alexei Yurchak의 『Everything Was Forever, Until It Was No More』가 있다. 이 책에서 유르차크는 버틀러의 수행성 이론을 주요한 이론적 자원으로 삼아 소련 사회의 주민들에게서 나타났던 이중적 수행성에 대해 분석했다. 사회주의 체제하의 일상에서 주민들은 절대적 통치자의 발에 기초해 그것을 인용하고 반복했으나, 그들 행위의 준칙이 되었던 절대적 통치자의 말은 절대자가 살아 있을 때와 사망했을 때 엄청난 차이를 발생시켰다고 한다. 살아 있는 통치자의 말은 통치자가 살아 있기 때문에 그의 말이 갖는 진의와 실제의 의미를 언제든 확인받을 수 있고 수정할 수 있는 반면, 죽은 자의 말은 더 이상 그를 통해 그 말의 진의와 실제 의미를 재차 확인받거나 수정할 수 없었다는 것이다. 따라서 이때부터 사회주의적 삶은 죽은 자의 말을 형식적으로 준용하는 방식으로 바뀌고 언제든 주민들이 일상에서 자의적으로 그 말을 자기 편의적으로 해석하면서 살게 된다는 것이다. 같은 말을 반복하고 인용하고 모방하지만 결국 그것을 언제든 자의적으로 해석해 자신의 일탈이나 불법을 합리화했다고 한다. 이러한 수행이 갖는 이중성은 북한 사회에도 시사하는 바가 크다. 북한 당국이 문화를 규정하고 문화를 통해 정치적 목적을 달성하려 하지만 북한 주민들이 이를 수용한다고 해서 원래의 의도대로 그 문화를 받아들이고 체제에 순응하는 것은 아니라는 점에서 그러하다. 그리고 북한 당국이 우려하는 외부 문화의 유입과 소비와 관련해서도 북한 주민들이 외부 문화를 받아들인다고 해서 그 자체로 반체제적인 정체성을 갖게 되는 것은 아니라는 점에서도 그러하다. 이러한 수행성 개념은 북한 당국이 행하는 문화정치에 대한 북한 주민의 대응과 주민들의 문화적 수행이 갖는 의미를 분석하고, 이를 통해 북한 사회의 변화를 설명하는 데 유의미하다 하겠다.

3. 김정은 체제의 사회 문화 정책과 문화정치

1) 외부 문화에 대한 통제와 선택적 수용

북한 당국이 보여온 외부 문화의 유입에 대한 우려와 통제는 이미 오래전부터 있어 왔다. 북한은 1980년대 후반 이후 사회주의국가들의 체제 전환 움직임이 나타나면서 이것이 미칠 체제 내적 동요를 차단하기 위해 제국주의 외부 사조의 유입에 대한 경계심을 표출했다. 그리고 1990년대 중반 이후 시장을 통해 확산되는 이른바 '황색 바람'이라고 부르는 외부 문화에 대한 구체적인 통제 담론이 공식 매체를 통해 강조되기 시작했다. 이러한 외부 문화에 대한 통제는 김정은 시대 들어서도 큰 변화 없이 이루어지고 있다.

2013년 9월 24일 자 ≪로동신문≫에서는 사상 문화적 침투를 막아내지 못하면 동유럽 국가들처럼 나라가 망한다면서 자본주의 사상 문화 침투 배격을 강조했다. 외부 문화에 대한 북한 당국의 태도는 직접적인 통제 정책과 지침을 통해 구체화되었다. 2010년 9월 29일 3차 당 대표자회에서 김정은이 공식 등장한 이후, 2010년 11월 18일 자로 내부 통제 강화를 위한 특별 방침을 각급 당 조직에 하달했다. 2014년 3월 22일 자 ≪로동신문≫ 보도에서는 "사회생활의 모든 분야에서 모기장을 2중, 3중으로 든든하게 쳐야 한다"면서 북한 사회 내 자본주의 문화 유입을 적극 경계할 것을 당부했다. 또한 외부 문화 유입을 효율적으로 차단하기 위해 내각 산하 인민보안성을 인민보안부로 명칭을 바꾸고 국방위원회 산하에 배치하는 등 조직적 효율화도 추진했다. 국가안전보위부에 반체제 사범을 색출하는 것은 물론 인신매매, 비법 월경, 마약 밀매 및 복용, 음란물, 한국 영화 시청 등 일반범죄도 취급하도록 하는 등 국가안전보위부의 권한을 강화했다. 또한 주민들의 옷차림 통제, 이른바 CD알 전쟁, 영상물을 통한 외부 정보 유입이 위험수위에 이르렀다는 판단에 따라 일상적으로 '가택수색'을 전개하고, 828상무검열대를 조직해 비사회주의 현상을 단속하고 남한 물건이나 문화가 들어오는 통로에 대한 단속을 강화하기도 했다(≪Daily NK≫, 2011.9.5).주민들의 외부 문화 섭촉과 관련한 통제는 문화적인 것들에 대한 직접적이고 제도적인 통제를 가하는 것뿐만 아니라 외부 문화를 '위험'하고 '반동적'이며 '퇴폐적'인 것으로 규정함으로써 기존 문화와 외부 문화를 구별 짓고 위계화하는 방식으로 문화정치를 구사하는 것이다. 이는 문화적인 것들에 대해 정치적 판단을 내리고 규정하는 방식으로 권력이 개입할 뿐만 아니라 이러한 규정을 통해 권력이 다시 개입할 수 있는 공간을 만들어내는 것이라 할 수 있다.

외부 문화에 대한 통제 담론 및 조치들이 강화되는 한편, 북한 당국이 자본주의 요소를 일정하게 도입하는 현상도 나타나고 있다. 2012년 첫선을 보인 모란봉악단의 공연은 기존 북한 공연과는 다르게 자본주의적 요소를 강하게 지니고 있었다. 공연단의 복장을 포함한 외모와 공연단이 연주한 연주곡들은 기존 북한 사회에서 쉽게 접할 수 없었던 것이고 오히려 자본주의 문화에서 익숙한 풍경이었다. 그리고 북한 주민들이 DVD나 비디오를 통해 외국 영화와 드라마를 접하고 있는 현실에 대한 대응으로 방송의 현대화를 추진하고 외국 영화나 드라마, 해외 문화와 관련한 프로그램을 조선중앙TV에서 방영하고 있다. 중국산 TV나 DVD를 통한 외부 사조 유입을 차단하기 위해 광케이블 회선을 이용하고, 유선 TV망을 확대해 디지털 방송을 시험 운영하는 등 방송의 현대화 사업도 착수하고 있는 것으로 알려지고 있다. 그리고 조선중앙TV나 만수대TV 등에서 오래된 구동구권 영화를 비롯해 중국의 영화나 연속극을 방영하고, 해외 스포츠를 중계하고 있다(전미영, 2014).

또한 보도된 바에 따르면, 최근 북한에서 편의점과 온라인 쇼핑몰 운영, 신용카드 사용 독려 등의 현상이 나타나고 있다(오예진, 2015.4.3). 유통 형태에 있어 자본주의적 요소를 도입하고 외부 문화의 접촉 도구 중 하나인 휴대폰을 통해 온라인 쇼핑몰을 이용하게 하는 것은 자본주의 문화를 통제하고자 하는 정책과는 다소 상반된 정책이라 할 수 있다. 그동안 북한 당국은 국가 기밀 유출 등을 이유로 확대되고 있는 휴대전화 이용에 대한 규제를 강화했다. 2013년 6월 "최근 제기된 정치적 문제에 대해"라는 당 간부용 자료에서 휴대전화가 "미국에 의한 국가 전복의 수단이 되고 있다"며 관련 규제를 강화할 것을 밝히며 휴대전화의 사용 방식에 대한 구체적인 지침을 하달했다고 한다. 그러나 내수 경제를 활성화하고 변화하는 흐름에 부응하기 위해서는 생활 경제적인 측면에 자본주의적 요소를 도입할 수밖에 없고, 그로 인해 통제 대상에 대해 선택적 수용을 할 수밖에 없는 것이다.

외부 문화에 대한 선택적 수용은 주민들의 외부 문화 접촉을 통제하는 한편, 권력을 유지하기 위한 수단으로 문화적 자원을 활용하고 있음을 보여준다. 그리고 경제적 지체 상태를 벗어나기 위해 경제 영역에서 자본주의적 요소를 도입할 수밖에 없는 상황으로 인해 자본주의사회에서 통용되는 소비와 유통의 문화를 당국이 허용하고 확대시키는 이중적인 모습을 보이고 있다. 게다가 '병균', '감염', '독약'이라는 표현을 구사하며 외부 문화가 갖는 위험성을 노골적으로 담론화하면서도(조선로동당출판사, 2002: 6~7) 외부 문화에 대한 주민들의 욕구를 의식해 공식적인 매체를 통해 외부 문화를 접하게 하는 등 북한 당국은 통제와 선택적 수용이라는 이중적 전략을 구사하고 있다.

2) 사회주의 문명국의 상징으로서 문화와 체육

김정은 체제는 인민 생활의 문제를 해결하고 인민 생활을 향상시켜야 하는 사회적 과제에 직면해 '사회주의 부귀영화', '사회주의 강성 대국'을 이룰 것을 강조한다(이우영, 2014: 281). 더불어 인민들이 선진적인 문화생활을 향유할 것을 강조하며 '사회주의 문명국' 건설의 중요성도 주장하고 있다.

사회주의 문명국은 체육 강국의 건설, 문명화된 도시 건설, 문화생활의 향유 등의 내용으로 구체화된다. 특히 그중에서도 체육 강국의 건설과 관련한 김정은의 행보는 주목할 만하다. 김정은 체제 들어 2012년 11월 3일 노동당 중앙위원회 정치국 확대회의에서 장성택을 위원장으로 하는 '국가체육지도위원회'를 설치하는 내용을 담은 결정서를 채택했고, '체육 대중화, 체육 과학기술 발전, 체육 인재 양성, 체육 사업 지원 등 전반적인 체육 사업을 통일적으로 장악·지도'할 것을 표명했다. 그리고 2013년 신년사에서 사회주의 문명국 건설을 강조하는 것과 함께 '축구 강국, 체육 강국'을 언급하며 이후 체육 사업 강화와 관련한 담론들을 생산하고 있다.

김정은의 체육에 대한 특별한 관심은 대내외적 차원의 필요에 기인한 것으로 보인다. 대내외에 북한과 자신에 대한 이미지 구축의 일환으로 체육을 강조하는 것이다. 특히 국가체육지도위원회 신설을 계기로 국가 체육을 한 단계 도약시켜 '통제와 폐쇄'라는 북한의 부정적 이미지를 불식시키고 체육을 통해 국가 위상을 대외에 홍보하려는 것이다. 미국 농구선수 로드먼의 초청도 같은 맥락이다. 대내적으로는 체육 행사를 직접 관람하고 선수를 격려하는 모습을 보여주며 주민들에게 친근한 이미지를 보이고자 했다. 이러한 체육을 통한 이미지 만들기는 외부 문화를 적극 수용한다는 모습을 보임으로써 북한의 개방성과 역동성을 선전하는 데 주요하게 활용하는 것으로 보인다. 또한 대내적으로 주민들을 체육을 통해 통제하려는 목적도 있는 듯하다. “대중 체육을 발전시키는 것은 사회의 모든 성원들을 로동과 국방에 튼튼히 준비시키며 온 사회에 혁명적이며 락천적인 문화정서생활기풍을 확립할 수 있게 하는 매우 중요한 사업”이라며(림철남, 2013: 42), 주민들이 갖추어야 할 생활적 기풍과 정서를 체육을 통해 만들고자 하는 것이다. 과거서부터 북한은 노동과 국방에 기여하는 공산주의적 인간 육성을 위해 체육의 대중화와 생활화를 실현하려고 했는데, 김정은 체제가 체육을 강조하는 것도 같은 맥락 속에 있다. 그리고 체육 경기에서 우승하는 모습을 통해 대내외적으로 김정은 체제의 우월성을 강조함으로써 주민들로 하여금 체제에 대한 자긍심을 갖도록 하는 방법의 일환이기도 하다.

체육과 마찬가지로 모란봉악단 등과 같이 음악을 활용해 주민의 사상 의식을 통제하려는 시도들도 있고, 세계적인 추세에 발맞추려는 노력을 보여주는 방식으로 국가의 위상을 제고하려는 시도들도 나타나고 있다. 연주의 방식이나 음악가의 외형적인 모습에 자본주의적 문화 요소를 도입함으로써 주민들의 문화적인 취향 변화에 대응하면서도 사상 의식화라는 목적을 달성하려고 하고 있다. 그리고 사회주의 문명국의 내용을 생산 영역에도 적용해 생산의 양과 질을 제고하는 것이 중요하며 그것은 곧 인민들의 문명화된 생활을 의미하는 것이라고 담론화한다. “세계가 조선의 유행을 따르게 하라”는 구호 아래 화장품과 신발 생산의 질을 제고할 것을 지시하는 등 인민 생활 부분에서도 세계적 위상을 제고하려는 태도를 보이고 있다. 이는 주민들의 생활 향상에 대한 김정은의 관심을 표현하는 것과 함께 김정은 체제에 대한 자긍심을 고취시키기 위한 시도로 보인다. 세계적 추세와 유행의 선도를 강조하는 가운데도 국산품 소비를 강조함으로써 외부 문화의 수용과 소비를 통해 갖게 되는 외부 세계에 대한 선망을 내부로 돌리고 김정은 체제가 세계적 추세에 부응하기 위해 노력한다는 것을 보여주려는 것이다. 이미 주민들이 다양한 통로를 통해 접하게 된 외국 상품과 문화 등이 북한 상품과 문화에 대한 비교의 준거점이 되고 있는 상황에서 북한 당국도 외국에 못지않을 뿐만 아니라 세계적 유행을 선도할 수 있다는 것을 강조함으로써 변화한 주민들의 인식에 부응하면서 내부 결속력을 다지고자 했다.

4. 북한 주민의 수행적 정체성

1) 모방의 이중성

북한 사회에서 외부 문화의 유입이 정치적·사회적 문제가 되는 것은 그러한 문화를 통해 북한 주민들의 인식과 생활양식이 변화하는 것 때문이다. 문화를 접하는 것이 바로 인식의 전환으로 이어지지는 않지만, 새로운 문화가 갖는 파장력은 적지 않다. 새로운 문화를 접했을 때 새로운 욕망을 발견하게 되고 그러한 욕망을 실현시키기 위한 실천 과정에서 기존 규범을 위반하는 경우들이 생겨난다. 그리고 새로운 문화에 대한 모방 과정을 통해 새로운 욕망을 발견하는 것은 기존 질서와 규범에 대한 인식 전환을 야기할 수 있다. 반면, 모방은 기존 문화를 위반하지 않는 정도에서 모방 그 자체로 끝나거나 모방을 하더라도 기존 문화와 결합될 수도 있다. 결국 무엇을, 왜, 어떻게 모방하고 그 모방의 효과가 무엇인지를 살펴보는 것이 외부 문화를 유입해 자신의 삶에서 실천하는 주민들의 행위 양식의 변화의 의미를 밝히는 데 중요하다 하겠다. 최근의 외부 문화 유입으로 인한 북한 주민 생활양식의 가시적인 변화는 외모, 스타일 등과 같은 외형적인 것과 관계적 측면에서 잘 나타난다.

북한의 시장이 확산됨에 따라 새로운 문물과 문화를 접하면서 북한에서는 자본주의풍의 외모나 복식이 상당히 유행하고 있다. 특히 청소년 세대를 중심으로 DVD나 TV를 통해 접하는 외부 세계의 외형적 모습과 생활양식을 적극적으로 자신의 삶에서 실천한다. 외부 문화에 대한 단속이 있지만 이미 북한의 청소년들은 '흉내'를 내며 외부 문화를 모방한다. 기존의 규범에 대한 위반이 이루어지고 있는 것이다. 그리고 이러한 모방은 같은 세대의 집단들 속에서 하나의 유행으로 자리 잡고 있고, 이를 좇아가는 것이 유행에 처지지 않는 것이며, 나아가 유행을 선도하는 것이 필요하다는 인식으로까지 이어진다. 다른 문화에 대한 모방은 기존 문화를 위반하는 것이고, 기존 문화에 대해 새로운 의미를 부여하는 것이기도 하다. 남한을 비롯한 자본주의사회의 문화를 반복적으로 접하면서 그 문화에 익숙해지고 과거의 문화는 버려야 할 것으로 인식된다. 그러다 보니 북한의 것은 촌스러운 것이고 외부 문화는 세련된 것으로 의미화된다. 세련됨에 대한 감성은 기존의 이데올로기나 당성·혁명성과 같은 정치적이고 관념적인 것과는 구별되는 감각적 차원의 감수성으로 자신의 욕망을 구성하는 데 큰 부분을 차지한다(조정아 외, 2013: 83~84). 특정한 문화를 소비하려는 욕망과 기존 가치에 대한 재인식은 새로운 욕망을 창출하는 과정이며, 그러한 욕망을 직접 실현시키고자 하는 노력들은 기존의 문화와 사회적 질서를 재평가하고 위반하는 것이라고 할 때, 새로운 문화의 유입으로 인한 변화의 가능성을 찾을 수 있다.

그런데 모방은 반드시 새로운 외부 문화를 대상으로만 하지 않는다. 처음 모방의 시작이 과거로부터 현재까지 자신이 속한 사회에서 발견할 수 없었던 새로운 것을 모방하는 것에서 출발한다 하더라도 모방의 반복적인 수행은 새로운 것과 과거의 것의 구분을 모호하게 하는 지점들을 만드는 것이다. 그리고 외부로부터 들어오는 문화가 무형적인 것에만 그치는 것이 아니라 옷이나 화장품 등과 같이 물질적인 것들도 포함하고 있기 때문에 기존의 가치나 규범의 수행 과정에 새로운 물품이 수단이 되기도 한다. 그러한 측면에서 모방이 항상 새로운 것을 추구하는 변화의 효과를 남기는 것만은 아니다.

북한이탈청소년에 따르면 한때 북한 사회에서는 장군복, 선군복 같은 것이 유행이었다고 한다. 모방은 단순히 새로운 문화를 대상으로만 하지 않고, 그 사회에서 권력을 표상하는 것들도 그 대상이 되기도 한다. 김정일의 장군복, 선군복 같은 옷이라는 사물은 북한의 주요 이데올로기와 담론을 함축하고 있다. 그 옷을 입는다고 해서 옷에 내재된 의미, 이데올로기를 실천하는 것이라고 볼 수는 없지만, 옷을 따라 입는 행위를 통해 그 사회의 주요 규범을 반복적으로 수행하고 있는 것이다. 그러한 수행은 간접적으로 그 가치를 유지, 재생산하는 데 기여한다.

다른 한편으로, 김정일을 비롯한 권력 집단이 입는 옷을 따라 입는 것은 기존 권력에 대한 선망의 표현이기도 하다. 특정한 옷을 누가 입느냐가 그 옷의 의미를 결정한다고 할 때, 그 옷은 미학적으로 아름다워서라기보다 옷을 입고 있는 사람에 대한 선망이 그 옷을 아름답게 보이게 하거나 따라 입고 싶게 만든다. 장군복, 선군복 역시 그 옷이 보기 좋아서라기보다 그 옷을 입는 집단의 권력을 옷을 입는 행위를 통해 전유하는 것이다. 북한의 새로운 세대들이 안전원의 제복에 관심이 많고, 장래 희망으로 안전원과 같이 힘을 가진 사람이 되고 싶어 하는 것에서도 권력에 대한 선망이 잘 나타난다. 이러한 기존 권력에 대한 욕망이 옷을 입는 행위를 통해 실천되고, 그러한 실천은 기존 권력이 갖는 사회적 위치성을 승인하고 강화시킨다. 결국 유행을 따라 하거나 선도하는 행위가 기존 질서로부터 벗어나는 것을 의미하는 것만이 아니라 기존의 규범을 강화하는 측면도 있다.

기존의 규범을 답습하며 새로운 문물을 소비하는 또 다른 사례는 외부 세계에서 들어오는 소설이나 영화를 대하는 태도에서도 나타난다. 한국의 드라마나 외국의 영화를 다양하게 접하긴 하지만 정치적이고 사회적인 이슈를 다루는 것들이라기보다 멜로나 SF, 액션물에 치중된 경향을 보인다. 한 북한 이탈주민의 경우 영웅들이 등장하는 영화를 주로 본다고 했는데, 이는 강한 남성과 강한 국가에 대한 선망이 투영된 것으로 보인다. 물론 단순 오락물에 대한 즐거움도 주요한 이유가 되지만, 북한 당국이 추구하는 강한 국가, 선군이라는 이념적 틀과 부합하는 측면이 있다는 점에서 기존의 규범과 이데올로기에 완전히 배치되는 것은 아니라는 것이 중요한 지점이다. 또 다른 경우는 중국에서 들어오는 소설을 읽는 것을 즐겼는데, 주로 반탐, 정탐 소설을 본다고 했다. 기존에 재미있게 읽었던 북한 소설에서 중국 소설이라는 형식만 바뀌었을 뿐 내용적 측면에서는 크게 달라지지 않았다. 이는 외부 문화가 기존의 북한 문화와 완전히 단절되는 것은 아니라 오히려 기존 문화를 새로운 형식에 담았을 뿐이며 외부에서 들어온 새로운 문물을 통해 소비한다는 차원에서 새로운 문화를 토착화시킴으로써 기존의 규범을 담은 문화를 재생산하는 것이라 볼 수 있다.

그런데 유행으로 대변되는 욕망의 발현 과정은 개인의 감성 및 인식 구조, 실천 양식을 변화시킨다는 점에서 의미를 가지나, 그러한 욕망의 실천이 누구에게나 주어진 것은 아니다. 모방을 할 수 있는 조건이 필요하다는 점에서 모방이 갖는 한계점이 드러난다. 외부 문화를 접하고 이를 받아들이고, 유행을 선도 또는 좇아가는 행위에는 물질적이며 정치적인 자본이 반드시 필요할 수밖에 없다. 외부 문화를 접할 수 있는 수단을 갖는 것, 그리고 새로운 문화를 소비할 수 있는 자원, 기존 문화를 위반했을 때 통제로부터 자유로울 수 있기 위해서는 경제적이고 정치적인 자본이 반드시 필요하다. DVD를 빌리거나 사서 보고 유행에 맞추어 옷을 사고 머리 모양을 내려면 경제적 자본이 필요하다. 그리고 단속을 피하거나 단속에 걸렸을 때 처벌을 피하기 위해서는 가족과 친구 등 권력이 있는 사람들과의 관계도 중요하다. 그렇다고 할 때 새로운 문화의 모방을 수행하기 위해서는 기존의 권력관계에 의존할 수밖에 없다. 그리고 모방을 위한 조건을 마련하는 과정에서 기존의 권력관계는 더욱 강화된다. 더욱이 최근 북한 사회의 계층화 문제가 가시적으로 드러나고 있다는 점에서 모방이 갖는 전복적 의미는 한계적일 수밖에 없다. 물론 시장을 통해 새로운 자본가가 출현하고 경제적이고 정치적인 자본을 획득 또는 전유할 수 있는 집단이 새롭게 등장한 것은 기존의 북한 사회구조의 변화를 의미하기도 한다. 그러나 기존의 북한 사회의 불평등한 자본 분배 구조가 여전히 시장에도 투사되고 있고, 시장에서 획득한 자본이 정치권력의 배분에 따른 계층적 구조를 전복시키지 못하고 있다는 점에서 새로운 문화의 향유와 모방이 그 사회의 변화로 이어지는 데 한계를 보인다.

한편, 새로운 문화의 유입과 그에 대한 모방은 관계적인 측면에서도 나타나는데, 최근 북한 사회에서 친밀성 표현 방식의 변화가 가시적으로 드러나고 있다. 특히 이성 관계에서 그 변화가 두드러진다. 과거 북한에서도 이성 관계에 대한 관심은 있어 왔고 비공식적인 공간에서 연애를 하는 경우들이 있어 왔으나, 최근 이러한 이성 관계에 대한 관심과 연애 문화는 과거와는 다른 현상을 보인다. 사회주의국가에서는 혁명적 동지의 관계는 강조되지만 자본주의의 낭만적 사랑에 기초한 친구 관계나 이성 관계는 터부시되는 경향이 있었는데, 전체주의 사회에서 모든 개인은 원자화되어야 국가적 통제가 용이했기 때문이었다(서재진, 1995: 310). 그러나 외부에서 들어오는 매체들을 통해 접하게 되는 관계 문화는 북한의 과거와는 다른 모습이었고 젊은 세대를 중심으로 새로운 관계 문화를 수용하고 실천하는 것이 확산되고 있다.

연애 관계를 직접 드러내지도 못했을 뿐만 아니라 이성 관계에서도 가부장적 문화가 고스란히 드러났던 과거와는 달리, 최근 북한의 젊은 세대들은 애정을 표현하고 연애를 유지하는 데서도 매체에서 접한 자본주의사회의 연애 문화를 고스란히 모방하고 있는 현상이 나타난다. 이러한 관계 문화의 변화는 감정에 대한 새로운 인식을 수반한다. 혁명적 의리와 동지애라는 사회적이며 정치적인 것으로 의미화되었던 감정이 개인적 감정, 즉 낭만적 사랑으로 전환되고 이를 생활 속에서 실천함으로써 감정이 새롭게 구성된다. 연애와 사랑이라는 감정의 대두와 연애 관계의 확산은 과거와는 다른 근대적 개인으로서의 자율성에 대한 인식의 확대로도 이어진다. 자유연애는 단순한 사랑 타령을 넘어 자신만의 개인성을 획득하는 사건이고, 사회질서에서 규정된 위치에서 벗어나 개인과 개인 사이의 친밀한 관계에서 자신의 정체성을 구성해가는 과정이기 때문이다(권수현, 2011: 103). 그리고 남성다움과 여성다움을 모방을 통해 새롭게 사회적으로 구성하고, 외부 문화에서 나타나는 평등한 젠더 관계를 습득, 수행함으로써 기존의 젠더 관계에 영향을 미친다. 그러나 이러한 관계 문화의 모방도 물질적인 문화의 모방과 마찬가지로 이중적인 효과가 존재한다.

관계 맺기의 방식이 변화하기는 했으나 불평등한 기존의 젠더 구조는 남아 있고, 오히려 강화시키는 측면도 있다. 남성이 우월적인 존재의 위치에서 여성을 돌보고 있고, 여성은 순응적이며 남성의 선택을 받기 위한 여성성 유지의 노력을 지속적으로 해야 한다는 점에서 그러하다. 그리고 자본주의사회에서 상품화된 여성다움과 남성다움을 여과 없이 습득, 수행함으로써 기존의 가부장적 젠더 관계를 강화시키기도 한다.

외부 세계로부터 유입되는 새로운 생활양식과 사물들은 북한 사회의 기존 문화와는 다르다는 구별뿐만 아니라 세련되고 발전된 것이라는 문화 간 위계를 형성한다. 그리고 그러한 세련되고 발전된 문화는 따라 해야 하는 신문물이라는 점에서 북한 주민들, 특히 젊은 세대들이 적극적으로 모방해야 할 대상이 된다. 외부 문화에 대한 모방은 외부 문화를 통제하고 있는 당국의 조치로 인해 당연히 기존의 규범과 사회질서를 위반하는 것이고, 그러한 위반은 기존의 사회구조와 사회적 관계에 변화를 야기한다. 이런 점에서 새로운 문화에 대한 모방과 반복적 수행은 변화를 가능하게 하는 지점이라 할 수 있다. 그러나 모방이 기존의 사회적 관계의 틀 안에서 이루어지고 있다는 점과 모방을 할 수 있는 정치적·경제적 조건이 필요하다는 점에서 한계적인 부분이 있다. 그리고 모방의 대상이 반드시 기존 것과 다르지만은 않다는 점에서 더욱 그러하다. 이처럼 외부 문화에 대한 모방과 반복적 수행의 과정은 변화와 기존의 것을 재생산하는 이중성을 내포하고 있다.

2) 전유와 이중적 수행

북한 주민들이 새로운 문화를 접하고 이를 모방하는 방식으로 기존의 사회문화적 질서와 규범으로부터 벗어난 삶을 도모하는 한편, 직면한 현실을 새로운 방식으로 해석하고 실천함으로써 (재)전유하는 모습들도 나타난다. 미셸 드 세르토Michel de Certeau에 따르면 지배당하는 사람들은 전략이 아니라 전술을 사용하는데, 그들은 다른 사람들이 정해놓은 한계 안에서만 책략을 부릴 수 있는 제한된 자유를 갖고 있다(de Certeau, 1984). 그렇다고 할 때 피지배 집단은 직면한 문제와 상황을 끊임없이 기회로 전환시키고, 이러한 일상의 실천은 직접적이고 전복적이지는 않더라도 기존의 규범과 사회질서에 균열을 가할 수 있는 가능성을 가진다. 이러한 전술적 차원의 실천들은 북한 사회에서 공식적인 구조와 규범의 틀을 수행하면서도 기존의 구조와 규범을 위반하는 이중적인 수행을 행하는 데서 잘 나타난다. 과거 북한의 통제가 철저하게 이루어지고 있는 상황에서도 주민들은 자신들의 생활공간에서 자신들만의 기회를 만들고 이를 전유해왔다. 국가의 규범을 적극적으로 실천함으로써 기회를 만들거나 기존 제도를 활용해 자신이 원하는 바를 이루고자 했던 측면이 있는 것이다. 단적으로 생활총화라는 사회통제 기제에 순응해 자신과 타인에 대한 비판을 규범적으로 행하지만, 생활총화 전에 친구나 동료와 담합해 비판의 시간을 넘기는 등 주어진 조건 속에서 나름의 전술을 구사했다. 이러한 기존의 규범이나 제도를 전유해 새로운 기회와 공간을 만들어내고 있는 모습들이 북한 주민의 생활에서 종종 발견된다.

최근 백화점이나 다양한 물건을 파는 쇼핑몰들이 북한에서 속속 등장하고 있는데, 주로 국가 주도하에 개인들이 장사를 하는 이 공간은 새롭고 풍요로운 물품들이 전시되어 있어 젊은 세대들에게는 유행을 파악하고 소비를 할 수 있는 매우 흥미로운 공간이다. 그러나 실제 그곳에서 소비 활동을 할 수 있는 자원은 부족하기 때문에 눈으로 소비하는 것에 그치는 경우가 많지만 이 공간은 이들에게 문화를 접하는 데 매우 중요한 공간이 되고 있다. 그리고 백화점이나 쇼핑몰 안뿐만 아니라 그 주변도 그들에게는 자신들만의 놀이를 할 수 있는 새로운 공간이다. 새로운 문화를 상징하는 물품들이 많은 그 공간은 젊은 세대들에게 충분히 매력적일 수밖에 없었다. 원래 취지와는 다르게 이 공간을 새롭게 전유한다는 측면에서 주목할 것은 그 공간에 있는 김일성 동상이다. 백화점 앞이기 때문에 환하기도 했지만, 김일성 동상이 세워져 있는 공간은 체제 유지와 이데올로기적 측면에서 다른 공간보다 잘 꾸미고 유지해야 하는 곳이었다. 때문에 김일성 동상이 세워져 있는 공간은 늘 환하게 불빛을 비춤으로써 죽은 자이지만 영원히 살아 있는 존재로 김일성을 주민들에게 인식시키고자 했다. 그리고 영원히 살아 있는 존재로서 김일성을 매순간 인식하고 그가 남긴 '말'을 지킬 것을 간접적으로 강제하고자 했다. 그러나 놀 곳이 필요했던 젊은 세대와 청소년에게 김일성 동상은 자신들이 안전하게 늦게까지 놀 수 있는 공간을 마련해주는 하나의 '불빛'에 지나지 않았다. 김일성 동상이 있는 곳에서 엄숙함을 지키고 그의 말과 사상을 되새기는 것이 아니라 놀이의 공간으로 김일성 동상을 재전유하는 것이다. 새로운 세대들에게 김일성은 더 이상 기성세대와 같이 존경하고 가슴에 새겨야 할 존재로 각인되지 않는다. 더욱이 김일성 시대를 직접 체험하지 않았고 태어나서부터 시장을 경험한 새로운 세대들에게는 김일성은 그저 죽은 존재일 뿐인 것이다.

이러한 현상은 북한 당국의 사회적 통제 기제를 대하는 대도에서도 잘 드러난다. 북한 주민의 사상 교육과 통제를 목적으로 이루어지는 정치사상 학습이나 생활총화에 대해 거의 무의미한 것으로 간주하고 형식적인 의례로만 여기는 현상이 비일비재하다. 젊은 세대들 중 김일성, 김정일의 저작집과 선집을 읽어보지 않은 경우나, '유일사상 체계 확립의 10대 원칙'의 구체적인 내용을 모르는 경우가 많았다. 경제적 어려움으로 학교에 가지 못해 학습을 하지 못한 경우들도 있지만, 더 이상 그러한 이념적인 '말씀'이 현실을 반영하지도 못하고, 개선하지도 못하고 있다는 측면에서 죽은 말이 되고 있는 것이다.

생활총화에서도 김일성과 김정일의 '말씀'을 빌려 자신의 생활과 타인을 비판하지만 이것 또한 형식적인 의례를 지키는 수준에 머무른다. 북한이탈청소년은 총화 당시 인용할 말씀을 어떻게 선택하느냐는 질문에 늘 교실에 붙어 있는 말씀이 있기 때문에 그냥 그것을 인용하면 된다고 했다. 말씀을 외울 필요도 없고 자신의 생활을 진지하게 고민해서 말씀을 적용시킬 필요 없이 그저 주어진 것을 인용하면 된다는 것이다. 젊은 세대들에게 김일성과 김정일의 말씀은 더 이상 현실 규정력이 없고 그저 자신들이 해야 할 의무를 수행하는 데 필요한 형식적인 것일 뿐이다. 이런 반복적 인용은 내용에 대한 진정성 있는 재음미가 아닌 거의 형식화된 인용이고 형식을 그대로 답습하고 반복하는 과정에 불과하다(조정아 외, 2013: 99). 이처럼 주어진 상황에 맞게 규범적으로 행동하는 한편, 그 의미를 자신들만의 방식으로 해석하고 있다. 기존의 규범을 형식적으로는 지키지만 내면적으로는 그 의미까지 받아들이고 있는 것은 아닌 것이다.

북한 주민들은 특정한 공간과 규범이 갖는 원래의 의미를 새롭게 해석하고 자신들만의 의미를 만듦으로써 새로운 공간을 만들기도 한다. 그리고 형식적인 부분에서는 규범을 지키지만 규율을 지키는 방식에 있어 자신들만의 전술을 만들어냄으로써 기존의 규율적이고 통제적인 장치들을 무력화시키는 모습들이 보인다. 이는 기존의 담론과 공간, 제도들을 전유하면서 이중적인 수행의 모습을 보여주는 것이기도 하다.

한편, 기존 제도를 재전유해 새로운 의미를 부여하는 경우들도 존재한다. 북한 사회는 다양한 사회제도를 통해 북한 주민의 인민화를 시도했다. 조직생활 및 학교교육 등 제도화된 틀 안에서 통과의례를 거치며 인민으로서의 자격을 획득하게 되는 것이다. 북한 청소년의 경우 학교 수업뿐만 아니라 조직 활동과 답사, 군사 활동, 농촌 지원 활동을 통해 국가 경제에 기여하고 정치사상적 의식을 고취하게 된다. 이러한 제도들은 주민들을 규율화하고 기존의 규범을 계승하게 하는 중요한 장치들이다. 그러나 청소년들은 국가의 규율 장치에 부응하는 행위를 하는 한편, 이를 활용해 자신들만의 공간을 만들어가기도 한다. 농촌에 대한 경제적 지원과 노동에 대한 인식을 제고하기 위한 농촌활동은 청소년에게 일탈의 공간이기도 했다. 생활총화가 없고 부모로부터 돈을 받아 집을 떠날 수 있는 합법적인 활동인 농촌활동은 친구들과의 '여행'이고 일상적인 생활공간에서 하기 어려운 술을 마시고 담배를 피우는 일탈적이며 위반적인 행위를 행하는 공간이다. 규범적인 공간을 규범 위반적인 공간으로 재전유하며 이중적인 행위성을 보이는 것이다.

주어진 틀 속에서 자신들만의 공간을 만들고 기회를 창출하고자 하는 북한 주민들의 시도는 북한 사회 전반에 걸쳐 지속적으로 이루어져왔지만, 특히 시장이 확대되고 사회에 대한 국가의 통제력이 약화되면서 그러한 모습들은 더욱 확대되고 있다. 기존의 것을 완전히 위반하는 것은 아니지만 그 의미를 새롭게 부여하고 행동 양식의 변화를 꾀함으로써 기존의 규범과 질서를 무의미한 것으로 만드는 전술적 실천들이 생활공간 곳곳에서 나타나고 있다. 규범과 질서, 제도, 공간을 자신들의 방식대로 전유 및 재전유하면서도 원래 주어진 규율을 수행하는 척하는 방식의 이중적 수행이 일상생활에서 빈번히 발견된다. 특히 북한의 젊은 세대들은 시장 세대라 불릴 만큼 시장 친화적이고, 새로운 문화를 통해 기존의 규범들을 재해석할 수 있는 기회가 많다는 점에서 이들에게 이중적 수행의 모습이 기성세대보다 많이 발견된다. 그렇다고 할 때 현재 북한의 새로운 세대들은 북한 사회 변화의 중요한 핵심 세력이 될 수 있는 것으로 보인다. 그리고 북한 주민들의 이중적 수행이 즉각적으로 기존의 규범과 질서를 전복하지는 않지만 기존의 통제 기제들을 무력화시키고 의미를 상실시키는 측면이 있기 때문에 북한 당국은 과거와 같은 방식으로 주민들을 통치할 수는 없고 새로운 방식의 통치 기제들을 개발해야 하는 과제를 안게 되었다. 결국 기존의 북한 사회를 유지시킬 수 있었던 방식을 변화시켜야 하고, 그러한 변화가 북한 사회 전반의 질서와 규범, 구조를 변화시키는 데 영향을 미칠 수밖에 없다는 점에서 주민들의 이중적 수행이 갖는 힘을 발견할 수 있다.

5. 맺음말

지금까지 김정은 시대에 북한 당국이 어떤 방식으로 문화를 통치에 활용하고 있는지와 주민들의 생활 모습 속에서 문화적 수행의 방식과 의미를 살펴보았다. 당국 차원에서 문화정치를 구사하는 방식과 주민의 문화적 수행에서 정치적 의미가 무엇인지를 밝히는 것은 북한 사회 전반에서 문화가 정치화되는 방식을 드러내는 데 유의미할 것으로 보인다. 더욱이 북한 주민들의 생활에서 나타나는 다양한 문화적 수행의 모습은 북한 당국이 향후 통치 유지를 위해 해결해야 할 과제들을 분석하는 데 도움이 된다.

공식 경제를 발전시키고 인민 생활을 향상시켜야 한다는 과제와 함께 외부 문화의 수용과 그에 따른 주민들의 의식 변화에 대응해야 하는 북한 당국은 다층적인 차원에서 전략을 구사해야 한다. 시장은 불가역적으로 성장해왔고, 시장에 대한 국가 차원의 통제는 거의 불가능한 상황에서 시장에 대한 제도적 관리를 통해 국가적 차원의 이익을 도모할 수밖에 없다. 북한 당국은 6·28 조치와 같이 시장을 적극 활용하는 정책을 구사하고 있고, 김정은은 시장 친화적이면서 세계적인 흐름을 따라가며 선도하려는 이미지를 구축해가고 있다. 또한 주민들의 문물에 대한 높아진 시각과 생활 문화적 변화에 부응하면서도 이를 통제할 수 있는 수단을 마련하고 있다. 그 일환으로 '사회주의 문명국 건설'을 담론화하고 이를 현실화시키는 조치들을 실행했다. 외부 문화를 무조건 통제하는 것이 아니라 수용 가능한 범위 안에서 자신들의 문화로 변용, 토착화하고 북한 당국의 담론 안에서 그 문화를 재해석한다. 그리고 과거처럼 검열 등과 같은 직접적인 주민 통제를 시도하는 한편, 음악과 체육 등 문화적인 요소들을 도입해 사상적이고 생활적인 부분에서 주민들을 통제하고 있다. 이처럼 김정은 체제는 문화적인 것들과 문화적인 수단을 일정 정도 선택해 자신의 체제 유지를 위해 활용하는 한편, 여전히 외부 문화에 대한 통제를 가하고 있다는 점에서 이중적인 문화 수행의 정치를 펼치고 있다 하겠다.

앞서 살펴본 바와 같이 북한 주민들의 문화적 수행의 양태에서도 이중적인 모습이 발견되고 있다. 기존 문화를 위반하기도 하지만 기존 문화가 존재할 수 있는 물적·제도적 토대를 재전유하는 이중성의 모습이 발견되기도 하고 기존의 규범을 새로이 접한 문화에 접목시켜 토착화시키는 모습들도 나타난다. 이러한 북한 주민이 보이는 수행의 이중성은 북한 주민의 정체성을 다중적으로 구성하게 한다. 당국에 순응적이고 복종하는 모습을 갖는 한편, 체제 위반의 행위성을 갖는 주체를 구성하는 것이다. 이러한 이중적인 수행을 행하는 북한 주민들의 정체성을 단순히 체제에 순응적이거나 위반적이라고 규정하기는 어렵기 때문에 외부 문화의 수용이 직접적으로 체제 변화로 이어진다고 볼 수 없다. 그럼에도 불구하고 반복적인 수행의 과정을 통해 기존의 담론을 무력화시키는 결과를 낳을 수 있다는 점에서 북한 주민들의 이중적 수행은 변화의 가능성을 담지하고 있다. 특히 시장 세대라 일컬어지는 새로운 세대들은 이러한 이중적 수행을 주도적으로 행할 집단이며, 이들의 이중적 수행이 이들의 세대를 지나면서는 특정한 방향으로 수렴될 때 북한 당국도 거스르기 힘든 새로운 사회구조와 문화가 등장할 수도 있을 것으로 보인다.

참고문헌

강동완·박정란. 2011.「북한 주민의 남한 영상물 시청: '하위문화'(subculture)의 형성과 함의」. ≪북한학보≫, 36권 1호, 75~108쪽.

권수현. 2011.「삶의 정치로서의 친밀성」. ≪한국여성철학≫ , 제15권, 95~116쪽.

김석향. 2012.「1990년 이후 북한 주민의 소비생활에서 나타나는 추세현상 연구」. ≪북한연구학회보≫, 16권 1호, 191~216쪽.

림철남. 2013.「위대한 령도자 김정일 동지께서 조직령도하신 선군시대의 요구에 맞게 대중체육을 발전시키기 위한 투쟁」. ≪김일성종합대학학보: 력사, 법률≫, 59권 2호.

미첼, 돈(Don Mitchell). 2011.『문화정치, 문화전쟁』. 류제헌·진종헌·정현주·김순배 옮김. 살림.

바커, 크리스(Chris Barker). 2009.『문화연구사전』. 이경숙·정영희 옮김. 커뮤니케이션북스.

박정란·강동완. 2013.「북한주민의 남한 미디어 수용과 인권의식 변화」. ≪북한학연구≫, 9권 2호, 199~235쪽.

버틀러, 주디스(Judith Butler). 2003.『의미를 체현하는 육체』. 김윤상 옮김. 인간사랑.

서재진. 1995.『또하나의 북한사회: 사회구조와 사회의식의 이중성 연구』. 나남출판.

오예진. 2015.4.3."북한, 장마당 이어 편의점과 온라인쇼핑몰도 인기". 연합뉴스.

윤선희. 2011.「북한 청소년의 한류 읽기: 미디어 수용에 나타난 문화 정체성과 사회 변화」. ≪한국언론학보≫, 55권 1호, 435~460쪽.

이우영. 2014.「김정은시대 북한 사회의 과제와 변화 전망」. 양문수 편저.『김정은시대의 경제와 사회: 국가와 시장의 새로운 관계』. 한울.

이주철. 2003.「북한 주민의 남한방송 수용 실태와 의식 변화」. ≪통일문제연구≫, 15권 2호, 315~338쪽.

전규찬. 1998.「문화정치」. 정재철 편저.『문화연구 이론』. 한나래.

전미영. 2014.「북한의 외래문화 수용 실태와 문화전략: 북한 텔레비전 방송 분석을 중심으로」. ≪통일정책연구≫, 23권 1호, 129~155쪽.

조선로동당출판사. 2002.『(당안에 한함) 간부학습제강: 자본주의사상문화적침투를 짓부시기 위한 투쟁을 강도높이 벌릴 데 대해』. 조선로동당출판사.

조정아·조영주·조은희·최은영·홍민. 2013.『새로운 세대의 탄생: 북한 청소년의 세대경험과 특성』. 통일연구원.

Daily NK. 2011.9.5.“ 김정은 지시한날 따서 828상무 검열대 조직”.

De Certeau, Michel. 1984. *The Practice of Everyday Life*. Translated by Steven Rendall. Berkely: Unversity of California Press.

Jordan, Glenn and Weedon, Chris. 1995. *Cultural Politics: Class, Gender, Race, and the Postmodern World*. Oxford, UK: Blackwell.

Yurchak, Alexei. 2005. *Everything Was Forever, Until It Was No More*. New Jersey: Princeton University Press.

12장

남북 관계 전환과 북한 주민의 남한 영상 매체 시청

소비에트 - EU 에스토니아 사례로 본 전망

박정란 [에스토니아 타르투대학교(University of Tartu)]

1. 들어가는 말: 남북 관계 전환의 시기, 왜 에스토니아인가?

그동안 북한 주민들이 남한의 영화, 드라마, 예능 프로그램 등을 시청해왔다는 것, 그리고 그것이 북한 내부, 또 통일에 어떤 의미가 있는지가 다양한 분야, 관점에서 조명되어왔다. 특히, 북한에서의 이른바 한류가 과연 어떤 방향으로 흘러갈 것인가? 이것은 북한 주민의 남한 영상 매체 시청에 대한 연구에서 중요하게 제기되던 질문 중 하나다.

분단으로 가로막힌 저 담 넘어 북한 주민이 만나고 있는 남한의 대중문화. 요즘처럼 북한 핵 문제를 중심으로 남북,[1] 북미 정상 간, 또 실무 접촉이 오가는 현 상황에서 어느 때보다 미래를 앞당겨 볼 수 있기를 바라게 된다. 이 장은 이 바람에

1) 2018년 4월 27일 남북 정상회담 판문점 선언에 남북 관계의 전면적·획기적 발전, 군사적 긴장 완화와 상호 불가침 합의, 한반도의 완전한 비핵화 및 평화 체제 구축 등이 포함됐다(http://koreasummit.kr/sub02/koreasummit.html).

서 시작됐다.

지금의 북한처럼, 과거 사회주의였으면서 자본주의 TV를 시청했던 곳, 그리고 독립 후 체제 전환 과정에서 어느 국가보다 경제 발전, 사회교육 인프라 등 여러 분야에서 안정적이면서도 빠르게, 성공적으로 달려왔다고 평가되는 곳, 에스토니아. 에스토니아는 소비에트 연방으로부터 독립한 15개 국가[2] 가운데 하나다. 이들 국가 중 유일하게 소비에트 에스토니아인들은 서구의 영상 매체를 시청했었다. 1953년 3월 5일 스탈린 사후 1960년대 초반부터 에스토니아 북부 지역, 탈린Tallin에서 핀란드 TV 시청, 라디오 청취 등이 가능해진 것이다(Šein, 2004; Lepp and Pantti, 2013: 76~86).

냉전 시대 소연방이었던 나라들은 상대적으로 동유럽에 비해 외부 TV 접촉이 엄격히 제한됐었다. 이런 소비에트 지역에 비해 동유럽 공산권에서는 그간 사례 연구가 꾸준히 되어온 편인 동독을 비롯해 알바니아인, 헝가리인, 루마니아인도 인접한 자본주의 국가들의 TV를 시청했었다.

동독인들은 고립된 섬 지역을 제외하고 서독 TV를 시청했었고, 헝가리인의 1/3 정도는 오스트리아 TV를 시청했었다. 심지어 1980년대 폴란드 정부는 사실상 위성 TV 시청에 대한 엄격한 단속을 포기했었고, 알바니아 공산당원들은 공식적으로 중계된 이탈리아 TV를 시청했다. 그들 외 알바니아 대중들은 이탈리아와 유고슬라비아 TV 시청을 위해 비밀리에 안테나를 설치했다. 루마니아인들은 터키로부터 건너온 텔레비전 신호를 포착했다(Mustata, 2012; Schwoch, 2001: 109~121; Jakubowicz, 1994).

이들 국가 중 독일 사례는 지금까지 상대적으로 많이 다뤄져왔다. 그 외에

2) 15개 국가는 러시아, 우크라이나, 벨라루스, 우즈베키스탄, 투르크메니스탄, 타지키스탄, 아르메니아, 아제르바이잔, 카자흐스탄, 키르기스스탄, 조지아, 에스토니아, 라트비아, 리투아니아, 몰도바이다.

앞서 경험한 사례들을 더 모아본다면 한반도 미래를 더 든든하게 준비해 갈 수 있지 않을까. 특히 북한 정권이 소련의 정치사상 체계를 기초로 시작되었던 것을 고려하면, 소연방이었던 에스토니아 사례는 앞으로 주목해볼 만하다. 에스토니아는 소연방의 국가였으면서도 독립 후 카자흐스탄, 키르기스스탄 등의 외교 정책과 달리 러시아와 거리를 두며 핀란드, 스웨덴 등 북유럽 국가들과 가까웠고, 유럽연합 가입에 적합한 선두 주자로 꼽혔었다. 또 소연방에서 유럽연합으로 편입되는 과정에서 유례없이 과도기를 거치지 않고 1994년부터 1995년까지 유럽협정EA(The European Agreement) 협상 기간을 거친 뒤 1995년 6월 14일 유럽연합과의 유럽협정을 체결했다. 에스토니아는 EU 집행위원회가 1997년 초 회원국 가입을 추천한 동구 5개국(이른바 '룩셈부르크 그룹') 중 유일한 구소련 국가로서, 2002년 12월 EU 코펜하겐 정상회담에서 신규 가입국 최종 확정 시까지 제1순위 후보국으로 분류되기도 했었다. 에스토니아는 2004년 5월 EU에 가입했고, 2011년부터 유로화를 사용하면서 유럽연합의 일원이자, UN, NATO, OECD 등 국제기구 회원국으로서 적극적으로 활동해 왔다.

또 에스토니아의 경제 성장세를 보면, 1991년 구소련으로부터 독립 후 10% 이상의 급속한 경제성장을 기록하다가, 대외 의존도가 높은 소규모 국가로서 2008년 세계 금융 위기에 큰 충격을 받았으나, 2010년부터 빠르게 회복, 4~5%대의 성장률을 유지해왔다. 또 전 세계에서 IT 인프라가 가장 잘 구축된 나라 중 하나로 IT 산업이 전체 산업에서 차지하는 비중이 크다. 에스토니아는 개인용 PC 중 82%가 인터넷에 연결되어 있고, 인터넷뱅킹 이용 비율 72%, 인터넷을 이용한 전자 납세 비율 76% 등 인터넷 보급 및 사용 측면에서 유럽 전체 최상위권 IT 인프라가 구축(외교부, 2011: 22)된 것으로 평가된다.

에스토니아가 소비에트에서 EU로 가는 체제 전환과 발전이 비교적 안정적이고 빠르게 진행된 배경으로 에스토니아 체제 전환 과정에서 구소연방 시기의 엘리트들에서 새로운 엘리트들로 빠르게 혁신적으로 전환된 점도(Purju, 2001) 주목할 만하다. 독립 후 1992년 9월 총선을 통해 최초의 총리가 되었던 마르트 라르Mart Laar는 취임 당시 32세였다(1992~1994년, 1999~2002년 각각 총리로 재임). 그는 자유주의 시장경제 체제로의 전환을 위해 과감한 개혁을 추진했고, 대외 교역을 다변화[3]한 바 있다.

이런 에스토니아의 정치 외교, 경제, 사회적 변화들과 함께 그 배경에 관심이 모아져왔다. 그 배경 중 하나가 이 장에서 다루려는 소연방 시기 에스토니아인들의 핀란드 TV 시청이다. 이 장에서는 지금까지의 선행 연구들을 통해 제시된 소비에트 에스토니아 내에서의 핀란드 TV 시청 과정, 내용, 그리고 소련의 개혁 개방, 에스토니아의 독립 이후의 과정에서 그것이 어떤 함의가 있었는지를 정리해볼 것이다. 또한, 이것을 토대로 북한 주민의 남한 영상 매체 시청이 남북 관계 전환의 시기를 맞아 어떤 역할을 할 것인지 전망해본다.

발트해 연한에 위치한 인구 약 130만 명, 남한 절반만한 작은 나라(에스토니아의 면적은 4만 5228km²이다). 하지만 분단된 한반도에 살고 있는 우리의 미래를 위해 알아야 할 필요성은 결코 작지 않은 에스토니아. 에스토니아인들의 경험을 통해 빠르게 전개되고 있는 최근의 남북 관계, 평화 논의 속에 북한의 한류, 북한 주민의 외부 정보 접근이 그려갈 미래를 논해볼 것이다.

---

3) http://www.estonica.org/en/Economy/Transformations_in_the_Estonian_economy_in_the_1990s/ From_transition_to_EU_integration/(검색일: 2018.6.23).

2. 소비에트 에스토니아인의 핀란드 TV 시청

1) 에스토니아 - 핀란드 관계와 TV 시청 배경

에스토니아는 리투아니아, 라트비아와 함께 '발트 3국'에 포함되지만 사실 핀란드 등 북유럽 국가와 역사, 문화, 언어 면에서 더 가깝다. 핀란드만 반대편에 위치한 에스토니아는 수도인 탈린(인구 46만 명)과 핀란드 수도 헬싱키가 85km 거리로 인접해 있다. 따라서 19세기 이래 해로를 통한 양 지역의 왕래가 이어져왔고, 역사적으로 양 지역의 유사성이 커져갔다. 제2차 세계대전 후 소연방이 되면서 핀란드와의 관계가 끊겼었지만, 1953년 스탈린 사망 이후 두 나라의 교류가 재개되었을 뿐만 아니라 에스토니아 북부 탈린 지역 내에서는 핀란드 TV 시청이 가능해졌다. 소비에트 정부가 외부로부터 들어오는 방송에 대한 통제와 검열을 했지만, 에스토니아인들의 핀란드 TV 시청은 계속됐고 이 둘, 에스토니아와 핀란드 간 대중문화는 공유되어갔다.

또, 1987년 소연방의 시장 지향적 개혁 개방 정책으로 에스토니아는 핀란드, 스웨덴 등 북유럽 국가들과 본격적으로 교역을 재개하게 됨으로써 이미 독립 이전부터 소연방과 북유럽 국가들을 연결하는 역할을 했다(Laurén, 2014: 1123~1143). 그 후 1991년 에스토니아가 소연방으로부터 독립한 후 러시아와는 거리를 두어온 반면 2004년 5월 EU에 가입하면서 핀란드와 에스토니아는 같은 EU 국가로서 경제, 사회 문화 등 여러 분야에서 긴밀한 관계를 유지해왔다. 2005년에는 EU의 18개 전투 그룹 중 하나인 북구전투대EU Nordic Battle Group에 가입했는데, 이 그룹에는 에스토니아를 비롯한 발트 3국 외에도 핀란드, 스웨덴, 노르웨이, 아일랜드 등 북유럽 국가들이 주를 이루고 있다. 에스토니아의 대핀란드 무역은 수출 및 수입 모두 약 15%로 가장 높은 비중을 차

지한다.[4)]

특히 에스토니아인들이 핀란드 TV, 라디오 등을 이해하고 흥미를 갖게 된 데에는 이 둘의 언어 유사성이 중요한 역할을 했다. 핀란드어와 에스토니아어는 피노-우그릭어족Finno-Ugric language group으로 문법과 어휘 면에서 유사한 점이 많다.

또 양 국가 간 인적 왕래가 다른 어느 나라보다 많았다는 것은 각 나라별 거주 외국인 숫자 및 사용 외국어 비율로도 알 수 있다. 핀란드 550만 인구 중 외국어 사용 인구는 러시아어가 7만 8000명으로 가장 많고, 다음이 에스토니아어로 5만 명에 가깝다. 언어뿐만 아니라 핀란드 내에 거주하는 국외 출신 거주자의 비율은 구소련인들이 7만 명을 넘고, 역시 다음은 에스토니아인으로 약 4만 9000명 정도다. 핀란드 내 외국인 체류자는 에스토니아인이 2017년 기준 약 5만 2000명으로 러시아인 약 2만 9000명을 크게 앞선다.

에스토니아 인구 약 130만 중에서는 핀란드인이 6000명 거주하고 있다.[5)] 또 핀란드인이 해외에서 태어난 숫자 중 구소연방이 5만 6000명 정도로 가장 많고, 에스토니아가 4만 5000명을 넘어서고 있다. 에스토니아 내에서는 2017년 기준 전체 인구 131만 5635명 중에서 러시아, 우크라이나, 벨라루스 다음으로 핀란드인(7591명)이 많으며, 타타르, 라트비안 등이 2000명 내외인 것과 비교해 상대적으로 핀란드인의 비율이 높다.[6)]

---

4) 핀란드는 에스토니아 외교에 있어 매우 큰 비중을 차지하는데, 양국 간에 ESTLINK(노르딕 국가와 발트 국가 간 최초의 전력망) 전력 라인 운용, 핵연료 개발, 발트해 수역 환경 보존 문제 등 제 분야에서 협력관계가 강화되어왔다(외교부, 2011).

5) Statistics Finland, https://www.stat.fi/index_en.html(검색일: 2018.6.13); Estonian Embassy in Helsinki, "Estonia and Finland," http://www.estemb.fi/eng/estonia_and_ finland(검색일: 2018.6.3).

6) Statistics Estonia, "Immigration exceeded emigration for the third year in a row,"

이러한 인적, 언어 구성에서도 볼 수 있듯이 두 나라는 문화, 경제, 관광, 교육 등 다양한 분야의 교류를 통해 공통점을 만들어왔고, 마치 혈족과도 같은 친밀감을 형성해왔다(Zetterberg, 1995).

2) 소비에트 에스토니아의 핀란드 TV

스탈린 사망 이후 에스토니아와 핀란드의 교류가 재개되었으며, 핀란드 TV 방송 청취도 가능해졌다. 1971년 핀란드 국영 방송사YLE(Finnish Broadcasting Company)는 수도 헬싱키 남부 에스포Espoo에 새로운 TV 안테나를 세웠다. 에스포는 다음의 지도와 같이 수도 헬싱키에서 남쪽으로 80km 떨어진 핀란드만의 해안에 위치하고 있으며, 동쪽으로 스웨덴 스톡홀름, 서쪽으로 러시아 상트페테르부르크가 있다.[7)]

이 TV 마스트는 핀란드 TV를 북부 에스토니아에 방송함으로써 결과적으로 핀란드 텔레비전은 지난 수십 년간의 소비에트 점령 동안 북부 에스토니아에서의 일상적인 텔레비전 소비의 일부가 되었다(Mickiewicz, 1988).[8)] 핀란드 TV 송출이 실수였는지 의도되었는지는 정확히 파악하기 어렵다. 다만, 에스토니아로 송출되었던 방송 중 미국 정보국에 의해 무료로 제공된 필름이 상당 부분이었다고 알려지기도 했다. 소비에트 에스토니아인의 핀란드 TV 시청에 대한 다큐멘터리 영화 〈Disco and Atomic Warfare〉에 따르면 대규모 TV 송신탑이 1971년 핀란드 남해안에 세워졌고, 송신탑 출력의 절반은 남쪽

https://www.stat.ee/news-release-2018-050(검색일: 2018.6.19).

7) “About Tallinn,” https://www.svepm2018.org/about-tallinn/(검색일: 2018.6.20).

8) 일부 참가자들은 생생하게 자신의 경험을 떠올렸지만, 일부 응답자는 구체적인 것을 상기하는 데 어려움을 겪거나 특정 유형의 프로그램(예: 서양식 또는 뮤직 쇼)만 떠올렸다.

그림 11-1 _ **에스토니아 지도**

을 향했다고 한다. 이것조차 정확히 확인되진 않고 있는데, 이러한 불분명한 송출 과정, 의도 여부가 정확히 파악되지 못한 것이 당시 소연방의 적대감을 야기하지 않기 위해 비밀리에 진행되었기 때문이라는 추측도 있다.

1993년까지 핀란드 텔레비전은 공영방송인 YLE의 TV 1과 TV 2 두 개 채널만 있었다. 핀란드에서 가장 오래된 채널인 TV 1에서는 뉴스, 시사 프로그램과 함께, 다큐멘터리, 드라마, 사회교육 프로그램 등이 방송됐다. TV 2에서는 주로 스포츠, 어린이 청소년 방송이 주를 이루며, 드라마, 예능 프로그램, 특히 유럽인들의 대표적 축제인 유로비전 송 콘테스트Eurovision Song Contest가 방송됐다. YLE는 광고를 내보낼 권리가 없었다. YLE의 법적 프랜차이즈가 운영하는 YLE의 채널에서 방송 시간을 임대한 민영기업인 엠티브이MTV에 권리가 주어졌었다(MTV가 자체 라이선스 및 채널 MTV3를 운영하게 된 1993년까지). MTV는 당시 미국에서 황금 시간대에 편성되었던 TV 드라마 〈댈러스Dallas〉처럼 인기 있는 드라마, 예능 프로그램을 방송한 반면, YLE는 좀 더 폭넓은 정보와 양질의 예능 및 교육 프로그램을 제공했다.

3) 소비에트의 검열과 통제, 그리고 개혁 개방

당시 소연방 내에서 모든 미디어물은 사상적으로 '올바른 상징적 환경 ideologically correct symbolic environment' 조성을 위해서, 또 미디어를 공산당의 사상적 도구로 만들기 위해 검열되었다(Jakubowicz, 1994: 23; Lepp and Pantti, 2013: 80). 당시 핀란드 TV 외에도 미국의 소리Voice of America, 자유 유럽 라디오Radio Free Europe 등을 통해 에스토니아 내부로 외부 정보가 전해졌었다(Keller, 1988: 3). 여기에 대해 소련 정부는 검열과 함께 핀란드 TV와 미국의 소리, 자유 유럽 라디오 등의 청취 신호를 차단했다(Keller, 1988: 3).

하지만 차단에 대응해 기술이 있는 에스토니아인들은 불법 TV 설치와 수신 장비 서비스를 암암리에 제공, 유통했다. 개인 경영이 소연방에서 불법이었지만 핀란드 텔레비전 수신을 돕는 암시장 활동이 활성화되는 것을 막지 못했다. 음향과 컬러 TV 수신 서비스는 블록blocks이라 불리며, 상당한 가격대에도 불구하고 인기가 있었다. 이 서비스를 받지 못하는 경우 음향이 나오지 않는 흑백 텔레비전만 시청이 가능(Lepp and Pantti, 2013: 81)했다.

소련 당국이 핀란드만 전역에서 진행되고 있는 '이념적으로 도덕적으로 해로운' TV 방송에 대한 접근을 제한하기 위해 많은 노력을 기울였음에도 불구하고 핀란드 텔레비전은 모스크바에서 송출되는 소련 중앙 TV 프로그램보다 많은 시청자를 끌어들였다(Šein, 2004; Lepp and Pantti, 2013: 76). 그 결과 에스토니아는 핀란드 방송 청취를 통해 여타 소련 점령국과는 달리 서방 국가들의 동향과 문화에 대한 정보를 습득할 수 있었다. 글라스노스트와 페레스트로이카 시행 전까지 이러한 통제는 계속되었다. 하지만, 이 개혁 개방 정책이 시작되면서 미디어의 의사 표현의 자유가 확대되기에 이르렀다. 이후 1988년 4월부터 6월까지 두세 달간 에스토니아인들의 저항운동은 급부상했다. 이때

선언문 발표, 공산주의 정권의 인권침해 행위 공개를 위해 미디어가 사용됐다. 이러한 과정에서 새로운 전국, 지역 및 지방 신문, 잡지 등이 창간됐고, 두려움이나 제한 없이 인쇄 및 배포되었다(Govardhan, 2015: 211~212).

3. 소비에트 에스토니아인의 핀란드 TV 시청과 의식 변화

1) 시청 프로그램

우선 소비에트 에스토니아인들이 시청했던 핀란드 TV 프로그램이 무엇이었는지부터 살펴보기로 한다. 소비에트 에스토니아인들의 핀란드 TV 시청 경험에 대한 연구(Lepp and Pantti, 2013: 80)에 따르면, 핀란드 TV를 통해 방송된 미국 TV 시리즈 〈전격 Z 작전: 나이트 라이더Knight Rider〉가 당시 에스토니아인들 사이에 가장 큰 인기를 모았던 것으로 응답됐다.

핀란드 MTV는 1984년부터 1987년까지 〈나이트 라이더〉를 방영했는데, 방송 당시 이 연구의 응답자들 대다수는 십대였다. 하이테크 영웅이었던 주인공역의 데이비드 하셀호프David Hasselhoff와 말하는 자동차가 나오는 이 시리즈는 소비에트 에스토니아 10대의 마음을 사로잡았다. 학교에서는 시청 소감으로 토론이 벌어지기도 했다.

〈나이트 라이더〉 외에도 TV 1 뉴스와 TV 2의 어린이 프로그램인 〈작은 둘 Pikku Kakkonen, 'Little Two'〉, 전세계적으로 흥행했던 〈댈러스Dallas〉, 〈엠마누엘 Emmanuelle〉, 〈맥가이버MacGyver〉, 〈다이너스티Dynasty〉가 인기 프로그램들로 꼽혔다.

설령 이 프로그램들을 한 번도 본 적이 없었다 하더라도 이 목록에 대해 '가장 중요한 프로그램'으로 기억했다. 소련에서 서구 팝 음악이 금지되었다는 점을 감안할 때 유로비전 송 콘테스트도 인상 깊었던 프로그램이 되었다. 그중에서도 가장 큰 미디어 '사건'은 1987년 여름 프랑스 소프트 코어 포르노 영화 시리즈인 〈엠마누엘〉의 방영이었다. 섹스는 소련에서 공개적으로 언급할 수 없는 주제 중 하나였지만, 이 시리즈는 에스토니아 성인뿐 아니라 아이들에게까지 잊을 수 없는 중요한 프로그램으로 기록됐다.

페레스트로이카Perestroika[9]가 시작될 무렵, 핀란드 텔레비전 뉴스는 에스토니아 것보다 인기를 더해갔다. 1985년 탈린에서 7만 7000명의 주민들이 에스토니아 공영방송의 저녁 뉴스를 보았던 반면 같은 탈린 내에서 핀란드 텔레비전 저녁 뉴스 시청자는 18만 명으로 집계된 바 있다.

2) 의식 변화

그렇다면, 핀란드 TV를 통해 자본주의 체제에서 생산한 영화, 드라마, 쇼 프로그램을 접하는 동안 소비에트 에스토니아인들은 어떤 생각을 했을까? 여기에서는 에스토니아인들의 핀란드 TV 시청이 이들의 정치, 경제, 사회 문화 부문에서의 의식과 행위 양식을 어떻게 재구조화해갔는지 살펴보기로 한다.

(1) 우월함과 촌뜨기

우선 핀란드 TV를 시청하면서 정치에 대해 얼마나 인식하고 있는가로 '우월함과 촌뜨기'로 구별 짓는 현상이 나타났고, 정치 현실에 대한 불만, 분노,

---

9) 러시아어로 '재건', '재편'의 뜻이며, 1985년 3월 미하일 고르바초프가 소련 공산당 서기장으로 취임한 후 개방(글라스노스트) 정책과 함께 실시한 개혁 정책이다.

저항 의식의 형성이다.

분명히 에스토니아 시청자들의 기억에서 언급된 핵심 단어 중 하나는 '이점'이었다. 핀란드 텔레비전을 시청했던 참여자들은 그렇지 못했던 에스토니아인들에 비해 정치적 인식 면에서 자신을 우월자superior로 평가했다. 반면, 핀란드 텔레비전을 보지 못했던 사람들은 배우지 못한 촌뜨기hillbillies로 불려졌다.

소비에트 정부는 정보에 대한 독점권을 가지고 있었던바, 소비에트 정권의 이데올로기에 부합되지 않을 경우 통제 대상이 됐다. 또 엄격하게 방송 가능, 불가 판정을 했는데, 이러한 정책은 1985년 개혁 개방 정책 전까지 계속됐다.

이러한 통제의 과정 속에서 세계에서 일어나는 사건들, 특히 소련을 비롯한 공산권과 연관된 사건들을 핀란드 TV에서 접하게 되면서, 핀란드 TV 뉴스는 에스토니아 시청자들이 신뢰할 만한 유일한 정보원이 되어갔다. 특히 정치 교육과 소련 통치에 대해 불만을 갖게 한 중요한 몇 가지 뉴스들도 핀란드 TV에서 다뤄졌다. 반면, 이런 뉴스들은 소련 TV에서 제한되면서 '핀란드 TV는 신뢰, 소련 TV는 불신'으로 대조됐다.

이와 관련해 구체적으로 지목된 뉴스는 프라하의 봄, 폴란드 연대 운동, 소련의 한국 민간 여객기 공격, 체르노빌 원전 사고, 스웨덴 영해의 소련 잠수함, 알렉세이 코시긴Alexei Kosygin과 레오니트 브레즈네프Leonid Brezhnev의 죽음에 관한 것이었다. 이 모든 것들이 소련 TV에서는 모두 검열되거나, 너무 늦게 공개되거나, 전혀 공개되지 않았다(Lepp and Pantti, 2013: 85). 핀란드 텔레비전 뉴스가 한 개인의 저항 정신을 어떻게 자극했는지 다음과 같이 묘사됐다(Lepp and Pantti, 2013: 85).

> 소비에트가 주장하는 공적 서사와 모순되는 외부 세계에 대해 더 많이 보면서 소비에트 사회에서의 삶에 대해 점차 화가 났다.

즉, 소비에트의 '공적 서사', '외부 세계', '소비에트에서의 삶'의 불일치, 차이가 '화남'으로 이어져 갔다. 여기에서 그치지 않았다. 즉, 외부 정보에 노출된 후 그 정보가 소비에트의 '공적 서사'와 어긋난 사실의 발견, 분노, 여기에서 나아가 소련 선전물이 더 이상 영향을 미치지 못하게 되고, 세계정세에 대해 그들만의 견해를 발전시키는 과정(Lepp and Pantti, 2013: 85)으로 의식의 흐름이 전개되었다.

(2) 풍요로운 세계로 가는 창

핀란드 TV는 그들에게 '풍요로운 세계로 가는 창'이었다. 핀란드 TV를 통해 에스토니아인들은 '소비주의'를 알게 됐다. 패셔너블한 옷들, 인테리어 장식, 헤어스타일과 메이크업을 보면서, 여성들은 이것들에 열망하게 됐다. 특히, 〈댈러스〉나 미국의 주요 시청 시간대의 쇼, 광고는 그들의 '소비주의'에 불을 붙였다.

에스토니아인들은 핀란드 광고에 나오는 노래를 따라 부르고, 광고에 나온 상품들을 꿈꿨다고 기억한다.

(3) 신선함과 선명함, 그 반대편 갈색 우울: 핀란드, 또 다른 자신

핀란드 TV는 '에스토니아가 소비에트가 아니었다면?'을 생각하게 했다. 즉, 핀란드 TV에 비친 핀란드를 보며 에스토니아가 소비에트 체제하에 있지 않았더라면 가능할 수도 있었던 또 다른 에스토니아의 모습을 상상하게 했다. 핀란드 TV는 에스토니아가 소비에트하에서 미처 선택하지 못했던, 소비에트 체제가 아니었다면 선택 가능했던 현실을 보여줬다. 소비에트 시기 에스토니아는 이웃한 핀란드, 스웨덴 등에 비해 가난했다. 에스토니아인들은 핀란드 TV를 통해 점차 이 가난을 알아갔다. 에스토니아 시청자에게 핀란드 TV는 풍요로움, 아름다움, 천연색이었다. 핀란드 TV의 색상은 밝고 신선하며 선명한 그들의 삶을 나타냈다. 반면, 에스토니아와 소련 중앙 TV의 색상은 결핍된 에스토니아의 생활처럼 '갈색과 우울함'(Alenius, 2007: 386; Lepp and Pantti, 2013: 83)이었다.

핀란드는 에스토니아인들에게 이상적인 또 다른 자신alter ego이기도 했다. '소비에트 지배하에 있지 않았더라면 지금의 핀란드가 되지 않았을까?' 이 질문은 소비에트 체제에 대한 불신, 불만과 연결되고, 또 독립과 체제 전환의 필요성을 생각하고 사회적으로 공감대를 형성해나가는 과정이기도 했다.

또 핀란드, 핀란드인에 친밀감이 더해갔다. 핀란드인에 대한 에스토니아인의 동경은 경제적인 발전상과 관련된 것뿐만 아니라, 소비에트의 사상, 생활 등 소비에트와 '다름', '새로움'에 대한 열망이었다. 공산주의 레토릭이 없는 영화를 몰래 보며 느껴지는 스릴을 즐기기도 했다. 에스토니아인들은 미국을 비롯한 서구의 영화를 시청하면서 공산주의와 다른 가치관, 사상을 지닌 세계에 대한 열망을 갖게 되었다.

핀란드 TV의 인기와 함께 핀란드에 대한 동경, 핀란드를 방문하고 핀란드 친구를 사귀고 싶은 마음도 커져졌다. 소비에트 에스토니아 시청자들은 운동경기가 방송될 때 핀란드 팀을 응원하기도 했다. 핀란드 TV는 소비에트 에스토니아인들의 중요한 대중문화의 원천(Jakubowicz, 1994: 80)이었다고 생각되기도 했다.

'가정적인 핀란드인kodustatud soomlane'이라는 표현이 있었는데, 핀란드에서부터 소비에트 에스토니아에 사는 지인이 원하는 물품을 가지고 에스토니아의 그 지인 집을 방문한 핀란드인을 의미했다. 이들은 에스토니아인들이 텔레비전으로 배운 핀란드어를 연습할 수 있는 기회이기도 했다.

(4) 핀란드 TV 시청 효과의 세대차

지금까지의 핀란드 TV 시청 과정에서 나타난 의식 변화들이 모든 시청자에게서 나타난 것은 아니었다. 세대별로 시청 효과에서 차이가 컸다. 1960년대부터 1980년대까지 유년기, 10대, 20대였던 에스토니아인들이 핀란드 TV를 통해 핀란드어를 배웠고, 핀란드에 대한 동경, 친밀감, 소비에트 체제에 대한 불만, 저항 의식 등을 경험했다. 하지만 그 이전 세대의 상황은 달랐다.

구체적으로 보면, 핀란드어 습득의 경우 연령대에 따라 그 정도 차가 컸다. 이것은 세대 간 정보화, 인적 자본 격차로 이어졌다. 정치 교육 측면에서도 세대차가 있었다. 에스토니아의 첫 번째 독립 기간인 1918~1940년에 출생한 세대들은 그 이후 세대에 비해 핀란드 TV를 통한 정치 교육 효과도 미미했다. 그들 표현대로라면 '촌뜨기'가 되어갔다. 에스토니아의 젊은 세대들은 소비에트 점령 시기 핀란드 TV 시청으로 '바깥' 세상을 알아갔고, 시장경제, 말할 수 있는 자유, 민주적 정부 형태 등에 대한 지식을 쌓아갔다. 이로써 소비에트 시기 젊은 세대의 우월 의식이 커져갔다(Lepp and Pantti, 2013: 82). 또 핀란드 TV에서 광고된 상품들에 대한 소비 욕구도 어린 시절부터 핀란드 TV를 시청했던 세대들에게 국한(Lepp and Pantti, 2013: 84)된 면이 있었다.

4. 전환기의 에스토니아인, 그리고 누적된 핀란드 TV 시청

그렇다면 소비에트 시기 20여 년간 핀란드 TV, 라디오 등을 접했던 에스토니아인들은 어떻게 소련의 개혁 개방과 체제 전환 과정을 지나왔을까? 1985년 소련의 개혁 개방과 이후 체제 전환 과정을 거치며 소비에트 시기 20년 내외로 핀란드 TV를 시청해온 에스토니아인들에게 핀란드 TV는 어떻게 평가되고 있는지 살펴본다.

우선 소련의 개혁 개방, 그리고 에스토니아의 독립 과정은 다음과 같다. 즉, 1985년 소련의 개혁 개방 정책 추진을 계기로 독립운동이 태동하고, 에스토니아의 시장경제는 고르바초프의 시장 지향 개혁이 있었던 1987년부터 시작되었다. 1987년 고르바초프의 시장 중심 개혁 과정에서 자본주의국가들과의 자율적 협력이 허용되면서 에스토니아의 시장경제 진출도 가능해졌다. 서유럽 기업들과 경제학자, 특히 중립 노르딕 이웃인 핀란드, 스웨덴과의 네트워크 개발은 점점 급진적인 친시장 의제 실행에 중요한 역할을 했다(Stöcker, 2016: 447). 1985년 소련의 개혁 개방 정책 추진을 계기로 독립운동이 태동하고, 1988년 11월 에스토니아 공화국 최고위원회Supreme Council가 주권 선언을 채택했으며, 1989년 8월 23일에는 몰로토프 리벤트로프Molotov-Ribbentrop 협정의 무효를 주장하는 발트 3국의 시위로 이 세 나라의 독립 의지는 세계에 공표됐다. 결국 1991년 소련 쿠데타 발생이 있은 후 그해 8월 20일 에스토니아는 독립을 선언하고, 소련은 독립을 승인한다(외교부, 2011: 15).

이러한 5~6년간의 대전환기를 맞으며, 에스토니아인의 소비에트 시기 핀란드 TV 시청이 실질적으로 이 시기에 어떤 역할을 했는지에 대해 에스토니아의 공적 담론, 연구들을 통해 논의, 제시되어왔다. 그것을 정리하면 크게 세 가지로 구분된다.

1) 전환기의 안정과 속도를 위한 사회적 합의 기반

첫째, 에스토니아의 민주주의, 시장경제로의 전환을 위한 '사회적 합의 기반' 조성이다. 에스토니아와 함께 발트 국가로 꼽히고 소연방이었던 리투아니아에 비해 에스토니아는 개혁 개방, 체제 전환 과정에서 여러 가지 혁신적 정책을 단행하며, 안정적으로 그 속도를 높여왔다. 에스토니아는 이들 국가와 정치, 문화, 사회 경제적으로 비슷한 점이 많았지만 소연방으로부터 독립한 이후 이들 국과들과 차별화된 발전이 가능했던 요인으로 체제 전환 전 이미 구축된 변화를 향한 '사회적 합의'가 꼽히고 있다.

핀란드 TV, 라디오 시청으로 정보 습득, 의식 변화, 체제 전환과 독립에 대한 열망과 실천 등의 과정을 거치면서 에스토니아가 상대적으로 다른 소연방에서 독립한 국가들보다 개혁 개방, 체제 전환 과정에 안정적으로 속도를 낼 수 있는 '사회적 합의'가 마련되었다는 것이다.

이미 독립 이전 페레스트로이카 당시부터 에스토니아가 경제 개혁과 평화적 독립운동에 선도적인 역할을 했는데, 그 배경으로 서방 국가들의 동향과 문화에 대한 정보를 습득할 수 있었던 것이 주목되었다. 이것은 혁신적 체제 전환을 무리 없이 안정적으로 진행시키는 사회적 합의를 만들어냈다는 것으로 귀결된다.

즉, 체제 전환 이전 20여 년간의 외부 정보 습득, 축적을 통해 이미 체제 전환에 대한 갈등, 타협, 동의 등을 거쳤으며, 소비에트 체제 내에서 암묵적이었지만 견고한 에스토니아인의 사회적 합의가 조성되어갔다는 것이다.

2) 대항 대 안정

둘째, 핀란드 TV가 민주주의 가치를 위해 소비에트에 대항하는 도구가 되었다는 것과 오히려 소련의 체제 안정에 도움이 되었다는 상반된 견해도 있다.

우선 전자에 대해 보면, 1990년대 초반 에스토니아가 경제뿐 아니라 정치 부문에서 민주주의로 빠르게 전환한 데에 핀란드 TV가 중요한 역할을 했다는 것은 에스토니아 내에서 대중들 사이에 회자되었을 뿐만 아니라 연구 결과, 공적 담론에서도 제기되었다. 핀란드 TV가 이러한 변화의 주요 요인이었다는 것이다. 핀란드 TV가 에스토니아인들을 민주주의 가치에 노출시키고, 공산주의 권력에 대항하는 도구가 되었다는 것이다. 이와 관련해 예를 들어 당시 토마스 헨드리크 일베스Toomas Hendrik Ilves 에스토니아 대통령은 2004년 이렇게 썼다.

> 1960년대부터 핀란드는 에스토니아의 서구로 가는 창이었습니다. 우리는 핀란드 텔레비전을 시청하면서 민주적 선거와 같은 것을 봤습니다. 레흐 바웬사Lech Walesa는 콧수염이 있었고(그의 사진은 금지되었습니다), 〈댈러스〉와 같이 당시 나쁜 것으로 여겨졌던 미국 텔레비전 프로그램에서 서구 사람들이 주인공 JR처럼 살았다는 것을 알게 되었습니다(Toomas Hendrik Ilves, 2004; Annika Lepp and Mervi Pantti, 2013: 77).

그림 11-2 _ **반공산주의 활동을 했던 레흐 바웬사**

하지만 반대편에서는 오히려 핀란드 TV 시청이 소비에트 체제의 안정화에 기여한 측면도 있다는 평가도 있다. 핀란드 TV를 통해 방송된 인기 시리즈와 프로그램들이 '회색' 사회주의 현실의 사회 심리적 탈출구를 제공했다는 것이다. 동독 주민의 서독 텔레비전 시청 결과를 두고도 이런 평가가 있었다. 케른Kern과 하인뮬러Hainmueller는 동독에서 서독 텔레비전이 공산주의 통치를 훼손하기보다는 안정화시키는 데 도움이 되었다고 주장한다.

에스토니아인들이 핀란드 TV를 보고 생각하는 시간만큼은 사회주의 현실에서 벗어날 수 있었고, 그렇기에 소비에트 체제의 안정화에 순기능을 했다는 것이다.

저항 의식과 사회주의 현실의 탈출구로서의 핀란드 TV 시청, 과연 북한 주민의 남한 영상 매체 시청이 이 양자 중 어떠한 방향으로 흘러가게 될지 지켜볼 필요가 있다.

3) 전환기의 인적 자본

셋째, 핀란드 TV 시청을 통한 핀란드어 습득, 정보 습득 등이 시간이 흐름에 따라 축적되어 체제 전환 후 사회·문화 자본으로서 기능하며 시장경제 체제에서 유리한 인적 자본이 되었다는 것이다. 피에르 부르디외Pierre Bourdieu는 자본의 개념을 경제, 문화, 사회 세 가지로 구분한 바 있다. 이 중 경제 자본은 즉시, 직접 돈으로 치환되며, 재산권으로 제도화될 수 있다. 문화 자본과 사회 자본은 특정 여건에서 경제 자본으로 치환된다는 점에서 공통점이 있다. 문화 자본은 교육적 자격 요건으로 제도화되고, 사회 자본은 사회적 의무, 연결social obligations, connections로 구성되는데, 반명班名, a title of nobility으로 제도화된다(Bourdieu, 1986: 241~258).

이 개념을 적용해볼 때, 텔레비전을 시청할 수 있었던 사람들과 그렇지 못했던 사람들 간에 특히 문화 자본 형성에 차이가 나타났다. 문화 자본은 지식, 기술, 경험 등에 의해 형성되는데, 핀란드 TV 시청으로 축적한 문화 자본 중 하나는 핀란드어였다. 에스토니아인들은 핀란드 TV 프로그램을 더 잘 이해하기 위해 핀란드-에스토니아 사전을 구하기도 했다.

핀란드어 가능 여부는 텔레비전 시청을 가능하게 하는 데 가장 중요한 기본 요건이었고, 텔레비전을 통해 핀란드어를 배우는 것은 에스토니아 독립 이후 삶에 있어 문화 자본이자 사회, 경제 자본으로도 치환될 수 있는 잠재적 자본이었다. 특히 소련과 핀란드, 서구의 경제력 격차가 컸다는 점에서, 핀란드 TV

를 통해 언어, 기술, 그 외의 정보들을 습득했다는 것은 이후 개혁 개방, 체제 전환 이후 취업 등에 있어 상대적으로 유리한 인적 자본이 되었다는 것이다.

5. 맺음말: 소비에트-EU 에스토니아 사례로 본 북한 주민의 남한 영상 매체 시청 함의

에스토니아인의 소비에트 시기 핀란드 TV 시청에 대해 살펴보면서 북한 주민의 남한 영상 매체 시청 후 의식 변화와 유사한 점을 파악할 수 있었다. 즉, 외부 정보를 통해 현재 살고 있는 현실과 대비하고, 사실을 인지하며, 분노하다 저항 의식으로 변화해간다는 점이다. 그리고 지리적으로는 가깝지만 체제의 다름으로 멀어져버린 저 '바깥' 세계를 동경하며 그 세계가 또 다른 자아가 되는 심리적 일체감을 경험하기도 한다.

에스토니아와 북한 내에서 시청된 외부에서 들어온 영상 목록을 보면, 드라마나 영화, 쇼 프로그램이 주를 이룬다는 것을 알 수 있다. 이 영상 시청 과정을 통해 서로 다른 체제에서 살아온 시간의 공백을 메우듯 체제와 생활, 사람들에 대해 알아간다는 공통점도 파악됐다. 그러면서도 북한과 에스토니아에서 나타난 몇 가지 다르거나 차별화되는 점들도 있었다.

우선, 시청 지역에 대한 것이다. 북한의 경우 국경 지역인 함경북도, 양강도가 주요 시청 지역이면서 평안남북도, 자강도, 황해남북도[10] 등 전국 각지

10) 2000년 이후에 북한을 탈북한 사례를 분석한 강동완·박정란(2012)의 연구에 따르면, 북한에서의 남한 영상 매체를 접했던 지역은, 함경북도가 43%로 가장 많았으며, 양강도가 18%로 두 번째로 많았다. 그 외에 평안북도 9%, 평안남도 9%, 황해북도 9%, 자강도 6%, 함경남도 3%, 황해남도 3%순으로, 영상물을 접할 수 있는 매체의 발달에 따라 시청 지역

에서 남한 영상 매체 시청이 이뤄지고 있는 것으로 파악돼왔다. 반면, 소비에트 에스토니아에서는 탈린이라는 극히 제한된 지역을 중심으로 핀란드 TV 시청이 가능했다. 그렇기에 에스토니아 여러 지역에서 TV 시청을 위해 탈린으로 모이기도 하고, 탈린에서 직접 시청한 내용을 편지를 통해 다른 지역에 있는 지인들에게 전달되기도 했다. 이로써 시청 내용이 에스토니아 각 지역으로 확산되기는 했지만 북한에 비하면 전국에서의 직접적 시청이 크게 제약됐다.

이것은 시대 변천에 따른 영상 수신 매체의 발달과 연관된다. 1960년대부터 1980년대에 소비에트 에스토니아인들이 TV, 라디오 등 전파 수신 매체에 의존할 수밖에 없었던 반면, 북한 주민은 2000년대를 전후해 남한 영상 매체를 시청하기 시작하면서 TV 외에도 DVD, MP4 등 다양한 영상 전달 매체를 활용 가능하게 되었다는 것이다. 이로써 북한 내 전 지역에서 직접적인 외부 방송 청취, 시청이 가능해진 것이다. 앞으로 매체의 발달에 따라 지역 간 확산이 어떤 형태로 나타날지 주목해볼 만하다.

에스토니아 전체 인구가 약 130만 명, 또 핀란드 TV 시청이 가능했던 에스토니아 북부 인구가 40만으로 작은 규모이지만 에스토니아가 발트 3국 중 개혁 개방, 독립, 체제 전환 과정을 선도하는 역할을 했다는 점을 북한에 대비시켜볼 필요가 있다. 상대적으로 많은 인구 시청 지역 면에서 좀 더 넓은 접촉면을 가진 북한 내에서 남북 교류와 평화 체제 구축 과정에서 북한 주민들이 어떤 역할을 할 수 있을지 관심을 가질 필요가 있다는 것이다.

또한 에스토니아인들의 핀란드 TV를 통한 외부 정보 습득 기간이 20여 년이었고, 그 기간의 개인과 가족 차원의 의식 변화가 개혁 개방과 체제 전환에

이 확대되고 있다는 것을 알 수 있다.

사회적 합의 기반으로 확대되었다는 것도 북한에 시사점을 줄 수 있을 것이다. 2000년대 영상 매체의 발달로 더 자주 직접 외부 정보를 습득할 가능성이 북한 내에서 커져갔다는 것을 고려하면, 어떤 개인의 의식 변화가 어떠한 전환기를 맞아 사회 문화적인 합의 기반, 잠재력으로 나타날 것인지 살펴볼 필요가 있을 것이다. 특히, 북한 지역 내에서도 외부 정보 접근성이 상대적으로 많은 지역들이 탈린에서처럼 전환기에 어떤 역할을 할 수 있을지 주목해볼 필요가 있다.

둘째, 에스토니아인들이 핀란드 TV 시청으로만 그친 것이 아니라, 1960년대부터 핀란드인의 에스토니아 방문으로 이들 간 직접 만남의 경험이 TV에서 본 정보 확인, 핀란드어 습득 등에 순기능으로 작용했다는 점이다. 이 부분은 북한 내의 한류 연구에서도 확인된다. 영상을 통해 간접적으로 체험한 내용들이 남한의 대북 지원 물품을 보며 확인됨으로써 정보가 각인되어갔다는 것이다. 이제 남북 간 정상회담 이후 남북한 교류 협력이 확대될 것으로 기대되고 있는바, 이러한 북한 내부에 이미 축적되어온 정보와 실제 확인할 수 있는 기회가 어떻게 선순환될지 후속 연구를 통해 파악되길 기대한다.

그리고 남한 영상물이 북한 주민들에게 현실을 잊는 '탈출구'가 되었다는 점도 핀란드 TV에 대한 에스토니아 체제 전환 후 평가와 일맥상통하는 부분이다. 다만 이것이 장기적으로 소비에트 체제의 안정화의 기반이 되었다는 점은 동독의 서독 TV 시청에서도 동일한 현상으로 평가되고 있다. 이 점에서 북한 주민의 남한 영상 매체 시청이 북한 체제 내 불안정성과 연관된 분석이 아닌 안정화와 어떤 연관이 있는지에 대한 검토가 필요하다. 양자를 모두 염두에 두고 북한 내부로의 외부 정보 유입이 장기적 관점에서 어떤 방향으로 나아갈지 분석돼야 할 것이다.

셋째, 소비에트 에스토니아인의 핀란드 TV 시청은 이들의 사회, 문화 자본으로 누적되어갔고, 독립 후 EU 에스토니아에서 사용 가능한 인적 자본이 되었다는 점이다. 따라서 북한 내에서도 남한 영상 매체를 비롯한 외부 정보를 접한 집단과 그렇지 않은 집단, 또 그 안에서도 특히 젊은 세대를 중심으로 누적된 외부 정보와 인적 자본 간의 상호 관계 분석이 필요할 것이다. 북한 내 한류 현상을 연구하면서 이러한 세대 간, 시청 집단 간의 인적 자본 축적의 차이는 이미 파악된 바 있었다. 다만, 이것이 앞으로의 전환기에 어떠한 경제 자본, 또 다른 사회, 문화 자본으로 치환될 수 있을지, 그것이 세대 간, 지역, 계층별로 어떤 양상으로 나아갈지 구체화되어야 할 것이다.

넷째, 소비에트 에스토니아인들이 핀란드 TV를 시청할 수 있었던 것은 언어 유사성에 기인했는데, 핀란드 TV는 젊은 세대를 중심으로 언어 학습의 도구가 되기도 했었다. 북한 주민들이 남한의 영화, 드라마 등에 몰입하게 되는 과정에서도 언어는 기본적인 요건이었고 남한과 북한의 다른 용어, 억양 등을 습득해가고 있다는 것도 기존 연구를 통해 확인된 바 있다. 또 분단 이후 남북한 언어가 이질화되었음에도 같은 언어라는 점에서 핀란드-에스토니아어의 유사성에 비해 남한 영상물이 북한 주민들에게 더 가까이 다가설 수 있는 언어적 기본 요건을 충족하고 있다는 것도 주목해볼 점이다. 북한 주민의 남한 영상물 시청에 대한 기존 연구를 통해 세대별 영상 몰입도, 의식 변화의 차이가 지적돼왔음에도 불구하고, 핀란드-에스토니아보다 남북한은 세대의 간극을 넘어 공감할 수 있는 장벽이 낮다는 점에서 집단별 정보 격차가 에스토니아보다는 적게 나타날 것으로 유추하게 된다. 이것을 비롯해 동일 언어를 기반으로 한 북한 주민의 남한 영상 시청이 유사 언어 또는 이질적 언어를 기반으로 한 소비에트 에스토니아, 동유럽 국가에서의 외부 영상 시청과 어떠한 공통점, 차이점으로 나타날지는 앞으로 연구해야 할 과제이다.

참고문헌

강동완. 2014.「북한으로의 외래문화 유입현황과 실태: 제3국에서의 북한주민 면접조사를 중심으로」. ≪통일인문학≫, 60집, 125~145쪽.

강동완 외. 2014.「북한의 한류 연구: 동향과 과제」. ≪북한학연구≫, 10권 2호, 20~39쪽.

강동완·박정란. 2010.「남한 영상매체의 북한 유통경로와 영향: 지역간·대인간 연결 구조 분석을 중심으로」. ≪통일정책연구≫, 19권 2호, 107~140쪽.

_____. 2011.『한류, 북한을 흔들다』. 늘품플러스.

_____. 2012.「북한주민의 남한 미디어 수용과 왜곡된 남한 상(像)」. ≪통일정책연구≫, 21권 1호, 239~270쪽.

_____. 2012.『한류, 통일의 바람』. 명인문화사.

_____. 2013.「북한주민의 남한 미디어 수용과 인권의식 변화」. ≪북한학연구≫, 9권 2호, 199~235쪽.

_____. 2014.「북한주민의 통일의식 조사 연구」. ≪통일정책연구≫, 23권 2호, 1~32쪽.

외교부. 2011.『에스토니아 개황』. 주 핀란드 한국 대사관.

Bourdieu, Pierre. 1986. "The Forms of Capital." in J. Richardson ed. *Handbook of Theory and Research for the Sociology of Education*. Westport, CT: Greenwood.

Ellen Mickiewicz. 1988. *Split Signals: Television and Politics in the Soviet Union*. New York: Oxford University Press.

Embassy of Finland in Tallinn. "Finland in Estonia." http://www.finland.ee/public/default.aspx?nodeid=40615&contentlan=2&culture=en-US(검색일: 2018.6.3).

Estonian Embassy in Helsinki. "Estonia and Finland." http://www.estemb.fi/eng/estonia_and_finland(검색일: 2018.6.3).

Govardhan. 2015. "The Role of Media and Public Communication in Disseminating Non-Violent Ideas in the Singing Revolution of Baltic States." *International Journal of Applied Social Science*, Vol.2, pp.207~215.

Ilves, Toomas Hendrik. 2004. "Some Kind of Solution: Estonia, Finland and the Enlargement. No Longer a Poor Cousin Awed." *Helsingin Sanomat*.

Jakubowicz, K. 1994. "The Audiovisual Landscape of Central and Eastern Europe: Change All Around." in K. Jakubowicz and P. Jeanray(ed.). *Central and Eastern Europe: Audiovisual*

Landscape and Copyright Legislation. Belgium: Maklu.

Kari, Alenius. 2007. ""Let us be like the Finns!": The Image of Finland and the Finns as a Key Element in the Construction of Estonian National Identity." in S. G. Ellis and L. Klusakova ed. *Imagining Frontiers, Contesting Identities*. Pisa University Press.

Keller, Bill. 1988.10.4. "Estonia Ferment: Soviet Role Model or Exception?" *New York Times*. https://www.nytimes.com/1988/10/04/world/estonia-ferment-soviet-role-model-or-exception.html(검색일: 2018.6.5).

Kirsi, Laurén. 2014. "Facing the Otherness: Crossing the Finnish-Soviet Estonian Border as Narrated by Finnish Tourists." *Journal of Current Cultural Research*, Vol.6, pp.1123~1143. Linkoping University Electronic Press.

Lepp, Annika and Mervi Pantti. 2013. "Window to the West: Memories of Watching Finnish Television in Estonia During the Soviet Period." *Journal of European Television History and Culture*, Vol.1, No.3, pp.76~86.

Mustata, D. 2012. "Within Excess Times and a Deficit Spaces. Cross-border Television as a Transnational Phenomenon in 1980s Romania." in A. Fickers and C. Johnson ed. *Transnational Television History: A Comparative Approach*. New York: Routledge.

Pajala, Mari. 2011. "Making Television Historical: Cultural Memory of the Eurovision Song Contest in the Finnish Media 1961-2005." *Media History*, Vol.17, No.4, pp.405~418.

Purju, Alari. 2001. "From Transition to EU Integration." *Encyclopedia about Estonia*. http://www.estonica.org/en/Economy/Transformations_in_the_Estonian_economy_in_the_1990s/From_transition_to_EU_integration/(검색일: 2018.6.23).

Schwoch, J. 2001. "Cold War Telecommunications Strategy and the Question of German Television." *Historical Journal of Film, Radio & Television*, Vol.21, No.2, pp.109~121.

Šein, Hagi. 2004. "Televisioon Eestis 1955-2004." in Peeter Vihalemm(ed.). *Meediasusteem ja meediakasutus Eestis 1995-2004*. Tartu: Tartu University Press.

Statistics Finland. 2013. https://www.stat.fi/index_en.html(검색일: 2018.6.13).

Stöcker, Lars Fredrik. 2016. "Paths of Economic "Westernization" in the Late Soviet Union: Estonian Market Pioneers and Their Nordic Partners." *The Estonian Historical Journal*(Ajalooline Ajakiri), 3/4 (157/158).

Zetterberg, Seppo. 1995. "Historian Jannevalit." in Seppo Zetterberg(ed.). *Viro: Historia, Kansa, Kulttuuri*. Helsinki: Suomalaisen Kirjallisuuden Seura.

13장

김정은 시대 『겨레말큰사전』 편찬 사업의 과제와 전망*

모순영 (겨레말큰사전남북공동편찬사업회)

1. 들어가는 말

분단 체제 70여 년의 시간이 흐르고 있다. 남과 북은 '한국어'라는 공통된 언어를 사용하고 있고 세종대왕이 만든 한글을 공용 문자로 채택하고 있다. 그러나 오랜 분단은 남북의 언어와 문자를 상당히 많이 바꾸어놓았다(고영근, 1999: 7). 남한에서는 자본주의적 용어가 널리 쓰이고, 자본주의 체제에서 통용되는 외래어들이 광범위하게 수용되었다. 이에 비해 북한에서는 사회주의적 용어들이 널리 쓰이고, 사회주의 체제에서 통용되는 외래어들이 광범위하게 수용되었다. 이 밖에도 사회체제와 문화 차이로 인해서 남한과 달리 쓰이는 어휘와 표현이 있다. 따라서 남과 북의 언어 사이에는 어쩔 수 없이 사회적 이질화에 따른 언어 이질화가 진행되어왔다(남영신, 2006: 22~23). 이러한 언

* 이 장은 모순영, 「김정은 시대 『겨레말큰사전』 편찬 사업의 과제와 전망」, 북한연구학회 2018년 추계학술회의(2018.10.12)에서 발표한 글을 수정·보완한 것이다.

어 차이는 분단 상태에서 더욱 심화되었고, 어느 한쪽으로 흡수하기에도 매우 곤란한 지경이라고 할 수 있다. 따라서 이를 극복하기 위해 남북의 언어 교류와 학술 교류가 필요하다. 그중에서도 공통의 사전을 미리 편찬하는 것이 가장 중요한 과제라 할 수 있다.

4·27 판문점 선언 이후 남북 관계가 회복된다면 가장 먼저 시작될 사업으로 『겨레말큰사전』 편찬 사업을 꼽고 있다(평양공연공동취재단·최대열, ≪아시아경제≫, 2018.4.1; 문기혁, ≪KTV국민방송≫, 2018.4.23.; 조희선, ≪서울신문≫, 2018.4.28; 장병호, ≪이데일리≫, 2018.4.30; 최대열, ≪아시아경제≫, 2018.6.3.). 이 사업이 남북 문화 교류 사업 중 상대적으로 재개 가능성이 높은 이유는 정부 차원에서 바로 추진이 가능한 교류 사업으로 분류되기 때문이다. 문재인 정부 100대 국정 과제 중에서 93번째인 '남북 교류 활성화를 통한 남북 관계 발전 과제'에 포함된 사업이기도 하다. 『겨레말큰사전』은 남북 문화 교류 사업에서 가장 중요한 상징성을 띤 사업으로 그 지속 가능성에 대해 내외의 관심이 많은데 그 까닭은 다음 두 가지로 요약할 수 있다.

첫째, 『겨레말큰사전』 편찬 사업은 가장 대표적인 중장기 문화 교류 사업이다. 그동안 남북한 언어학자들이 총 25차례 직접 만나 편찬위원회를 개최하고 남북 언어 통합을 위해 노력했다. 그 과정에서 무리하지 않고 존중하며 공동으로 진행했다.

둘째, 이 사업은 1989년 문익환 목사가 평양을 방문했을 때, 김일성 주석에게 남북한 언어 통합을 위한 사전 편찬을 제안했고, 김일성 주석이 이에 동의했다. 하지만 당시는 대립적인 남북 관계 상황으로 실질적인 사업 추진은 불가했다. 이후 『겨레말큰사전』 편찬 사업은 2005년 노무현 정부에서 출범해 이명박, 박근혜 정부를 거쳐 현재 문재인 정부까지, 김정일 시대부터 김정은 시대까지 이어져 오고 있는 사업이다. 그동안 남북 교류가 중단된 상황에서도 14년 동안 장기적으로 추진되었던 사업으로 통일 이후 언어생활과 관련된 사회적·경제적 부담을 줄이기 위해 꼭 필요한 사업으로 평가받았다(권재일, 2015: 13).

『겨레말큰사전』 편찬 사업은 김정은 시대 들어 2014년 7월에 공동 회의를 재개해 2015년 12월까지 총 5차례의 회의를 평양·금강산 등지에서 진행했지만, 현재 남북이 공동으로 수행하는 사업이 중단된 상황이다. 따라서 남북 관계 상황을 고려해 남한 단독으로 추진이 가능한 분야를 우선 추진하고 있다. 하지만 4·27 판문점 선언 이행 과제 중에서 우선 과제로 『겨레말큰사전』에 대해 남북 모두 공감하고 있기 때문에 오래지 않아 사업이 재개될 것으로 예상된다.

이 장은 현재 『겨레말큰사전』 편찬 사업의 현황과 특징을 살펴보고, 향후 해결해야 할 과제와 전망을 제시하는 것이 목적이다.

2. 김정은 시대 남북 문화 교류의 특징

신생 사회주의국가의 문화 교류의 특징은 문화와 정치의 연계, 사회주의 신생 독립국의 문화 인프라 구축, 국제 혁명 수단으로서의 문화 교류 활용, 친선과 연대를 위한 활동 등을 들 수 있다. 정권 수립 초기 북한도 이러한 특징을 잘 활용했다. 북한은 문화 교류를 통해 김일성 주체사상을 상대 국가에게 보급하고, 제3세계 비동맹 국가들로부터 지도국 지위를 확보할 수 있었다. 교류 대상 국가도 소련 중심에서 아시아, 아프리카, 라틴아메리카 등 비동맹국으로 확대했다. 또한 국제 친선과 연대를 위해 문화 교류를 적극 활용해 체육 행사 또는 대외 공연, 국제 문화 행사 등에 참여했다. 북한은 교류를 통해 국가 간의 친선과 협력을 다지고, 북한의 발전과 정상 국가로서의 위상의 건재를 과시했다. 이 과정에서 북한은 필요하면 국제적 명성의 전문 예술인도 적극 활용해왔다(모순영, 2014: 2).

북한은 6·25 전쟁 중에도 외국과의 문화 교류를 진행했다. 당시 북한이 전쟁 중에도 불구하고 문화 교류를 강행한 이유는 두 가지로 분석된다.

첫째, 국제 문화 행사에 참가해 미국과의 전쟁을 국제적으로 알리기 위해서였다. 북한은 1951년 8월 베를린에서 열린 제3차 세계청년학생평화축전에 소년 대표들을 파견해 미국에 반대하는 투쟁 모습을 직접 소개했다. 1952년 7월에는 체코슬로바키아에서 진행된 제7차 국제영화축전에는 기록영화 〈미제의 세균만행〉, 〈싸우는 철도일군들〉 등을 상영했다. 1953년 2월에는 조선철도예술단 130여 명이 중국을 방문해 3개월 동안 78회의 공연을, 같은 해 5~6월에는 조선인민군협주단이 소련과 폴란드를 방문해 공연했다(모순영, 2014: 65~66).

둘째, 북한에 우호적인 국가의 지지와 동정을 획득하기 위해서였다. 실제로 북한은 국제적 연대를 강화할 뿐만 아니라 "지지 편지에서부터 옷, 식료품, 의약품을 포함한 원호 물자까지 지원받을 수 있었다. 당시 소련, 중국, 인도, 스위스, 노르웨이, 오스트리아 등이 물품"(사회과학출판사, 1987: 125)을 보내왔다(모순영, 2014: 65~66). 이처럼 북한은 전쟁이라는 극단적인 환경에서도 문화 교류를 중요한 수단으로 활용해 목표를 달성했다.

북한에서 문화는 가장 핵심적인 선전 선동 매체인 동시에 주민들을 통합시키는 수단이기 때문에 정치 사회적으로 중요한 위상을 갖고 있다(이우영, 2016(여름): 59). 무엇보다 김정일의 문화 예술 부문에서의 활동은 상징적인 정치 행보로만 그치지는 않았다. 김정일은 김일성 혁명 사상과 수령 형상 창조를 강조하는 주체 예술 창작 지도에 주력했다. 문화 지도에서 김일성 문화 교시는 중요한 지침이 되었다(모순영, 2014: 3). 김정일이 권력 기반을 구축할 때 가장 많이, 가장 유용하게 활용한 것도 예술이다. 김정일은 2009년 은하수관현악단과 삼지연악단을 창립했다. 은하수관현악단의 경우 만수대예술극장에서 김정일 국방위원장이 참석한 자리에서 러시아 21세기 관학악단과 북한의 공훈국가합창단 등과의 합동 공연을 통해 그 존재가 알려졌다. 서양 클래식 악기와 개량 민족 악기, 다양한 전자 악기까지 결합된 세미클래식 악단으로서 특징을 가지고 있다(전영선, 2014: 149). 사실상 김정일이 지도한 문화 교류 주요 종목이 대외 선전 사업에 적극 활용됐다. 그리고 이를 통해 그의 문화적·정치적 지도력이 과시되었다(하루키, 2002: 140). 이 같은 과정을 거치면서 북한은 '북한식 문화 교류'를 독자적으로 형성할 수 있었다.

김정은 시대 문화 교류의 특징은 첫째, 김정은은 '사회주의 문명국'을 문화 정책으로 새롭게 내세웠다. 김정은은 2012년 신년 공동 사설과 같은 해 4월 6일에 발표된 담화에서 '사회주의 문명국'을 강조했고 2016년 5월에 열린 7차 당대회에서도 핵심 문화 정책으로 다시 한번 강조했다. 김정은은 7차 당대회에서 문명 강국 건설을 위해 교육, 보건, 체육, 문화 예술 영역에서의 발전을 강조하고 제국주의 문화 침투에 맞서 사회주의 민족문화 강화, 도덕 기강 확립, 현대적 문화 시설 건립에 주력할 것을 제시하고 있다(조현성, 2016: 1). 2014년 5월 제9차 전국예술인대회에서는 "문학 예술 부문의 모든 일군들과 창작가, 예술인들이 모란봉악단의 창조 기풍을 적극 따라 배워 문학예술창작창조활동에서 근본적인 혁신을 일으켜 나갈 것"을 주장했는데 이때의 창조 기풍이란 혁신적 안목, 참신하고 진취적인 창조 열풍, 집단주의적 경쟁 열풍을 의미한다. 김정은은 모란봉악단 공연에 대해 "자기 땅에 발을 든든히 붙이고 눈은 세계를 보며 사회주의 강성 국가 건설의 높은 령마루로 질풍같이 내달리는 선군조선의 약동하는 기상의 힘있는 분출"이라고 평가하며 북한식의 세계화를 강조했다(≪로동신문≫, 2014.6.3). 또한 기존의 전통적인 북한 문학예술이 실상은 주민들의 문화적 욕구를 충족시키지 못하고 있다고 지적했다(이우영,

2016: 60). 이러한 맥락에서 김정은은 문학예술의 질적인 변화를 주장하며, 북한 사회의 사상적 혁신을 위한 최전선에 '문화'가 자리하고 있다는 것을 강조하고 있다(정영철, 2017: 300). 김정은 시대 들어 이러한 목표를 보여줄 수 있는 새로운 건물들이 세워졌는데, 평양시에 인민극장, 릉라인민유원지, 개선청년공원유희장, 릉라곱등어관, 류경원, 인민야외빙상장, 미림승마구락부, 마식령스키, 해당회관 등이 건설되었고, 평양시의 중심지인 창천거리 개발 사업이 2012년에 끝나자, 평천구역, 중구역, 보통강구역으로까지 개발을 확장했으며 2015년 중구역 고층 아파트 건설, 2016년 완공된 '위성과학자거리' 등을 조성했다(전영선, 2017: 55).

둘째, 김정은이 문화 변화를 직접 주도하고 있다. 2012년 7월에 창단된 모란봉악단이 대표적이다. 모란봉악단은 창단에서부터 김정은의 위대한 업적으로 내세우며 그 위상을 강조했다(≪로동신문≫, 2012.7.9). 김정은은 "모란봉악단 공연을 중시하는 것은 공연을 통해 모든 부문들에서 굳어진 사고 방식과 낡은 틀을 마스고 혁신적인 창조 기풍을 따라 배워 자기 사업에서 혁신할 방도를 갖도록 하기 위해서입니다"라고 평가하고 있다(김정은, 2013: 5). 북한에서 가장 중요하고 의미 있는 날에는 반드시 모란봉악단의 기념 공연이 있었다(강동완·박정란, 2013: 200). 김정은의 주도로 만들어진 모란봉악단의 공연은 대내적으로는 김정은 통치 방식에 대한 새로운 이미지를 구축하기 위한 목적을 담고 있다. 그리고 3대 세습에 대한 정당성을 확보하기 위해서는 새로운 세대에 맞는 지도자 이미지를 창출할 필요가 있었다(강동완, 2012: 106). 정봉악단이 연출한 2015년 당 창건 70주년 기념행사인 '당 창건 1만명 기념 공연'에서도 보천보전자악단 등 기존 예술단과 예술인들이 총출동해 내용과 형식 두 측면에서 파격적 변화를 보여주었다. 공연 중간에 일종의 토크쇼 형식을 삽입했으며, 현대무용 공연에서는 배꼽티 의상의 무용팀이 출연하기도 했다. 음악적으로는 현대음악과 민족음악이 적절히 배합되었고, 영상과 공연, 불꽃놀이 등 다채로운 행사가 하나의 공연 속에서 연출되었다(정영철, 2017: 299).

셋째, 김정은 시대 들어 남북 문화 교류는 북한 핵실험, 남북 관계 경색 등 정치적 이유로 교류 횟수는 줄었지만 간헐적으로 교류가 이어졌고 완전히 차단되지는 않았다. 『겨레말큰사전』 편찬 사업도 2010년부터 2014년까지 약 3년 반 동안 공동 회의가 중단된 상황이었다. 김정은 시대 들어 2년이 지난 후인 2014년 7월에 중국 선양에서 공동 회의를 재개했다. 그리고 같은 해 10월 평양, 2015년 5월 중국 선양, 같은 해 10월 금강산, 12월 중국 대련에서 총 5차례의 공동 회의를 개최할 수 있었다. 특히 2015년 10월 금강산에서 열린 제24차 회의는 남북 이산가족 상봉을 앞두고 열린 만큼 회의 개최가 주목받았다. 김정은은 2018년 4월 판문점에서 열린 남북 정상회담 이전인 2월에 북한 예술단 삼지연관현악단을 남한에 보내 서울과 강릉에서 공연을 열었고, 4월에는 평양 동평양대극장에서 열린 남한 예술단의 '봄이 온다' 공연을 직접 관람했다. 이처럼 김정은은 남북 정상회담을 앞두고 북한 예술단을 먼저 남으로 보내 관계 개선 의지를 전달했다. 이후 열릴 정상회담에 대해 긍정적인 전망을 가질 수 있도록 분위기를 조성했다.

4·27 남북 정상회담과 6·12 북미 정상회담 이후 남북 문화 교류가 곧 시작될 거라는 전망이 많다. 이러한 분위기 속에서 교류가 본격화될 경우, 단발성 행사나 새로운 교류 사업을 추진하는 것보다 기존 사업 중 지속적이고 결과물이 축적된 사업이 먼저 물꼬를 틀 가능성이 높다. 정부도 『겨레말큰사전』 편찬 사업이 정상화될 수 있도록 지원하고 있다. 민족 동질성 회복과 남북 언어 차이를 최소화하기 위해 꼭 필요한 사업이다. 국민들과 관련 전문가들도 이에 공감하고 있다. 특히 북한도 이 사업에 적극적으로 나서고 있어 향후 남북 교류와 협력에도 크게 기여할 수 있는 사업이다. 따라서 남북이 공동으로

준비하고 추진해온 『겨레말큰사전』의 현황과 특징을 살펴보고 함께 풀어야 할 과제를 모색해보고자 한다. 이는 다른 교류 사업의 방향을 결정하는 데에도 큰 도움이 될 것이다.

3. 『겨레말큰사전』 편찬 사업의 현황과 특징

1) 『겨레말큰사전』 편찬 사업의 현황

『겨레말큰사전』 편찬 사업은 분단 이후 최초로 남과 북의 국어학자가 공동으로 편찬위원회를 구성해 진행하는 사업이다. 정상적인 일정으로 추진되었다면 2019년 4월에 사전이 발간될 예정이었으나 남북의 여러 사정으로 인해 회의의 중단과 재개가 반복되어왔다. 이런 이유로 『겨레말큰사전』 편찬 사업이 완성되기 전까지는 불안정한 남북 관계를 충분히 고려해야 하고 해결해야 할 과제들도 여전히 많다. 다행히 두 번의 정상회담을 통해 정세의 불안정성이 많이 개선될 전망이다. 먼저 그동안의 주요 연혁부터 살펴보기로 한다.

『겨레말큰사전』 편찬 사업은 1989년에 문익환 목사가 평양을 방문해 김일성 주석에게 『남북공동국어사전』 편찬을 제안했고, 김일성 주석이 이에 동의하며 시작된 사업이다(문익환, 1990: 51). 2005년 2월에 남북 언어학자들로 구성된 『겨레말큰사전』 공동 편찬위원회가 금강산에서 결성되었으며, 2006년 1월에는 남측의 사업 전담 기구인 겨레말큰사전남북공동편찬사업회가 출범했다. 그리고 2007년 4월에는 '겨레말큰사전남북공동편찬사업회법'을 제정했고, 2013년 7월에는 사업 기한을 연장하는 법안이 마련되었다. 2016년 이후에는 남북교류협력 중단 국면 지속으로 공동 편찬 회의 개최는 중단되었으나,

표 13-1 _ 주요 경과

연월	주요 경과
2004.12	『겨레말큰사전』 편찬 합의서 체결
2005.2	공동 편찬위원회 결성식 및 제1차 남북 공동 편찬 회의 개최
2005.7	공동 편찬 요강 합의
2006.1	겨레말큰사전남북공동편찬사업회 설립
2007.4	'겨레말큰사전남북공동편찬사업회법' 제정
2005.2~2009.12	공동 편찬 회의 총 20회, 공동 집필 회의 총 4회 개최
2013.7	"겨레말큰사전남북공동편찬사업회법" 개정 4년 7개월 동안 남북 회의가 중단됨에 따라 편찬 기한을 5년(2019. 04.) 연장함
2014.7~2015.12	2014년, 제21, 22차 남북 공동 편찬 회의 개최 2015년, 제23, 24, 25차 남북 공동 편찬 회의 개최
2016.1~	남북 공동 회의 중단

표 13-2 _ 편찬 일정

<table>
<tr><th>구분</th><th>~'14</th><th>'15</th><th>'16</th><th>'17</th><th>'18</th><th>'19. 4.</th></tr>
<tr><td>올림말</td><td colspan="5">올림말 목록 관리</td><td></td></tr>
<tr><td>집필</td><td colspan="4">원고 집필</td><td colspan="2"></td></tr>
<tr><td>형태 표기</td><td colspan="3"></td><td colspan="2">형태 표기 작성</td><td></td></tr>
<tr><td>새어휘</td><td colspan="5">새어휘 목록 최종 관리</td><td></td></tr>
<tr><td>삽화</td><td colspan="5">삽화 목록 확정 및 자료 구축</td><td></td></tr>
<tr><td>프로그램 개발</td><td colspan="6">사전 편찬 관련 각종 프로그램 개발/집필 원고 DB 관리
겨레말 웹사전 시스템 개발 및 구축</td></tr>
<tr><td>교정·교열</td><td colspan="2"></td><td colspan="4">교정·교열(기존어, 새어휘)</td></tr>
<tr><td>자료집 발간</td><td colspan="3"></td><td colspan="3">자료 데이터베이스화 및 자료집 발간</td></tr>
<tr><td>웹 서비스</td><td colspan="5"></td><td>웹 서비스</td></tr>
</table>

남북 간 합의가 이미 이루어진 표제어를 대상으로 교정·교열 작업을 실시하는 등 자체 작업을 계속하고 있으며 2017년 기준 전체 대비 78% 정도 진행했다. 그동안의 주요 경과 및 편찬 일정은 〈표 13-1〉, 〈표 13-2〉와 같다.

〈표 13-2〉 편찬 일정도 그동안 남북 관계의 영향으로 몇 차례 조정되었다. 당초 이 일정은 남북 공동 회의를 1년에 4회 정기적으로 개최될 것을 전제해 작성했다. 따라서 향후에도 일정 조정이 불가피한 상황이다.

지금까지의 주요 성과를 살펴보면 사전에 수록될 올림말 총 33만 개 중 약 30만 7000여 개의 단어를 선정했다. 남북의 기존 사전에 있는 올림말 중 사용 빈도수가 높은 단어 23만 개를 선정했고, 나머지 7만 7000여 개는 지역어와 문헌어를 조사한 뒤 선정했다. 새어휘는 남의 『표준국어대사전』과 북의 『조선말대사전』에 실리지 않은 모든 어휘를 대상으로 한다. 현재까지 남북, 해외 현지 조사를 통해서 조사하고 발굴한 새어휘가 21만여 개다. 새어휘는 문학작품, 교과서, 신문, 잡지 등 각종 문헌에서 쓰인 어휘와 남북 및 조선족, 고려인 등 해외 동포가 실생활에서 사용하는 지역어를 반영했다. 사전에 새로운 어휘를 수록해 분단 이후 뜻이 갈라진 단어에 대한 상세한 뜻풀이를 하기로 했다.

선정된 올림말 30만 7000여 개 중 현재까지 12만 5000여 단어를 남북이 공동으로 집필했다. 공동 집필은 남북에서 1차 집필한 원고를 상호 교차 검토해 합의하는 방식으로 진행했다. 또한 남북 및 해외 동포 사회의 문헌 자료를 망라한 3억 어절 상당의 사전 편찬용 말뭉치corpus를 구축했다. 이는 국내 최대 규모라고 할 수 있다. 사전에 적용할 표기 규범 중 자모 배열 순서·띄어쓰기·외래어 표기·문장 부호 등에 대해 상당 부분 합의했고, 남북 차이가 큰 두음법칙, 사이시옷 문제 등은 향후 공동 회의를 통해 논의할 예정이다.

〈표 13-3〉의 남북 공동 회의 개최 현황을 살펴보면 북의 핵실험 등 남북 관계 경색으로 공동 편찬 회의가 2차례 중단이 되었다. 남한 참여 인원이 북한보다 약 2배 많은 것처럼 보이지만 남과 북의 편찬 위원 수가 동등한 수로 구성되어 있고, 실무 지원 인력이 포함된 점을 감안하면 남북이 균형 있게 참여하고 있다고 볼 수 있다.

표 13-3 _ 남북 공동 회의 개최 현황

연도별	'05년	'06년	'07년	'08년	'09년	'10년	'11년	'12년	'13년	'14년	'15년	'16년	'17년	'18년	계
개최 횟수	4	4	4	4	4	-	-	-	-	2	3	-	-	-	25

참여 인원	개최 장소						
	중국(9회)			남(1회)	북(15회)		
	북경	선양	대련	서울	평양	개성	금강산
950명 (남 605, 북 345)	3	5	1	1 (2005.8.14~17)	6	4	5

2)『겨레말큰사전』 편찬 사업의 특징

『겨레말큰사전』의 성격을 보면 첫째, 우리 겨레가 오랜 기간에 걸쳐 창조하고 발전시켜온 민족어 유산을 조사 발굴해 총집대성한 사전이다.

둘째, 사전 편찬에서 제기되는 여러 가지 문제들을 남과 북이 공동으로 합의 해결한 통일 지향적인 사전이다.

셋째, 수집한 어휘 자료 가운데서 남과 북이 공통으로 쓰는 것은 우선 올리고 차이 나는 것은 남과 북이 합의해 단일화한 약 33만 개의 올림말을 가진 대사전이다.

넷째, 정보화 시대의 요구에 맞게 전자 사전을 동시에 발행할 수 있도록 여러 가지 언어 정보를 주는 현대 사전이다.

현재 추진 중인『겨레말큰사전』 공동 편찬은 언어의 이질화를 막아내는 최소한의 작업이며 중요 작업이다. 사회 교류의 중요한 도구인 언어와 문자는 문화의 전승 및 발전의 매개체이자 민족의 상징이며 특징이다. 따라서 언어와 문자의 통일은 국가 통일에 유리한 여건을 제공한다(리싱젠, 2015: 48).

중국과 대만의 경우에도 동일한 정신문화 전통을 갖고 있고 같은 언어와 문자를 사용하고 있다. 하지만 반세기 이상 지속된 분단으로 인해 구체적인 글자와 단어의 형태, 소리, 의미 및 사용 범위 등에서 차이가 존재했다. 이러한 차이는 중국과 대만의 심층적인 교류를 가로막는 장애물이 될 수밖에 없었다. 따라서 좀 더 원활한 교류와 소통을 위해 양국은 사전을 공동 편찬해 소통의 장애를 해결하기를 원했다. 양국은 2010년에 편찬위원회를 발족했고, 그 결과 2013년 2월에 『양안상용사전兩岸常用辭典』을, 2015년 12월에 『양안통용사전兩岸通用辭典』을 출판했다. 중국과 대만은 13~15만 개 표제어를 수록한 『중화어문대사전中華語文大辭典』 편찬을 공동으로 추진하고 있으며, 2018년에 출판할 예정이다(리싱젠, 2015: 42). 이 과정에서 중국과 대만은 오랜 분단을 거치면서 각기 다른 사회제도와 생활양식, 지리적 환경의 특징, 여러 가지 방언 등의 영향을 받아 서로 다른 두 개의 사회가 형성되었고, 언어와 문자 역시 뚜렷한 차이가 나타난다는 사실을 확인할 수 있었다(리싱젠, 2015: 42~43).

남한과 북한도 중국과 대만의 사정과 크게 다르지 않다. 분단 이후 남과 북은 이념과 체제가 다른 상황에서 교류마저 단절되어 사고방식이나 생활 방식 등 여러 분야에서 동질성을 잃어가고 있는 중이었다. 이러한 현상은 언어에도 고스란히 반영되어 남과 북의 어문규범과 일상적으로 사용하는 어휘에도 적지 않은 차이가 생기게 되었다. 그런데 현재 남한에서는 북한 사전을 참조할 수 없고 북한에서는 남한 사전을 볼 수 없는 상황이다(한용운, 2015: 200~201). 이러한 상황은 『겨레말큰사전』 공동 편찬이 왜 필요한지를 잘 설명해주고 있다. 분단 이후 남북의 언어생활이 일정하게 달라졌기 때문에 달라진 언어를 통합하는 것은 그 자체로 매우 중요하다(김재용, 2009(가을): 185). 북한 편찬 위원인 언어학자 정순기는 2014년 7월 중국 선양에서 열린 제21차 남북

공동 회의에서 다음과 같이 공동 작업에 참여하는 의지를 밝혔다.

> 『겨레말큰사전』 민족 공동의 대성업을 이루기 위해서 끝까지 노력하겠다는 것과 이것을 통해서 제가 가지고 있는 지식, 제가 가지고 있는 힘, 제가 가지고 있는 지혜를 깡그리 바치겠다는 걸 여러분들 앞에서 결의를 다집니다.[1)]

또한 권재일은 2015년 8월 국내 학술회의에서 『겨레말큰사전』 편찬 사업에 내해 다음과 같이 말했다.

> 어느 날 우리 앞에 나타날 국토, 정치, 경제 통일의 날에 바로 활용할 수 있는 공통의 규범을 미리 준비해두는 것으로, 값으로 따지기 어려운 언어학적인 의의가 있을 것으로 기대된다(권재일, 2015: 27).

이처럼 통일을 전후해 남과 북이 서로를 이해하고 소통하기 위해서는 이를 이끌어갈 사전이 반드시 있어야 하는데, 『겨레말큰사전』이 남과 북에서 함께 읽힐 수 있는 유일한 통합 사전이다(홍종선, 2012: 148).

『겨레말큰사전』 편찬 사업의 특징으로는 첫째, 진정성 있는 합의와 이행 노력을 들 수 있다. 그동안 남북은 여러 차례 직접 만나 합의서, 부속 합의서, 연장 합의서 등을 체결하고, 공동 합의문을 발표했다. 이 과정에서 일방의 주장이나 의견을 강요하지 않으면서 의견 차이를 반영했다. 우선 2004년 12월 13

---

1) 정순기는 북한의 대표적인 언어학자로 1950년대 말에 시작된 『조선말대사전』의 편찬 보조원, 『조선문화어사전』(1973)과 『현대조선말사전』(1968년 초판, 1981년 개정판)의 개정판을 책임 편찬했다. 사회과학원 언어학연구소의 교수로 재직하면서 『사전편찬리론연구』(1984)와 『조선어형태론』(2005) 외 다수의 저서가 있다(정철, 2017: 22).

일에 금강산에서 최초로 공동 편찬 관련 합의서를 체결했다. 이후 2005년 1월 22일에 금강산에서 실무 접촉을 갖고 원만한 추진을 위한 부속 합의서를, 사전 편찬을 위한 실무 진행에 관한 내용을 포함한 편찬 의향서는 2004년 3월 15일에 금강산에서 남북 공동 사전 편찬의 형식과 내용, 편찬 위원회 구성 및 기타 사항, 사전 편찬 노력을 포함해 체결했다.

사전 편찬을 위한 세부 작업 요강은 2005년 11월 26일에 개성에서 『겨레말큰사전』 단일 어문규범 작성을 담았고, 2009년 10월 27일에 중국 선양에서 올림말 풀이의 속구조, 속구조의 각 항, 뜻풀이 일반, 집필 실례 등을 포함해 종합 집필 요강을 완성했다. 2005년 2월 20일에 금강산에서 발표된 공동 편찬 위원회 결성식 공동 보도문은 다음의 〈그림 13-1〉과 같다. 이 보도문에는 편찬 목적, 공동 사전의 이름, 회의 진행 방식에 대한 협의 내용을 명시했다.

둘째, 『겨레말큰사전』 편찬 사업은 남북 간의 가장 대표적인 중장기 교류 사업이다. 그동안 대부분의 남북 교류 사업의 경우 일회성 또는 이벤트성 성격이 한계로 지적받아왔다. 이 사업은 이러한 한계를 넘어 일상적으로 남북이 함께 실질적인 언어 통일을 준비하는 장기적인 남북 공동 프로젝트이다.

공동 회의는 지난 2005년부터 2015년까지 총 25차례였는데 주요 합의 사항은 구체적으로 다음과 같다.[2)]

제1차 겨레말큰사전 남북 공동 편찬위원회 결성식 개최, 공동 사전 명칭 합의, 분기별로 공동 회의 개최 합의, 공동 보도문 발표(2005년 2월 18일~21일, 금강산)

---

2) 이 내용은 겨레말큰사전남북공동편찬사업회에서 홈페이지에 공개한 회의록 내용을 참고해 필자가 정리한 것이다.

그림 13-1 _『겨레말큰사전』 공동 편찬 위원회 결성식 공동 보도문 전문

《겨레말 큰사전》 공동편찬위원회 결성식

공 동 보 도 문

북과 남의 어학 학자들은 내외의 커다란 관심속에 주체(94)2005 년 2 월 20 일 금강산에서 력사적인 6.15 공동 선언을 실천하고 민족의 단합과 조국통일에 이바지하기 위하여 민족어 공동사전편찬을 위한 공동편찬위원회 결성식을 가지였다.

1. 북과 남의 언어학자들은 민족어 공동사전을 우리 말과 글의 민족적특성을 높이 발양시키고통일의 시대적요구를 반영하며 오랜 력사를 통하여 창조된 우리 민족어 유산을 총집대성한 겨레말 총서로 편찬하기로 하였다.
2. 민족어 공동사전의 이름을 《겨레말 큰사전》 이라고 하기로 하였으며 북과 남의 언어학자들은 《겨레말 큰사전》 공동편찬위원회를 구성하고 사전편찬사업을 주체 94(2005)년 2 월부터 시작하여 빠른 기간안에 완성하기로 하였다.
3. 북과 남의 언어학자들은 겨레말 큰사전 공동편찬위원회를 분기에 1 차씩 합의되는 장소에서 진행하며 여기에서 사전편찬과 관련한 제반 문제들을 협의 결정하기로 하였다.

《겨레말 큰사전》 공동편찬위원회

2005 년 2 월 20 일

금강산

자료: 『겨레말큰사전 남북공동편찬사업회 백서』(2006.2: 20).

제2차 남북 공동 편찬 요강 합의(2005년 7월 8일~12일, 평양)

제3차 남북 공동 편찬 사업 보고 회의 개최: 편찬 요강 발표, 남북 어문규범 협의 기구 설립 논의(2005년 8월 14일~17일, 서울)

제4차 사전 편찬을 위한 세부 작업 요강 합의(2005년 11월 24일~27일, 개성)

제5차 올림말, 새어휘 선정 방식 합의, 어문규범 세부 사항 논의(2006년 3월 17일~21일, 중국 베이징)

제6차 새어휘 조사 방식 합의, 사이시옷 등 어문규범 세부 사항 논의(2006년 5월 27일~30일, 금강산)

제7차　남과 북이 각각 조사한 새어휘 항목 교환, 어문규범 세부 사항 논의(2006년 9월 20일~23일, 평양)

제8차　올림말 선별 결과 검토 및 교환, 올림말 확충 문제, 회의 진행 방식 개편 논의(2006년 11월 27일~30일, 중국 베이징)

제9차　어문규범 자모의 이름 합의, 풀이항의 속구조, 새어휘 선별 방식 논의(2007년 4월 27일~29일, 금강산)

제10차　풀이항의 속구조, 새어휘 조사 요강, 새어휘 항목 교환(2007년 8월 8일~11일, 평양)

제11차　집필 세부 요강, 전자 사전 개발 방식 논의(2007년 10월 14일~17일, 중국 선양)

제12차　1차 올림말 선별 완료, 전자 사전 및 집필 프로그램 논의(2007년 12월 7일~10일, 금강산)

제13차　1차 시범 집필 결과 논의, 통합 자료 관리 방안 논의(2008년 2월 19일~21일, 개성)

제14차　통합 자료 정비 방식 및 용례 검색 자료 구축 논의, 집필 원고 배분 방식 논의(2008년 5월 12일~15일, 중국 베이징)

제15차　자모 배열 순서 합의, 시범 원고 교환, 문학 작품 판본 확정 문제 논의(2008년 10월 29일~31일, 개성)

제16차　올림말 재검토 결과물, 새어휘 집필 방식 논의(2008년 12월 13일~16일, 평양)

제17차　자모의 수 합의(51개), 원고 교환 형식 및 원고 집필 프로그램 설계 방식 논의, 계열 어휘 선정 기준 논의(2009년 3월 28일~4월 4일, 평양)

제18차　종합 집필 요강 합의, 원고 집필 프로그램 수정 사항 논의(2009년 6월 21~30일, 중국 선양)

제19차　'계열 어휘'와 '유의어' 선정 결과물 교환, 형용사와 사동형 등 규범 관련 논의(2009년 10월 27일~11월 3일, 개성)

제20차 작업 결과물 교환 및 문제 어휘 선정 기준 논의, 집필 원고 교차 검토 및 확정, 원고 집필 프로그램 사용법 협의(2009년 12월 17일~23일, 중국 선양)

제21차 추가 또는 미합의된 계열 어휘 선정 기준 논의, 남북 새어휘 교환(2014년 7월 29일~8월 6일, 중국 선양)

제22차 기존 올림말 선정 기준 합의, 지역어 집필 지침 논의, 일부 집필 원고 검토 및 합의 원고 완성(2014년 10월 30일~11월 8일, 평양)

제23차 공동 집필 회의 개최, 일부 집필 원고 검토 및 합의 원고 완성(2015년 5월 4~11일, 중국 선양)

제24차 비규범어 처리 방식 합의, 삽화 수록지침 논의, 원고 교열 전용 프로그램 작성 합의(2015년 10월 12일~19일, 금강산)

제25차 공동 집필 회의 개최, 일부 집필 원고 검토 및 1차 합의 원고 완성(2015년 12월 6일~13일, 중국 대련)

남북은 공동 회의에서 제기되는 여러 문제들을 쌍방의 토론을 거쳐 수용하는 것을 원칙으로 하되 결정하기 어려운 문제는 열띤 토론을 벌이기도 하고 상호 소통을 강화해 언어학적으로 문제를 풀어가고 있다. 그 결과 남북은 사전에 최종적으로 수록할 총 33만여 개 어휘 중에 인위적으로 만든 정치·이념적인 단어나 뜻을 배제했고, 자연적으로 생겨난 단어와 뜻을 올림말로 선정하고 풀이하기로 결정했다. 즉, 어휘 본래 뜻 그 자체에 집중해 사전을 편찬하기로 합의하고 그에 따라 올림말 선정과 집필을 진행하기로 합의했다. 다음의 〈표 13-4〉와 같이 '혁명전우', '혁명렬사', '어버이'와 같은 어휘는 『겨레말큰사전』에 싣지 않는 것으로 합의했다.

이처럼 남북은 협의 과정에서 무리하지 않았다. 또한 합의가 원만하게 이뤄지지 못한 경우 다음 회차로 연기하거나 제쳐두는 방식을 선택해 회의를

표 13-4 _ 인위적인 정치 또는 이념 관련 단어나 뜻의 제외 사례 예시

단어	조선말대사전	겨레말큰사전
혁명전우	「명」 혁명의 한길에서 생사고락을 같이 하며 함께 싸워나가는 전우	올림말 미반영
혁명렬사	「명」 로동계급의 혁명위업을 실현하기 위해 몸바쳐싸우다가 장렬하게 희생되였거나 빛나는 생애를 마친 투사	올림말 미반영
어버이	「명」 ①아버지와 어머니를 아울러 이르는 말 ②인민대중에게 가장 고귀한 정치적 생명을 안겨주시고 친부모도 미치지 못할 뜨거운 사랑과 두터운 배려를 베풀어주시는 분을 끝없이 흠모하는 마음으로 친근하게 높이여 이르는 말	뜻풀이② 삭제

자료: 겨레말큰사전남북공동편찬사업회 공동 편찬 회의 회의록 참고.

순조롭게 진행할 수 있었다. 경우에 따라 남과 북의 차이를 있는 그대로 반영하기도 했다. 이러한 남북의 노력으로 인해 서로의 차이를 존중하며 공동의 성과물을 얻었으며 작업 속도와 질적인 수준도 높일 수 있었다.

셋째, 법적 효력(2007년 4월 '겨레말큰사전남북공동편찬사업회법' 제정, 2013년 7월 5년 연장 개정)으로 교류를 유지할 수 있었다. 이러한 법적 효력은 사업회가 제도적 기반을 갖출 수 있게 했다. 덕분에 사업에 매진할 수 있는 기간과 예산을 안정적으로 확보할 수 있었다. 김성수는 "한반도 긴장이 고조된 상태에서도 겨레말큰사전 편찬 사업의 맥이 끊기지 않은 점은 겨레말큰사전남북공동편찬사업회법과 같은 법제화가 정착되었기 때문"이라고 평가하며 법제화의 중요성을 강조했다(최대열, ≪이데일리≫, 2018.6.3). 이 외에도 남북 문화 교류 분야 전문가들도 남북 교류의 연속성을 유지하기 위해서는 법제화가 필요하다

표 13-5 _ 남북 협력 사업 승인 현황

구분	'10	'11	'12	'13	'14	'15	'16	'17	계
사회 문화	1	1	-	-	1	2	-	-	5
계	1	1			1	2			5

자료: 통일부 홈페이지 주요 사업 통계(남북교류협력) 제공(검색일: 2018.6.3).

고 주장하고 있다. 〈표 13-5〉에서 알 수 있듯이 김정은 시대 들어 정부가 승인한 남북 협력 사업 중 사회 문화 분야 건수는 3건에 불과했다. 이 중 한 건이 『겨레말큰사전』 편찬 사업이다.

4. 『겨레말큰사전』 편찬 사업의 과제

『겨레말큰사전』은 남북 관계 개선 등 여건이 성숙되면, 향후 5년 이내 사전 발간이 가능하다. 이 기한 내에 사전을 완성하기 위해서는 해결해야 할 과제들이 있다. 사전 편찬과 관련한 각 분야별 세부 과제는 공동 회의가 정기적으로 개최되고, 남북 간 합의를 요하는 부분에 집중한다면 해결할 수 있을 것이다. 그러나 정작 해결하기 어려운 과제는 남북 관계 경색과 같은 사전 편찬과는 상관없는 외부적인 요인이다. 『겨레말큰사전』 편찬을 두고 '현재 상황에서는 불가능한 일'이라고 했던 전문가들도 바로 이러한 상황을 염려했을 것이다(한용운, 2015: 210). 이러한 외부적인 어려움을 극복하고 사전을 성공적으로 편찬하기 위한 해결 과제는 다음과 같다.

첫째, 남과 북의 지속적인 교류가 가장 중요하다. 이를 위해서는 남과 북의 만남이 보장되어야 한다. 『겨레말큰사전』 편찬 사업이 차질 없이 추진되려면 남과 북의 정치적 변화에 영향을 받지 않을 장치를 마련하거나 최소화시켜야 한다. 그러나 현재의 상태는 남과 북 어느 곳에서도 이를 보장할 수 있는 장치가 없다. 남북의 긴장 관계가 조금이라도 고조되거나 정치 환경이 악화되면 사업이 답보 상태에 빠지거나 심하면 중단되는 상황을 맞을 수 있다(남영신, 2006: 28).

따라서 남북 교류가 정치 관계에 종속되더라도, 공동의 교류 영역과 사업 수행 기간에는 중단과 제재로부터 영향을 받지 않아야 한다. 그리고 현실적인 해결 방안이 필요하다. 즉, 예외 조항으로 보호받을 수 있는 남북 공동 사무소를 만들 필요가 있는데, 최근에 긍정적으로 검토되고 있는 개성연락사무소를 활용하는 방안이 있다. 예를 들어 『겨레말큰사전』 편찬 작업의 효율성을 높이기 위해 남북 양측의 편찬원이 개성에 함께 체류하며 공동으로 작업할 수 있는 공동 집필실을 개성연락사무소 내에 마련하는 것이다. 공동 집필실을 사용할 경우 남북 간에 논의 사안이 생겼을 때 현장에서 즉시 시간에 구애받지 않고 작업이 가능해 편찬 작업의 질과 속도를 높일 수 있을 것으로 기대된다. 동시에 시간적 제약과 회의 개최 지역 이동에 따른 불편과 경비 문제도 해결해 사전에 집중할 수 있다.

둘째, 남과 북이 이미 발간한 『표준 국어대사전』(1999)과 『조선말대사전(증보판)』(2006)을 두고 왜 굳이 『겨레말큰사전』을 편찬해야 하는지에 대한 국민적 공감대 형성이 마련되어야 한다. 실제로 분단으로 인한 언어 차이가 의사소통이 안 될 정도일까라는 질문에 "그렇지 않다"라는 게 학자들의 설명이다. 권재일은 남한말과 북한말의 차이를 두고 "남북한의 언어 구조는 같고, 얼마간의 어휘 차이가 있을 정도라는 것이 정확한 표현이다"라고 설명했고(권재일, 2015: 4), 홍종선은 "남과 북이 기본적으로 이념과 체제를 달리하는 사회이므로 그에 따라 언어관이나 언어 정책이 달라, 말을 새롭게 만들고 다듬을 때 여러 면에서 차이를 가질 수밖에 없다. 다행히 그러한 말들은 대개 기본적인 어휘들이 아니어서 상호 대화에 큰 지장을 줄 정도는 아닌 것이다"라고 설명했다(홍종선, 2013: 294~295). 지금 당장 통일이 된다 해도 의사소통에는 큰 어려움이 없을 것이라 예상하는 국민들에게 『겨레말큰사전』이 왜 필요한지를 인식시켜야 한다. 지난 평창 올림픽 기간 중에 여자 아이스하키 단일팀은 서로 사용하는 용어가 달라 소통에 애를 먹었다(장민서, ≪아시아투데이≫, 2018.2.5). 즉시 훈련 기간과 올림픽 기간 관련 종목의 용어집을 만들었다고 한다. 비록 의사소통에 지장을 줄 정도는 아니더라도 남북의 언어 이질화는 전문적인 영역에서 세심한 소통에 장애를 일으킬 정도에 이르렀다고 본다.

아직은 남과 북의 언어 소통에서 문제가 크지 않다고 해도 시간이 지날수록 서로 왕래가 적을수록 교류가 단절된 시간이 길어질수록 남과 북 사이의 언어에 괴리가 커지는 것은 당연하다(홍종선, 2013: 295). 이처럼 분단의 세월만큼이나 그것을 하나로 묶는 작업은 결코 쉽지 않다(평화문제연구소, 2005: 48). 남북에서 각각 새로 생긴 어휘도 적지 않아 실제 언어생활에서 알아듣지 못하는 어휘가 상당하다. 『겨레말큰사전』은 이러한 어휘 차이를 줄이기 위해 남과 북에서 함께 쓰이는 말뿐만 아니라, '편의점'(남), '밥공장'(북)처럼 남한 또는 북한 가운데 어느 한쪽에서라도 널리 쓰이는 말이라면 올림말로 수록한다(한용운, 2016: 4). 이처럼 남과 북은 최근의 남북 언어 사용 실태를 가장 정확하게 반영하기 위해 노력하고 있다. 남북 언어 통합 준비 작업은 통일 전에 미리 준비해야 통일 이후에 발생할 수 있는 혼란을 최소화할 수 있다.

셋째, 편찬 사업이 정부 지원으로 진행되고 있는 만큼 사회적 환원이 필요하다. 국민들에게 실질적인 혜택을 줄 수 있어야 한다. 사업회는 기존 성과물 중 일부를 대중들에게 공개하기 위해 『한눈에 들어오는 남북 생활 용어』 대조집을 발간했다(겨레말큰사전남북공동편찬사업회, 2017). 남북 사이에 서로 다른 용어들을 중심으로 3600개 남북한 생활 용어 대응 쌍을 수록해 남과 북의 언어 현실을 잘 보여주고 있다. 스마트폰 앱 『남녘말북녘말』도 출시해 남북 생활 용어를 교육, 교통, 음식, 경제생활 등 17개 갈래별로 구분해 3600개 어휘를 수록해 사용자가 좀 더 편하게 이용할 수 있도록 돕고 있다. 앱 운영 이외에도 새로운 정보 통신 기술 환경에 맞는 형식을 적용해 사전 이용자들이 쉽게 접근할 수 있는 방안도 추진 중이다. 이 외에도 교류 과정에서 축적된 노하우와 결과물을 활용해 국민들에게 실질적인 혜택을 줄 수 있는 구체적인 방안이 필요하다.

5. 맺음말

북한은 두 차례의 남북 정상회담과 북미 정상회담을 통해 한반도 비핵화와 항구적 평화를 실현하는 데에 동의했다. 한반도 비핵화를 통해 북한은 대북 제재 해제, 평화협정 체결, 북미 수교, 투자 유치를 통해 정상적이고 보통의 국가로 나가고자 하는 의지를 표명했다. 이로써 남북 관계의 전면적이고 실용적인 발전을 기대할 수 있는 계기가 마련되었다. 나아가 한반도의 평화와 번영, 통일을 위한 판문점 선언의 구체적인 이행을 위해서는 새로운 패러다임의 남북 문화 교류에 대한 총론적 인식 변화가 필요하다.

남북 관계 발전 및 교류 협력의 질적인 향상을 추구하기 위해서는 『겨레말큰사전』 편찬 사업을 주목해야 한다. 이 사업은 남북 간 진정성 있는 합의와 이행 노력, 중장기 교류 사업으로 남북 문화 교류 사업의 모범 사례로 평가받았다. 또한 『겨레말큰사전』 편찬 사업은 남북 경색 중에도 사실상 남북의 통로 역할을 해왔다.

현재 공동 사업은 중단된 채 남한 단독으로 가능한 편찬 작업만 진행 중에

다행히 4·27 판문점 선언에서는 남북 관계의 발전, 군사적 긴장 완화와 상호 불가침, 한반도의 완전한 비핵화 및 평화 체제 구축 등에 합의한 만큼 이 사업이 곧 재개될 것으로 전망된다.

앞으로 남북 경제협력 등 전문적 영역의 교류가 많아진다면 남북 언어 차이가 적지 않다는 것을 직접 경험하게 될 것이다. 남북의 언어 현실이 그렇다. 서로 모르는 말, 서로 통하지 않는 말, 뜻이 달라진 말, 새로 만들어진 말, 표기가 달라진 말들이 적지 않기 때문이다. 따라서 향후 『겨레말큰사전』 이외에도 전문어 사전 편찬 등 각종 부속 사전 작업도 함께 추진해 이러한 언어 현실을 충실히 반영해야 할 것이다.

남북 관계의 새로운 패러다임이 형성되고 있는 현재 『겨레말큰사전』의 전망은 밝다. 이 사전이 남북 언어 이질화를 극복하고 민족 동질성 회복을 위해 꼭 필요한 실용 사전인 만큼 이미 내부에서부터 많은 변화를 추진하고 있는 북한과 함께 계속해 진행하지 않을 이유가 없다.

참고문헌

강동완. 2012. 「모란봉악단과 새세계의 요구」. ≪북한≫, 9월호, 106쪽.

강동완·박정란. 2013. 「김정은의 "문화정치": 모란봉악단, 김정은을 말하다」. 북한연구학회 2013년 춘계학술회의 발표문(2013.4.25), 200쪽.

겨레말큰사전 남북공동편찬사업회. 2006. 『겨레말큰사전 남북공동편찬사업회 백서』.

______. 2017. 『한눈에 들어오는 남북 생활 용어』. 한국문화사.

고영근. 1999. 『북한의 언어문화』. 서울대학교출판부.

권재일. 2015. 「남북한 언어문화의 현실과 통합 방안」. 『광복 70주년 기념 겨레말 통합을 위한 국제학술회의: 우리말 문화유산의 정비와 통합을 위한 과제』, 국립국어원·겨레말큰사전남북공동편찬사업회 2015년 국제학술회의 자료집(2015.8.14), 13쪽.

김우창·피에르 부르디외 외. 2000. 『2000년 서울 국제문학포럼 논문집: 경계를 넘어 글쓰기』. 민음사, 219쪽.

김재용. 2009. 「『겨레말큰사전』을 통해 본 남북 문화교류의 새로운 지평」. ≪역사비평≫, 88호(가을), 185쪽.

김정은. 2013. "우리의 사회과학은 온 사회의 김일성-김정일주의화 위업 수행에 적극 이바지해야 한다". ≪근로자≫, 4호, 5쪽.

남영신. 2006. 「사회와 말과 사전」. 『제1회 국내학술회의: 『겨레말큰사전』의 편찬 방향과 역사적 과제』, 겨레말큰사전남북공동편찬사업회 2006년 학술회의 자료집(2006.7.5), 22~23쪽.

리싱젠(李行健). 2015. 「『중화어문대사전』의 양안 공동 편찬 과정과 성과」. 『우리말 문화유산의 정비와 통합을 위한 과제』, 국립국어원·겨레말큰사전남북공동편찬사업회 2015년 광복 70주년 기념 겨레말 통합을 위한 국제학술회의 자료집(2015.8.14), 48쪽.

문기혁. 2018.4.23. "'겨레말큰사전·만월대' 남북교류 꽃 피운다". ≪KTV국민방송≫.

문화체육관광부·한국문화관광연구원. 2017. 「북한의 문화 현실과 변화」. 통일문화정책포럼 2017년 공개세미나 자료집(2017.11.29).

이우영. 2016. 「7차 당대회와 김정은 시대 문화정책」. 2016년 제1차 통일문화정책포럼(2016.5.25), 8쪽.

______. 2016. 「김정은 정권의 사회문화전략」. ≪한반도 포커스≫, 36호(여름), 59~60쪽.

장민서. 2018.2.5. "첫 호흡 아이스하키 단일팀…… 北정수현 기대이상, 수비불안·언어소통은 해결과제". ≪아시아투데이≫.

장병호. 2018.4.30. “겨레말큰사전·만월대공동발굴…… 南北문화교류도 가속화”. ≪이데일리≫.
전영선. 2014.「김정은의 문화정치」. 북한연구학회 2014년 하계학술발표 논문집(2014.6), 149쪽.
______. 2017.「북한 사회문화의 변화와 향후 문화교류의 방향」.『북한의 문화 현실과 변화』, 한국문화관광연구원 2017년 통일문화정책포럼 공개세미나 자료집(2017.11.29), 55쪽.
정영철. 2017.「북한의 민족주의와 문화변용: 김정은 시대 북한 문화의 변화」. ≪문화정책논총≫, 31집 2호, 299쪽.
정철. 2017.『최후의 사전 편찬자들』. 사계절출판사.
조현성. 2016.「제7차 노동당 대회로 본 북한 문화 정책」. ≪문화·관광 인사이트≫, 76호, 1쪽.
조희선. 2018.4.28. “겨레말큰사전 편찬 등 공동사업 재개 ‘탄력’”. ≪서울신문≫.
최대열. 2018.6.3. “가시권에 든 南北 문화교류…… 정부도 물밑작업 활발”. ≪아시아경제≫.
평양공연공동취재단·최대열. 2018.4.1. “중단된 겨레말큰사전·만월대 발굴 재개 北에 제안…… 南北문화교류 물꼬”. ≪아시아경제≫.
평화문제연구소. 2005.「남북, 말과 글의 통일작업 시작하다」. ≪통일한국≫, 261권, 48쪽.
하루키, 와다(和田春樹). 2002.『북조선: 유격대국가에서 정규군 국가로』. 서동만·남기정 옮김. 도서출판 돌베개.
한용운. 2015.「남북 언어 통합 사업의 현황과 과제」.『광복 70주년 기념 겨레말 통합을 위한 국제학술회의: 우리말 문화유산의 정비와 통합을 위한 과제』, 국립국어원· 겨레말큰사전남북공동편찬사업회 국제학술회의 자료집(2015.8.14), 210쪽.
______. 2016.「『겨레말큰사전』해살이」. ≪말과글≫, 통권 146호, 4쪽.
홍종선. 2012.「『겨레말 큰사전』의 성격과 과제」. ≪한글≫, 295호, 148쪽.
______. 2013.「민족어의 통합 통일과『겨레말큰사전』남북 공동 편찬」. ≪민족문화연구≫, 59호, 294~295쪽.

≪로동신문≫. 2012.7.9. “김정은 동지께서는 주체조선의 새로운 100년대가 시작되는 올해에 문학예술부문에서 혁명을 일으키기 위한 원대한 구상을 안으시고 새 세기의 요구에 맞는 모란봉악단을 친히 조직해 주시였다”.
≪로동신문≫. 2014.6.3. “모란봉악단의 창조기풍으로 명작 창작의 불길을 세차게 지펴올리자”.

지은이

김엘렌 이화여자대학교 통일학연구원

김정수 통일교육원

모순영 겨레말큰사전남북공동편찬사업회

박정란 에스토니아 타르투대학교(University of Tartu)

박지연 전북대학교 국제인문사회학부

박희진 동국대학교 북한학연구소

유현정 국가안보전략연구원

윤은주 이화여자대학교 통일학연구원

이미숙 국방부 군사편찬연구소

이해정 현대경제연구원 통일경제센터

조영주 한국여성정책연구원

현인애 이화여자대학교 북한학과

황의정 이화여자대학교 통일학연구원

한울아카데미 2001
이화여대 북한연구회 총서 1

김정은 체제

변한 것과 변하지 않은 것

엮은이 | **이화여대 북한연구회**
지은이 | **김엘렌·김정수·모순영·박정란·박지연·박희진·유현정·윤은주·이미숙·이해정·조영주·현인애·황의정**
펴낸이 | **김종수**
펴낸곳 | **한울엠플러스(주)**
책임편집 | **최진희**

초판 1쇄 인쇄 | **2018년 11월 5일**
초판 1쇄 발행 | **2018년 11월 16일**

주소 | 10881 경기도 파주시 광인사길 153 한울시소빌딩 3층
전화 | 031-955-0655
팩스 | 031-955-0656
홈페이지 | www.hanulmplus.kr
등록 | 제406-2015-000143호

Printed in Korea.
ISBN 978-89-460-7001-1 93340 (양장)
978-89-460-6567-3 93340 (반양장)

* 책값은 겉표지에 표시되어 있습니다.
* 이 책은 강의를 위한 학생용 교재를 따로 준비했습니다.
강의 교재로 사용하실 때는 본사로 연락해주시기 바랍니다.